105

Cuestiones de antag

Diseño interior y cubierta: RAG

Traducción de
Juanmari Madariaga

Reservados todos los derechos.
De acuerdo a lo dispuesto en el art. 270
del Código Penal, podrán ser castigados con penas
de multa y privación de libertad quienes sin la preceptiva autorización
reproduzcan, plagien, distribuyan o comuniquen públicamente,
en todo o en parte, una obra literaria, artística o científica,
fijada en cualquier tipo de soporte.

Título original: *The Ways of the World*

© David Harvey, 2016

© Ediciones Akal, S. A., 2018
para lengua española
Sector Foresta, 1
28760 Tres Cantos
Madrid - España
Tel.: 918 061 996
Fax: 918 044 028
www.akal.com

ISBN: 978-84-460-4650-9
Depósito legal: M-28.035-2018

Impreso en España

Senderos del mundo

David Harvey

akal

ARGENTINA / ESPAÑA / MÉXICO

Créditos de imágenes

Figura 4.2 (arriba) © Photothèque des Musées de la Ville de Paris / Briant; (abajo) © Photothèque des Musées de la Ville de Paris / Joffre

Figura 4.3 (izquierda) © Photothèque des Musées de la Ville de Paris / Habouzit

(derecha) © Photothèque des Musées de la Ville de Paris / Pierrain

Figura 4.5 © Photothèque des Musées de la Ville de Paris / Lifeman

Figura 4.6 © Photothèque des Musées de la Ville de Paris / Joffre

Figura 4.7 © Photothèque des Musées de la Ville de Paris / Joffre

Figura 4.8 © Photothèque des Musées de la Ville de Paris / Joffre

Figura 4.9 © Photothèque des Musées de la Ville de Paris / Degraces

Figura 4.10 © Photothèque des Musées de la Ville de Paris / Joffre

Figura 4.11 © Photothèque des Musées de la Ville de Paris / Degraces

Prefacio

He tenido la suerte de participar en la publicación de muchos de los libros de David Harvey, desde el primero en 1969 hasta el presente 47 años después. El primero fue *Explanation in Geography,* en el que reformuló las formas en que los geógrafos recopilan, clasifican e interpretan los datos y cómo generalizan y elaboran teorías basadas en ellos. Lo hizo apoyándose en otras disciplinas, especialmente filosofía, estadística y matemáticas. Trataba de llevar lo que llamaba «estándares intelectuales decentes para la argumentación racional» a la metodología y la teorización geográfica. El libro fue una hazaña rápidamente aclamada en todo el mundo. Harvey lo terminó mientras era profesor en el Departamento de Geografía en la Universidad de Brístol. En el momento en que lo publicó se había convertido en profesor asociado en el Departamento de Geografía e Ingeniería Medioambiental en la Universidad Johns Hopkins en Baltimore. Allí su experiencia de la ciudad a raíz de los disturbios de 1968 cambió dramáticamente el enfoque de su investigación y marcó el comienzo de su larga vinculación con las obras de Karl Marx. La transición se hizo evidente 2 años después en «Revolutionary and Counter-Revolutionary Theory in Geography and the Problem of Ghetto Formation», publicado aquí como capítulo 1. Su tema tiene un marcado contraste con el libro que lo precedió, pero la preocupación de Harvey por la meticulosa recopilación y análisis de datos y por una interpretación rigurosa de su importancia para la teoría y la práctica es tan evidente en uno como en otro; ha seguido siendo una característica descollante de su obra desde entonces.

En su comentario sobre el capítulo 1 Harvey señala que sus hallazgos sobre las causas del problema de la vivienda en Baltimore se ganaron la admiración de los funcionarios, los propietarios de terrenos y los financieros de la ciudad. En este caso admite que no mencionaba la base marxista de su análisis. Sus investigaciones sobre la naturaleza proteica del capital han seguido obteniendo aplausos de los capitalistas que critica, incluso cuando se enmarcaban explícitamente en términos marxistas: *The Enigma of Capital,* por ejemplo, publicado en 2010, fue reseñado favorablemente en el *Financial Times* y en la revista trimestral *Finance & Development* del FMI. Se puede entender por qué al leer el chispeante informe sobre la evolución del capitalismo en el capítulo 11. Al igual que su ilustre predecesor, Harvey es un analista brillantemente perspicaz de la historia y adaptabilidad del capital, incluso cuando diagnostica las causas de sus crisis y la inevitabilidad de su desaparición.

Mis favoritos entre los muchos capítulos que destacan en el libro incluyen la explicación de lo que hay detrás de la construcción de la Basílica del Sacré-Coeur en París en el capítulo 4, la exposición de la compresión espacio-temporal en su estudio del posmodernismo en el capítulo 5 y el informe en el capítulo 8 de la huelga de los trabajadores del automóvil en Oxford, que se desplaza desde un análisis de las tensiones entre la acción local y las causas globales hasta una consideración minuciosa de las novelas de Raymond Williams, así como el tema recurrente a lo largo de todo el libro de cómo se trasladan, demasiado visiblemente, los problemas de sobreacumulación a la urbanización desenfrenada y los perjuicios sociales que la acompañan.

Esta recopilación de textos de David Harvey de diversos periodos de su larga y productiva carrera interesará sin duda, tanto a los que ya están familiarizados con su obra como a quienes la conozcan por primera vez.

John Davey
Oxford, agosto de 2015

Introducción

Nos llegan de China algunas noticias y algunos informes sorprendentes. El Servicio Geológico estadounidense [United States Geological Survey], que controla este tipo de cosas, informa que China consumió 6.651 millones de toneladas de cemento en los años 2011-2013, frente a los 4.405 millones de toneladas que utilizó Estados Unidos durante el periodo 1900-1999. En Estados Unidos se emplean sin duda grandes cantidades, pero los chinos parecen estar vertiéndolo sin freno en todas partes. ¿Cómo y por qué podría estar sucediendo esto? ¿Y con qué consecuencias medioambientales, económicas y sociales?

Ese es el tipo de preguntas sobre las que este libro pretende arrojar luz. Así que atendamos al contexto de este hecho simple y consideremos luego cómo podemos crear un marco general para comprender lo que está sucediendo.

La economía china atravesó una seria crisis en 2008. Su sector exportador se vio en grandes dificultades. Millones de trabajadores (30 millones según algunas estimaciones) fueron despedidos porque la demanda de consumo en Estados Unidos (el principal mercado para los productos chinos) había caído en picado: millones de familias estadounidenses habían perdido o se exponían al peligro de perder sus hogares a causa de las ejecuciones de hipotecas y evidentemente no corrían a los centros comerciales a comprar bienes de consumo. El *boom* inmobiliario y la consiguiente burbuja desde 2001 hasta 2007 habían sucedido a la caída del mercado de valores «punto-com» tras el estallido de la anterior burbuja en 2001. Luego, Alan Greenspan, presidente de la Reserva Federal estadounidense, optó por bajar los tipos de interés, con lo que el capital rápidamente retirado de la bolsa se trasladó al mercado inmobiliario como destino preferido hasta que en 2007 estalló la correspondiente burbuja. Así se desplazan las tendencias a la crisis del capital. La crisis de 2008, surgida principalmente en el mercado de la vivienda en el sudoeste (California, Arizona y Nevada) y en el sur (Florida y Georgia) de Estados Unidos, provocó millones de desempleados en las regiones industriales de China a principios de 2009.

El Partido Comunista chino sabía que debía buscar alguna ocupación para todos esos trabajadores desempleados so pena de afrontar la amenaza de un malestar social masivo. A finales de 2009 un detallado estudio conjunto del Fondo Monetario Internacional y la Organización Internacional del Trabajo estimó que la pérdida total neta de empleos en China como consecuencia de la crisis rondaba los 3 millones de personas (frente a 7 millones en Estados Unidos). El Partido Comunista chino logró pues de algún modo crear alrededor de 27 millones de empleos en un año, un resultado fenomenal, sin precedentes en la historia.

¿Pero qué es lo que hicieron los gobernantes chinos y cómo lo hicieron? Diseñaron una enorme oleada de inversión en infraestructuras materiales, en parte para integrar espacialmente la economía china estableciendo lazos de comunicación entre las dinámicas zonas industriales de la costa este y el interior, muy poco desarrollado, y entre los mercados industriales y de consumo del norte y del sur, hasta ahora bastante aislados entre sí. Esto se combinó con un vasto programa de urbanización forzada, construyendo casi de la nada ciudades enteras, así como ampliando y reconstruyendo las existentes.

Esta respuesta a la crisis económica no era nueva. Napoleón III llevó a Haussmann a París en 1852 para restaurar el empleo mediante la reconstrucción de la ciudad después del colapso económico y el movimiento revolucionario de 1848. El Gobierno estadounidense hizo lo mismo después de 1945, cuando empleó gran parte de su mayor productividad y del excedente de efectivo para construir urbanizaciones periféricas y regiones metropolitanas (al estilo de Robert Moses en Nueva York) en torno a las principales ciudades, al mismo tiempo que integraba el sur y el oeste del país en la economía nacional mediante la construcción del sistema de autopistas interestatales. El objetivo era, en ambos casos, crear grandes cantidades de empleo para los excedentes de capital y trabajo y asegurar así la estabilidad social. En China se hizo lo mismo después de 2008, pero tal como indican los datos sobre el consumo de cemento, lo hicieron mediante un cambio de escala. Tal cambio también se había visto antes: Robert Moses trabajó a una escala metropolitana mucho mayor que la del barón Haussmann, que se centró sólo en la ciudad de París. Después de 2008, más de una cuarta parte del PIB chino procedía de la construcción de viviendas, y cuando se le añaden todas las infraestructuras físicas (tales como líneas férreas de alta velocidad, autopistas, proyectos hídricos y de presas, nuevos aeropuertos y terminales de contenedores, etc.), aproximadamente la mitad del PIB de China y casi todo su crecimiento (que rondaba el 10 por 100 anual hasta hace poco) se debió a la inversión en el entorno construido. Así fue como China salió de la recesión, con el vertido de todo ese cemento.

Los efectos de estas iniciativas fueron espectaculares. Después de 2008 China consumía alrededor del 60 por 100 del cobre mundial y más de la mitad de la producción mundial de hierro y cemento. La aceleración de la demanda de materias primas significó que todos los países que como Australia, Chile, Brasil, Argentina, Ecuador... producen minerales, petróleo o productos agrícolas (madera, habas de soja, pieles, algodón, etc.) dejaron atrás rápidamente los efectos del colapso de 2007-2008 y experimentaron un veloz crecimiento. Alemania, que suministra a los chinos máquinas-herramientas de alta calidad, también prosperó (a diferencia de Francia, que no lo hace). La resolución de una crisis puede ser tan veloz como su generación; de ahí su volatilidad en la geografía del desarrollo desigual. Pero de lo que no cabe dudar es de que China asumió el liderazgo para salvar el capitalismo global del desastre después de 2008, con su urbanización masiva y sus inversiones en el entorno construido.

¿Cómo lo hicieron los chinos? La respuesta básica es simple: se financiaron con deuda. El Comité Central del Partido Comunista instruyó a los bancos para que prestaran sin importar el riesgo. A los municipios y las administraciones regionales y locales se les dijo que maximizaran sus iniciativas de desarrollo, mientras que los términos de endeudamiento para inversores y consumidores se relajaron para que pudieran comprar apartamentos donde invertir o vivir. Como consecuencia, el crecimiento de la deuda china ha sido espectacular: casi se ha duplicado desde 2008. La relación deuda/PIB de China es ahora una de las más altas del mundo; pero, a diferencia de Grecia, la deuda se contabiliza en la moneda nacional (el renminbi) y no en dólares o euros. El banco central chino tiene suficientes reservas de divisas extranjeras para cubrir la deuda si fuera necesario y puede imprimir su propia moneda a voluntad. Los chinos asumieron la (sorprendente) visión de Ronald Reagan de que el déficit y el endeudamiento no importan. Pero en 2014 la mayoría de los municipios estaban en quiebra, había proliferado un sistema bancario clandestino para disfrazar la enorme cantidad de préstamos bancarios a proyectos no rentables y el mercado inmobiliario se había convertido en un auténtico casino de volatilidad especulativa. Las amenazas de devaluación de los valores inmobiliarios y del capital sobreacumulado en el entorno construido comenzaron a materializarse en 2012 y alcanzaron un máximo en 2015. China experimentó, en resumen, un problema predecible de sobreinversión en el entorno construido (como sucedió con Haussmann en París en 1867 y con Robert Moses en Nueva York entre el final de la década de 1960 y la crisis fiscal de 1975). La ola masiva de inversión de capital fijo debería haber aumentado la productividad y la eficiencia en el conjunto de la economía china (como sucedió en el caso del sistema de autopistas interestatales en Estados Unidos durante la década de 1960). Invertir la mitad del aumento del PIB en capital fijo que produce tasas de crecimiento en disminución no es una buena propuesta. Los efectos colaterales positivos del crecimiento de China se invirtieron. A medida que este crecimiento se desaceleró, cayeron los precios de las materias primas, lo que provocó que las economías de Brasil, Chile, Ecuador, Australia, etc. cayeran en picado.

¿Cómo se proponen entonces los chinos resolver sus problemas actuales de excedentes de capital ante la sobreacumulación en el entorno construido y el rápido aumento del endeudamiento? Las respuestas son tan simples como los datos sobre el uso del cemento. Para empezar, planean construir una ciudad capaz de albergar a 130 millones de personas (la población combinada de Gran Bretaña y Francia), centrada en el actual Pekín y atravesada en todas direcciones por redes de transportes y comunicaciones de alta velocidad (que «aniquilarán el espacio mediante el tiempo», como decía Marx). Este proyecto financiado con deuda, en un territorio no más grande que Kentucky, está diseñado para absorber excedentes de capital y de trabajo durante mucho tiempo. No se sabe con certeza cuánto cemento se va a emplear, pero no cabe duda de que será una cantidad enorme.

China no es el único lugar que contempla proyectos de este tipo. Versiones menos gigantescas se pueden encontrar en todas partes. La reciente y espectacular urbanización de los Estados del Golfo es un ejemplo obvio. Turquía planea convertir Estambul en una ciudad de unos 45 millones de habitantes (actualmente cuenta con alrededor de 18 millones) y ha comenzado un enorme programa de urbanización en el extremo norte del Bósforo. Ya están en construcción un nuevo aeropuerto y un puente sobre el estrecho. Sin embargo, a diferencia de China, Turquía no puede hacer esto endeudándose en su propia moneda y los mercados de bonos internacionales se están poniendo nerviosos al entrever los riesgos, por lo que el proyecto amenaza estancarse. Pero en casi todas las ciudades importantes del mundo se observan grandes expansiones en la construcción y notables subidas en los precios de las viviendas y sus alquileres; cabe destacar el caso de la ciudad de Nueva York. Un *boom* de ese tipo tuvo lugar en España hasta que colapsó en 2008. Y cuando llega, el colapso revela mucho sobre el despilfarro y la insensatez de los planes de inversión que se dejaron atrás. En Ciudad Real, al sur de Madrid, se construyó un nuevo aeropuerto con un coste de más de mil millones de euros; pero no llegaron aviones y la constructora se declaró en quiebra. La oferta más alta cuando se subastó en la primavera de 2015 fue de 10.000 euros.

Pero para los gobernantes chinos, duplicar la cohesión y el tamaño de sus ciudades no es bastante. También miran más allá de sus fronteras buscando formas de absorber su capital y mano de obra excedente. Existe un proyecto para reconstruir la llamada «Ruta de la Seda» que unía a China con Europa Occidental a través de Asia Central en la época medieval. «La creación de una versión moderna de esa antigua ruta comercial se ha convertido en una importante iniciativa de la política exterior de China bajo el mandato del presidente Xi Jinping», escriben Charles Clover y Lucy Hornby en el *Financial Times* (12 de octubre de 2015). La red ferroviaria se extendería desde la costa este de China, a través de Mongolia interior y exterior y los Estados de Asia Central, hasta Teherán y Estambul, desde donde se desplegará por toda Europa y se ramificará hasta Moscú. Ya es un hecho que los productos de China pueden llegar a Europa por esa ruta en 4 días en lugar de los 7 que precisa el transporte marítimo. Los costes más bajos y los tiempos más rápidos en la Ruta de la Seda convertirán en el futuro un área en gran parte vacía en el centro de Asia en una cadena de metrópolis prósperas, algo que ya está sucediendo. Al analizar la lógica del proyecto, Clover y Hornby señalaban la apremiante necesidad de absorber los enormes excedentes de capital y de materiales como el cemento y el acero en China. Los chinos, que han absorbido y luego han creado una creciente masa de capital excedente en los últimos 30 años, buscan ahora desesperadamente lo que yo llamo un «remedio espacial» (véase el capítulo 2) para sus problemas de exceso de capital.

Ese no es el único proyecto de infraestructura global que interesa a China. En el año 2000 se lanzó la Iniciativa para la Integración de la Infraestructura

Regional en Sudamérica (IIRSA), un ambicioso programa para crear infraestructuras de transporte para la circulación de capital y productos básicos en 12 países sudamericanos. Los enlaces transcontinentales pasan por 10 polos de desarrollo. Los proyectos más ambiciosos conectan la costa del Pacífico (Perú y Ecuador) con la costa este (brasileña). Pero los países latinoamericanos no cuentan con financiación suficiente, por lo que incorporaron al proyecto a China, que está particularmente interesada en abrir Brasil a su comercio sin las demoras que suponen las rutas marítimas. En 2012 se firmó un acuerdo con Perú para comenzar la ruta por los Andes hacia Brasil. Los chinos también están interesados en financiar el nuevo canal a través de Nicaragua para competir con el de Panamá. En África ya trabajan esforzadamente (utilizando su propio capital y mano de obra) para integrar los sistemas de transporte de África Oriental, y están interesados en construir ferrocarriles transcontinentales de una costa a otra.

Cuento estos relatos para ilustrar que la geografía mundial ha estado y está siendo constantemente hecha, rehecha y a veces incluso destruida para absorber los excedentes de capital que se acumulan rápidamente. La respuesta simple a la pregunta de por qué sucede eso es: porque la reproducción de la acumulación de capital lo requiere. Esto prepara la escena para una evaluación crítica de las eventuales consecuencias sociales, políticas y medioambientales de tales procesos y plantea la cuestión de si podemos permitirnos seguir por ese camino o si debemos controlar o abolir el impulso a la acumulación sin fin de capital que se encuentra en su raíz. Ese es el tema unificador que enlaza los capítulos aparentemente dispares de este libro.

Que la destrucción creativa del entorno geográfico mundial no se detiene ni un momento es algo obvio: lo vemos a nuestro alrededor, lo leemos en la prensa y lo oímos en las noticias cada día. Ciudades como Detroit florecen por un tiempo y luego se hunden, mientras que otras ciudades prosperan. Los casquetes polares se derriten y los bosques encogen. Pero la idea de que comprender todo esto podría requerir algo más que una mera descripción, de que necesitamos crear nuevos marcos para entender cómo y por qué «las cosas suceden» tal como lo hacen, es bastante más revolucionaria. Los economistas, por ejemplo, construyen típicamente sus teorías como si la geografía fuera el terreno físico fijo e inmutable sobre el que juegan las fuerzas económicas. ¿Qué podría ser más sólido que las cadenas montañosas como el Himalaya, los Andes o los Alpes, o más fijo que la forma de los continentes y de las zonas climáticas que ciñen la Tierra? Recientemente, respetados analistas como Jeffrey Sachs en *The End of Poverty: Economic Possibilities of our Time* (2005) [*El fin de la pobreza. Cómo lograrlo en nuestro tiempo,* 2005] y Jared Diamond en *Guns, Germs and Steel: The Fates of Human Societies* (1997) [*Armas, Gémenes y Acero,* 2006] han escrito libros de gran éxito que sugieren que la geografía interpretada como el entorno fijo e inmutable es el destino. La mayoría de las diferencias en la riqueza de las naciones, señala Sachs, tienen que ver con la distancia al Ecuador y el acceso a aguas navegables. Otros, como Daron Acemoglu y James Robinson en *Why Nations Fail: The Origins of Power, Prosperity, and Poverty* (2012) [*Por qué fracasan los países: Los orígenes del poder, la prosperidad y la pobreza,* 2012] publican *best-sellers* que disputan esa opinión. La geografía, según dicen, no tiene nada que ver con eso; lo que importa es el marco institucional, histórica y culturalmente construido. Hay quienes dicen que Europa se desarrolló y se convirtió en cuna del capitalismo de libre mercado debido a su régimen de lluvias, costas accidentadas y diversidad ecológica regional, mientras que China se vio frenada por una línea costera que inhibía la navegación fácil y un régimen hidrológico que requería una administración estatal centralizada y burocrática, hostil al mercado libre y a la iniciativa individual. Otros dicen que las innovaciones institucionales que favorecen la propiedad privada y una estructura fragmentada de poderes estatales y regionales surgieron quizá por accidente en Europa para acabar imponiendo un imperialismo extractivo en partes densamente pobladas del globo (como India y China), que hasta hace muy poco mantuvo bloqueadas sus economías, contrastando radicalmente con la apertura del asentamiento colonial en las Américas y Oceanía que estimuló el crecimiento económico del libre mercado. Alrededor de temas parecidos se han elaborado historias convincentes de la humanidad: recuérdese el monumental *Study of History* [*Estudio de la Historia,* 1963] de Arnold Toynbee, en el que los desafíos ambientales y las respuestas humanas están en la raíz de las transformaciones históricas, o la reciente y sorprendente popularidad de *Guns, Germs and Steel* de Jared Diamond, donde el medio ambiente lo decide todo.

Lo que sugiero en los ensayos reunidos aquí está en desacuerdo con ambas tradiciones, sobre todo porque ambas son, dicho simplemente, incorrectas. No están equivocadas porque malinterpreten los detalles, lo que claramente hacen (la suavidad de la costa china frente a la accidentada línea costera de Europa depende enteramente de la escala del mapa que se consulte), sino porque su definición de qué es o no es geográfico no tiene sentido: depende de una separación cartesiana artificial de la naturaleza con respecto a la cultura, mientras que en el mundo real es imposible discernir dónde termina la naturaleza y comienza la cultura. Imponer una dicotomía donde no la hay es un error fatal. La geografía expresa la unidad entre la cultura y la naturaleza y no el producto de una interacción causal con retroalimentación, tal como se suele representar. Esa dualidad ficticia da lugar a todo tipo de desastres políticos y sociales.

Como muestra la historia reciente de China, la geografía del mundo no está fija sino que cambia constantemente. Los cambios en la duración y el coste del transporte, por ejemplo, redefinen continuamente los espacios relativos de la economía global. La extracción de riqueza de Oriente a Occidente desde el siglo XVIII no podría haber ocurrido sin las nuevas tecnologías del transporte y el dominio militar que cambiaron las coordenadas espacio-temporales de la economía global (particularmente con la aparición de los ferrocarriles y los buques de vapor). Lo que importa es el espacio relativo y no el absoluto. Aníbal tuvo muchos problemas para llevar a sus elefantes a través de los Alpes, pero la construcción del Túnel del Simplon cambió drásticamente la facilidad de movimiento de mercancías y personas entre la mayor parte de Europa y el norte de Italia.

En estos ensayos pretendo encontrar un marco para comprender el proceso por el que se compone, descompone y recompone continuamente nuestra geografía y sus consecuencias para la vida humana y el medio ambiente del planeta Tierra. Digo un «marco» más que una teoría específica y estrictamente ordenada porque la geografía cambia constantemente, no sólo porque los seres humanos son agentes activos en la creación de entornos que condicionan la reproducción de su modo de producción (como el capitalismo), sino porque en los ecosistemas del mundo se están produciendo continuamente transformaciones simultáneas bajo otros impulsos. Algunos de esos cambios, pero no todos, son consecuencias involuntarias de las acciones humanas: piénsese en el cambio climático global, el del nivel del mar, el de la capa de ozono, las cualidades más o menos degradadas del aire y el agua, los desechos oceánicos y la disminución de las poblaciones de peces, extinciones de especies y similares. Mientras tanto, surgen nuevos virus y agentes patógenos (VIH/sida, ébola, virus del Nilo Occidental) y desaparecen otros más antiguos (viruela) o, como el de la malaria, se muestran recalcitrantes frente a los intentos humanos por controlarlos. El mundo natural que habitamos también está en constante cambio, ya que el movimiento de las placas tectónicas arroja lavas volcánicas y provoca terremotos y tsunamis, mientras que las manchas solares afectan a la Tierra de modos dispares.

La reproducción de nuestro entorno geográfico se da de diversas maneras y por todo tipo de razones. Los bulevares de Haussmann en París se concibieron en parte como instalaciones militares diseñadas para el control militar y social de una población urbana tradicionalmente rebelde, del mismo modo que la actual construcción de represas en Turquía está destinada principalmente a destruir, inundándola, la base agraria del movimiento autónomo kurdo mientras entrecruzan el sudeste de Anatolia con una serie de fosos para dificultar el movimiento de las guerrillas insurgentes que combaten por la independencia kurda. Que la construcción, tanto de los bulevares como de las presas, absorba el capital y el trabajo excedente parece enteramente fortuito. Las percepciones y las costumbres culturales se están incorporando constantemente al paisaje de maneras específicas, ya que el paisaje mismo se convierte en una serie de monumentos (como el Sacré-Coeur en París o una montaña como el Mont Blanc) que marcan una identidad y significados sociales y colectivos. Las ciudades y aldeas de la Toscana contrastan con las cumbres peladas que se consideran espacios sagrados e intocables en Corea. Tratar de aglutinar diversas características de ese tipo en una sola teoría coherente es claramente imposible; pero eso no significa que la producción geográfica supere todo entendimiento humano. Por eso escribo sobre «marcos», para comprender la creación de nuevas geografías, la dinámica de la urbanización y los desarrollos geográficos desiguales (por qué algunos lugares prosperan mientras otros declinan) y las consecuencias económicas, políticas y ambientales para la vida en el planeta Tierra en general y la vida cotidiana en el mosaico de vecindarios, ciudades y regiones en que el mundo está dividido.

Para crear tales marcos debemos explorar métodos de investigación basados en procesos y adoptar criterios más dialécticos en los que las típicas dualidades cartesianas (como entre la naturaleza y la cultura) se disuelven en un solo flujo de destrucción creativa histórica y geográfica. Aunque esto pueda parecer difícil de entender al principio, es posible localizar eventos y procesos en los que podamos intuir mejor cómo navegar en mares peligrosos y aventurarnos en tierras inexploradas. Nada, por supuesto, nos garantiza que el marco evitará naufragios o nos librará de caer en arenas movedizas, quedarnos inmovilizados o desanimarnos y darnos por vencidos. Cualquiera que contemple la inextricable maraña de relaciones e interacciones que condiciona cuanto acontece en Oriente Medio entenderá seguramente a qué me refiero.

Los mapas cognitivos proporcionan algunas claves y algunos asideros con los que analizar cómo se producen tales enredos y quizá indicaciones de cómo zafarnos de las dificultades que afrontamos. Puede que esta sea una declaración osada, pero en estos tiempos difíciles se precisa de cierta audacia y del valor de nuestras convicciones para ir a cualquier parte, y deberíamos hacerlo con la certeza de que cometeremos errores. El aprendizaje, en este caso, significa extender y profundizar los mapas cognitivos que llevamos en nuestras cabezas. Esos mapas nunca están completos y en cualquier caso cambian rápidamente, en estos días con un ritmo cada vez más rápido. Mis mapas cognitivos, compilados a lo largo de 40 años de trabajo, pensamiento y diálogo con otros, son incompletos; pero tal vez proporcionan una base para una comprensión crítica de las sendas por recorrer en la complicada geografía en la que vivimos y somos.

Esto plantea preguntas sobre las formas que podría adoptar nuestro mundo futuro. ¿Queremos vivir en una ciudad de 130 millones de habitantes? ¿Es razonable verter cemento en todas partes para evitar que el capital caiga en una crisis? No me parece particularmente atractiva la imagen de esas nuevas ciudades chinas que se están construyendo, por muchas razones: sociales, ambientales, estéticas, humanísticas y políticas. Mantener cualquier sentido de valor, dignidad y significado personal o colectivo frente a semejante monstruo del desarrollo parece una misión destinada al fracaso, que produce las más profundas enajenaciones. No me puedo imaginar que muchos de nosotros lo deseemos, promovamos o planifiquemos personalmente, aunque evidentemente hay algunos futurólogos que avivan las llamas de estas visiones utópicas y algunos periodistas bastante serios que están convencidos o cautivados por esas iniciativas hasta el punto de querer informar sobre ellas, junto con los desesperados financieros que controlan excedentes de capital, preparados para invertirlos y convertir en realidad tales visiones.

Recientemente concluía, en *Seventeen Contradictions and the End of Capitalism* [*Diecisiete contradicciones y el fin del capitalismo,* 2014], que es a la vez lógico e imperativo en nuestros días considerar seriamente la geografía cambiante del mundo desde una perspectiva crítica anticapitalista. Si sostener y reproducir el capital como forma dominante de la economía política requiere, como parece ser el caso, verter cemento a un ritmo cada vez mayor, seguramente es hora de cuestionar al menos, si no rechazar, el sistema que produce tales excesos. O eso, o los apologistas del capitalismo contemporáneo tendrán que demostrar que la reproducción del capital puede lograrse por otros medios menos violentos y menos destructivos. Espero ese debate con interés.

I. Teoría revolucionaria y contrarrevolucionaria en geografía y el problema de la formación de guetos

¿Cómo y por qué deberíamos instar a una revolución en el pensamiento geográfico? Para obtener mayor perspectiva acerca de esa pregunta, vale la pena examinar las revoluciones y contrarrevoluciones ocurridas en todas las ramas de la ciencia. Thomas Kuhn[1] proporciona un análisis interesante de este fenómeno en las ciencias naturales. Sugiere que la mayor parte de la actividad científica se desarrolla en el marco de la que llama «ciencia normal», que equivale a la investigación de todas las facetas de un paradigma particular (un paradigma es un conjunto de conceptos, categorías, relaciones y métodos que son generalmente aceptados en una comunidad científica en un lugar y un momento dados). En la práctica de la ciencia normal surgen ciertas anomalías, esto es, observaciones o paradojas que no se pueden resolver desde o dentro del paradigma existente. Estas se convierten en un foco de atención creciente hasta que la ciencia entra en un periodo de crisis en el que se realizan intentos especulativos de resolver los problemas planteados por las anomalías. De esos intentos acaba surgiendo finalmente un nuevo conjunto de conceptos, categorías, relaciones y métodos entrelazados que resuelven los dilemas existentes al tiempo que preservan e incorporan los aspectos más valiosos del viejo paradigma. Así es como nace un nuevo paradigma, seguido una vez más por la reanudación de la actividad científica normal.

El esquema de Kuhn está sujeto a críticas por varios motivos. Discutiré dos problemas muy brevemente: primero, no ofrece ninguna explicación de

---

[1] T. Kuhn, *The Structure of Scientific Revolutions*, 1962.

cómo surgen las anomalías ni de cómo, una vez que han surgido, generan crisis. Esta crítica se podría solventar distinguiendo entre las anomalías significativas y las insignificantes. Por ejemplo, se sabía desde hacía mucho que la órbita de Mercurio no se ajustaba a los cálculos de Newton, pero esa anomalía era insignificante porque no tenía relevancia para el uso del sistema newtoniano en el contexto habitual. Si hubieran surgido anomalías en la construcción de puentes, en cambio, seguramente se habrían considerado altamente significativas. El paradigma newtoniano permaneció en pie sin ser cuestionado hasta que algo de importancia práctica resultaba imposible de explicar apelando a él.

En segundo lugar está la pregunta, nunca respondida satisfactoriamente por Kuhn, sobre la forma en que se acepta un nuevo paradigma. Kuhn admite que esa aceptación no es una cuestión de lógica. Sugiere más bien que implica un acto de fe. ¿En qué se basa ese acto? Según el análisis de Kuhn, hay una fuerza-guía que nunca se examina explícitamente. En su historia esa fuerza-guía se enraiza en una creencia fundamental en las virtudes del control y la manipulación del entorno natural. El acto de fe, aparentemente, se basa en la creencia de que el nuevo paradigma extenderá y profundizará ese poder. ¿Pero a qué aspecto de la naturaleza afectará? Presumiblemente, será un aspecto de la naturaleza importante en términos de la actividad y la vida cotidiana en un lugar y un momento particulares.

La debilidad más notoria de la argumentación de Kuhn, a la que apuntan esas dos críticas, es su abstracción de la elaboración del conocimiento científico de su contexto materialista histórico. Kuhn ofrece una interpretación idealista del avance científico, cuando está claro que el pensamiento científico está fundamentalmente orientado a actividades materiales. La base materialista histórica para el avance del conocimiento científico ha sido explorada por John Desmond Bernal[2]. La actividad material implica la manipulación de la naturaleza en interés del hombre, y la comprensión científica no puede ser interpretada independientemente de ese impulso general. Sin embargo, en esta coyuntura, nos vemos obligados a agregar una nueva perspectiva, porque «el interés del hombre» está sujeto a una variedad de interpretaciones, según el sector de la sociedad en el que estemos pensando. Bernal señala que en Occidente las ciencias eran hasta hace muy poco propiedad exclusiva de un grupo de clase media, e incluso recientemente, con el surgimiento de lo que

---

[2] J. D. Bernal, *Science in History,* 1971.

a menudo se llama la «meritocracia», el científico se ve frecuentemente atraído en el curso de su carrera a las formas de vida y pensamiento de la clase media. Por eso cabe esperar que las ciencias naturales reflejen tácitamente un impulso hacia la manipulación y el control de aquellos aspectos de la naturaleza que son relevantes para la clase media. Mucho más importante, sin embargo, es la sujeción de la actividad científica, por un proceso de mecenazgo y financiación de la investigación, a los intereses especiales de quienes tienen el control de los medios de producción y las finanzas. La coalición de industria y gobierno dirige en gran medida la actividad científica. En consecuencia, «manipulación y control» significa manipulación y control en interés de grupos particulares de la sociedad (específicamente, la comunidad industrial y financiera junto con la clase media) más que de la sociedad como un todo[3]. Con esas restricciones estaremos en mejores condiciones para comprender el impulso general del avance científico oculto en las recurrentes revoluciones científicas que Kuhn ha descrito tan perspicazmente.

Con frecuencia se ha cuestionado si el análisis de Kuhn podría extenderse a las ciencias sociales. Kuhn parece verlas como «precientíficas», en el sentido de que ninguna ciencia social ha establecido realmente ese corpus de conceptos, categorías, relaciones y métodos generalmente aceptados que constituyen un paradigma. Esta visión de las ciencias sociales como precientíficas es, de hecho, bastante general entre los filósofos de la ciencia[4]. Sin embargo, una rápida revisión de la historia del pensamiento en las ciencias sociales muestra que sí ocurren revoluciones en ese campo y que están marcadas por muchas de las mismas características que Kuhn señaló en las ciencias naturales. No hay duda de que Adam Smith proporcionó una formulación paradigmática del pensamiento económico, que fue posteriormente consolidada por Ricardo. En tiempos más recientes, Keynes logró hacer algo esencialmente similar y ofreció una formulación paradigmática que dominó el pensamiento económico en Occidente hasta 1970, más o menos. H. G. Johnson[5] explora tales revoluciones en el pensamiento económico. Su análisis es paralelo en muchos aspectos al de Kuhn, agregando, sin embargo, varios giros adicionales. En el corazón de la revolución keynesiana, afirma, había una crisis gene-

---

[3] Véanse *ibid.;* H. Rose y S. Rose, *Science and Society,* 1969.
[4] Véanse T. Kuhn, *op. cit.;* E. Nagel, *The Structure of Science,* 1961.
[5] H. G. Johnson, «The Keynesian Revolution and the Monetarist Counter-revolution», 1971.

rada por el fracaso de la economía prekeynesiana para tratar el problema más apremiante y significativo de la década de 1930: el desempleo. Así, el desempleo suponía la anomalía significativa. Johnson sugiere que:

> Por mucho, la circunstancia más útil para la rápida propagación de una teoría nueva y revolucionaria es la existencia de una ortodoxia establecida que es claramente inconsistente con los hechos más sobresalientes de la realidad, y sin embargo está lo bastante segura de su poder intelectual para intentar explicar esos hechos, y en sus esfuerzos por hacerlo exhibe su incompetencia de una manera ridícula.

Así, las realidades sociales objetivas de la época desbordaron la sabiduría convencional y sirvieron para exponer sus fallos.

> En esta situación de confusión general y obvia irrelevancia de la economía ortodoxa para los problemas reales, se abrió el camino para una nueva teoría que ofrecía una explicación convincente de la naturaleza del problema y un conjunto de prescripciones políticas basadas en esa explicación.

Hasta ahí, la similitud con Kuhn es bastante notable. Pero Johnson agrega nuevas consideraciones, algunas de las cuales provienen realmente de la sociología de la propia ciencia. Afirma que una teoría recién aceptada tenía que poseer cinco características principales:

> Primero, tenía que atacar la proposición central de la ortodoxia conservadora […] con un nuevo análisis académicamente aceptable que la invirtiera […] Segundo, la teoría tenía que parecer nueva, pero absorber la mayor cantidad posible de componentes válidos o al menos no fácilmente discutibles de la teoría ortodoxa existente. En ese proceso ayuda enormemente dar a los viejos conceptos nombres nuevos y desconcertantes, y enfatizar como cruciales pasos analíticos que anteriormente se habían considerado triviales […] En tercer lugar, la nueva teoría debía tener el grado apropiado de dificultad […] de modo que a los colegas académicos al mando les resultara difícil o demasiado costosa estudiarla y desperdiciaran sus esfuerzos en cuestiones teóricas periféricas, ofreciéndose así como blancos fáciles para la crítica y el rechazo por parte de sus colegas más jóvenes y ansiosos. Al mismo tiempo, la nueva teoría tenía que parecer lo suficientemente difícil como para atraer el interés

intelectual de colegas y estudiantes más jóvenes, pero en realidad lo bastante fácil para poder dominarla adecuadamente con suficiente inversión de esfuerzo intelectual [...] Cuarto, la nueva teoría tenía que ofrecer a los estudiosos más dotados y menos oportunistas una nueva metodología más atractiva que las actualmente disponibles [...] Finalmente, [tenía que ofrecer] una importante relación empírica [...] para las mediciones.

La historia del pensamiento geográfico en los últimos 10 años se refleja exactamente en ese análisis. La proposición central de la vieja geografía era la cualitativa y particular, incapaz claramente de resistir el impulso del conjunto de las ciencias sociales hacia instrumentos de manipulación y control social que requieren una comprensión de lo cuantitativo y lo general. Tampoco cabe ninguna duda de que durante el proceso de transición los conceptos antiguos recibieron nombres nuevos y confusos y que suposiciones bastante triviales fueron sometidas a una investigación analítica rigurosa. Además, no se puede negar que la llamada revolución cuantitativa en la geografía ofreció la oportunidad de poner en la picota a los académicos más antiguos en la disciplina, en particular cuando se aventuraban en cuestiones relacionadas con la ortodoxia emergente. También es cierto que el movimiento cuantitativo proporcionó un desafío con la dificultad apropiada y abrió la posibilidad de nuevas metodologías, muchas de las cuales fueron muy provechosas en términos de las ideas analíticas que generaron. Por último, había muchas cosas nuevas por medir; en la función de la pérdida de influencia a distancia, el umbral, el rango de un bien y la medición de pautas espaciales, los geógrafos encontraron cuatro nuevos temas empíricos aparentemente cruciales, a cuya investigación podían dedicar gran cantidad de tiempo. El movimiento cuantitativo puede interpretarse así, al menos parcialmente, como un desafiante conjunto de nuevas ideas para debatir, en parte como una lucha bastante mezquina por el poder y el estatus dentro de un marco disciplinario, y en parte como respuesta a presiones externas para descubrir los medios de manipulación y control en los que se puede definir, hablando genéricamente, «el campo de planificación». Por si alguien malinterpreta esas observaciones como señales que apuntan a un grupo en particular, debo decir que todos estábamos involucrados en este proceso y que no había ni hay manera de que pudiéramos escapar de esa participación.

Johnson también introduce el término «contrarrevolución» en su análisis. A este respecto su pensamiento no es muy esclarecedor, ya que es obvio que tiene un gran interés personal en criticar a los monetaristas, a quienes designa como contrarrevolucionarios, aunque existe una anomalía significativa (la combinación de inflación y desempleo) que supone un importante desafío para la ortodoxia keynesiana. Pero hay algo muy importante en ese término que requiere análisis. Parece intuitivamente plausible pensar en el tráfago de las ideas en las ciencias sociales como un movimiento basado en la revolución y la contrarrevolución, a diferencia de las ciencias naturales, en las que no parece que esa noción pueda aplicarse tan directamente.

Podemos analizar los fenómenos contrarrevolucionarios utilizando nuestra percepción de la formación de paradigmas en las ciencias naturales, basada en la ampliación de la capacidad del hombre para manipular y controlar los fenómenos naturales. Del mismo modo, podemos anticipar que la fuerza motriz detrás de la formación de paradigmas en las ciencias sociales es el deseo de manipular y controlar la actividad humana y los fenómenos sociales en interés del hombre. Inmediatamente surge la cuestión de quién va a controlar a quién, en interés de quién se ejercerá el control, y si el control dice ejercerse en interés de todos, quién va a asumir la tarea de definir ese interés público. Nos vemos así obligados a enfrentarnos directamente en las ciencias sociales a lo que en las ciencias naturales surge sólo indirectamente, a saber, las bases y consecuencias sociales del control y la manipulación. Sería extraordinariamente estúpido suponer que esas bases están equitativamente distribuidas en toda la sociedad. Nuestra historia muestra que generalmente esas bases están muy concentradas en unas pocas agrupaciones sociales clave. Esos grupos pueden ser benevolentes o explotadores con respecto a otros grupos, pero ese no es el problema. La cuestión es que las ciencias sociales formulan conceptos, categorías, relaciones y métodos que no son independientes de las relaciones sociales existentes. Como tales, los conceptos son el producto de los mismos fenómenos que están diseñados para describir. Una teoría revolucionaria sobre la cual se basa un nuevo paradigma sólo obtendrá aceptación general si la naturaleza de las relaciones sociales incorporadas en la teoría se constata efectivamente en el mundo real. Una teoría contrarrevolucionaria es la que se propone deliberadamente hacer frente a la teoría revolucionaria a fin de evitar, ya sea por cooptación o por subversión, los cambios sociales amenazadores que generaría la aceptación general de la teoría revolucionaria.

Este proceso de revolución y contrarrevolución en las ciencias sociales queda explícito en la relación entre las teorías económicas y políticas de Adam Smith y Ricardo y las de Karl Marx, sobre las que Engels, en su prefacio al volumen dos de *El capital*, proporciona algunas ideas bastante extraordinarias examinando la acusación de que Marx había plagiado la teoría del plusvalor[6], cuando lo cierto es que había reconocido claramente que tanto Adam Smith como Ricardo habían discutido y comprendido parcialmente la naturaleza del plusvalor. Engels trata de explicar lo que era nuevo en los enunciados de Marx al respecto, y cómo fue que la teoría del plusvalor de Marx «golpeó como un rayo que cae de un cielo despejado»; para ello describió un pasaje de la historia de la química (casualmente, también en él se inspiró Kuhn[7] al tratar la estructura de las revoluciones en las ciencias naturales), sobre la relación entre Lavoisier y Priestley en el descubrimiento del oxígeno. Ambos realizaron experimentos similares y obtuvieron resultados similares. Sin embargo, había una diferencia esencial entre ellos. Priestley insistió durante el resto de su vida en interpretar sus resultados en términos de la antigua teoría del flogisto y por eso llamó a su descubrimiento «*dephlogisticated air*» [aire deflogistizado]. Lavoisier, en cambio, reconoció que su descubrimiento no se podía reconciliar con la teoría del flogisto existente, y en consecuencia reconstruyó el marco teórico de la química sobre una base completamente nueva. Así, Engels, y Kuhn después de él, afirman que Lavoisier fue el «descubridor real del oxígeno mientras que otros sólo lo habían producido sin saber lo que habían producido». Engels prosigue:

> La relación que existe entre Marx y sus predecesores, en lo que respecta a la teoría del plusvalor, es la misma que media entre Lavoisier, por un lado, y Priestley y Scheele, por el otro. La *existencia* de la parte de valor del producto que ahora denominamos plusvalor fue establecida mucho antes de Marx; asimismo se había enunciado, con mayor o menor claridad, de qué se compone, a saber, el producto del trabajo por el cual quien se lo apropia no ha pagado equivalente alguno. Pero no se pasaba de ahí. Unos –los economistas burgueses clásicos– a lo sumo investigaron la proporción cuantitativa según la cual el producto del trabajo se distribuye entre el obrero y el poseedor de los medios de producción. Otros –los socialistas– encontraban injusta esa distribución y buscaban medios utópicos con los que corregir la injusticia. Pero tanto unos como otros seguían imbuidos de las categorías económicas preexistentes, tal como las habían encontrado. Entonces apareció Marx, y precisamente en antí-

---

[6] Véase L. Althusser y É. Balibar, *Lire le Capital,* 1965.
[7] T. Kuhn, *La estructura de las revoluciones científicas,* 1971, pp. 92-97.

tesis directa con todos sus predecesores. Allí donde estos veían una *solución,* él veía solamente un *problema.* Vio que lo que tenía ante sí no era aire desflogistizado ni aire ígneo, sino oxígeno; que no se trataba ni de la simple comprobación de un hecho económico corriente, ni del conflicto de este hecho con la justicia eterna y la verdadera moral, sino de un hecho que estaba llamado a trastocar toda la economía y que ofrecía –a quien supiera interpretarlo– la clave para comprender toda la producción capitalista. Basándose en ese hecho, investigó todas las categorías, tal como Lavoisier había investigado de la mano del oxígeno todas las categorías preexistentes de la química flogística[8].

Resulta bastante notable, por supuesto, que Engels expusiera ese tipo de pensamiento casi un siglo antes de que Kuhn supuestamente revolucionara el nuestro sobre el progreso científico. La teoría económica marxista era claramente peligrosa en tanto que parecía proporcionar la clave para comprender la producción capitalista desde la posición de quienes no controlan los medios de producción. En consecuencia, las categorías, conceptos, relaciones y métodos capaces de constituir un nuevo paradigma suponían una enorme amenaza para la estructura de poder del mundo capitalista. La aparición posterior de la teoría marginal del valor (especialmente entre la escuela austríaca de economistas como Böhm-Bawerk y Menger) eliminó muchos de los conceptos básicos del análisis de Smith y Ricardo (en particular, la teoría del valor-trabajo) y también, de paso, sirvió para hacer retroceder el desafío marxista en la economía. La cooptación contrarrevolucionaria de la teoría marxista en Rusia después la muerte de Lenin y una cooptación contrarrevolucionaria similar de gran parte del lenguaje marxista por la sociología occidental (hasta el punto de que algunos sociólogos sugieren que ahora todos somos marxistas), sin transmitir la esencia del pensamiento marxista, han impedido de hecho el verdadero florecimiento del pensamiento marxista y, concomitantemente, el surgimiento de la sociedad humanista que Marx preveía. Tanto los conceptos como las relaciones sociales proyectadas encarnadas en esos conceptos se vieron frustrados.

La revolución y la contrarrevolución en el pensamiento son pues características de las ciencias sociales de una manera aparentemente no característica de las ciencias naturales. Las revoluciones en el pensamiento no pueden di-

---

[8] K. Marx, *El capital,* vol. 2, prólogo de Engels a la primera edición, p. 31 [*MEW* Band 24, pp. 22-23].

vorciarse finalmente de las revoluciones en la práctica. Esto puede apuntar a la conclusión de que las ciencias sociales están de hecho en un estado precientífico. Sin embargo, la conclusión está mal fundada, ya que las ciencias naturales nunca han sido arrebatadas por un tiempo al control de un grupo de interés restringido. Es este hecho, más que algo inherente a la naturaleza de las propias ciencias naturales, lo que explica la ausencia de contrarrevoluciones en las ciencias naturales. En otras palabras, esas revoluciones del pensamiento realizadas en las ciencias naturales no representan una amenaza para el orden existente, ya que están construidas básicamente con los requisitos de ese orden existente. Eso no quiere decir que no tengan que afrontar en su camino algunos problemas sociales incómodos, porque el descubrimiento científico no es predecible y puede ser, por tanto, fuente de tensiones sociales. Lo que esto sugiere, no obstante, es que las ciencias naturales se hallan en un estado presocial. En consecuencia, las cuestiones de acción y control social, que las técnicas de las ciencias naturales a menudo ayudan a resolver, no se incorporan a las propias ciencias naturales. De hecho, hay un cierto fetichismo en cuanto a mantener las cuestiones sociales fuera de las ciencias naturales ya que su incorporación supuestamente introduciría un «sesgo» en una investigación realizada a instancias del orden social existente. Los consiguientes dilemas morales para los científicos que se toman en serio su responsabilidad social son muy reales. Contrariamente a la opinión popular, parece apropiado concluir que la filosofía de las ciencias sociales es potencialmente muy superior a la de las ciencias naturales, y que la fusión final de los dos campos de estudio vendrá, no como consecuencia de los intentos de «cientificar» las ciencias sociales sino, por el contrario, de la socialización de las ciencias naturales[9]. Esto puede significar el reemplazo de la manipulación y el control por la realización del potencial humano como criterio básico para para la aceptación de sus paradigmas. En tal caso, todos los aspectos de la ciencia experimentarían fases de pensamiento revolucionario y contrarrevolucionario, que indudablemente estarían asociadas a cambios revolucionarios en la práctica social.

Volvamos ahora a la pregunta inicial. ¿Cómo y por qué habría que realizar una revolución en el pensamiento geográfico? La revolución cuantitativa ha seguido su curso y aparentemente está dando lugar a rendimientos marginales decrecientes, de modo que cualquier nueva pieza de ecología factorial,

---

[9] K. Marx, *Manuscritos Económico-Filosóficos de 1844.*

cualquier nuevo intento de medir la pérdida de influencia a distancia o de precisar el rango de un bien, nos dice cada vez menos sobre cosas de gran relevancia. Además, ahora hay geógrafos más jóvenes, tan ambiciosos como lo eran los «cuantificadores» de principios de la década de 1960, ansiosos de reconocimiento y de cosas interesantes que hacer. Por eso surgen murmullos de descontento dentro de la estructura social de la disciplina cuando los «cuantificadores» establecen un firme control sobre la producción de estudiantes de posgrado y sobre los planes de estudio de los departamentos. Esta situación sociológica dentro de la disciplina no es suficiente para justificar una revolución en el pensamiento (ni debe), pero es así. Más importante aún, existe una clara disparidad entre el sofisticado marco teórico y metodológico que estamos utilizando y nuestra capacidad para decir algo realmente significativo sobre los acontecimientos que tienen lugar a nuestro alrededor. Existen demasiadas anomalías entre lo que pretendemos explicar y manipular y lo que realmente ocurre. Hay un problema ecológico, un problema urbano, un problema de comercio internacional, y sin embargo parecemos incapaces de decir nada profundo sobre ninguno de ellos. Cuando decimos algo, parece trillado y bastante ridículo. En resumen, nuestro paradigma no está funcionando bien. Está listo para el derrocamiento. Las condiciones sociales objetivas exigen que digamos algo sensato o coherente o callemos para siempre (por falta de credibilidad, o peor aún, por el deterioro de las condiciones sociales objetivas). Son la situación social objetiva emergente y nuestra patente incapacidad para hacerle frente las que esencialmente explican la necesidad de una revolución en el pensamiento geográfico.

¿Cómo deberíamos realizar tal revolución? Hay varios caminos posibles para tomar. Podríamos, como algunos sugieren, abandonar la base positivista del movimiento cuantitativo en favor de un idealismo filosófico abstracto y esperar que las condiciones sociales objetivas mejoren por sí mismas, o que los conceptos forjados mediante modos de pensamiento idealistas logren finalmente suficiente contenido para facilitar el cambio creativo de las condiciones sociales objetivas. Sin embargo, el idealismo se caracteriza por estar siempre condenado a buscar infructuosamente contenido real. También podríamos rechazar la base positivista de la década de 1960 en favor de interpretaciones fenomenológicas. Esto parece más atractivo que el curso idealista, ya que al menos serviría para mantenernos en contacto con el concepto de «hombre» como un ser en constante interacción sensible con las realidades sociales y naturales que le rodean. Pero los enfoques fenomenológicos pueden llevarnos al idealismo o de nuevo al ingenuo empirismo positivista tan fácilmente como a una forma de materialismo socialmente consciente. La llamada revolución conductista en geografía apunta en ambas direcciones. Por lo tanto, la estrategia más fructífera en esta coyuntura es explorar esa área de comprensión en la que se superponen ciertos aspectos del positivismo, el materialismo y la fenomenología para proporcionar interpretaciones adecuadas de la realidad social en la que nos encontramos. Esa superposición es la que explora más claramente el pensamiento marxista. Marx, en los *Manuscritos económico-filosóficos de 1844* y en *La ideología alemana,* dio a su sistema de pensamiento una poderosa y atractiva base fenomenológica.

El marxismo y el positivismo tienen también ciertas cosas en común. Ambos tienen una base materialista y recurren a un método analítico. La diferencia esencial, por supuesto, es que el positivismo trata simplemente de entender el mundo, mientras que el marxismo trata de cambiarlo. Dicho de otra manera, el positivismo extrae sus categorías y conceptos de una realidad existente con todos sus defectos, mientras que las categorías y conceptos marxistas se formulan mediante la aplicación del método dialéctico para la historia tal como se desarrolla, aquí y ahora, a través de acontecimientos y acciones. El método positivista implica, por ejemplo, la aplicación de la lógica aristotélica tradicional dicotómica para contrastar hipótesis (la hipótesis nula de la inferencia estadística es un dispositivo puramente aristotélico): las hipótesis son verdaderas o falsas y una vez categorizadas lo son para siempre. La dialéctica, en cambio, propone un proceso de comprensión que permite la interpenetración de opuestos, incorpora contradicciones y paradojas, y apunta a los procesos de resolución. En la medida en que es relevante hablar de verdad y falsedad, la verdad reside en el proceso dialéctico más que en las proposiciones derivadas del proceso. Esas proposiciones pueden ser declaradas «verdaderas» tan sólo en un momento determinado, y siempre pueden ser contradichas por otras proposiciones «verdaderas». El método dialéctico nos permite invertir los análisis si es necesario, considerar las soluciones como problemas y las preguntas como soluciones.

Y así llego por fin a la cuestión de la formación de guetos. En este momento el lector puede considerar que todo lo anterior no era más que una introducción prolija que sólo tiene una importancia marginal para entender la formación de guetos y definir soluciones para el problema; pero de hecho es crucial para el caso, ya que argumentaré que sólo podemos decir algo relevante para el problema si conscientemente buscamos, en el proceso, establecer una teoría geográfica revolucionaria para abordarlo. También argumentaré que podemos concebir esta comprensión utilizando muchas de las herramientas que actualmente tenemos a nuestra disposición. Sin embargo, debemos estar preparados para interpretar esas herramientas de una manera nueva y bastante diferente. En resumen, debemos pensar en términos de oxígeno y no en términos de aire deflogistizado.

El gueto ha atraído mucha atención como uno de los principales problemas sociales de la ciudad estadounidense. A lo largo de la década de 1960 se convirtió en el centro de una ola tras otra de disturbios sociales que culminaron en levantamientos urbanos en Detroit, Los Ángeles y muchas otras ciudades tras el asesinato de Martin Luther King en abril de 1968. Ha asentado lo que ya se conoce como «la crisis urbana» en Estados Unidos y planteó problemas al poder político que exigen respuestas e intervenciones públicas. En las ciudades británicas también han venido aumentando los temores de «polarización» y «guetización». Generalmente se considera que los guetos son malos y que sería socialmente deseable eliminarlos, preferiblemente sin eliminar a la población que contienen (la posición de Banfield con respecto a esta última cuestión parece algo ambigua). Mi intención aquí no es intentar un análisis detallado de la literatura sobre el gueto ni involucrarme en las posibles definiciones de ese concepto. En lugar de eso, examinaré las teorías geográficas que parecen tener cierta relevancia para entender la formación de guetos y su pervivencia. El corpus teórico más obvio que requiere un examen a este respecto es, por supuesto, la teoría del uso del suelo urbano.

Gran parte de la teoría geográfica del uso del suelo urbano se inspira en la Escuela Sociológica de Chicago. Park, Burgess y McKenzie[10] escribieron abundantemente sobre la ciudad y elaboraron una interpretación de su forma en términos ecológicos. Observaron la concentración de grupos de bajos ingresos y varios grupos étnicos en determinados sectores de la ciudad. También descubrieron que las ciudades exhibían cierta regularidad en su forma espacial. A partir de ahí, Burgess elaboró lo que llegó a conocerse como la teoría de zonas concéntricas de la ciudad. Park y Burgess parecían considerar la ciudad como una especie de complejo ecológico producido humanamente, dentro del cual los procesos de adaptación social, especialización de funciones y estilo de vida, competencia por el espacio vital, etc., acababan produciendo una estructura espacial coherente, manteniéndose unido el conjunto

---

[10] R. E. Park, E. W. Burgess y R. D. McKenzie, *The City,* 1925.

por alguna forma de solidaridad social culturalmente derivada que Park[11] llamó «el orden moral». Los diversos grupos y actividades dentro del sistema de la ciudad estaban esencialmente unidos por ese orden moral, y simplemente se disputaban la posición (tanto social como espacial) dentro de las restricciones impuestas por el orden moral. El principal foco de interés era descubrir quiénes terminaban dónde, y cómo era su situación cuando llegaban allí. El impulso principal de la Escuela de Chicago era necesariamente descriptivo. Esta tradición ha ejercido una influencia extraordinariamente poderosa sobre el pensamiento geográfico y sociológico y, aunque las técnicas de descripción han cambiado un tanto (la ecología factorial ha reemplazado esencialmente a la ecología humana descriptiva), la dirección esencial del trabajo no ha cambiado. La Escuela de geógrafos urbanos de Chicago se deriva claramente de la Escuela Sociológica nacida en la misma ciudad[12]. Es curioso observar, no obstante, que Park y Burgess no prestan mucha atención al tipo de solidaridad social generado por el funcionamiento del sistema económico ni a las relaciones sociales y económicas que se derivan de consideraciones económicas. No ignoran el problema, por supuesto, pero para ellos es de una importancia secundaria. Como consecuencia, la teoría del uso del suelo urbano que desarrollaron tiene un fallo fundamental cuando se usa para explicar el gueto. Es interesante observar que Engels, que escribió unos 80 años antes que Park y Burgess, observó el fenómeno de la zonificación concéntrica en la ciudad, pero trató de interpretarlo en términos de clase económica. Vale la pena citar el pasaje, ya que contiene varias ideas sobre la estructura espacial de las ciudades:

> Mánchester alberga un barrio comercial bastante extenso, de alrededor de media milla de largo y casi otro tanto de ancho, compuesto casi únicamente de oficinas y almacenes o depósitos *[warehouses]*. Casi todo este barrio está inhabitado y aparece desierto y vacío durante la noche [...] Esta parte está surcada por grandes arterias de mucho tráfico y la planta baja de los edificios se halla ocupada por tiendas elegantes. En esas calles los pisos superiores están ocupados aquí y allá, y reina una gran animación hasta bien tarde. Con la excepción de este barrio comercial, toda la ciudad de Mánchester propiamente dicha, todo Salford y Hulme [...], no es sino un distrito obrero que circunda el

---

[11] *Ibid.*
[12] Véase B. Berry y F. Horton, *Geographic Perspectives,* 1970.

barrio comercial como un cinturón cuya anchura promedio es de una milla y media. Más allá de este cinturón viven la burguesía mediana y la alta burguesía; la mediana burguesía en calles regulares, cercanas al barrio obrero [...] la alta burguesía en villas con jardín, más alejadas [...] en el ambiente saludable de la campiña, en viviendas espléndidas y cómodas, aprovisionadas cada media hora o cada cuarto de hora por ómnibus que conducen a la ciudad. Y lo mejor es que los ricos aristócratas de las finanzas pueden tomar el camino más corto para trasladarse a sus oficinas en el centro de la ciudad, atravesando los barrios obreros sin apreciar siquiera que flanquean la más sórdida miseria a derecha e izquierda, ya que las grandes arterias que, partiendo de la Bolsa, conducen fuera de la ciudad en todas direcciones, tienen a ambos lados una fila casi interminable de tiendas y así se hallan a mano de pequeños y medianos burgueses que [...] bastan para disimular a los ojos de los ricos, señores y señoras de estómago robusto y de nervios débiles, la miseria y la suciedad que constituyen el complemento de su riqueza y su lujo [...] Sé muy bien que esa disposición hipócrita de las construcciones es más o menos común en todas las grandes ciudades; sé igualmente que los comerciantes al por menor deben, a causa de la naturaleza misma de su comercio, monopolizar las grandes arterias; sé que por todas partes se ve, en las calles de ese género, más casas bellas que feas, y que el valor del terreno que las circunda es más elevado que en los barrios apartados. Pero en ninguna otra como en Mánchester he comprobado el apartamiento tan sistemático de la clase obrera de las grandes vías, un arte tan delicado para disfrazar todo lo que pudiera ofender la vista o los nervios de la burguesía. Y sin embargo, la construcción de Mánchester, precisamente, responde menos que la de cualquier otra ciudad a un plan preciso o a regulaciones oficiales; más que la de cualquier otra ciudad, su disposición se debe al azar; y cuando pienso entonces en las declaraciones condescendientes de la clase media, a la que no le cuesta asegurar que los obreros se comportan debidamente, no puedo dejar de sentir que los industriales liberales, los *big wigs* de Mánchester, no son del todo inocentes de esa púdica disposición de los barrios de la ciudad[13].

El enfoque adoptado por Engels en 1844 era y sigue siendo mucho más coherente con las duras realidades económicas y sociales que el enfoque esen-

---

[13] F. Engels, *La situación de la clase obrera en Inglaterra,* Akal, 1994 [*Die Lage der Arbeitenden Klasse in England, MEW* Band 2, pp. 279-280]; en inglés: *The Condition of the English Working Class,* 1987, pp. 86-87.

cialmente cultural-ecológico de Park y Burgess. De hecho, con ciertas modificaciones obvias, la descripción de Engels podría adecuarse fácilmente a la ciudad estadounidense contemporánea (zonificación concéntrica con buenas redes de transporte para los ricos que viven en las afueras, evitando a los ciudadanos que cruzan a diario la ciudad la visión de la suciedad y la miseria que son el complemento de su riqueza, etc.). Es una pena que los geógrafos contemporáneos hayan buscado en Park y Burgess su inspiración y no en Engels. La solidaridad social que Engels observaba no se debía a ningún «orden moral» superior, sino que las miserias de la ciudad eran el resultado inevitable de un sistema capitalista malvado y avaro. La solidaridad social se imponía mediante el funcionamiento del sistema de intercambio de mercado. Engels veía Londres así:

> Estos londinenses han debido sacrificar la mejor parte de su naturaleza humana para lograr todos los milagros de la civilización de los cuales rebosa la ciudad; que cien fuerzas, que dormitaban en ellos, han permanecido inactivas y han sido ahogadas a fin de que sólo algunas puedan desarrollarse más ampliamente y ser multiplicadas uniéndose con aquellas de los demás […] Esta indiferencia brutal, este aislamiento insensible de cada individuo en el seno de sus intereses particulares, es más repugnante e hiriente cuanto mayor es el número de los individuos confinados en este espacio reducido […] La disgregación de la humanidad en mónadas, cada una de las cuales tiene un principio de vida particular y un fin particular, esta atomización del mundo, es llevada aquí al extremo. De ello resulta asimismo que la guerra social, la guerra de todos contra todos, aquí es abiertamente declarada […] Las personas no se consideran recíprocamente sino como sujetos utilizables; cada quien explota al prójimo, y el resultado es que el fuerte pisotea al débil y que el pequeño número de fuertes, es decir los capitalistas, se apropian de todo, mientras que sólo queda al gran número de débiles, los pobres, su vida […] Indiferencia bárbara por todas partes, dureza egoísta de un lado y miseria indecible del otro lado, la guerra social por todas partes, el hogar de cada uno en estado de sitio, por todas partes pillaje recíproco bajo el manto de la ley, y todo con un cinismo y una franqueza tales que uno se horroriza de las consecuencias de nuestro estado social, tal como aparecen aquí en su desnudez, y ya no se asombra uno de nada, sólo de que todo este mundo loco no se haya desmembrado todavía[14].

---

[14] *Ibid.,* pp. 68-69 [*Die Lage der Arbeitenden Klasse in England, MEW* Band 2, pp. 256-257].

Si expurgamos un poco el lenguaje (eliminando las referencias al capitalismo, por ejemplo), tendríamos una descripción digna del Informe de la Comisión Kerner[15], uno de los primeros intentos del Gobierno de Johnson para contener la crisis urbana que venía sacudiendo Estados Unidos durante la década de 1960.

La estructura espacial común de las ciudades señalada por Engels y por Park y Burgess se puede analizar desde el punto de vista económico y el cultural. La pregunta que planteaba Engels sobre la forma en que tal sistema podría evolucionar sin la guía de los «*big wigs*» pero en su beneficio, ha sido después objeto de un análisis económico detallado. La posibilidad de utilizar principios económicos marginalistas para explicar el fenómeno en términos de renta de la tierra se indicó inicialmente en un trabajo de Von Thünen en el terreno agrícola. Esto estableció las bases para una teoría económica del mercado urbano del suelo en las obras relativamente recientes de Alonso y Muth[16]. No tendremos que detenernos en los detalles de esa teoría, pero vale la pena examinar su contribución a la comprensión de la formación del gueto.

El uso del suelo urbano, se argumenta, se determina a través de un proceso de licitación competitiva, basado en que la renta de la tierra es más alta cerca del centro de actividad (en la teoría se supone generalmente que todo el empleo se concentra en una ubicación central). Si consideramos la opción residencial abierta a dos grupos de la población (uno rico y otro pobre) con respecto a un centro de empleo, podemos predecir dónde vivirá cada uno examinando la estructura de su curva de oferta/renta (definida como lo que uno u otro grupo social pueden pagar por su espacio vital). Para el grupo pobre esa curva es característicamente empinada, ya que los pobres tienen muy poco dinero para gastar en transporte; de ahí que su capacidad de pujar por el uso de la tierra disminuya rápidamente con la distancia desde el lugar de empleo. El grupo rico, en cambio, muestra una curva bastante plana, ya que su capacidad de oferta no se ve muy afectada por la cantidad de dinero gastado en el transporte. Cuando compiten entre sí, encontramos que el grupo pobre se ve obligado a vivir en el centro de la ciudad, mientras que el grupo rico vive más lejos (tal como exponía Engels). Eso significa que los pobres se ven obligados a vivir en terrenos de renta alta. La única forma en que pueden ajustarse a eso es, por supuesto, ahorrando en la cantidad de es-

---

[15] *Report of the National Advisory Commission,* 1968.
[16] W. Alonso, *Location and Land Use,* 1964; R. Muth, *Cities and Housing,* 1969.

pacio que ocupan y hacinándose en un área muy pequeña. La lógica del modelo indica que los grupos pobres se concentrarán en áreas de altos alquileres cerca del centro de la ciudad en condiciones de hacinamiento. Ahora bien, es posible elaborar una serie de variantes para el modelo, ya que la forma de la curva de renta de oferta de los ricos depende realmente de su preferencia por el espacio en relación con el coste de transporte. Lave[17] señala que la estructura espacial de la ciudad cambiará si cambian las preferencias del grupo rico. Si el coste de la congestión aumenta en el centro de la ciudad, por ejemplo, y los ricos deciden que el tiempo y el fastidio de los largos trayectos diarios no valen la pena, pueden con facilidad alterar su función de oferta y regresar al centro de la ciudad. Se pueden predecir varias estructuras de la ciudad dependiendo de la forma de las curvas de oferta, y es perfectamente posible encontrar a los ricos viviendo en el centro de la ciudad y a los pobres ubicados en las afueras. En este caso, los pobres se ven obligados a ajustarse, por ejemplo, intercambiando tiempo por el coste de la distancia, de modo que emplean grandes cantidades de tiempo caminando hasta el trabajo, a fin de ahorrar en costes de transporte (situación relativamente frecuente en las ciudades de América Latina). Todo esto significa que el grupo rico siempre puede imponer su preferencia al grupo pobre, porque tiene más recursos para aplicar los costes de transporte o para obtener un terreno en cualquier lugar que elija. Esta es la consecuencia natural derivada de la aplicación de principios económicos marginalistas (la curva de oferta/renta es un dispositivo típicamente marginalista) para una situación en la que las diferencias de renta son sustanciales. La teoría descansa sobre lo que normalmente se llama «optimalidad de Pareto» en el mercado de la vivienda.

Es posible utilizar formulaciones teóricas de este tipo para analizar el desequilibrio en un sistema urbano y para diseñar políticas que sirvan para restablecer las condiciones en equilibrio. Con la rápida periferización del empleo en Estados Unidos desde 1950, se podía anticipar un desplazamiento centrífugo de las poblaciones pobres (dadas sus funciones de renta de oferta) que intentarían buscar una vivienda más cercana a sus centros de empleo. Este cambio no se ha producido debido a la zonificación residencial excluyente en las urbanizaciones periféricas. De modo que podemos atribuir la gravedad del problema del gueto en la sociedad moderna a una función de esas instituciones que impiden el logro del equilibrio. Existen barreras políti-

---

[17] L. Lave, «Congestion and urban location», 1970.

cas e institucionales para lograr soluciones económicas supuestamente racionales; pero se puede, mediante demandas judiciales y similares, desafiar la legalidad y la constitucionalidad de la zonificación excluyente (curiosamente, ese esfuerzo es apoyado tanto por grupos de derechos civiles como por las empresas, ya que los primeros consideran discriminatoria la zonificación periférica, mientras que a las segundas les preocupa la falta de mano de obra de bajos ingresos en las zonas periféricas). También se puede intentar modificar los controles de uso del suelo para evitar una situación como la que se da en unas 20 comunidades en el área de Princeton, Nueva Jersey, en la que existe una zonificación industrial y comercial para 1,2 millones de empleos y otra residencial adecuada para sólo 144.000 trabajadores[18]. También se podría intentar superar el problema de la insuficiencia del transporte desde las áreas del centro de la ciudad hasta las urbanizaciones periféricas subsidiando los sistemas de transporte u organizando sistemas especiales para transportar a los residentes del gueto a los centros de trabajo en las afueras, lo que requeriría necesariamente que los residentes del gueto sustituyeran tiempo por coste (si el servicio está subsidiado): lo cierto es que la mayoría de esos programas han fracasado. También podríamos tratar de volver al equilibrio atrayendo empleos al centro de la ciudad mediante proyectos de renovación urbana, apoyo al capitalismo negro y similares. Todas estas soluciones tienen como base la suposición tácita de que existe un desequilibrio en el uso del suelo urbano y de que la política debería encaminarse a tratar de restablecer el equilibrio. Esas soluciones son liberales en tanto que reconocen la desigualdad pero tratan de remediarla a través del conjunto existente de mecanismos sociales (en este caso, mecanismos que son coherentes con la teoría de Von Thünen del uso del suelo urbano).

¿Cómo podemos imaginar más soluciones revolucionarias? Volvamos a la presentación de Muth[19] de la teoría de Von Thünen. Después de una exposición analítica de la teoría, Muth trata de evaluar la relevancia empírica de la teoría contrastándola con la estructura existente del uso de suelo residencial en Chicago. Sus pruebas indican que la teoría es, en general, correcta, aunque con ciertas desviaciones explicables por razones como la discriminación racial en el mercado de la vivienda. Por lo tanto, podemos inferir que la teoría es válida. Esta verdad, alcanzada con los medios positivistas clásicos, puede

---

[18] *Wall Street Journal,* 27 de noviembre de 1970.
[19] R. Muth, *Cities and Housing,* 1969.

ayudarnos a identificar el problema. Lo que para Muth era una prueba exitosa de una teoría social se convierte para nosotros en un indicador de cuál es el problema. La teoría predice que los grupos pobres deberían vivir donde menos pueden permitírselo.

Nuestro objetivo es eliminar los guetos. Por lo tanto, la única política válida en relación con ese objetivo es eliminar las condiciones que hacen cierta la teoría. En otras palabras, deseamos rebatir la teoría de Von Thünen del mercado del suelo urbano, haciéndola falsa. El planteamiento más simple consiste en eliminar los mecanismos que sirven para generar la teoría, en este caso, uno muy simple: la licitación competitiva para el uso del suelo. Si eliminamos ese mecanismo, presumiblemente eliminaremos el resultado. Esto sugiere inmediatamente una política para eliminar guetos, sustituyendo la licitación competitiva por un mercado controlado del suelo urbano y el control socializado del sector de la vivienda. Bajo tal sistema, la teoría de Von Thünen (que es una teoría normativa de todos modos) resultaría empíricamente irrelevante para nuestra comprensión de la estructura espacial del uso del suelo residencial. Este enfoque ha sido probado en varios países. En Cuba, por ejemplo, todos los apartamentos urbanos fueron expropiados en 1960. Las rentas se pagaban al Gobierno «y se consideraban como amortización de la propiedad por parte de los ocupantes, quienes deben pagar puntual y regularmente y mantener las instalaciones»[20]. El cambio de ocupantes sólo podría darse a través de una institución estatal.

> Quienes vivían en casas construidas antes de 1940 debían suspender el pago en 1965 si lo habían realizado puntualmente desde 1959; y desde mayo de 1961 todas las unidades nuevas vacantes se distribuyeron a las familias que tenían que pagar un alquiler superior al 10 por 100 de la renta familiar. Además, a mediados de 1966 se otorgó el derecho vitalicio a ocupar su vivienda sin tener que pagar ningún alquiler a todos los que hubieran realizado ya el pago durante un mínimo de 60 meses. En 1969 habían dejado de pagar alquiler un total de 268.089 familias[21].

Es obvio que un país pequeño como Cuba, en una etapa bastante primitiva de desarrollo económico, sufrirá una escasez crónica de viviendas, y la vi-

---

[20] N. Valdés, «Health and revolution in Cuba», 1971.
[21] *Ibid.*, p. 320.

vienda pobre no se puede eliminar *per se* mediante tal acción. Sin embargo, las soluciones adoptadas son interesantes en el sentido de que finalmente harán irrelevante la teoría de Alonso-Muth del mercado del suelo urbano para entender la estructura espacial residencial; y esto, presumiblemente, es lo que podría suceder si logramos eliminar el gueto.

Este planteamiento del gueto y del mercado de la vivienda sugiere un marco diferente para analizar problemas y diseñar soluciones. Obsérvese, por ejemplo, que en el caso de Cuba todas las viviendas antiguas quedaron libres de alquiler. Si consideramos el *stock* total de viviendas en un área urbana como un bien social (y no privado), es obvio que la comunidad ya pagó por el viejo alojamiento. Según ese cálculo, todas las viviendas en un área urbana construidas antes de, digamos, 1940 (y algunas de las construidas desde entonces) ya han sido pagadas. La deuda correspondiente ha sido ya amortizada y vencida. Los únicos costes asociados son los de mantenimiento y las cargas por servicios. Tenemos una enorme cantidad de capital social almacenado en el depósito de viviendas, pero, en un sistema de mercado privado para el suelo y la vivienda, su valor no siempre se mide en términos de su uso como cobijo y residencia, sino en términos de la cantidad a recibir en el intercambio de mercado, que puede verse afectada debido a factores externos como la especulación. En el momento actual, las viviendas de muchas áreas del centro urbano poseen poco o ningún valor de cambio. Eso no significa, sin embargo, que carezcan de valor de uso. En consecuencia, estamos desperdiciando valor de uso porque no podemos establecer valores de cambio. Ese desperdicio no se produciría bajo un sistema de mercado socializado de la vivienda y es uno de los costes que arrastramos por aferrarnos tenazmente a la idea de propiedad privada. Por supuesto, durante algún tiempo ha sido un supuesto casi incuestionable de la teoría económica que el valor de uso se encarna en el valor de cambio. Aunque los dos están obviamente relacionados, no obstante, la naturaleza de la relación depende de quién se beneficia del uso. En el mercado de la vivienda del centro urbano obtenemos valores de uso bastante diferentes cuando contrastamos al propietario, que usa la casa como fuente de ingresos, y al inquilino, que está interesado en alojarse en ella.

Este argumento con respecto a la teoría de Alonso-Muth del uso del suelo residencial es demasiado simplista; dado que a menudo sucede que un mecanismo asumido para los propósitos de la teoría no es necesariamente el mismo que los mecanismos reales que generan resultados de acuerdo con la teoría, sería peligroso señalar de inmediato los procesos competitivos de mercado como la causa principal de la formación de guetos. Todo lo que una prueba exitosa de la teoría debería hacer, por lo tanto, es alertarnos sobre la posibilidad de que sea el mecanismo competitivo del mercado el que tenga la culpa. Debemos examinar ese mecanismo con más detalle.

Un mercado funciona siempre en condiciones de escasez. Dicho de otra manera, la asignación de recursos escasos es la base de la economía de mercado. Por eso es importante para nosotros considerar el contenido de los dos conceptos, «recurso» y «escasez». Los geógrafos han reconocido desde hace tiempo que un recurso es una estimación técnica y social[22]. Esto significa que los materiales y la gente se convierten en recursos naturales y humanos sólo cuando poseemos la tecnología y la forma social adecuadas para hacer uso de ellos. El uranio se convirtió en un recurso tras ciertos avances tecnológicos en física nuclear, y las personas se convierten en recursos cuando se ven obligadas a vender su fuerza de trabajo en el mercado para sobrevivir (ese es el contenido real de los términos «recursos humanos» y «capital humano»). Del mismo modo, el concepto de escasez no surge naturalmente, sino que sólo se hace relevante en términos de acción social y objetivos sociales[23]. La escasez se define socialmente y no está determinada naturalmente. Un sistema de mercado se hace posible en condiciones de escasez de recursos, porque sólo en esas condiciones pueden surgir mercados de intercambio que fijen el precio de las mercancías. El sistema de mercado es un dispositivo de control altamente descentralizado para la coordinación e integración de la acción económica. La extensión de esa capacidad coordinadora ha permitido históricamente un inmenso aumento en la producción de riqueza. Por eso topamos con una paradoja, a saber, que la riqueza se produce bajo un sistema que depende de la escasez para su funcionamiento. De ahí se deduce que si se elimina la escasez, la economía de mercado, que es la fuente de riqueza productiva bajo el capitalismo, colapsará. Sin embargo, el capitalismo aumenta indefinidamente su capacidad productiva. Para resolver este dilema se establecen muchas instituciones y mecanismos para garantizar que la escasez no desaparezca. De hecho, muchas instituciones están orientadas al mantenimiento de la escasez (las universidades son un excelente ejemplo, aunque siempre se hace en nombre de la «calidad»). Otros mecanismos aseguran el control sobre el flujo de otros factores de la producción. Mientras tanto, la

---

[22] A. Spoehr, «Cultural differences», 1956.
[23] H. Pearson, «The economy has no surplus», 1957.

creciente capacidad productiva tiene que encontrar una salida, y de ahí el proceso de desperdicio (en aventuras militares, programas espaciales, etc.) y el proceso de creación de necesidades. Lo que esto sugiere, por supuesto, es que la escasez no se puede eliminar sin acabar también la economía de mercado. En una sociedad productiva avanzada, como Estados Unidos, la principal barrera para eliminar la escasez radica en el complicado conjunto de instituciones interconectadas (financieras, judiciales, políticas, educativas, etc.) que sostienen el proceso de mercado. Examinemos los rasgos de esa situación en el mercado de la vivienda del centro urbano.

La vivienda del gueto tiene algunas características curiosas. Una paradoja es que las áreas de mayor hacinamiento son también las que cuentan con mayor número de casas vacías. En Baltimore hay alrededor de 5.000 casas vacías, muchas de las cuales se encuentran en condiciones razonables, y todas están ubicadas en las áreas de mayor hacinamiento. Otras ciudades están experimentando algo similar. Las mismas áreas se caracterizan por una gran proporción de casas abandonadas para no pagar los impuestos a la propiedad. Los propietarios en el mercado de la vivienda del centro urbano, contrariamente a la opinión popular, no obtienen grandes ganancias. De hecho, las pruebas sugieren que están ganando menos de lo que ganarían en el mercado de la vivienda[24]. Algunos actúan con muy poca ética, por supuesto, pero el comportamiento del propietario bueno, racional y ético proporciona una tasa de rendimiento relativamente baja. Sin embargo, los alquileres que cobran son muy altos en relación con la calidad de los alojamientos, mientras que las propiedades, si cambian de manos, lo hacen a precios insignificantes. Los bancos, naturalmente, tienen razones comerciales muy comprensibles para no financiar las hipotecas en las áreas del centro, donde hay mayor incertidumbre y el suelo se considera con frecuencia, en cualquier caso, «maduro» para la reurbanización. El hecho de que la falta de financiación de las hipotecas lo haga aún más «maduro» ha sido, sin duda, bien entendido por las instituciones bancarias, ya que podrán obtener mayores ganancias mediante la reurbanización para usos comerciales. Dado el afán por maximizar las ganancias, esa decisión no se puede considerar carente de ética. De hecho, es una característica general de la vivienda del gueto que, si aceptamos las costumbres del comportamiento empresarial normal y ético, no hay forma de culpar

---

[24] Véanse G. Sternlieb, *The Tenement Landlord,* 1966; Grigsby *et al., Housing and Poverty,* 1971.

a nadie de las condiciones sociales objetivas que todos están dispuestos a caracterizar como atroces y derrochadoras de los recursos potenciales en la vivienda. Es una situación en la que podemos considerar «verdaderas» todo tipo de afirmaciones contradictorias. En consecuencia, parece imposible encontrar una política dentro del marco económico e institucional existente que sea capaz de rectificar esas condiciones. Los subsidios federales para la vivienda privada fallan; los subsidios para los alquileres son rápidamente absorbidos por los ajustes del mercado; y la vivienda pública tiene poco impacto porque es demasiado pequeña en cantidad, demasiado localizada en la distribución (generalmente en las áreas donde los pobres se ven obligados a vivir de todos modos) y está diseñada para ser utilizada solamente por las clases más bajas de la sociedad. La renovación urbana simplemente da vueltas al problema y en algunos casos hace más daño que bien.

Engels, en un conjunto de ensayos titulado *El problema de la vivienda*, publicado en 1872-1873, predijo que ese era el callejón sin salida al que conducirían inevitablemente las soluciones capitalistas a los problemas de la vivienda. Teóricamente, su predicción se puede derivar de la crítica del análisis de Von Thünen exactamente del mismo modo que Marx criticó las formulaciones de Ricardo. Dado que la conceptualización de la renta en el modelo de Von Thünen (y en el modelo de Alonso-Muth) es esencialmente la misma que la de Ricardo (simplemente surge en circunstancias algo diferentes), podemos usar directamente los argumentos de Marx al respecto[25]. La renta, según Marx, es tan sólo una manifestación del plusvalor bajo las instituciones capitalistas (tales como la propiedad privada), y su naturaleza no se puede entender sin tener en cuenta ese hecho. Considerar la renta como algo «en sí mismo», independiente de otras facetas del modo de producción y de las instituciones capitalistas, es cometer un error conceptual, precisamente el que se comete en las formulaciones de Alonso-Muth. Además, ese «error» se manifiesta en el propio proceso capitalista de mercado, ya que requiere que las rentas (o el rendimiento del capital) se maximice en lugar de realizar un máximo plusvalor social. Dado que la renta sólo es una manifestación posible y parcial del plusvalor, el afán por maximizar la renta en lugar del plusvalor que la origina crea obligatoriamente tensiones en la economía capitalista. De hecho, pone en movimiento fuerzas que son antagónicas a la realización del propio plusvalor; de ahí el descenso en la producción que resulta de la sepa-

---

[25] K. Marx, *El capital*, vol. 3; *Theorien über den Mehrwert*, vol. 2.

ración de las fuerzas de trabajo potenciales con respecto a los lugares de trabajo por cambios en el uso del suelo, provocados tanto por intereses que tratan de maximizar el rendimiento de la tierra bajo su control como por comunidades que buscan maximizar sus bases impositivas disponibles. En *El problema de la vivienda,* Engels apunta a toda la gama de consecuencias que derivan de ese tipo de proceso competitivo de mercado:

> El crecimiento de las grandes ciudades modernas da a los terrenos, sobre todo en los barrios del centro, un valor artificial, a veces desmesuradamente elevado; los edificios ya construidos sobre estos terrenos, lejos de aumentar su valor, por el contrario lo pierden, porque ya no corresponden a las nuevas condiciones, y son derribados para reemplazarlos por nuevos edificios. Y esto ocurre, sobre todo, con las viviendas obreras situadas en el centro de la ciudad, cuyos alquileres, incluso en las casas más superpobladas, nunca pueden pasar de cierto máximo, o sólo muy lentamente. Por eso son derribadas, para construir en su lugar tiendas, almacenes o edificios públicos[26].

Este proceso (que es claramente evidente en todas las ciudades contemporáneas) resulta de la necesidad de realizar una tasa de rendimiento en una parcela de terreno que sea coherente con su renta de ubicación. No tiene nada que ver con facilitar la producción. El proceso también es coherente con otras presiones.

> Las ciencias naturales modernas han demostrado que los llamados «barrios insalubres», donde están hacinados los obreros, constituyen los focos de origen de las epidemias que afligen nuestras ciudades de cuando en cuando […] La clase capitalista dominante no puede permitirse impunemente el placer de favorecer las enfermedades epidémicas en el seno de la clase obrera, pues sufriría ella misma las consecuencias, ya que el ángel exterminador es tan implacable con los capitalistas como con los obreros. Desde el momento en que eso quedó científicamente establecido, los filantrópicos burgueses se encendieron en noble emulación por ver quién se preocupaba más por la salud de sus obreros. Para acabar con los focos de las recurrentes epidemias fundaron sociedades, publicaron libros, proyectaron planes, discutieron y promulgaron leyes. Se in-

---

[26] F. Engels, *Contribución al problema de la vivienda,* primera parte [*MEW* Band 18, *Zur Wohnungsfrage*, p. 215].

vestigaron las condiciones en que vivían los obreros y se hicieron intentos para remediar los males más escandalosos; se nombraron comisiones gubernamentales para estudiar las condiciones sanitarias de las clases trabajadoras[27].

Hoy día lo más importante es la patología social –las drogas y la delincuencia–, pero el problema no parece esencialmente diferente. Las soluciones ideadas aún tienen las mismas características. Engels dice:

> En realidad la burguesía no conoce más que un método para resolver a *su* manera la cuestión de la vivienda, es decir, para resolverla de tal suerte que la solución reproduce siempre de nuevo el problema. Este método se llama *Haussmann* […] Entiendo por *Haussmann* la práctica generalizada de abrir brechas en barrios obreros, particularmente los situados en el centro de nuestras grandes ciudades, ya responda esto bien a una atención de salud pública o de embellecimiento o bien a una demanda de grandes locales de negocios en el centro, o bien a la necesidad de comunicaciones como ferrocarriles, calles, etc. El resultado es en todas partes el mismo, cualquiera que sea el motivo invocado: las callejuelas y los callejones sin salida más escandalosos desaparecen con gran alborozo de la burguesía por un éxito tan grandioso; pero… reaparecen prontamente en otra parte, y muy a menudo en lugares muy próximos […] Todos esos focos de epidemia, esos agujeros y sótanos inmundos, en los cuales el modo de producción capitalista encierra a nuestros obreros noche tras noche, no son liquidados, sino solamente… *desplazados.* La misma necesidad económica que los había hecho nacer en un lugar los reproduce más allá; y mientras exista el modo de producción capitalista, será absurdo querer resolver aisladamente la cuestión de la vivienda o cualquier otra cuestión social que afecte la suerte del obrero. La solución reside únicamente en la abolición del modo de producción capitalista, en la apropiación por la clase obrera misma de todos los medios de subsistencia y de trabajo[28].

La experiencia adquirida con la implementación de políticas urbanas en ciudades estadounidenses indica algunas similitudes perturbadoras con la

---

[27] F. Engels, *Contribución al problema de la vivienda,* segunda parte, I [*MEW* Band 18, *Zur Wohnungsfrage,* pp. 233-234].

[28] F. Engels, *Contribución al problema de la vivienda,* segunda parte, III [*MEW* Band 18, *Zur Wohnungsfrage,* pp. 260-263].

reflexión de Engels, y es difícil evitar la conclusión de que la contradicción inherente al mecanismo del mercado capitalista contribuye a ellas. Hay por tanto buenas razones para creer que nuestra sospecha inicial es correcta y que el mecanismo del mercado es el culpable de un sórdido drama. Si pensamos en estos términos, podemos explicar por qué casi todos los planes diseñados para el centro urbano tienen tanto resultados deseables como indeseables. Si «renovamos la ciudad» no hacemos más que trasladar de un sitio a otro la pobreza; si no lo hacemos, simplemente nos quedamos sentados a la espera y observamos la decadencia. Si evitamos el *«blockbusting»*, también impediremos que los negros obtengan una vivienda. La frustración derivada de tal situación puede llevar fácilmente a conclusiones contradictorias. Los pobres pueden verse acusados de las condiciones en que viven (una conclusión que Banfield considera apropiada), y podemos instituir políticas basadas en la «negligencia benigna» que al menos no provoquen el tipo de preguntas que plantean inevitablemente las políticas fracasadas. Por eso es interesante observar que la política urbana parece implicar actualmente un cambio de énfasis, de tratar de salvar el centro de las ciudades (donde los programas están condenados al fracaso) a tratar de preservar las «áreas grises» donde el sistema de mercado es todavía lo bastante vigoroso como para posibilitar algún grado de éxito. Cabe dudar de que esa política evite la desafección y la propagación de la decadencia; pero desgraciadamente también implica dar por perdidos los valores de uso acumulados en los centros urbanos, así como los destinos y las vidas de los 15-25 millones de personas que actualmente están condenadas a vivir en dichos lugares. Parece un alto precio que pagar simplemente por evitar una consideración realista, tanto de la conclusión a la que llegaba Engels como de la base teórica sobre la que descansaba esa conclusión. Lo que pretendo afirmar es que, aunque todos los analistas serios reconocen la gravedad del problema del gueto, pocos cuestionan las fuerzas que gobiernan el núcleo mismo de nuestro sistema económico, de modo que discutimos de todo salvo de las características básicas de una economía de mercado capitalista. Ideamos todo tipo de soluciones, excepto las que podrían desafiar la continuidad de esa economía. Tales discusiones y soluciones sólo sirven para hacernos parecer tontos, ya que finalmente nos llevan a descubrir lo que Engels ya sabía muy bien en 1872: que las soluciones capitalistas no proporcionan ninguna base para lidiar con las deterioradas condiciones sociales. Son simplemente «aire deflogistizado». Si queremos, podemos descubrir el oxígeno y todo lo que conlleva, sometiendo la base misma de nuestra sociedad a un examen riguroso y crítico. Es esta tarea la primera que debe lograr un enfoque revolucionario de la teoría. ¿Qué implica esa tarea?

Permítanme decir primero lo que no implica. No implica ninguna otra investigación empírica de las condiciones sociales en los guetos. De hecho, presentar aún más pruebas de la inhumanidad patente del hombre con el hombre es contrarrevolucionario, en el sentido de que permite que nuestro sangrante corazón liberal pretenda que estamos contribuyendo a una solución cuando en realidad no es así. Ese tipo de empirismo es irrelevante. Ya hay suficiente información en los informes de congresos, periódicos, libros, artículos, etc. para proporcionarnos todas las pruebas que necesitamos. Nuestra tarea no es esa. Tampoco se encuentra en lo que sólo se puede llamar «masturbación moral» que practican los masoquistas que investigan los grandes expedientes sobre las injusticias infligidas cotidianamente a la población del gueto, por las cuales nos golpeamos el pecho y nos compadecemos antes de retirarnos a nuestras comodidades. Eso también es contrarrevolucionario, porque sólo sirve para expiar la culpa sin que nos veamos forzados a afrontar los problemas fundamentales, y mucho menos a hacer algo al respecto. Tampoco es una solución caer en ese turismo emocional que nos lleva a vivir y trabajar con los pobres «por un tiempo» con la esperanza de que realmente podamos ayudarles a mejorar su suerte. Eso también es contrarrevolucionario; ¿y qué decir de ayudar a una comunidad a construir un parque infantil en un verano de trabajo, para descubrir que la escuela se deteriora en el otoño? Esos son los caminos que no debemos tomar. Sólo sirven para desviarnos de la tarea esencial que nos ocupa.

Esa tarea inmediata es nada más y nada menos que la construcción consciente de un nuevo paradigma para el pensamiento geográfico social a través de una profunda crítica de nuestras construcciones analíticas actuales. Esa es la tarea para la que estamos mejor equipados. Después de todo somos académicos y trabajamos con instrumentos académicos. Como tales, nuestra tarea es movilizar nuestra capacidad de pensamiento para formular conceptos y categorías, teorías y argumentos, que podamos aplicar a la tarea de lograr un cambio social humanizador. Esos conceptos y categorías no se pueden formular como abstracciones; deben forjarse de manera realista con respecto a los acontecimientos y las acciones que suceden a nuestro alrededor. La evidencia empírica, los dosieres ya reunidos y las experiencias adquiridas en la comunidad pueden y deben ser usadas ahí. Pero todas esas experiencias y toda esa información significarán poco a menos que se conviertan en poderosos patrones de pensamiento.

Sin embargo, nuestro pensamiento no puede descansar simplemente en la realidad existente. Tiene que adoptar alternativas creativas. No podemos permitirnos planear el futuro sobre la base de la teoría positivista, ya que eso sólo reforzaría el *statu quo*. Sin embargo, como en la elaboración de cualquier nuevo paradigma, debemos estar preparados para incorporar y aprovechar todo lo que es útil y valioso en el corpus teórico ya existente. Podemos reestructurar la formulación de la teoría existente a la luz de posibles líneas de acción futura. Podemos criticar las teorías existentes como «mera apología» de las fuerzas dominantes en nuestra sociedad: el sistema capitalista de mercado y todas sus instituciones concomitantes. De esa manera podremos establecer tanto las circunstancias bajo las cuales se puede utilizar la teoría de la ubicación para crear un mejor futuro como las circunstancias en las que refuerza modos de pensamiento que conducen al mantenimiento del *statu quo*. En muchos casos el problema no es el método marginalista de por sí ni las técnicas de optimización de por sí, sino que esos métodos se apliquen en un contexto equivocado. La optimalidad de Pareto, tal como se incorpora en la teoría de la ubicación, es un concepto contrarrevolucionario, como lo es cualquier formulación tendente a la maximización de cualquiera de las manifestaciones parciales del plusvalor (como la renta o el rendimiento de la inversión de capital). Pero la programación de soluciones es un dispositivo extremadamente relevante para entender cómo se pueden movilizar mejor los recursos para la producción de plusvalor. Las formulaciones basadas en el logro de la igualdad en la distribución son también contrarrevolucionarias a menos que se deriven de una comprensión de cómo se organiza la producción para crear plusvalor. Al examinar cuestiones como esas, podemos al menos comenzar a evaluar la teoría existente y en el camino (¿quién sabe?) tal vez comencemos a pergeñar las líneas maestras de la nueva teoría.

Una revolución en el pensamiento científico se logra organizando conceptos e ideas, categorías y relaciones, en un sistema de pensamiento superior cuando se contrasta con las realidades que requieren explicación, que nos permite hacer que toda oposición a ese sistema de pensamiento parezca ridícula. Dado que somos, en gran medida, nuestros principales oponentes en este asunto, muchos de nosotros encontraremos incómodo el primer paso en ese camino, que nos hará parecer ridículos, sobre todo si sentimos cierto orgullo intelectual. Además, el surgimiento de una verdadera revolución en el pensamiento geográfico estará necesariamente atemperado por el compromiso con la práctica revolucionaria; lo cierto es que la aceptación general de la teoría revolucionaria dependerá de la fortaleza y los logros de la práctica revolucionaria. Habrá muchas decisiones personales difíciles de tomar, decisiones que requerirán un compromiso «real» y no sólo «genéricamente liberal». Muchos de nosotros, sin duda, nos estremeceremos ante tal compromiso, porque de hecho es mucho más cómodo ser un simple liberal. Sin embargo, si la situación es tan seria como muchos de nosotros creemos, llegaremos a reconocer cada vez más que no se puede perder mucho con ese tipo de compromiso y que tenemos casi todo por ganar si lo asumimos y tenemos éxito.

¿Cuáles son pues las perspectivas para construir una teoría revolucionaria en la disciplina de la geografía? Hay una serie de tareas positivas que emprender. Tenemos que limpiar el desorden contrarrevolucionario que nos rodea. También debemos reconocer la calidad apologética del *statu quo* en la base de nuestra teoría. Tenemos que reconocer que:

1. Toda disciplina localiza problemas y soluciones a través de un estudio de las condiciones reales mediadas por un marco teórico que consiste en categorizaciones, proposiciones, relaciones sugeridas y conclusiones generales.
2. Hay tres tipos de teoría:
    i *Teoría normalizante:* una teoría que se basa en la realidad que trata de representar y que describe fielmente los fenómenos de los que se ocupa en un momento particular; pero, al atribuirle un estatus de verdad universal a las proposiciones que contiene, ofrecerá políticas prescriptivas que sólo pueden dar lugar a la perpetuación del *statu quo.*
    ii *Teoría contrarrevolucionaria:* una teoría que puede parecer o no estar basada en la realidad que trata de representar, pero que oscurece, nubla y generalmente ofusca (ya sea deliberadamente o por accidente) nuestra capacidad de comprender esa realidad. Tal teoría es generalmente atractiva y por ello obtiene un reconocimiento general, porque es lógicamente coherente, fácilmente manipulable, estéticamente atractiva, o simplemente nueva y de moda; pero de algún modo está completamente divorciada de la realidad que pretende representar. Una teoría contrarrevolucionaria frustra automáticamente la creación o la implementación de políticas viables. Es por

tanto un dispositivo perfecto para no tomar decisiones, ya que desvía la atención de las cuestiones fundamentales a otras superficiales o inexistentes. También puede funcionar como soporte espurio y legitimación de acciones contrarrevolucionarias diseñadas para frustrar la necesidad de cambios.

iii *Teoría revolucionaria:* una teoría que está firmemente basada en la realidad que trata de representar, y a cuyas proposiciones individuales se atribuye un estatus de verdad contingente (están a medias de convertirse en verdaderas o falsas dependiendo de las circunstancias). Una teoría revolucionaria está formulada dialécticamente y puede contener el conflicto y la contradicción. Una teoría revolucionaria ofrece opciones reales para momentos futuros en el proceso social identificando elecciones inmanentes en la situación existente. La implementación de estas opciones sirve para validar la teoría y proporcionar las bases para la formulación de nuevas teorías. Por consiguiente, una teoría revolucionaria excluye la posibilidad de crear verdades en lugar de descubrirlas.

3. Ninguna de las categorías anteriores exige propuestas individuales y menos aún estructuras teóricas completas. Sólo entran a formar parte de una categoría por su utilización en una situación social particular. Aparte de eso, las proposiciones y las teorías son poco más que formulaciones abstractas, idealizadas y etéreas que poseen forma pero no contenido (son meramente palabras y símbolos). Las formulaciones contrarrevolucionarias se mantienen con frecuencia permanentemente en este estado carente de contenido.

4. Una formulación teórica puede, según cambien las circunstancias y dependiendo de su aplicación, trasladarse o ser trasladada de una categoría a otra. Esto sugiere dos peligros que deben ser evitados:

  i Cooptación contrarrevolucionaria: la perversión de una teoría, pasando de un estado revolucionario a uno contrarrevolucionario.

  ii Estancamiento contrarrevolucionario –el estancamiento de una teoría revolucionaria por su falta de reformulación a la luz de nuevas circunstancias y situaciones–: esto significa que una teoría revolucionaria puede convertirse en una teoría normalizante. Pero hay también dos tareas revolucionarias importantes:

   a) *Negación revolucionaria:* examinar una teoría contrarrevolucionaria y denunciarla como tal.

b) *Reformulación revolucionaria:* examinar formulaciones normalizantes o contrarrevolucionarias, poniéndolas en movimiento o proporcionándoles contenido real y usándolas para identificar opciones reales inmanentes en el presente.

Esas tareas pueden llevarse a cabo y esos peligros pueden evitarse sólo si la actitud contrarrevolucionaria de la búsqueda organizada de conocimiento (y en particular la sección disciplinaria) es reconocida y se afronta directamente la realidad.

Comentario

Este texto circuló en la reunión en Boston de la Asociación de Geógrafos Estadounidenses en 1971. Surgió de estudios detallados de las condiciones residenciales que habían contribuido al levantamiento urbano de la población negra de Baltimore (así como de muchas otras ciudades estadounidenses) tras el asesinato de Martin Luther King en abril de 1968. Yo participé en esos estudios poco después de llegar a la Universidad Johns Hopkins en Baltimore en el otoño de 1969. En el informe que escribimos experimenté con la idea, tomada de *El capital* de Marx, de analizar el carácter de mercancía de la vivienda en términos de la relación contradictoria entre su valor de uso y su valor de cambio, señalando que la dependencia de los mecanismos de mercado impedía el acceso a viviendas adecuadas a la población de bajos ingresos. También observé que en general las políticas oficiales no eran capaces de resolver los problemas de vivienda y no hacían más que darles vueltas. Por razones tácticas obvias, oculté el origen de estas ideas en el informe y me sorprendí gratamente al comprobar que los funcionarios de la ciudad, los propietarios de terrenos y los financieros encontraban tales formulaciones útiles, de sentido común e interesantes. Eso me animó a seguir explorando las ideas de Marx, que entonces eran nuevas para mí. El levantamiento urbano de abril de 2015 en Baltimore, que tuvo lugar a raíz de una gran oleada de ejecuciones hipotecarias que golpeó particularmente a los hogares monoparentales (principalmente a cargo de mujeres) y a la población afroamericana de la ciudad, fue como un eco de los acontecimientos de 1968. Ofrecía tristemente (al igual que la aclamada serie de televisión *The Wire,* ambientada en Baltimore durante el periodo 2002-2008) una sombría confirmación de las consecuencias persistentemente espantosas del proceso urbano en Estados Unidos para las poblaciones de bajos ingresos y marginadas. Es asombroso lo relevante que fue el texto escrito por Engels en 1872 para el mío, escrito un siglo después, y cómo los temas discutidos en ellos encuentran un reflejo instantáneo en Estambul, São Paulo, Londres y Shanghái, como en Mánchester entonces y en Baltimore en la actualidad.

II. La geografía de la acumulación capitalista

Una reconstrucción de la teoría marxiana

> La necesidad de un mercado en permanente expansión para sus productos espolea a la burguesía a extenderse por todo el planeta. Debe anidar en todas partes, establecerse en todas partes, crear relaciones por doquier […] Las antiguas industrias nacionales se han derrumbado o se derrumban diariamente, arrolladas por otras nuevas, cuya instauración se ha convertido en un problema vital para todas las naciones civilizadas; por industrias que ya no emplean materias primas indígenas, sino traídas de las regiones más alejadas, y cuyos productos son consumidos, no sólo en el propio país, sino en todos los rincones del mundo. En lugar de las antiguas necesidades, satisfechas con productos nacionales, nacen necesidades nuevas, que reclaman para su satisfacción productos de los lugares más alejados y de los climas más diversos. En lugar de la antigua autosuficiencia y del aislamiento local y nacional, aparece un tráfico universal, una interdependencia mutua de todas las naciones[1].

La dimensión geográfica de la teoría marxiana de la acumulación de capital ha sido ignorada durante demasiado tiempo, en parte por culpa del propio Marx, ya que, a pesar de su descripción dramática de las conquistas globales de la burguesía en el *Manifiesto comunista*, sus escritos sobre el tema son fragmentarios, atropelladamente esbozados y no sistemáticos. Al parecer tenía la intención de no dejar las cosas en un estado tan caótico; planeó libros sobre el Estado, el mercado mundial y el desencadenamiento de las crisis,

---

[1] K. Marx y F. Engels, *Manifiesto comunista*, p. 26.

pero esas obras nunca se materializaron. Un examen cuidadoso de sus trabajos inconclusos revela, sin embargo, un andamiaje de pensamientos sobre el tema capaz de soportar el peso de la teorización sustantiva y de la interpretación histórica. Mi propósito es dar una forma y una sustancia más explícita a ese andamiaje y establecer así la base para una teoría de la dinámica espacial de la acumulación. Eso nos ayudará, espero, a dilucidar e interpretar la geografía histórica real del capitalismo.

La importancia de tal proyecto no necesita énfasis. Fenómenos tan diversos como la urbanización, el desarrollo geográfico desigual, la interdependencia y competencia interregional, las reestructuraciones de la división regional e internacional del trabajo, la territorialidad de las funciones comunitarias y estatales, el imperialismo y las luchas geopolíticas que se desprenden de todo ello se deben dilucidar e incorporar al gran corpus de la teoría que Marx nos legó. De lo que se trata es de desentrañar la relación entre la dinámica temporal de la acumulación de capital y la producción de nuevas configuraciones espaciales de producción, intercambio y consumo.

La vía hacia tal comprensión está plagada de todo tipo de obstáculos. La teoría que Marx completó trata en general al capitalismo como un sistema cerrado. Las relaciones espaciales externas y la organización espacial interna aparentemente no desempeñan ningún papel en la configuración de la dinámica temporal. La mayoría de los marxistas han seguido en eso a Marx; el resultado ha sido un sesgo extraordinario en contra de cualquier teorización explícita del espacio y las relaciones espaciales dentro de la tradición marxista. ¿Cómo podemos entonces rectificar esta omisión y reinsertar en la argumentación el espacio y la geografía? A continuación, insistiré en que el espacio y la geografía no deben ser tratados como aditamentos, como meros apéndices de una teoría ya acabada, y en que no se trata simplemente de mostrar cómo da forma el capitalismo a la organización espacial, cómo produce y revoluciona continuamente su paisaje geográfico de producción, intercambio y consumo. Argumentaré que las relaciones espaciales y los fenómenos geográficos son atributos materiales fundamentales que deben estar presentes desde el principio del análisis y que las formas que asumen no son neutrales con respecto a las posibles vías de desarrollo temporal. Deben interpretarse, en resumen, como «momentos activos» y fundamentales dentro de la dinámica contradictoria del capitalismo. La producción de espacio es, para decirlo en un lenguaje marxista más convencional, una fuerza de producción. Mis motivos para esa insistencia son de dos tipos:

En primer lugar, interpreto el método de Marx, no como una búsqueda de bloques conceptuales firmes e inmutables de los que derivar conclusiones, sino como un proceso que se mueve dialécticamente. En cada nueva fase de sus investigaciones, Marx extiende, revisa y profundiza las interpretaciones de las categorías básicas con las que comenzó la investigación. Su aparato conceptual evoluciona al tiempo que se van desarrollando los argumentos. La investigación de la dinámica de la formación de las crisis, de la circulación de capital fijo, de las operaciones del sistema de crédito, por ejemplo, conducen todas a reformulaciones significativas de conceptos como «valor de uso» y «valor». La retención o posposición de la consideración del espacio y la geografía que tiende a hacer Marx, no tendría necesariamente malos efectos sobre la comprensión final, con tal que reformulemos nuestro aparato conceptual a medida que avanzamos.

En segundo lugar, hay abundantes pruebas textuales de que eso es exactamente lo que Marx pensaba hacer. Los primeros capítulos de *El capital* incorporan varios conceptos espaciales (comunidad, lugar, mercado mundial, etc.). El lenguaje que usa evoca con frecuencia una conexión entre los fenómenos espaciales y geográficos, por un lado, y el aparato conceptual básico, por el otro. En el segundo capítulo, por ejemplo, Marx señala que «esa cristalización que es el dinero constituye un producto *necesario* del proceso de intercambio […] La expansión y profundización históricas del intercambio desarrollan la contradicción, latente en la naturaleza de la mercancía, entre valor de uso y valor»[2]. Más adelante explica que «el valor de las mercancías se expande hasta convertirse en concreción material *del trabajo humano en general* […] en la misma medida en que el intercambio de mercancías hace saltar sus trabas meramente locales»[3]. Este es un tema habitual en Marx. El crecimiento del comercio en el mercado mundial es fundamental para la distinción valor/valor de uso, así como para la distinción entre trabajo concreto y trabajo abstracto. En la medida en que esta última es «el eje en torno al que gira una comprensión clara de la economía política», ¿quién puede dudar de que el estudio de la integración geográfica del intercambio de mercado y la circulación del capital, de las cambiantes relaciones espaciales, tiene mucho que ver con la interpretación que demos al propio valor? Y este tampoco es un caso aislado. Marx argumenta, por ejemplo, que el transporte en el espa-

---

[2] K. Marx, *El capital,* vol. 1, p. 140 [*MEW* 23, pp. 101-102].
[3] *Ibid.,* p. 142 [*MEW* 23, p. 104].

cio «produce valor», que la capacidad de superar las barreras espaciales pertenece a «las fuerzas productivas», que la división social y por tareas del trabajo depende del agrupamiento de trabajadores y la concentración de fuerzas productivas en el espacio, que las diferencias en la productividad laboral tienen una «base» en las diferenciaciones naturales, que el valor de la fuerza de trabajo varía según las circunstancias geográficas, etc[4]. Siempre que alude a fenómenos espaciales y geográficos, el aparato conceptual fundamental no suele estar muy lejos. En la teoría general hay que atribuir, por tanto, una posición fundamental a los fenómenos espaciales.

Nuestra tarea es pues incluir explícitamente las relaciones espaciales y los fenómenos geográficos en el corpus principal de la teoría de Marx y rastrear los efectos de tal inserción en las interpretaciones de conceptos fundamentales. El primer paso es buscar entre las abundantes pistas presentes en los propios textos de Marx para intuir las direcciones a seguir y los caminos que explorar. Cuanto más impulsemos este tipo de investigación, más cerca estaremos de elaborar una teoría con la que entender la dinámica de la geografía histórica del capitalismo.

Relaciones de transporte, integración espacial y aniquilación del espacio por el tiempo

La circulación del capital en su forma habitual puede definirse como un proceso continuo: se usa dinero para comprar mercancías (fuerza de trabajo y medios de producción) que, una vez transformadas mediante la producción, permiten lanzar una mercancía nueva al mercado a cambio del dinero inicial más una ganancia. La circulación de mercancías, sin embargo, se refiere simplemente a los patrones de intercambio de mercancías en el mercado. Aunque puede haber un intercambio de mercancías en el mercado sin circulación de capital, esta última presupone la anterior. Para el propósito de nuestro análisis, por tanto, podemos comenzar por aislar el intercambio de mercancías como un único momento de transición en la circulación general del capital. Al analizar las condiciones de la circulación espacial de las mercancías preparamos el camino para una comprensión más profunda de la circulación del capital en el espacio.

---

[4] K. Marx, *El capital,* vol. 2, cap. XIV, pp. 283-291 [*MEW* 24, pp. 251-259].

Cuando está mediada por el dinero, dice Marx, la circulación de las mercancías «derriba todas las barreras temporales, locales e individuales opuestas al intercambio de productos»[5]. Vender en un lugar y comprar en otro mientras se mantiene el dinero entre ambos se convierte en un acto social normal. Agregados unos a otros, los innumerables actos de compra y venta definen los procesos de circulación de dinero y mercancías. Estos procesos implican costes de dos tipos[6]. Lo que Marx llama *«faux frais»* de la circulación se consideran costes innecesarios pero improductivos, deducciones necesarias del plusvalor creado en la producción. Estos incluyen los costes de circulación como el almacenamiento, la contabilidad y el trabajo empleado y los beneficios extraídos de los servicios minoristas, mayoristas, bancarios, legales y financieros, entre otros. Esos costes contrastan con el gasto de fuerza de trabajo para mover mercancías, dinero e información de un lugar a otro que produce valor.

Un análisis de la separación entre comprar y vender en el espacio conduce directamente, por lo tanto, a una consideración del papel del transporte y las comunicaciones en la circulación de mercancías y dinero, y por tanto de capital. Marx tenía mucho que decir sobre ese tema. Las empresas que «venden el cambio de ubicación» como producto, argumenta, son directamente productoras de valor porque «considerada económicamente, la condición espacial, llevar el producto al mercado, forma parte del proceso mismo de producción. El producto sólo está realmente acabado cuando llega al mercado»[7]. Eso significa que el capital puede invertirse productivamente en la mejora de la circulación espacial de productos. Sin embargo, el sector del transporte tiene sus propias leyes peculiares de producción y realización, ya que el transporte se produce y consume simultáneamente en el momento de su uso, aunque también depende en gran medida del capital fijo (carreteras, terminales oceánicas, material rodante y similares). Aunque ahí existe un potencial para la producción directa de plusvalor, los capitalistas tienen buenas razones para no participar en su producción salvo en ciertas circunstancias favorables. Por eso el Estado suele ser muy activo en esa esfera de la producción[8].

---

[5] K. Marx, *El capital,* vol. 1, cap. III.2.a, p. 167 [*MEW* 23, p. 127].

[6] K. Marx, *El capital,* vol. 2, cap. VI.

[7] K. Marx, *EFCEP,* vol. 2, p. 25 [*MEW* 42, p. 440]; K. Marx, *El capital,* vol. 2, cap. VI, III, p. 170; cap. XIV, pp. 284-285 [*MEW* 24, pp. 151, 252-254].

[8] K. Marx, *EFCEP,* vol. 2, p. 23 [*MEW* 42, p. 439].

Cualquier reducción en el coste del transporte es importante, argumenta Marx, porque «la expansión del mercado y la intercambiabilidad del producto», así como los precios de las materias primas y los productos acabados, se ven afectados proporcionalmente[9]. La capacidad de extraer y transportar materias primas a largas distancias y de enviar productos a mercados distantes, se ve afectada obviamente por esos costes. «El modo de producción capitalista disminuye esos costes [...] mediante el desarrollo de los medios de comunicación y transporte»[10]. Visto desde el punto de vista de la producción en general, por tanto, «la reducción de los costes de la circulación *real* (en el espacio) forma parte del desarrollo de las fuerzas productivas por el capital»[11].

En el contexto de la proposición general de Marx de la tendencia capitalista a revolucionar incesantemente las fuerzas productivas, eso implica una tendencia inevitable hacia constantes mejoras en el transporte y las comunicaciones. Marx proporciona algunas indicaciones sobre la presión que se ejerce para lograr tales mejoras. «La revolución en los modos de producción de la industria y la agricultura hizo necesaria una revolución [...] *en los medios de comunicación y transporte*», de modo que «un sistema de vapores fluviales, ferrocarriles, vapores oceánicos y telégrafos fue *adaptando* paulatinamente el régimen de las comunicaciones y los transportes al modo de producción de la gran industria»[12].

En otro lugar, plantea la siguiente proposición general: «Cuanto más se funda la producción en el valor de cambio, y por lo tanto en el intercambio, más importantes se vuelven para ella las condiciones físicas de intercambio: los medios de comunicación y transporte. El capital, por su naturaleza, tiende a superar toda barrera espacial. Por consiguiente, la creación de las condiciones físicas de intercambio [...] se convierte para él en una necesidad extraordinaria: la aniquilación del espacio por el tiempo»[13]. La consiguiente reducción en los costos de transporte abre nuevos ámbitos para la circulación de mercancías, y por lo tanto para el capital. «El producto directo se puede materializar en mercados distantes en cantidades masivas» y se pueden abrir nuevas «esferas donde se valoriza el trabajo puesto en marcha por el capital»[14].

---

[9] *Ibid.*
[10] K. Marx, *El capital,* vol. 2, cap. VI, III, p. 172 [*MEW* 24, p. 153].
[11] K. Marx, *EFCEP,* vol. 2, p. 24 [*MEW* 42, p. 440].
[12] K. Marx, *El capital,* vol. 1, cap. XIII, p. 461 [*MEW* 23, p. 405].
[13] K. Marx, *EFCEP,* vol. 2, p. 13 [*MEW* 42, p. 430].
[14] *Ibid.*

Pero el movimiento de productos a distancias mayores, aunque con un costo menor, tiende a aumentar el tiempo empleado durante la circulación. El resultado es aumentar el tiempo de rotación del capital –definido como el tiempo de producción más el tiempo de circulación[15]–, a menos que haya mejoras compensatorias en la velocidad de circulación. Dado que cuanto mayor es el tiempo de rotación de un capital dado, menor es el rendimiento anual de plusvalor, la velocidad de circulación de las mercancías es tan importante para la circulación del capital como el coste. Marx hace suya esa idea explícitamente. Acelerar la «velocidad de circulación del capital» en las esferas de la producción y del intercambio contribuye a la acumulación de capital. Desde el punto de vista de la circulación de mercancías, eso significa que «incluso la distancia espacial se reduce a tiempo: lo importante no es la distancia del mercado en el espacio, sino la velocidad […] con la que se alcanza»[16]. Hay, por lo tanto, todo tipo de incentivos para reducir al mínimo el tiempo de circulación de las mercancías[17]. Una doble necesidad, para reducir tanto el coste como el tiempo de movimiento, surge de los imperativos de la acumulación de capital: «Mientras que el capital debe, por un lado, tender a derribar toda barrera espacial opuesta al tráfico, *id est,* al intercambio, y a conquistar toda la Tierra para su mercado, por otro lado tiende a aniquilar ese espacio por medio del tiempo […] Cuanto más desarrollado el capital […] más tiende al mismo tiempo a extender el mercado y a una mayor aniquilación del espacio por el tiempo»[18].

La frase «aniquilación del espacio por el tiempo» *[Vernichtung des Raums durch die Zeit]* es de gran importancia en el pensamiento de Marx. Sugiere que la circulación del capital hace que el tiempo sea la dimensión fundamental de los asuntos humanos. En el capitalismo, después de todo, es el tiempo de trabajo socialmente necesario lo que constituye la sustancia del valor, el tiempo de trabajo excedente lo que se encuentra en el origen del beneficio y la relación entre el tiempo de trabajo excedente y el tiempo de rotación socialmente necesario la que define la tasa de ganancia y, en último término, el tipo medio de interés. Bajo el capitalismo, por tanto, el significado del espacio y el impulso para crear nuevas configuraciones espaciales de los asuntos humanos sólo

---

[15] K. Marx, *El capital,* vol. 2, cap. XIV, p. 284 [*MEW* 24, p. 251].
[16] K. Marx, *EFCEP,* vol. 2, p. 29 [*MEW* 42, p. 443].
[17] K. Marx, *El capital,* vol. 2, cap. XIV, p. 285 [*MEW* 24, pp. 251-252].
[18] K. Marx, *EFCEP,* vol. 2, p. 31 [*MEW* 42, p. 445].

se pueden entender en relación con tales requisitos temporales. La frase «aniquilación del espacio por el tiempo» no significa que la dimensión espacial se vuelva irrelevante, sino que plantea, más bien, la cuestión de cómo y con qué medios se puede usar, organizar, crear y dominar el espacio para cumplir los requisitos temporales bastante estrictos de la circulación del capital.

La consideración de esta cuestión lleva a Marx por una serie de sendas interesantes. Sostiene, por ejemplo, que la continuidad del flujo en el espacio y la regularidad de la entrega desempeñan papeles importantes en relación con el tiempo de rotación: la reducción de las reservas y los almacenamientos de todo tipo reduce la cantidad de capital que se mantiene necesariamente inactivo durante el proceso global de rotación. De ello se deduce una gran necesidad de organizar el sistema de transporte y comunicaciones para garantizar la regularidad de la entrega, así como la velocidad y el bajo coste[19].

Pero los requisitos temporales de la circulación del capital inducen otros ajustes importantes[20] en la organización del capitalismo para hacer frente a las barreras espaciales que encuentra. El comercio a larga distancia, al separar la producción y el consumo por un lapso temporal relativamente largo, plantea serios problemas para la continuidad del flujo de capital. Ahí reside, en opinión de Marx, «una de las bases materiales» del sistema de crédito. En otro lugar Marx desarrolla este argumento con mayor detalle en un lenguaje que hace explícitas las relaciones entre el tiempo, el espacio y el sistema de crédito bajo el capitalismo:

> La circulación se presenta como proceso esencial del capital. No es posible recomenzar el proceso de producción antes de la transformación de la mercancía en dinero. La *ininterrumpida continuidad* del proceso, la transición libre y fluida en que el valor pasa de una forma a la otra, o de una fase del proceso a la otra, aparece como condición fundamental de la producción basada en el capital, y ello en un grado enteramente diferente del de todas las formas anteriores de la producción. Por otra parte, una vez puesta la necesidad de esta continuidad, las fases divergen temporal y espacialmente, como procesos particulares, recíprocamente indiferentes. De este modo, para la producción fundada en el capital, aparece como contingente el que su condición esencial, la continuidad de los diversos procesos constitutivos de su pro-

---

[19] K. Marx, *El capital,* vol. 2, cap. VI, II, p. 162 [*MEW* 24, p. 143].
[20] *Ibid.,* cap. XIV, p. 287 [*MEW* 24, pp. 254-255].

ceso total, se produzca o no se produzca. La supresión, por el capital mismo, de este carácter contingente es el *crédito* [...] De ahí que el *crédito,* en cualquiera de sus formas desarrolladas, no se presente en ninguno de los modos de producción anteriores. Se prestaba y se tomaba en préstamo, también, en fases anteriores, y la usura es incluso la más antigua de las formas antediluvianas del capital. Pero dar y tomar con préstamo no es en modo alguno sinónimo de *crédito,* del mismo modo que trabajar no lo es de *trabajo industrial* o de *trabajo asalariado libre.* Como relación de producción desarrollada, esencial, el crédito se presenta *históricamente* sólo en la circulación basada en el capital o el trabajo asalariado[21].

El sistema de crédito permite que el dinero circule en el espacio independientemente de las mercancías de las que ese dinero es equivalente. La circulación de crédito en el mercado mundial se convierte así en uno de los principales mecanismos para la aniquilación del espacio por el tiempo y aumenta espectacularmente la capacidad de hacer circular productos (y por lo tanto, capital) en el espacio. En ese proceso se desarrolla cierto poder de los capitalistas monetarios frente a los industriales, mientras que las contradicciones inherentes al sistema de crédito también cobran una expresión geográfica específica[22].

La eficiencia con la que las mercancías pueden circular por el espacio depende también de las actividades de los capitalistas mercantiles. Marx contrasta a este respecto el papel histórico del comerciante –comprar barato para vender caro; mediar entre productores geográficamente dispersos con bajos niveles de desarrollo; acumular capital mediante la especulación, el robo y la violencia; y dar forma al mercado mundial[23]– con la posición del comerciante en un modo de producción puramente capitalista. En este último caso, argumenta Marx, el papel del comerciante es reducir el coste y acelerar la circulación de mercancías (y por tanto, de capital) especializándose en la función mercantil[24] de la que obtendrá beneficios con un rendimiento eficiente. Pero al igual que en el caso de los capitalistas monetarios, la posición de los comerciantes en el proceso general de circulación de capital les da cierto poder frente a los capitalistas industriales y les ofrece con frecuencia oportunidades

---

[21] K. Marx, *EFCEP,* vol. 2, pp. 25-26 [*MEW* 42, p. 441].
[22] K. Marx, *El capital,* vol. 3, sección V.
[23] *Ibid.,* cap. XX.
[24] *Ibid.,* caps. XVI–XIX.

para el libre ejercicio de su inclinación por la especulación, la usura, el engaño y la sobreacumulación. Sin embargo, en la medida en que el núcleo de la forma moderna del capitalismo está configurado por la necesidad de producir a una escala cada vez mayor[25], la formación del mercado mundial ya no se puede atribuir a las actividades de los comerciantes, sino que hay que situar sus orígenes en la propia producción capitalista.

La relajación directa de las restricciones espaciales, mediante revoluciones que reducen el coste y el tiempo de movimiento y mejoran su continuidad y eficiencia, puede por tanto complementarse con la creciente eficacia de la organización de los sistemas de crédito y comercialización. Estos últimos ayudan a aniquilar el espacio con el tiempo y a aumentar así la capacidad de integración espacial de productores geográficamente dispersos. Los capitalistas industriales, sin embargo, pueden lograr ese mismo efecto mediante su organización de la producción, sus decisiones de ubicación y sus elecciones tecnológicas. Veamos cómo trata Marx esa posibilidad.

La capacidad de obtener plusvalor está vinculada a la productividad física del trabajo empleado. Los capitalistas pueden ahí explotar las diferencias que se dan en la naturaleza[26]. Las ubicaciones mejores también pueden explotarse en el comercio. Bajo las leyes coercitivas de la competencia, por tanto, podríamos esperar razonablemente que la ubicación de la producción sea cada vez más sensible a las diferencias naturales y a las ventajas relativas. Marx rechaza tal idea sin negar, no obstante, la base de la actividad humana en la naturaleza y la ubicación. Insiste ante todo en que la fertilidad, la productividad y la ubicación son determinaciones sociales, sujetas a la modificación directa mediante la acción humana e igualmente sometidas a una reevaluación mediante tecnologías de producción cambiantes: «la *relación capitalista*, por lo demás, brota en un terreno económico que es el producto de un largo proceso de desarrollo. La *productividad alcanzada por el trabajo*, en la que se *funda* aquella relación, no es un don de la naturaleza, sino de una historia que abarca miles de siglos»[27]. La fertilidad puede acumularse en el suelo, las ventajas relativas alterarse por las mejoras del transporte y las nuevas fuerzas productivas incrustarse en la tierra misma por el trabajo hu-

---

[25] *Ibid.*, cap. XX, p. 384 [*MEW* 25, p. 345].
[26] K. Marx, *El capital*, vol. 1, cap. XII.4, pp. 427-428 [*MEW* 23, p. 372], cap. XIV, pp. 593-595 [*MEW* 23, pp. 535-538].
[27] *Ibid.*, cap. XIV, p. 593 [*MEW* 23, p. 535].

mano²⁸. Además, la ventaja del acceso, por ejemplo, a una cascada como fuente de energía, puede perderse de la noche a la mañana con la instalación de una máquina de vapor. Marx está interesado principalmente en la forma en que transformaciones de ese tipo liberan la producción capitalista de las limitaciones naturales y producen una «segunda naturaleza» creada artificialmente como escenario para la acción humana. Y si surgen circunstancias (y Marx admite que eso sucedía con frecuencia en el caso de la agricultura de su época) gracias a las cuales la fertilidad natural y la ubicación continúan brindando ventajas permanentes a los productores privilegiados, entonces el beneficio podría ser gravado como renta de la tierra.

La ubicación de la producción no puede, por tanto, interpretarse como una mera respuesta a las condiciones naturales, sino como el resultado de un proceso social en el que las modificaciones de la naturaleza, de la ventaja de ubicación y del proceso de trabajo están vinculadas. La persistencia de las limitaciones de dotación espacial y de recursos debe interpretarse pues como un efecto interno de la lógica del desarrollo capitalista más que como algo que reside en la naturaleza externa. Y eso nos devuelve la idea de que uno de los principios internos de la lógica de la organización capitalista de la producción es la aniquilación del espacio por el tiempo y la reducción de las barreras espaciales.

Por ejemplo, cuando los capitalistas que buscan un plusvalor relativo se esfuerzan por movilizar y apropiarse de los poderes de cooperación del trabajo, lo hacen concentrando la actividad en un espacio relativamente más pequeño²⁹. La reorganización de la división del trabajo en el taller para el mismo propósito exige que «de una sucesión temporal, los diversos procesos escalonados pasen a convertirse en una yuxtaposición espacial»³⁰. La aplicación de la maquinaria y el auge del sistema fabril consolidan esa tendencia a la concentración espacial del trabajo y las fuerzas productivas en un espacio restringido. Ese mismo principio se aplica a los vínculos entre industrias dentro de la división social del trabajo. La aglomeración de la producción en unos pocos grandes centros urbanos, los talleres de la producción capitalista, es una tendencia inherente al modo de producción capitalista³¹. En todos

---

[28] K. Marx, *El capital,* vol. 3, cap. XLVII.IV, pp. 905-911 [*MEW* 25, pp. 805-810].
[29] K. Marx, *El capital,* vol. 1, cap. XII.1, p. 412 [*MEW* 23, p. 357].
[30] *Ibid.,* cap. XII.3, p. 420 [*MEW* 23, p. 365].
[31] K. Marx, *EFCEP,* vol. 2, p. 92 [*MEW* 42, p. 492]; K. Marx y F. Engels, *El manifiesto Comunista,* p. 27.

esos casos, vemos que la organización racional de la producción en el espacio es fundamental para la reducción del tiempo y los costes de rotación dentro del proceso de circulación del capital.

La tendencia a la aglomeración de la población y las fuerzas productivas en grandes centros urbanos se ve reforzada por otros procesos de considerable importancia. Las innovaciones tecnológicas que liberan la industria de una estrecha dependencia de una fuente de energía o una materia prima particular y localizada permiten una mayor concentración de la producción en los centros urbanos. Esta era precisamente la importancia de la máquina de vapor, que «permitía concentrar la producción en las ciudades» porque era «de universal aplicación y se veía relativamente poco condicionada, en cuanto a su ubicación geográfica, por circunstancias locales»[32]. Las mejoras en los medios de transporte también van en dirección del mercado ya existente, es decir, «hacia los principales centros de producción y población, hacia los puertos de exportación, etc. […] La particular facilidad del tráfico y de la rotación del capital acelerada por la misma […] promueve, a la inversa, una concentración acelerada del centro de producción, por una parte, y, por otra, de su mercado»[33].

«La concentración, acelerada de esa manera, de masas de hombres y de capitales en determinados puntos» se refuerza aún más porque «todas las ramas de la producción que, por la naturaleza de sus productos, dependen principalmente del mercado local, como las cervecerías, alcanzan sus dimensiones máximas en los grandes centros de población»[34]. Lo que Marx describe de hecho son las poderosas fuerzas acumulativas que promueven la urbanización bajo el capitalismo. Y nos ayuda a ver estas fuerzas como parte integrante de los procesos generales que tienden a la eliminación de las barreras espaciales y la aniquilación del espacio por el tiempo. «El desarrollo de los medios de transporte […] acelera la velocidad del desplazamiento, reduciéndose con ello la distancia espacial»[35].

Pero este proceso también requiere la aglomeración de trabajadores, la concentración de población, dentro del espacio restringido de los centros urbanos. «Cuanto más rápidamente se acumula el capital en una ciudad indus-

---

[32] K. Marx, *El capital,* vol. 1, cap. XIII.1, p. 454 [*MEW* 23, pp. 397-398].
[33] K. Marx, *El capital,* vol. 2, cap. XIV, p. 285 [*MEW* 24, p. 253].
[34] *Ibid.,* p. 286 [254].
[35] *Ibid.,* p. 285 [253].

trial o comercial, más veloz es la afluencia del material humano explotable»[36]. Ese flujo puede surgir de «la constante absorción de elementos vitales del campo», lo que presupone la existencia en el mismo de «una superpoblación constantemente *latente*» que puede ser desalojada por la acumulación primitiva, cercamientos u otros medios violentos de expropiación de la tierra[37]. Marx se interesó particularmente por la importación de trabajadores irlandeses a los centros industriales y comerciales de Inglaterra, ya que no sólo proporcionaba un flujo necesario de trabajadores excedentes, sino que lo hacía de un modo que dividía al movimiento obrero[38]. En ausencia de tales migraciones, la expansión de la fuerza de trabajo dependía de la «rápida renovación» y «aumento absoluto» de la población trabajadora mediante transformaciones fundamentales típicamente urbanas de las condiciones sociales de reproducción de la fuerza de trabajo: matrimonios más precoce, oportunidades de empleo infantil que fomentaban la «acumulación» de hijos por parte de los trabajadores como su única fuente de riqueza, etc. Y en caso de escasez de mano de obra, el cambio tecnológico tendía a producir un ejército de reserva industrial «fluctuante» concentrado «en los centros de la industria moderna»[39]. Incluso en condiciones de alto desempleo inducido tecnológicamente, los capitalistas podían dejar la reproducción de la fuerza de trabajo a «los instintos de autoconservación y reproducción de los trabajadores»[40]. La acumulación de capital en el espacio iba de la mano con «la acumulación de miseria, el tormento del trabajo, la esclavitud, la ignorancia, el embrutecimiento y la degradación moral», mientras que los niños crecían en «condiciones infames»[41].

Obviamente, existen límites para la concentración progresiva de fuerzas productivas y de trabajadores en unos pocos grandes centros urbanos, por más que la aglomeración pueda ayudar a reducir los tiempos de rotación y los costes de circulación. Tales concentraciones de miseria humana son el caldo de cultivo para la conciencia y organización de clase, y el hacinamiento, tanto en la fábrica como en el espacio vital, puede convertirse en un foco específico de protesta social[42]. Pero el capital no espera el surgimiento de tales proble-

---

[36] K. Marx, *El capital,* vol. 1, cap. XXIII.5b, p. 753 [*MEW* 23, p. 690].
[37] *Ibid.,* cap. VIII.5, p. 336; cap. XXIII.4, p. 733 [*MEW* 23, pp. 284, 672].
[38] Carta de Marx a Engels, 30 de nov. de 1867, en *MEW* 31, pp. 398-400.
[39] K. Marx, *El capital,* vol. 1, cap XXIII.4, pp. 731-732 [*MEW* 23, p. 670].
[40] *Ibid.,* cap. XXI, p. 661 [*MEW* 23, p. 598].
[41] *Ibid.,* cap. XXIII.4, p. 736 [*MEW* 23, p. 675].
[42] Cfr. K. Marx y F. Engels, *Manifiesto comunista,* pp. 32-33.

mas para poner en marcha su propia estrategia de dispersión. La tendencia a crear el mercado mundial está, después de todo, «inscrita en el propio concepto del capital». La creación de plusvalor «en un punto requiere la creación de plusvalor en otro punto», lo que implica «la producción de una esfera de circulación en constante expansión» mediante tendencias complementarias a crear nuevos puntos de producción e intercambio. La exploración de «la naturaleza entera para descubrir nuevas propiedades útiles de las cosas», así como para acceder a las materias primas, implica el «intercambio universal de los productos de todos los climas y países»[43]. La tendencia a la aglomeración se ve parcialmente compensada, por tanto, por «una división territorial del trabajo que asigna ramas particulares de la producción a regiones particulares de un país», cada vez más especializada, junto con el surgimiento de una «nueva división internacional del trabajo» capaz de responder a las necesidades de la industria moderna[44]. Y todo esto es posible por los nuevos sistemas de transporte y crédito que facilitan el movimiento a larga distancia, reducen las barreras espaciales y aniquilan el espacio por el tiempo.

La concepción hacia la que Marx parece acercarse es la de un paisaje geográfico sometido a una tensión general entre las fuerzas que impulsan la aglomeración en determinados lugares y las fuerzas que promueven la dispersión en el espacio, en la brega por reducir el tiempo de rotación y obtener así más plusvalor. Si existe una estructura general para todo esto –y Marx está lejos de ser explícito a este respecto–, es la de una concentración progresiva de las fuerzas de producción (incluida la fuerza de trabajo) en lugares específicos, junto con la rápida expansión geográfica de las oportunidades de mercado. Con la acumulación de capital, comenta Marx, los «flujos en el espacio» aumentan notablemente; mientras «el mercado se expande espacialmente, la periferia está en relación con el centro, la esfera de producción de las mercancías, permanentemente circunscrita por un radio que se amplía constantemente»[45]. Parece así asegurado el surgimiento de un tipo de relación centro-periferia, tal vez un eco de la antítesis original entre la ciudad y el campo que está en el origen de la división social de trabajo[46].

---

[43] K. Marx, *EFCEP*, vol. 1, pp. 359-361 [*MEW* 42, pp. 321-322].
[44] K. Marx, *El capital*, vol. 1, cap. XII.4, p. 430; cap. XIII.7, p. 531 [*MEW* 23, pp. 374, 475].
[45] K. Marx, *Theorien über den Mehrwert*, vol. 3, cap. XXII, en *MEW* 42, p. 283.
[46] K. Marx, *El capital*, vol. 1, cap. XII.4, p. 430 [*MEW* 23, p. 374]; K. Marx y F. Engels, *Die deutsche Ideologie*, en *MEW* Band 3, p. 22.

Pero esa estructura se remodela perpetuamente debido al inquieto afán de acumulación. La creación de plusvalor absoluto se basa en «la producción de una esfera de circulación en constante expansión», mientras que la producción del plusvalor relativo conlleva una «expansión cuantitativa del consumo existente: [...] la creación de nuevas necesidades mediante la propagación de las existentes en un amplio círculo» y la «producción de nuevas necesidades y el descubrimiento y la creación de nuevos valores de uso» mediante «la exploración del planeta en todas direcciones». Marx prosigue integrando el surgimiento de la ciencia, la definición de nuevos deseos y necesidades sociales y la transformación de la cultura mundial en su imagen general de las transformaciones globales necesariamente forjadas por un capitalismo expansivo impulsado por su propia ansia de acumulación:

> El capital, conforme a esta tendencia suya, pasa también por encima de las barreras y prejuicios nacionales así como sobre la divinización de la naturaleza; liquida la satisfacción tradicional, encerrada dentro de determinados límites y autocomplaciente, de las necesidades existentes y la reproducción del viejo modo de vida. Opera destructivamente contra todo esto, es constantemente revolucionaria, derriba todas las barreras que obstaculizan el desarrollo de la fuerzas productivas, la ampliación de las necesidades, la diversidad de la producción y la explotación y el intercambio de las fuerzas naturales y espirituales[47].

En la medida en que «la producción [capitalista] se mueve en medio de contradicciones que son constantemente superadas pero también constantemente renovadas», encontramos contradicciones intrínsecas de esa dinámica expansiva general. En particular, la búsqueda de configuraciones geográficas «racionales» de producción y consumo se opone al impulso de revolucionar las fuerzas productivas en el transporte y las comunicaciones. La expansión tiene lugar en un contexto en el que las transformaciones en el coste, la velocidad, la continuidad y la eficiencia del movimiento en el espacio alteran «las distancias relativas entre los lugares de producción y los grandes mercados». Esto implica «la decadencia de los antiguos centros de producción y la aparición de otros nuevos». «Al mismo tiempo, vuelven a registrarse alteraciones y desplazamientos como consecuencia del cambio en la ubicación relativa de los lugares de producción y mercado que a su vez resulta de los cambios en los

---

[47] K. Marx, *EFCEP,* vol. 1, p. 362 [*MEW* 42, p. 323].

medios de comunicación»⁴⁸. Marx se siente aparentemente muy cómodo con la idea de que el espacio es relativo y depende de las inversiones en transporte y comunicaciones. La consiguiente inestabilidad se ve exacerbada por procesos de cambio tecnológico y organizativo que, o bien liberan la producción de exigencias de ubicación específicas (acceso a una materia prima o un suministro de energía particular o la dependencia de habilidades laborales particulares), o bien confirman la tendencia hacia una mayor especialización dentro de la división territorial del trabajo. Y también entra en escena la cambiante capacidad física y social de los trabajadores para migrar (ya sea de forma temporal o permanente)⁴⁹.

Los cambios en las configuraciones espaciales producidos por tales procesos se vuelven problemáticos en la medida en que el capitalismo requiere infraestructuras fijas e inmóviles, vinculadas como valores de uso concretos a lugares específicos, para facilitar la producción, el intercambio, el transporte y el consumo. El capitalismo, después de todo, «se implanta firmemente en el suelo mismo y a los supuestos aparentemente firmes dados por la naturaleza en la propiedad de la tierra [los convierte] en elementos puestos meramente por la industria»⁵⁰. El valor incorporado a tales valores de uso insertos en la tierra no se puede mover sin ser destruido. El capital debe por tanto representarse a sí mismo en la forma de un paisaje físico creado a su propia imagen, como valores de uso creados mediante el trabajo humano e integrados en la tierra para facilitar la acumulación adicional de capital. El paisaje geográfico producido, constituido por el capital fijo e inmóvil, es a la vez la gloria que corona el pasado desarrollo capitalista y una prisión que inhibe un nuevo progreso de acumulación precisamente porque crea barreras espaciales donde antes no las había. La propia producción de ese paisaje, tan vital para la acumulación, es, a fin de cuentas, antitética al derribo de las barreras espaciales y la aniquilación del espacio por el tiempo.

Esta contradicción crece a medida que aumenta la dependencia del capital fijo (maquinaria, plantas, infraestructuras físicas de todo tipo). El problema surge porque «con el *capital fijo,* el valor está aprisionado en determinado

---

⁴⁸ K. Marx, *El capital,* vol. 2, cap XIV, pp. 284-286 [*MEW* 24, pp. 252-253].

⁴⁹ K. Marx, *Ökonomische Manuskripte 1863-1867: Das Capital. Erstes Buch. Sechstes Capitel. Resultate des unmittelbaren Produktionsprozesses,* Marx/Engels Gesamtausgabe (MEGA), zweite Abteilung, Band 4, 4.1, Berlín (1988) [ed. cast: *El capital, vol. 1, sexto capítulo (inédito). Resultados del proceso de producción inmediato,* Curso, Barcelona, 1997].

⁵⁰ K. Marx, *EFCEP,* vol. 2, p. 270 [*MEW* 42, p. 634].

valor de uso»⁵¹, mientras que el grado de fijación aumenta con la durabilidad, *ceteris paribus*⁵². Marx describe las condiciones que rigen la circulación de capital fijo en los siguientes términos: «Se reproduce el valor del capital fijo sólo en la medida en que se agote en el proceso de producción. Por el desuso pierde su valor sin que este pase al producto. Por lo tanto, cuanto mayor sea la escala en la que se desarrolla el capital fijo […] más se convierte la *continuidad del proceso de producción* o el flujo constante de la reproducción en una condición extrínsecamente forzosa del modo de producción basado en el capital»⁵³. El empleo del capital fijo e inmóvil, en suma, ejerce una poderosa restricción sobre la circulación futura del capital y el futuro despliegue de la fuerza de trabajo. Hasta que el capital invertido en tales activos se amortice mediante el uso, el capital y la fuerza de trabajo se ven restringidos geográficamente a patrones de circulación que ayudan a realizar el valor incorporado en todas las «*improvements sunk in the soil* [mejoras incorporadas al suelo], en resumen, cada una de las formas en que el producto de la industria es sólidamente fijado al suelo»⁵⁴.

El desarrollo capitalista debe seguir una ruta avanzada entre la preservación de los valores de las inversiones pasadas de capital incorporadas a la tierra y su destrucción para abrir un nuevo espacio geográfico de acumulación. Se produce así una pugna perpetua en la que los paisajes físicos apropiados para los requerimientos del capitalismo son producidos en un momento particular, sólo para verse alterados y destruidos, generalmente en el curso de una crisis, en un momento posterior.

Esta contradicción esconde una ironía, que en ningún sector es más evidente que en el del transporte. La eliminación de las barreras espaciales y la aniquilación del espacio por el tiempo requieren «un aumento de esa porción de la riqueza social que, en lugar de servir como medio directo de producción, se invierte en medios de transporte y comunicación y en el capital fijo y circulante requerido para su funcionamiento»⁵⁵. Con otras palabras, la producción de determinada configuración espacial (por ejemplo, el ferrocarril, las carreteras y los sistemas portuarios) es el único medio con que cuenta el

---

⁵¹ *Ibid.,* p. 255 [*MEW* 42, p. 623].
⁵² K. Marx, *El capital,* vol. 2, cap. VIII.
⁵³ K. Marx, *EFCEP,* vol. 2, p. 226 [*MEW* 42, p. 599].
⁵⁴ *Ibid.,* p. 269 [*MEW* 42, p. 634].
⁵⁵ K. Marx, *El capital,* vol. 2, cap. XIV, p. 286 [*MEW* 24, p. 254].

capital para superar el espacio. En algún momento el impulso para superar el espacio debe hacer que queden obsoletas y redundantes las inversiones iniciales, tal vez mucho antes de que el valor incorporado en ellas se haya realizado mediante su uso.

La teoría de la ubicación en Marx (si podemos llamarla así) no es mucho más específica (aunque hay mucho interés periférico en sus análisis de la renta y la formación de capital fijo). La virtud de sus observaciones fragmentarias no radica tanto en su sofisticación sino en la visión que proyectan del papel de la producción e incansable reestructuración de los paisajes geográficos y las relaciones espaciales como momentos activos dentro de la dinámica de acumulación de capital. Las revoluciones de las fuerzas productivas insertas en la tierra, en la capacidad para superar el espacio y aniquilar el espacio con el tiempo, no son ideas secundarias para agregar al último capítulo de algún análisis; son fundamentales porque sólo mediante ellas podemos dar sustancia y sentido a la más decisiva de las categorías marxianas, el trabajo concreto y abstracto.

Esta última cuestión es lo suficientemente importante como para justificar la reflexión. El gasto de fuerza de trabajo humano «en una forma especial y con un objetivo definido» para producir valores de uso en un lugar y momento determinados es, como dice Marx, una «necesidad natural eterna de mediar el metabolismo entre el hombre y la naturaleza, y por lo tanto la propia vida humana»[56]. Las diferentes cualidades del trabajo concreto se relacionan entre sí a través del intercambio y, en última instancia, mediante la circulación del capital. Y ese mecanismo de vincular en una relación social general diferentes actividades laborales concretas le da a ese proceso de trabajo cualidades abstractas ligadas al valor como tiempo de trabajo socialmente necesario, el tiempo de trabajo requerido para producir un artículo bajo las condiciones normales de producción y con el grado promedio de habilidad e intensidad que prevalece en el momento»[57]. Sin embargo, no se pueden especificar las «condiciones normales» y el «promedio de habilidad e intensidad» si no es con respecto a un espacio determinado de intercambio y circulación de capital. Los procesos de formación del mercado mundial, de integración espacial, de división internacional y territorial del trabajo, de concentración geográfica de la producción (fuerza de trabajo y fuerzas productivas), son por tanto fundamentales para comprender cómo adquiere cualidades abstractas y uni-

---

[56] K. Marx, *El capital*, vol. 1, cap. I, p. 91 [*MEW* 23, p. 57].
[57] *Ibid.*, p. 87 [*MEW* 23, p. 53].

versales un proceso de trabajo concreto. Para el geógrafo, esta debe de ser una de las ideas más profundas de Marx, porque no sólo sitúa el estudio de las relaciones espaciales y la diferenciación geográfica en el corazón de la teorización marxiana, sino que también señala el camino hacia una solución del problema que ha atormentado durante tanto tiempo la imaginación geográfica: cómo hacer generalizaciones universales sobre las particularidades evidentemente únicas del espacio. La respuesta radica, por supuesto, no en la especulación filosófica, sino en el estudio de cómo los procesos de circulación del capital aportan las cualidades únicas de la acción humana, en determinados lugares y momentos, en un marco de generalidad universal. Y cabe pensar que eso fue exactamente lo que Marx quiso decir con esa impresionante concepción que vale la pena repetir: «La riqueza abstracta, el valor, el dinero, y por lo tanto el *trabajo abstracto,* se desarrollan en la medida en que el trabajo concreto se convierte en una totalidad de modos de trabajo diferentes que abarcan el mercado mundial»[58].

Comercio exterior

Aunque algunos de los comentarios dispersos de Marx sobre el comercio exterior (nunca completó un texto proyectado sobre el mercado mundial) pueden interpretarse como extensiones lógicas de sus puntos de vista sobre la ubicación y las relaciones espaciales, su atención se concentra sobre todo en cómo se expresaban y expresan la historia y la dinámica de la acumulación de capital a través de las estructuras geográficas preexistentes –el Estado-nación en particular–, más que en los procesos que dan lugar a determinadas configuraciones espaciales. Al aceptar la ficción de la acumulación de capital como un asunto primordialmente nacional, Marx estaba haciendo concesiones, por supuesto, a una larga tradición en el pensamiento que iba desde los mercantilistas, pasando por los fisiócratas, hasta Adam Smith y la doctrina ricardiana de la ventaja relativa. La fuerza de esa tendencia en la economía política llevó a Marx inexorablemente a una crítica de algunas de sus proposiciones fundamentales y a una aceptación parcial de otras. Y si la imagen que presenta parece algo distinta de la que hemos descrito anteriormente, eso no la hace menos legítima; es, por decirlo así, el mundo de las interacciones geo-

---

[58] K. Marx, *Theorien über den Mehrwert,* vol. 3, cap. XXI 1.c , en *MEW* 26.3, p. 250.

gráficas visto desde una ventana bastante diferente. Una comprensión completa de las ideas de Marx debe basarse en una síntesis de esas dos perspectivas, algo dispares –pero ambas igualmente legítimas–, de la geografía de la acumulación capitalista.

Marx ve el desarrollo del comercio exterior, la formación del mercado mundial y el surgimiento del capitalismo como partes integrales de un proceso en el que las consecuencias de una etapa se convierten en condiciones para la siguiente. El impulso para superar las barreras espaciales, por ejemplo, presagia la absorción, disolución o transformación de todos los modos de producción no capitalistas bajo la fuerza homogeneizadora de la circulación del capital. La monetización, el intercambio de mercancías y, finalmente, la imposición de las relaciones capitalistas de producción representan varios pasos en dicho proceso.

La mera penetración de la forma dinero, declara, tiene una influencia «disolvente» en la comunidad aislada y «hace entrar a lejanas zonas del mundo en el proceso del intercambio y del metabolismo material»[59]. El capital puede acumularse directamente desde ese «metabolismo de la circulación» una vez que se ha establecido. Las ciudades acumulan valores de uso, y por tanto los extraídos del campo, mientras que el capital comercial, como forma de organización históricamente anterior al capital de los productores,

> explota la diferencia entre los precios de producción de diversos países [...y] se apropia de una parte abrumadora del excedente, en parte como intermediario entre comunidades cuya producción aún se halla fundamentalmente orientada hacia el valor de uso [...] y en parte porque en aquellos modos más antiguos de producción, los poseedores principales del excedente con los que negocia el comerciante, esto es, el propietario de esclavos, el señor feudal, el Estado (por ejemplo, el déspota oriental) representan la riqueza fruitiva a la cual tiende sus trampas el comerciante [...] Cuando el capital comercial predomina de forma abrumadora, constituye por doquier un sistema de saqueo, del mismo modo que su desarrollo en los pueblos comerciantes tanto de los tiempos antiguos como de los más recientes se halla directamente vinculado con el saqueo por la violencia, la piratería, el secuestro de esclavos, el sojuzgamiento en las colonias [...] La evolución del comercio y del capital comercial desarrolla por doquier la orientación de la producción hacia el valor de cam-

---

[59] K. Marx, *EFCEP*, vol. 1, p. 160 [*MEW* 42, p. 151].

bio, aumenta su volumen, la multiplica y la vuelve cosmopolita, hace que el desarrollo del dinero se convierta en dinero mundial. Por eso, el comercio tiene en todas partes una acción más o menos disolvente sobre las organizaciones preexistentes de la producción, que en todas sus diferentes formas se hallan principalmente orientadas hacia el valor de uso. Pero la medida en la que provoca la disolución del antiguo modo de producción depende, en primera instancia, de la firmeza y estructura interna de este. Y dónde desemboca este proceso de disolución, vale decir, qué nuevo modo de producción ocupará el lugar del antiguo, no depende del comercio, sino del carácter del propio modo de producción antiguo[60].

El capital de los comerciantes desempeñó un papel crucial en la redistribución de la riqueza y el poder del campo a la ciudad o del mundo entero a unas pocas naciones capitalistas dominantes. Pero todo esto cambió cuando el capital de los comerciantes se subordinó al capital industrial y se vio obligado a respetar las reglas del intercambio justo. El comerciante se convirtió entonces en el mero agente que imponía las normas más básicas de la dominación capitalista. Por ejemplo:

> La baratura de los artículos hechos a máquina y los sistemas revolucionarios de transporte y comunicación son armas para la conquista de mercados extranjeros. Al arruinar la producción artesanal de productos acabados en otros países, la industria mecanizada los convierte a la fuerza en campos de producción de su materia prima. Así, por ejemplo, las Indias Orientales se han visto obligadas a producir algodón, lana, cáñamo, yute e índigo para Gran Bretaña. La constante conversión en «supernumerarios» de los obreros en los países de gran industria fomenta, como en un invernáculo, la emigración hacia países extranjeros y la colonización de los mismos, transformándolos en semilleros de materias primas para la metrópoli, tal como se transformó, por ejemplo, a Australia en un centro de producción lanera. Se crea así una nueva división internacional del trabajo, que se adapta a las necesidades de los principales países industrializados, y convierte una parte del globo terráqueo en un campo de producción principalmente agrícola para abastecer a la otra parte, que sigue siendo un campo preeminentemente industrial[61].

---

[60] K. Marx, *El capital,* vol. 3, cap. XX, pp. 381-383 [*MEW* 25, pp. 343-344].
[61] K. Marx, *El capital,* vol. 1, cap.XIII.7, pp. 530-531 [*MEW* 23, pp. 474-475].

Sin embargo, la geografía de esa nueva división internacional del trabajo depende de toda una serie de «factores especiales» y efectos contradictorios que hacen especialmente tortuosa la trayectoria de la producción capitalista hacia la dominación global.

En el caso de las colonias, por ejemplo, Marx insiste en una distinción que le parece clave:

> Hay colonias propiamente dichas, como Estados Unidos, Australia, etc., en las que la gran mayoría de los colonos agricultores, aunque traen consigo de la patria una cantidad mayor o menor de capital, no son una *clase capitalista* y su producción no es en absoluto *capitalista*. Son *more or less self-working peasants* [más o menos campesinos que trabajan por su cuenta] y cuya tarea principal, en primer lugar, es producir sus *means of subsistence* [su propio sustento], de modo que no producen *mercancías* para el comercio. En el segundo tipo de colonias –plantaciones– donde desde el principio se practican las especulaciones comerciales y la producción está destinada al mercado mundial, se da un modo de producción capitalista, aunque sólo en un sentido formal, ya que la esclavitud de los negros excluye el trabajo asalariado libre, que es la base de la producción capitalista. Sin embargo, quienes llevan a cabo el negocio en el que se utiliza a los esclavos negros sí son *capitalistas*[62].

Los dos tipos de colonias evolucionan de manera muy diferente en relación con los procesos globales de acumulación. Las colonias del segundo tipo, sea donde sea el lugar en el cual se funden activamente o se constituyen a partir de una transformación de alguna sociedad precapitalista (como en Europa del Este), pueden ser altamente rentables, al menos inicialmente, debido a las altas tasas de explotación que se pueden lograr gracias a la reducción de las necesidades de los trabajadores a un mínimo. Esta tendencia a transformar las necesidades en lujos

> determina todo el patrón social de las naciones atrasadas [...] que se asocia con un mercado mundial basado en la producción capitalista. Por grande que sea el producto excedente que extraigan del trabajo excedente de sus esclavos en forma simple de algodón o maíz, pueden persistir en ese trabajo simple e

---

[62] K. Marx, *Theorien über den Mehrwert,* vol. 2, cap. XII 3.d, en *MEW* 26.2, pp. 298-299.

indiferenciado porque el comercio exterior les permite convertir estos productos simples en cualquier tipo de valor de uso[63].

La incapacidad de revolucionar las fuerzas productivas en tales condiciones de subdesarrollo inducido es la que a largo plazo hace más vulnerables a tales colonias.

En cambio, las colonias formadas por pequeños productores independientes, que llevan parte de sus excedentes al mercado, se caracterizan típicamente por la escasez de mano de obra y los salarios altos (particularmente cuando se dispone de tierra abundante y barata). Las colonias de ese tipo no son tan propicias para las formas capitalistas de explotación y pueden incluso resistirse activamente a la penetración del modo capitalista de producción:

> Allí el modo capitalista de producción y de apropiación tropieza constantemente con el obstáculo que representa la propiedad obtenida a fuerza de trabajo por su propio dueño, con el obstáculo del productor que, en cuanto poseedor de sus propias condiciones de trabajo, se enriquece a sí mismo en lugar de enriquecer al capitalista. *La contradicción entre estos dos modos de apropiación, diametralmente opuestos, se da aquí de manera práctica.* Allí donde el capitalista tiene guardadas sus espaldas por el poder de la metrópoli, procura quitar de en medio, por la violencia, el modo de producción y de apropiación basado en el trabajo personal del productor independiente[64].

Innumerables movimientos populistas y radicales generados entre los colonos de las regiones más remotas de Estados Unidos, Canadá, Australia y otros países confirman la importancia de tal conflicto. Pero dado que tales colonias se configuraron por la aportación de la población excedente, respaldada por pequeñas cantidades de capital de los principales centros de acumulación, y dado que también suelen formar mercados en expansión para la producción capitalista, acaban integrándose en el modo de producción capitalista hegemónico. Así, Estados Unidos se estaba transformando en la época de Marx, de un sistema de producción independiente, en gran medida no capitalista, en un nuevo centro para la acumulación del capital. «La producción capitalista avanza allí a pasos agigantados –señalaba Marx–, aunque la

---

[63] K. Marx, *Theorien über den Mehrwert,* vol. 3, cap. XXI 1.a, en *MEW* 26.3, p. 239.
[64] K. Marx, *El capital,* vol. 1, cap. XXV, p. 857 [*MEW* 23, p. 792].

reducción de los salarios y la dependencia del trabajador asalariado disten todavía de haber alcanzado los niveles normales de Europa»[65].

Pero hay otros «factores especiales» a tener en cuenta. Marx reconoce, por ejemplo, que «la productividad del trabajo se ve trabada por las condiciones físicas» y que las diferencias en la naturaleza constituyen, por tanto, «una base física para la división social del trabajo». Pero pone igual énfasis en que tales diferencias sólo representan posibilidades (modificables por la acción humana) porque, en última instancia, la productividad del trabajo «es un don, no de la naturaleza, sino de una historia que abarca miles de siglos»[66]. Además, en la medida en que bajo el capitalismo la productividad se define como la capacidad del trabajador para producir plusvalor para el capitalista[67], las diferencias nacionales y regionales en el valor de la fuerza de trabajo se hacen cruciales:

> Al comparar los salarios en diferentes naciones, deben tenerse en cuenta todos los factores que determinan el *cambio* en la cuantía del valor de la fuerza de trabajo; el precio y volumen de las necesidades vitales elementales –naturales e históricamente desarrolladas–, el coste de la capacitación de los trabajadores, el papel desempeñado por el trabajo de mujeres y niños, la productividad del trabajo y su magnitud en extensión e intensidad […] La intensidad media del trabajo varía de país a país; aquí es mayor, allá menor. Los promedios nacionales conforman una escala cuya unidad de medida es la unidad media del trabajo universal. En comparación, por tanto, con el trabajo nacional menos intenso, el más *intenso* produce más valor en el mismo tiempo, valor que se expresa en más dinero[68].

La productividad del trabajo y el valor de la fuerza de trabajo, admite, pueden variar bastante, incluso dentro del mismo país[69]. Y la producción capitalista, lejos de erradicar tales diferencias, puede muy fácilmente aumentarlas o incluso crearlas. «A medida que la producción capitalista se desarrolla en un país, la intensidad promedio y la productividad del trabajo se elevan,

---

[65] *Ibid.*, p. 866 [*MEW* 23, p. 801].
[66] *Ibid.*, XIV, p. 593 [*MEW* 23, p. 535].
[67] *Ibid.*, p. 590 [*MEW* 23, p. 532].
[68] *Ibid.*, cap. XX, pp. 647-648 [*MEW* 23, pp. 583-584].
[69] K. Marx, *Salario, precio y ganancia*.

en la misma proporción, por encima del nivel internacional»[70]. La penetración de las relaciones monetarias y el simple intercambio de mercancías parecen impotentes para modificar ese desarrollo geográfico desigual. Y esto tiene importantes consecuencias:

> Los capitales invertidos en el comercio exterior pueden producir una tasa de ganancia superior porque, en primer lugar, en este caso se compite con mercancías producidas por otros países con menores facilidades de producción, de modo que el país más avanzado vende sus productos por encima de su valor, aunque más baratos que sus competidores […] El país privilegiado recibe más trabajo a cambio de menos, aunque esa diferencia, ese exceso, se la embolse una clase particular[71].

Sobre esta base pueden surgir ciertas peculiaridades en los términos de intercambio entre sociedades desarrolladas y subdesarrolladas, entre centros y periferias[72], que además pueden perdurar en el tiempo. Los países pueden establecer un monopolio sobre la producción de determinadas mercancías, mientras que otros factores pueden obstaculizar cualquier «nivelación directa de los valores por el tiempo de trabajo e incluso la nivelación de los precios de coste por una tasa general de ganancia»[73]. Aún más sorprendente es la admisión de Marx de que:

> Aquí la ley del valor sufre una modificación esencial. La relación entre la jornada de trabajo de diferentes países puede ser similar a la existente entre mano de obra cualificada y compleja y el trabajo simple no cualificado dentro de un país. En este caso, el país más rico explota al más pobre, incluso cuando este último gana por el intercambio[74].

Esta afirmación parece totalmente disconforme con el principal argumento del razonamiento marxiano de la inevitable integración global de la producción y el intercambio capitalistas bajo una sola ley del valor representada

---

[70] K. Marx, *El capital,* vol. 1, cap. XX, p. 648 [*MEW* 23, p. 584].
[71] K. Marx, *El capital,* vol. 3, cap. XIV.V, pp. 275-276 [*MEW* 25, pp. 247-248].
[72] K. Marx, *Theorien über den Mehrwert,* vol. 2, cap. XVII 2, pp. 475-476.
[73] *Ibid.,* cap. X A.4, pp. 198-199.
[74] K. Marx, *Theorien über den Mehrwert,* vol. 3, cap. XX 2.e, p. 101.

por el dinero universal. Después de todo, no es sino «en el mercado mundial donde el dinero funciona plenamente como la mercancía cuya forma natural es, a la vez e inmediatamente, una forma de realización social del trabajo humano *in abstracto*»[75].

Además,

> es sólo el *foreign trade* [comercio exterior], el desarrollo del mercado a un mercado mundial que hace que el dinero se convierta en dinero mundial y el *trabajo abstracto* en trabajo social. La riqueza abstracta, el valor, el dinero –y por lo tanto el *trabajo abstracto*–, se desarrolla en la medida en que el trabajo concreto se convierte en una totalidad de modos de trabajo diferentes que abarcan el mercado mundial. La producción capitalista se basa en el *valor* o la transformación del trabajo incorporado al producto en trabajo social. Pero esto sólo es posible sobre la base del *foreign trade* y el mercado mundial. Esto es a la vez la condición previa y el resultado de la producción capitalista[76].

¿Podemos discernir aquí un débil eco de la misma contradicción que Marx hace más explícita en su consideración de la ubicación, esto es, que la eliminación de las diferenciaciones geográficas implica la construcción de nuevas diferenciaciones? Ciertamente parece como si las estructuras geográficas materiales específicas sirvieran de intermediarias entre los aspectos abstractos del trabajo (una determinación social lograda a través del intercambio en el mercado mundial) y las cualidades concretas del trabajo (las particularidades del proceso de trabajo realizado por personas particulares en un lugar y un momento particulares). El capitalista mercantil, como hemos visto, «se apropia de una parte abrumadora del producto excedente, en parte como un mediador entre comunidades cuya producción aún se halla fundamentalmente orientada hacia el valor de uso[77].

Estos son los tipos de «factores especiales» que hacen del comercio exterior una cuestión muy compleja. Estas complejidades no se derivan del fracaso del desarrollo capitalista para superar las barreras sociales y culturales su hegemonía global (aunque estas barreras pueden ser extremadamente resistentes y en algunos casos determinantes). Provienen más bien de las contra-

---

[75] K. Marx, *El capital*, vol. 1, cap. III.3.c, p. 197 [*MEW* 23, p. 156].
[76] K. Marx, *Theorien über den Mehrwert*, vol. 3, cap. XXI 1.c, en *MEW* 26.3, p. 250.
[77] K. Marx, *El capital*, vol. 3, cap. XX, p. 381 [*MEW* 25, p. 343].

dicciones inherentes del propio modo de producción capitalista. Gran parte de las complejidades que encontramos en el caso del comercio exterior deben interpretarse, por tanto, como manifestaciones globales de las contradicciones internas del capitalismo; y subyace a todas ellas la posibilidad muy real de que, en último término, sea el propio capitalismo el que crea las mayores barreras (geográficas y sociales) para su propio desarrollo.

Comentario

La falta de perspectivas geográficas (aparte de las del colonialismo e imperialismo) en la mayoría de las teorizaciones de la izquierda, y en la economía política marxiana en particular, fue un tema candente en la geografía radical a principios de la década de 1970. Existía una relación incómoda, que ni siquiera Lenin logró resolver, entre las teorías centradas en la explotación de una clase por otra y las basadas en la explotación del pueblo que habita un territorio por parte de otro. Varios geógrafos de los círculos marxistas en Estados Unidos y Reino Unido, así como los reunidos en torno a Yves Lacoste y Henri Lefebvre en Francia, se esforzaron activamente en remediar esa deficiencia. Quedó claro que la tradición anarquista en geografía, basada en los trabajos de Piotr Kropotkin y Élisée Reclus, había desarrollado un enfoque mucho más sensible para con las cuestiones de espacio, lugar y entorno que el marxismo dominante. El anarquismo, sin embargo, carecía de la poderosa teoría de la que Marx fue pionero en economía política. Mi propia contribución consistió en buscar en los textos de Marx algo que pudiera servir útilmente para clarificar la discusión. Marx se refería a menudo a cuestiones relacionadas con la producción de espacio y las dimensiones espaciales de las relaciones sociales en la dinámica del capital, pero usualmente lo hacía en comentarios en el margen, entre paréntesis o en lugares apartados. Decidí ensamblar esos fragmentos con el fin de sintetizarlos en algo más sistemático. Quedé bastante satisfecho con el resultado e ingenuamente imaginé que los economistas políticos de las principales corrientes marxistas apreciarían esas nuevas ideas. Pero tendieron a ignorarlas, en parte, sospecho, porque la mayoría de los marxistas convencionales no creían que los geógrafos pudieran contribuir con nada relevante al marxismo, del mismo modo que a los geógrafos les resultaba difícil concebir que el pensamiento de Marx pudiera aportar nada significativo a la geografía. Tal incredulidad mutua se ha desvanecido con el tiempo, aunque no haya desaparecido del todo. Esto habla mucho de los límites creados al dividir el trabajo intelectual en disciplinas cerradas sobre sí mismas. Incorporé muchas de las ideas y percepciones que surgieron al elaborar este texto en los últimos capítulos de *The Limits to Capital*, que apareció por primera vez en 1982 [*Los límites del capitalismo y la teoría marxista,* 1990].

III. El proceso urbano bajo el capitalismo
Un marco para el análisis

Mi objetivo es entender el proceso urbano bajo el capitalismo. Me limito a las formas capitalistas de urbanización porque acepto la idea de que lo «urbano» tiene un significado específico bajo el modo de producción capitalista que no se puede trasladar, sin una transformación radical de significado (y de realidad), a otros contextos sociales.

En el marco del capitalismo, establezco mi interpretación del proceso urbano sobre las teorías gemelas de la *acumulación* y de la *lucha de clases.* Los dos temas son interdependientes y deben considerarse como las dos caras de una misma moneda, o diferentes ventanas desde las cuales se puede ver la totalidad de la actividad capitalista. El carácter de clase de la sociedad capitalista significa la dominación del trabajo por el capital. Dicho de manera más concreta, una clase de capitalistas está al mando del proceso de trabajo y organiza ese proceso con el propósito de obtener ganancias. El obrero, en cambio, sólo tiene el mando sobre su fuerza de trabajo, que debe vender como una mercancía en el mercado. La dominación surge porque el obrero debe rendir al capitalista un beneficio (plusvalor) a cambio de un salario vital. Todo esto es extremadamente simplista, por supuesto, y las relaciones de clase reales (y las relaciones entre fracciones de clases) dentro de un sistema de producción real (que comprende producción, servicios, costes de circulación necesarios, intercambio de distribución, etc.) son muy complejas. La idea marxista esencial, no obstante, es que el beneficio surge de la dominación del trabajo por el capital y que los capitalistas deben, si quieren reproducirse como clase, ampliar continuamente la base para obtener ganancias. Así llegamos a una concepción de la sociedad fundada en el principio de «la acumulación por la acumulación y la producción por la producción». La acumulación es el medio por el que la clase capitalista se reproduce tanto a sí misma como reproduce su dominio sobre el trabajo, y no puede, por tanto, aislarse de la lucha de clases.

Las contradicciones del capitalismo

A partir de un análisis de las contradicciones del capitalismo podemos tejer toda una red de argumentos sobre el proceso urbano. Permítanme exponer las formas principales de esas contradicciones.

Considérense, primero, las contradicciones dentro de la propia clase capitalista. En el ámbito del intercambio, cada capitalista opera en un mundo de individualismo, libertad e igualdad y puede y debe actuar de manera espontánea y creativa. A través de la competencia, sin embargo, las leyes intrínsecas de la producción capitalista se afirman como «leyes coercitivas externas que tienen poder sobre cada capitalista individual». Un mundo de individualidad y libertad en la superficie oculta un mundo de conformismo y coerción por debajo. Pero la traducción de la acción individual al comportamiento de acuerdo con las normas de clase no es completa ni perfecta; nunca puede serlo porque el proceso de intercambio bajo las reglas capitalistas siempre presupone la individualidad, mientras que la ley del valor siempre se ejerce en términos sociales. Como consecuencia, los capitalistas individuales, actuando cada uno en su propio interés, pueden producir un resultado conjunto totalmente antagónico a su interés colectivo de clase. Por señalar un ejemplo dramático, la competencia puede forzar a cada capitalista a alargar e intensificar tanto el proceso de trabajo que la capacidad de la fuerza de trabajo para producir plusvalor se vea seriamente afectada. Los efectos colectivos de la actividad empresarial individual pueden poner en grave peligro la base social para la acumulación futura.

Consideremos, en segundo lugar, las consecuencias de la acumulación para los trabajadores. Sabemos por la teoría del plusvalor que la explotación de la fuerza de trabajo es la fuente del beneficio capitalista. La forma capitalista de acumulación se basa, por tanto, en cierta violencia que la clase capitalista ejerce sobre el trabajo. Marx mostró, sin embargo, que esa apropiación se podría resolver de modo que no afectara las reglas de igualdad, individualidad y libertad que deben prevalecer en el ámbito del intercambio. Los obreros, como los capitalistas, negocian «libremente» la mercancía que ponen a la venta en el mercado. Pero los trabajadores también compiten entre sí por el empleo, mientras que el proceso de trabajo está bajo el mando del capitalista. En condiciones de una competencia desenfrenada, los capitalistas se ven forzados, quieran o no, a infligir una violencia cada vez mayor sobre aquellos a quienes emplean. Los trabajadores individuales son incapaces de resistir porque ellos también están constreñidos a una competencia mutua. La única solución para ellos es constituirse como clase y encontrar medios colectivos para resistir las depredaciones del capital. La forma capitalista de acumulación conduce, por consiguiente, a una lucha de clases abierta y explícita entre el trabajo y el capital. Esa contradicción entre las clases explica gran parte de la dinámica de la historia capitalista y es fundamental para entender el proceso de acumulación.

Los dos tipos de contradicción son mutuamente interdependientes. Expresan una unidad subyacente y se deben interpretar como aspectos diferentes de la misma realidad. Sin embargo, podemos separarlos de manera útil. La contradicción interna dentro de la clase capitalista es bastante diferente de la confrontación de clases entre el capital y el trabajo, pese a lo estrechamente que estén vinculadas entre sí. A continuación, primero me concentraré en el proceso de acumulación en ausencia de una respuesta abierta por parte de la clase trabajadora. Luego ampliaré la perspectiva y consideraré cómo la organización de la clase trabajadora y su capacidad para generar una respuesta abierta de clase afectan al proceso urbano bajo el capitalismo.

Otras contradicciones podrían servir para complementar el análisis. Por ejemplo, el sistema de producción capitalista a menudo mantiene una relación antagónica con sectores no capitalistas o precapitalistas, ya sean internos (la economía doméstica, sectores de producción campesina y artesanal, etc.) o externos (sociedades precapitalistas, países socialistas, etc.). También debemos observar la contradicción con la «naturaleza» que inevitablemente surge de la relación entre la dinámica de la acumulación y la «base de recursos naturales» tal como la define el capital. Obviamente, en cualquier análisis de la historia de la urbanización bajo el capitalismo deben tenerse en cuenta esos distintos aspectos.

Las leyes de la acumulación

Comenzaré esbozando la estructura de los flujos de capital dentro de un sistema de producción y realización de valor. Me ayudaré de una serie de diagramas que parecen altamente «funcionalistas» y tal vez indebidamente simples, pero que sin embargo nos ayudan a comprender la lógica básica del proceso de acumulación. También veremos los problemas que surgen porque los capitalistas individuales producen un resultado incoherente con su interés de clase y consideraremos algunos de los medios con los que se podrían encontrar soluciones para esos problemas. Dicho en pocas palabras, intentaré resumir la argumentación de Marx en *El capital* en el ridículamente escaso espacio de tres o cuatro páginas.

El circuito primario del capital

En el volumen 1 de *El capital,* Marx presenta un análisis del proceso de producción capitalista. El afán de crear plusvalor se vale de un aumento de la duración de la jornada laboral (plusvalor absoluto) o de las ganancias que se obtendrán de las continuas revoluciones en las «fuerzas productivas» mediante reorganizaciones del proceso de trabajo que aumentan la productividad de la fuerza de trabajo (plusvalor relativo). El capitalista obtiene plusvalor relativo de la organización de la cooperación y la división del trabajo dentro del proceso de trabajo o mediante el aprovechamiento de capital fijo (maquinaria). El motor para esas continuas revoluciones en el proceso de trabajo, para la creciente productividad del trabajo, radica en la competencia capitalista, ya que cada capitalista busca un mayor beneficio adoptando una técnica de producción superior a la competencia y al promedio social.

Las consecuencias que esto tiene para los trabajadores se exploran en un capítulo (XXIII) titulado «La ley general de la acumulación capitalista». Marx examina en él las variaciones en la tasa de explotación y en el ritmo temporal de los cambios en el proceso de trabajo en relación con las condiciones de oferta de la fuerza de trabajo (en particular, la formación de un ejército de reserva industrial), suponiendo al mismo tiempo que debe mantenerse una tasa de acumulación positiva para que la clase capitalista pueda reproducirse. El análisis se desarrolla en torno a un conjunto estrictamente limitado de interacciones, abstrayendo o suponiendo constantes todos los demás parámetros. La figura 3.1 representa las relaciones examinadas.

El segundo volumen de *El capital* concluye con un modelo de acumulación a una escala ampliada. Se examinan los problemas de proporcionali-

Figura 3.1. Las relaciones consideradas
en la «ley general de la acumulación» de Marx

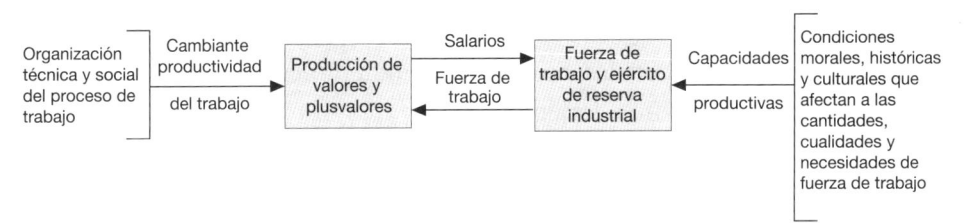

Fuente: El capital, vol. 1.

Figura 3.2. Las relaciones consideradas
en el modelo de Marx de la «reproducción a escala ampliada»

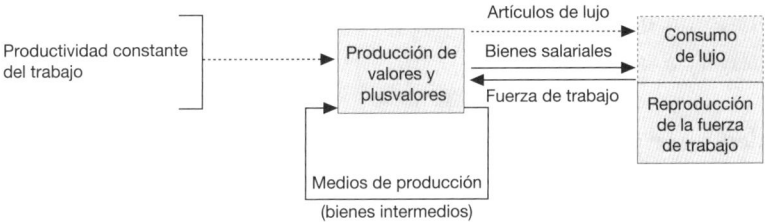

Fuente: El capital, vol. 2.

dad en la producción conjunta de medios de producción y de consumo, suponiendo constantes los demás parámetros (incluidos los cambios tecnológicos, la inversión en capital fijo, etc.). El objetivo es mostrar la posibilidad latente de las crisis de desproporcionalidad en el proceso de producción. Pero Marx ha ampliado ahora la estructura de las relaciones puestas bajo el microscopio (figura 3.2). Obsérvese, no obstante, que en ambos casos supone tácitamente que todas las mercancías se producen y consumen en un periodo de tiempo determinado. La estructura de las relaciones examinadas en la figura 3.2 puede caracterizarse como el *circuito primario del capital.*

Gran parte del análisis de la caída tendencial de la tasa de ganancia y sus contratendencias en el tercer volumen de *El capital* supone de forma parecida la producción y el consumo en un periodo de tiempo determinado, aunque hay algunas pruebas de que Marx pretendía ampliar ese enfoque. Aun así es útil considerar la primera parte del análisis del tercer volumen como una síntesis de los argumentos presentados en los dos primeros volúmenes. Describe lo que sucede en el circuito primario del capital mientras los capitalistas individuales actúan de un modo que va en contra de su interés de clase colectivo, lo que genera una tendencia a la *sobreacumulación:* se produce demasiado capital en relación con las posibilidades de emplearlo. Esa tendencia se manifiesta de varias formas. Tenemos:

1. Sobreproducción de mercancías: saturación del mercado.
2. Caída de las tasas de ganancia en términos de precios (para distinguirla de la caída de la tasa de ganancia en términos de valor, que es una construcción teórica).
3. Capital excedente, que puede manifestarse como una capacidad productiva ociosa o como un capital monetario que carece de oportunidades para su empleo rentable.
4. Mano de obra excedente y/o una tasa creciente de explotación de la fuerza de trabajo.

Pueden estar presentes simultáneamente varias de esas manifestaciones. Tenemos aquí un marco preliminar para el análisis de las crisis capitalistas.

El circuito secundario del capital

Abandonaré ahora la suposición tácita de la producción y el consumo dentro un mismo periodo de tiempo y consideraré el problema planteado por la producción y el uso de mercancías que requieren distintos periodos de trabajo, de circulación, etc. Este es un problema extraordinariamente complejo, que Marx aborda en cierta medida en el segundo volumen de *El Capital* y en los *Grundrisse.* Aquí me limitaré a algunas observaciones sobre la formación de capital fijo y el fondo de consumo. El capital fijo, argumenta Marx, requiere un análisis especial debido a ciertas peculiaridades de su modo de producción y realización. Esas peculiaridades surgen porque los elementos del capital fijo se pueden producir en el curso normal de la producción mercantil capitalista, pero se utilizan como ayuda para el proceso de producción más que como aportaciones directas de materias primas. También se usan durante un periodo de tiempo relativamente largo. Podemos pues distinguir útilmente entre el capital fijo incluido en el proceso de producción y el capital fijo que funciona como un marco físico para la producción. Este último es el que llamo «entorno construido para la producción».

Por el lado del consumo tenemos una estructura parecida. El fondo de consumo se forma a partir de los productos que funcionan como ayudas más que como aportaciones directas al consumo. Algunos artículos están directamente incluidos dentro del proceso de consumo (bienes de consumo tales como hornos, lavadoras, etc.) mientras que otros actúan como un marco físico para el consumo (casas, pavimentos, etc.), a esto último lo llamo «entorno construido para el consumo».

Debemos tener en cuenta que algunos elementos del entorno construido funcionan conjuntamente tanto para la producción como para el consumo: la red de transporte, por ejemplo; y que pueden transferirse artículos de una categoría a otra por cambios en el uso. Además, el capital fijo en el entorno construido es inmóvil en el espacio en el sentido de que el valor incorporado en él no puede moverse geográficamente sin ser destruido. La inversión en el entorno construido implica por tanto la creación de un paisaje físico completo para la producción, la circulación, el intercambio y el consumo.

Llamo a los flujos de capital en los activos fijos y en la formación de fondos de consumo «circuito secundario del capital». Consideremos ahora el modo en que pueden tener lugar tales flujos. Obviamente debe haber un «excedente» de capital y trabajo en relación con las necesidades de producción y consumo en un momento dado para facilitar el movimiento de capital hacia la formación de activos a largo plazo, en particular los que constituyen el entorno construido. La tendencia a la sobreacumulación produce periódicamente tal «excedente» en el circuito primario. Una solución factible, aunque temporal, para ese problema de sobreacumulación sería, por tanto, derivar los flujos de capital hacia el circuito secundario.

A los capitalistas individuales a menudo les resultará difícil efectuar un cambio de ese tipo en los flujos por una variedad de razones. Las barreras al cambio individual de capital son particularmente elevadas con respecto al entorno construido, donde las inversiones tienden a ser a gran escala y de larga duración, a menudo difíciles de valorar de antemano y en muchos casos susceptibles de un uso colectivo por todos los capitalistas individuales. De hecho, los capitalistas individuales abandonados a sí mismos tenderán a abastecer escasamente sus propias necesidades colectivas de producción debido precisamente a tales barreras. Los capitalistas individuales tienden a sobreacumular en el circuito primario y a infrainvertir en el circuito secundario; les resulta notablemente difícil organizar un flujo equilibrado de capital entre los circuitos primario y secundario.

Una condición general para el flujo de capital hacia el circuito secundario es pues la existencia de un mercado de capitales en funcionamiento y, tal vez, de un Estado dispuesto a financiar y garantizar proyectos a gran escala y a largo plazo para la creación de entornos construidos. En momentos de sobreacumulación, una derivación de los flujos del circuito primario al secundario sólo se puede lograr si las diversas manifestaciones de sobreacumulación se logran transformar en capital monetario que pueda moverse libremente y sin obstáculos hacia esas formas de inversión. Ese cambio en los flujos de capital no se puede lograr sin un sistema de crédito y oferta monetarios que cree un «capital ficticio» antes de la producción y el consumo reales. Esto se aplica tanto al fondo de consumo (de ahí la importancia del crédito al consumo, las hipotecas para la vivienda, la deuda municipal, etc.) como al capital fijo. Dado que la producción de dinero y de crédito es un proceso relativamente autónomo, debemos concebir las instituciones financieras y estatales que controlan ese proceso como una especie de sistema nervioso colectivo que gobierna y media las relaciones entre los circuitos primario y secundario del capital. La naturaleza y forma de esas instituciones financieras y estatales y las políticas que adoptan pueden desempeñar un papel importante en controlar o mejorar los flujos de capital hacia el circuito secundario del capital o hacia aspectos específicos del mismo, tales como el transporte, la vivienda, instalaciones públicas, etc. Una alteración en estas estructuras mediadoras puede afectar tanto al volumen como a la dirección de los flujos de capital, restringiendo los flujos en algunos canales y abriendo nuevos conductos en otros lugares.

El circuito terciario del capital

A fin de completar la imagen de la circulación del capital en general, tenemos que concebir un circuito terciario de capital que comprenda, en primer lugar, la inversión en ciencia y tecnología (cuyo objetivo es vincular la ciencia a la producción y contribuir así a los procesos que continuamente revolucionan las fuerzas productivas en la sociedad) y, en segundo lugar, una amplia gama de gastos sociales relacionados principalmente con la reproducción de la fuerza de trabajo. Estos últimos pueden ser útilmente divididos en inversiones dirigidas hacia la mejora cualitativa de la fuerza de trabajo desde el punto de vista del capital (inversiones en educación y sanidad gracias a las cuales mejorará la capacidad de los usuarios para participar en el proceso de trabajo) e inversiones en la cooptación, integración y represión de la fuerza de trabajo por medios ideológicos, militares y de otro tipo.

A los capitalistas les resulta difícil realizar tales inversiones individualmente, por muy deseables que les puedan parecer. Una vez más se ven obligados, hasta cierto punto, a constituirse como clase –generalmente a través de la agencia del Estado– y de ese modo encontrar formas de canalizar las inversiones hacia la investigación y el desarrollo y hacia la mejora cuantitativa y cualitativa de la fuerza de trabajo. Debemos reconocer que los capitalistas a menudo necesitan realizar tales inversiones para formar una base social y política adecuada a partir de una nueva acumulación. Pero con respecto a los gastos sociales, los flujos de inversión se ven muy afectados por el estado de la lucha de clases. La cantidad de inversión en represión y en control ideológico está directamente relacionada con la amenaza de la resistencia organizada de la clase obrera frente a las depreciaciones del capital. Y la necesidad de cooptar mano de obra sólo surge cuando la clase obrera ha acumulado poder suficiente para requerir esta cooptación. Como el Estado puede convertirse en un campo de lucha de clases activa, las mediaciones que se llevan a cabo no se suelen ajustar exactamente a los requisitos de la clase capitalista. El papel del Estado requiere una cuidadosa elaboración teórica e histórica en relación con la organización de los flujos de capital hacia el circuito terciario.

La circulación del capital en su conjunto y sus contradicciones

La figura 3.3 muestra la estructura general de las relaciones que constituyen la circulación del capital entre los tres circuitos. El diagrama tiene un aspecto muy funcionalista-estructuralista debido al método de presentación, pero no puedo concebir otra forma de comunicar claramente las diversas dimensiones y rutas del flujo de capital. Ahora tenemos que considerar las contradicciones encarnados en estos flujos y estas relaciones. Lo haré inicial-

Figura 3.3. La estructura de las relaciones
entre los circuitos primario, secundario y terciario del capital

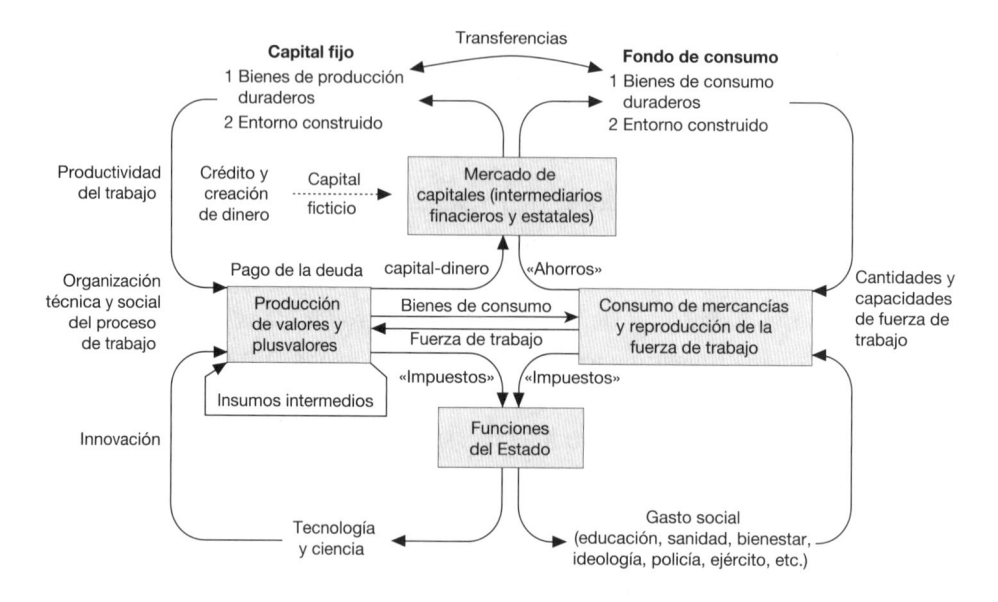

mente como si no hubiera una lucha de clases abierta entre capital y trabajo. Eso nos permitirá ver que la contradicción entre los capitalistas individuales y el capital en general es en sí misma una fuente importante de inestabilidad dentro del proceso de acumulación.

Ya hemos visto que las contradicciones internas de la clase capitalista generan una tendencia a la sobreacumulación en el circuito primario del capital. Y he argumentado que esa tendencia se puede superar, temporalmente al menos, derivando capital a los circuitos secundario o terciario. El capital tiene, por tanto, una variedad de opciones de inversión: capital fijo o formación de fondos de consumo; inversión en ciencia y tecnología; inversión en «capital humano», que es como se suele llamar al trabajo en la literatura burguesa; o inversión en la represión abierta. En determinadas coyunturas históricas, los capitalistas pueden no ser capaces de adoptar todas estas opciones con igual vigor, dependiendo de su propio grado de organización, de las instituciones que han creado y de las posibilidades objetivas dictadas por el estado de la producción y el de la lucha de clases. Por el momento prescindiré de esos problemas para concentrarme en cómo la tendencia a la sobreacumulación, que he señalado hasta ahora tan sólo con respecto al circuito primario, se manifiesta dentro de la estructura general de la circulación del capital. Para hacerlo, necesito primero especificar el concepto de productividad de las inversiones, en particular de las orientadas hacia los circuitos secundario y terciario del capital.

Sobre la productividad de las inversiones en los circuitos secundario y terciario

Utilizo el concepto de «productividad» en lugar de «rentabilidad» por varias razones. En primer lugar, la tasa de ganancia, tal como la trata Marx en el tercer volumen de *El capital,* se mide en términos de valor y no de precios y no tiene en cuenta la distribución del plusvalor en sus componentes: interés del capital-dinero, beneficio del capital productivo, renta de la tierra, ganancia del capital mercantil, etc. La tasa de ganancia se considera como un promedio social obtenido por los capitalistas individuales en todos los sectores, y se asume que la competencia asegura efectivamente su igualación. Pero esa concepción no es la más adecuada para examinar los flujos entre los tres circuitos del capital. Para empezar, la formación de capital fijo en el entorno construido –en particular los medios colectivos de producción en forma, por ejemplo, de redes de transporte– no se puede entender sin la formación del mercado de capitales y la distribución de parte del plusvalor en forma de interés. En segundo lugar, a muchas de las mercancías producidas en los circuitos secundario y terciario no se les puede asignar un precio del modo ordinario, mientras que la acción colectiva por medio del Estado no se puede examinar en términos de los criterios normales de rentabilidad. En tercer lugar, la tasa de ganancia empleada es muy apropiada para comprender los comportamientos de capitalistas o corporaciones individuales en competencia entre sí, pero no se puede traducir en un concepto adecuado para examinar el comportamiento de los capitalistas como clase sin algunas suposiciones importantes (tratando el beneficio social total como igual al plusvalor total producido dentro del sistema capitalista, como hace Marx, por ejemplo).

El concepto de productividad nos ayuda a eludir algunos de esos problemas si lo describimos con suficiente cuidado. Porque el hecho es que los capitalistas como clase –a través de la agencia del Estado– sí invierten en la producción de condiciones que esperan que sean favorables a la acumulación futura, a su propia reproducción como clase, y a su continuo dominio sobre el trabajo. Eso conduce inmediatamente a una definición de la inversión productiva como la que, directa o indirectamente, expande la base para la producción de plusvalor. Es evidente que las inversiones en los circuitos secundario y terciario tienen el potencial para hacerlo en determinadas condiciones. El problema, que inquieta a los capitalistas en la misma medida en que nos confunde a nosotros, es identificar las condiciones y los medios que permitan que ese potencial se realice.

La inversión en nueva maquinaria es la más fácil de tratar. Es directamente productiva si amplía la base para producir plusvalor e improductiva si esos beneficios no se materializan. De manera similar, las inversiones en ciencia y tecnología pueden o no producir nuevas formas de conocimiento científico susceptibles de aplicarse para expandir la acumulación. ¿Pero qué sucede con la inversión en carreteras, vivienda, sanidad y educación, fuerzas policiales y militares, etc.? Si los trabajadores son recalcitrantes en el lugar de trabajo, entonces una juiciosa inversión capitalista en fuerzas de policía para intimidar a los trabajadores y romper su poder colectivo puede efectivamente producir indirectamente más plusvalor para los capitalistas (ese fue el origen de la Agencia Pinkerton a mediados del siglo XIX en Estados Unidos). Sin embargo, si se emplea a la policía para proteger a la burguesía en el consumo conspicuo de sus ingresos con insensible desprecio por la pobreza y la miseria que la rodea, entonces no está actuando para facilitar la acumulación. La distinción puede ser sutil, pero muestra el dilema. ¿Cómo puede la clase capitalista identificar, con razonable precisión, las oportunidades para la inversión productiva indirecta y directa en los circuitos secundario y terciario del capital?

De eso tratan la mayoría de los debates sobre políticas oficiales. Los costes de las malas inversiones deben registrarse de algún modo y tal vez incluso sustentan cierto tipo de crisis (a menudo centradas en el gasto público y las decisiones gubernamentales al respecto).

Sobre los tipos de crisis bajo el capitalismo

Las crisis son las manifestaciones reales de las contradicciones subyacentes bajo el proceso capitalista de acumulación. El argumento que Marx parece proponer en *El capital* es que en el capitalismo siempre existe la posibilidad de alcanzar un «crecimiento equilibrado», pero que esa posibilidad nunca se puede materializar debido a la estructura de las relaciones sociales que prevalecen en la sociedad capitalista. Esa estructura lleva a los capitalistas individuales a producir resultados conjuntos que son antagónicos a sus propios intereses de clase e infligen una violencia insoportable sobre la clase trabajadora que inevitablemente provocará su propia respuesta en el terreno de la lucha de clases.

Ya hemos visto que los capitalistas tienden a generar situaciones de sobreacumulación en el circuito primario del capital y hemos considerado las diversas manifestaciones que resultan de ello. A medida que aumenta la presión, o bien el proceso de acumulación se detiene o bien se hallan nuevas oportunidades de inversión haciendo fluir al capital por diversos canales hacia los circuitos secundario y terciario. Ese movimiento podría comenzar como un goteo y convertirse en una inundación a medida que se evidencie el potencial para expandir la producción de plusvalor por esos medios. Pero la tendencia a la sobreacumulación no se elimina. Se transforma, más bien, en una tendencia generalizada a la sobreinversión en los circuitos secundario y terciario. Esa sobreinversión se relaciona únicamente con las necesidades del capital y no tiene nada que ver con las necesidades reales de la gente, que inevitablemente quedan frustradas. Aparecen así manifestaciones de crisis en los circuitos secundario y terciario del capital. Pero hay un retraso sustancial debido al largo tiempo de rotación de tales inversiones. Pueden pasar muchos años antes de que su fracaso o éxito sean evidentes. Pero en algún momento aparecen manifestaciones de crisis tanto en el circuito secundario del capital como en el terciario.

En lo que respecta al capital fijo y al fondo de consumo, la crisis se manifiesta principalmente en la valoración de los activos. La sobreproducción crónica da lugar a la devaluación de las partidas de capital fijo y los fondos de consumo, un proceso que afecta tanto al entorno construido como a los bienes duraderos de producción y consumo. También podemos observar la formación de crisis en otros puntos de la estructura de los flujos de capital: crisis del gasto social (sanidad, educación, represión militar), en la formación de fondos de consumo (vivienda) y en tecnología y ciencia. En cada caso, la crisis ocurre porque se agota el potencial de las inversiones productivas en cada una de esas esferas. Flujos adicionales de capital no expanden la base para la producción de plusvalor. Deberíamos también observar que las crisis de cualquier magnitud en cualquiera de esas esferas se registran como crisis en las estructuras financieras y estatales, mientras que estas últimas, debido a su relativa autonomía, pueden ser una fuente independiente de crisis (podemos hablar así de crisis financieras, crediticias y monetarias junto con la crisis fiscal del gasto estatal).

Las crisis son los «racionalizadores irracionales» del modo de producción capitalista. Son indicadores de desequilibrios y fuerzan una racionalización (que puede ser dolorosa para ciertos sectores de la clase capitalista así como para los trabajadores) del proceso de producción, intercambio, distribución y consumo. También pueden forzar una racionalización de las estructuras institucionales (financieras y estatales en particular). Desde el punto de vista de la estructura total de las relaciones que he presentado, podemos distinguir diferentes tipos de crisis:

1. *Crisis parciales,* que afectan a un sector particular, una región geográfica o un conjunto de instituciones mediadoras. Pueden surgir por muy diversas razones, pero también se pueden resolver dentro de ese sector, esa región o ese conjunto de instituciones. Las crisis monetarias, por ejemplo, se pueden resolver mediante la regulación y las reformas institucionales; las crisis en la formación del entorno construido en ciertos lugares se pueden resolver mediante una quiebra o una reactivación de la economía local, etcétera.
2. *Crisis de tránsito,* que suponen una importante reorganización y reestructuración de los flujos de capital y/o una importante reestructuración de las instituciones intermediarias para abrir nuevos canales de inversión productiva. Hay dos tipos de crisis de tránsito: a) Sectoriales, que implican el paso de la asignación de capital de una esfera (por ejemplo, formación de capital fijo) a otra (por ejemplo, educación). b) Geográficas, que implican el desvío de los flujos de capital de un lugar a otro. Este tipo de crisis es particularmente importante para las inversiones en el entorno construido, que no se pueden trasladar de un lugar a otro.
3. *Crisis globales,* que afectan, en mayor o menor grado, a todos los sectores, esferas y regiones del sistema capitalista. En ellas se producen devaluaciones generalizadas del capital fijo y de los fondos de consumo, una crisis fiscal de los gastos del Estado, una crisis de productividad y ganancias, todas ellas simultáneas en todas partes. Advierto que sólo se han producido dos crisis globales de este tipo durante el siglo XX: la de los años treinta, y su secuela de la Segunda Guerra Mundial, y la segunda después de 1973, pero que se venía generando al menos desde 1968.

Las crisis pueden desarrollarse, pasando de parciales a globales. Las crisis de tránsito relacionadas con desarrollos geográficos desiguales dentro del capitalismo son particularmente merecedoras de estudio.

Comentario

Este fue mi primer intento de construir una base teórica –utilizando las categorías de Marx– para la interpretación de la urbanización, examinando sus vínculos con la acumulación de capital. En él llevé el análisis de la geografía de la acumulación capitalista hasta los detalles del nivel urbano. Aunque la teoría puede parecer demasiado simple y necesitada de elaboración y desarrollo (en particular con respecto a las funciones del Estado y el crédito), creo que aun así ofrece una vía firme para pensar sobre el papel en la reproducción del capital de las inversiones a largo plazo de capital fijo en el entorno construido. También invita a preguntarse cómo se transfiere la tendencia a la sobreacumulación de un circuito del capital a otro y con qué efectos. El peligro obvio es una crisis de sobreacumulación en el entorno construido. El marco explica cómo compensó China una disminución sustancial de sus exportaciones después de 2008, tras el colapso de la demanda de los consumidores en Estados Unidos, gracias a una estrategia estatal de desviar el capital y la mano de obra excedente a grandes proyectos de urbanización y de infraestructura física. Esto permitió a China mantener tasas de crecimiento relativamente altas después de 2009, mientras que el resto del mundo se estancó. Lo mismo podría decirse de Estados Unidos después de 1945, cuando el país recurrió a su forma favorita de evitar las crisis «construyendo casas y llenándolas de cosas» (en este caso, las urbanizaciones periféricas). En 2007-2008, esta solución agotó sus posibilidades en Estados Unidos, lo que desató una crisis financiera internacional. Al escribir esto en 2015, constato una creciente evidencia de inversión excesiva en el entorno construido en China: será interesante ver lo que sucede si las autoridades se esfuerzan por evitar la sobreacumulación en el circuito secundario, poniendo en peligro la salud, no sólo de la economía china, sino la del mundo entero.

El análisis de los circuitos del capital desarrollado en este capítulo es coherente con la forma de pensar orgánica, ecosistémica y evolutiva de Marx sobre la producción y reproducción del capital mediante el crecimiento. Lefebvre menciona la idea del circuito secundario en *La révolution urbaine*. El único análisis adicional de este tipo, aunque desde un ángulo muy diferente, es el del brasileño Milton Santos, con quien tuve algunas discusiones muy productivas en la década de 1970.

En aras de la brevedad, he omitido la última parte del artículo, en la que presentaba algunos datos históricos sobre las luchas de clase y las inversiones en el circuito secundario del capital, ampliamente coherentes con lo que se exploraba teóricamente.

IV

Monumento y mito
La construcción de la Basílica del Sacré-Coeur

La Basílica del Sacré-Coeur, estratégicamente situada en la cima de una colina conocida como la Butte Montmartre, ocupa una posición dominante sobre París. Sus cinco cúpulas blancas de mármol y el *campanile* que se alza a su lado se pueden ver desde cada barrio de la ciudad. Ocasionales destellos se pueden vislumbrar desde el interior de la densa y cavernosa red de calles que constituyen el viejo París. Aparece, espectacular y grandiosa, a los ojos de las jóvenes madres que pasean a sus hijos en los Jardines del Luxemburgo, a los de los turistas que ascienden penosamente a las torres de Notre-Dame o despreocupadamente por las escaleras mecánicas del Centro Beaubourg, a los de los viajeros que cruzan el Sena en el metro en Grenelle o entran a la Gare du Nord, o a los de los inmigrantes argelinos que los domingos por la tarde deambulan por la cima de roca del Parc des Buttes-Chaumont. La pueden ver claramente los ancianos que juegan a la «petanca» en la plaza del Coronel Fabien, desde el borde de los barrios obreros tradicionales de Belleville y La Villette, lugares que desempeñan un papel importante en nuestra historia.

En los fríos días de invierno, cuando el viento arrastra las hojas caídas entre las antiguas lápidas del cementerio del Père Lachaise, se puede ver la basílica desde los escalones de la tumba de Adolphe Thiers, primer presidente de la Tercera República de Francia. Aunque ahora queda casi oculta por el moderno complejo de oficinas de La Défense, se puede ver desde más de 20 kilómetros de distancia en el Pavillon Henry IV de St. Germain-en-Laye, donde murió Adolphe Thiers. Pero por un capricho de la topografía, no se puede ver desde el famoso Mur des Fédérés en ese mismo cementerio del Père

Figura 4.1. La Basílica del Sacré-Coeur.

Lachaise donde, el 27 de mayo de 1871, algunos de los últimos soldados resistentes de la Comuna fueron detenidos después de una lucha feroz entre las lápidas sepulcrales y fusilados sumariamente. No se puede ver el Sacré-Coeur desde esa pared cubierta de hiedra ahora sombreada por un castaño envejecido. Ese lugar de peregrinaje para los socialistas, los obreros y sus líderes queda oculto para los fieles católicos que peregrinan hasta la cima de la colina donde se encuentra la sombría tumba de Adolphe Thiers.

Pocos dirían que la Basílica del Sacré-Coeur es hermosa o elegante (figura 4.1); pero la mayoría admitirían que es llamativa y peculiar, que su estilo bizantino logra una especie de grandeza altiva que exige respeto a la ciudad extendida a sus pies. En los días soleados brilla desde lejos, y hasta en los más sombríos sus cúpulas parecen captar hasta la más pequeña chispa de luz y reenviarla lejos con un brillo de mármol blanco. Por la noche parece suspendida en el espacio, sepulcral y etérea. El Sacré-Coeur proyecta así una imagen de santa grandeza, de recuerdo perpetuo. ¿Pero recuerdo de qué?

El visitante atraído a la basílica en busca de una respuesta a esa pregunta debe primero ascender la empinada ladera de Montmartre. Quienes hagan una pausa para recuperar el aliento verán desplegarse ante ellos una maravillosa perspectiva de tejados, chimeneas, cúpulas, torres, monumentos: una visión del viejo París que no ha cambiado mucho desde aquella opaca y nublada mañana de octubre de 1872, cuando el arzobispo de París subió esas empinadas pendientes agradeciendo que el sol rasgara milagrosamente la niebla y las nubes para descubrir el espléndido panorama de París que se extendía ante él. El arzobispo se maravilló por un momento antes de proclamar en voz alta: «¡Es aquí, es aquí donde están los mártires, es aquí donde el Sagrado Corazón debe reinar para que pueda atraelo todo!»[1] ¿Pero quiénes son los mártires que conmemora la grandeza de esta basílica?

El visitante que entra en ese lugar sagrado se verá probablemente sacudido, desde el primer momento, por la inmensa imagen de Jesús que cubre la cúpula del ábside. La figura de Cristo, con los brazos extendidos, muestra una imagen del Sagrado Corazón sobre su pecho. Debajo, dos palabras destacan directamente el lema latino: GALLIA POENITENS. Y más abajo se halla un gran relicario dorado que contiene la imagen del Sagrado Corazón de Jesús, ardiendo con pasión, impregnado de sangre y rodeado de espinas. Iluminado día y noche, es aquí donde los peregrinos vienen a orar.

---

[1] R. P. Jonquet, *Montmartre Autrefois et Aujourd'hui,* 1892.

Frente a una estatua de tamaño natural de santa Margarita María Alacoque [Marguerite-Marie Alacoque], palabras de una carta que escribió en 1689 desde Paray-le-Monial nos dicen algo más sobre el culto al Sagrado Corazón:

> EL PADRE ETERNO, DESEANDO LA REPARACIÓN DE LA AMARGURA Y ANGUSTIA QUE EL ADORABLE CORAZÓN DE SU DIVINO HIJO EXPERIMENTÓ ENTRE LA HUMILLACIÓN Y LOS ULTRAJES DE SU PASIÓN, DESEA UN EDIFICIO DONDE LA IMAGEN DE ESTE CORAZÓN DIVINO PUEDA RECIBIR VENERACIÓN Y HOMENAJE.

Las plegarias al Sagrado Corazón, que según las Escrituras había quedado expuesto cuando un centurión atravesó con una lanza el costado de Jesús durante su martirio en la cruz, no eran desconocidas antes del siglo XVII; pero Margarita María, acosada por visiones, transformó la adoración del Corazón Sagrado en un culto particular dentro de la Iglesia católica. Aunque su vida estuvo llena de pruebas y sufrimiento y su actitud era severa y rigurosa, la imagen predominante de Cristo que el culto proyectaba era cálida y amorosa, llena de arrepentimiento e impregnada de un tipo amable de misticismo[2].

Margarita María y sus discípulos comenzaron a propagar el culto con gran celo. Ella escribió a Luis XIV, por ejemplo, transmitiéndole un supuesto mensaje de Cristo en el que se le pedía al rey que se arrepintiera, que salvara a Francia adorando al Sagrado Corazón, colocando su imagen en su estandarte y construyendo una capilla para su glorificación. Es de esa carta de 1689 de donde están tomadas las palabras grabadas en piedra dentro de la basílica.

El culto se difundió lentamente. No estaba exactamente en sintonía con el racionalismo francés del siglo XVIII, que influyó fuertemente en las creencias de los católicos y se oponía directamente a la imagen dura, rigurosa y autodisciplinada de Jesús proyectada por los jansenistas. Pero a fines del siglo XVIII contaba con algunos seguidores importantes y potencialmente influyentes. Luis XVI adoptó en privado, para sí y su familia, la devoción al Sagrado Corazón. Encarcelado durante la Revolución francesa, juró que antes de 3 meses desde el momento de su liberación se consagraría públicamente al Sagrado Corazón y de ese modo salvaría a Francia (sin decir exactamente de qué, ni necesitaba decirlo). Y juró construir una capilla para la adoración del Sagrado Corazón. La forma en que Luis XVI fue liberado no le permitió cumplir ese

---

[2] *Ibid.;* A. Dansette, *Histoire Religieuse,* 1965.

voto. A María Antonieta no le fue mejor; la reina dedicó sus últimas oraciones al Sagrado Corazón antes de acudir a su cita con la guillotina.

Estos incidentes son de interés porque presagian una asociación, importante para nuestra historia, entre el culto del Sagrado Corazón y el monarquismo reaccionario del *Ancien Régime*, que puso a los partidarios del culto en firme oposición a los principios de la Revolución francesa. Los creyentes de los principios de la libertad, la igualdad y la fraternidad, bastante propensos a vehementes sentimientos y prácticas anticlericales, eran, como es lógico, poco partidarios de tal culto. La Francia revolucionaria no era un lugar seguro para intentar propagarlo; hasta los huesos y otras reliquias de Margarita María, que ahora se muestran en Paray-le-Monial, tuvieron que ocultarse cuidadosamente durante aquellos años.

La restauración de la monarquía en 1815 cambió todo eso. Los monarcas borbones procuraron, bajo la atenta mirada de las potencias europeas, restaurar todo cuanto pudieron del viejo orden social. Promovieron enérgicamente el arrepentimiento por los excesos de la era revolucionaria. Luis XVIII no cumplió el voto de su hermano muerto al Sagrado Corazón, pero sí construyó, con su propio dinero, una capilla de expiación en el lugar donde su hermano y su familia habían sido enterrados sin ceremonias: GALLIA POENITENS.

Así y todo se fundó una sociedad para la propagación del culto al Sagrado Corazón, y en 1819 se transmitieron a Roma los documentos para la canonización de Margarita María. El vínculo entre la monarquía conservadora y el culto del Sagrado Corazón se consolidó aún más. El culto se extendió entre los católicos conservadores, aunque era visto con cierta sospecha por el ala progresista liberal del catolicismo francés. Pero ahora otro enemigo estaba invadiendo el país, perturbando el orden social. Francia estaba pasando las tensiones de la industrialización capitalista. Primero a trompicones bajo la monarquía de Julio (instalada en 1830 y disuelta sumariamente con la revolución de 1848) y luego con mayor regularidad durante los primeros años del Segundo Imperio de Napoleón III, Francia experimentó una transformación radical en algunos sectores de su economía, en sus estructuras institucionales y en su orden social[3].

El culto al Sagrado Corazón reunía ahora bajo su bandera no sólo a los devotos atraídos por el temperamento o las circunstancias a la imagen de un

---

[3] R. Price, *The Economic Modernisation of France*, 1975; F. Braudel y E. Labrousse, *Histoire Economique*, 1976.

Cristo amable e indulgente, no sólo a los que soñaban con una restauración del orden político de antaño, sino también a todos los que se sentían amenazados por los valores materialistas del nuevo orden social, en el que el dinero se había convertido en el Santo Grial, el papado de las finanzas amenazaba la autoridad del papa, y Mammón había suplantado a Dios como principal objeto de adoración. Desde el punto de vista de los católicos conservadores, la transformación amenazaba a buena parte de lo más sagrado en la vida francesa, ya que traía consigo un materialismo cruento y despiadado, una cultura burguesa ostentosa y moralmente decadente y una agudización de las tensiones de clase.

A estas cuestiones generales, los católicos franceses podían agregar en la década de 1860 algunas quejas más específicas. Napoleón III se había puesto finalmente de parte de la unificación italiana y se había comprometido política y militarmente a la liberación de los Estados del centro de Italia del poder temporal del papa. Este último no vio con agrado esa política y bajo la presión militar se retiró al Vaticano, negándose a salir hasta que se restaurara su poder temporal. Desde su reducto emitió agrias condenas contra la política francesa y la decadencia moral que, en su opinión, estaba inundando Francia. De esa manera esperaba unir a los católicos franceses a un apoyo activo para su causa. El momento era propicio. Margarita María fue beatificada por Pío IX en 1864. El culto al Sagrado Corazón se convirtió en un grito de guerra para todas las formas de oposición conservadora. Comenzó la era de las grandes peregrinaciones a Paray-le-Monial. Los peregrinos, muchos de los cuales viajaban en los nuevos ferrocarriles que los barones de las altas finanzas habían ayudado a construir, acudían allí a expresar arrepentimiento por las transgresiones tanto públicas como privadas. Se arrepentían del materialismo y la opulencia decadente de Francia. Se arrepentían por las restricciones impuestas al poder temporal del papa. Se arrepentían por la decadencia de los valores tradicionales encarnados en un viejo y venerable orden social. GALLIA POENITENS.

Justo tras la puerta principal de la Basílica del Sacré-Coeur en París, el visitante puede leer la siguiente inscripción:

EL 16 DE JUNIO DEL AÑO DE NUESTRO SEÑOR 1875, DURANTE EL REINADO DE SU SANTIDAD EL PAPA PIUS IX Y EN CUMPLIMIENTO DE UN VOTO FORMULADO DURANTE LA GUERRA DE 1870-1871 POR ALEXANDRE LEGENTIL Y HUBERT ROHAULT

DE FLEURY RATIFICADO POR SU GRACIA MONS. GUIBERT ARZOBISPO DE PARÍS, EN EJECUCIÓN DEL VOTO DE LA ASAMBLEA NACIONAL DEL 23 DE JULIO DE 1873, SEGÚN EL DISEÑO DEL ARQUITECTO ABADIE, FUE DEPOSITADA SOLEMNEMENTE POR SU EMINENCIA CARDENAL GUIBERT LA PRIMERA PIEDRA DE ESTA BASÍLICA ERIGIDA AL CORAZÓN SAGRADO DE JESÚS...

Démosle forma a la historia y descubramos qué hay detrás de esa inscripción. Cuando los batallones de Bismarck arrollaron en una victoria tras otra a los franceses en el verano de 1870, una inminente sensación de fatalidad barrió Francia. Muchos interpretaron aquellas derrotas como una justa venganza infligida por la voluntad divina a una Francia errante y moralmente decadente. Ese espíritu urgió a la emperatriz Eugenia a caminar con su familia y la corte, todos vestidos de luto, desde el Palacio de las Tullerías hasta Notre-Dame, para impetrar públicamente la ayuda del Sagrado Corazón. Aunque la emperatriz recibió la sugerencia favorablemente, fue, una vez más, demasiado tarde. El 2 de septiembre Napoleón III fue derrotado y capturado en Sedán; el 4 de septiembre fue proclamada la república en los escalones del Hôtel-de-Ville y se constituyó un Gobierno de Defensa Nacional. Ese mismo día la emperatriz Eugenia huyó de París, tras empaquetar prudentemente sus posesiones más valiosas, a instancias del emperador, y enviarlas a Inglaterra.

La derrota en Sedán acabó con el Imperio pero no con la guerra. El ejército prusiano prosiguió su avance, y para el 20 de septiembre había rodeado París y puesto la capital bajo un asedio que duraría hasta el 28 de enero del año siguiente. Al igual que otros muchos ciudadanos burgueses respetables, Alexandre Legentil huyó de París al acercarse los ejércitos prusianos y se refugió en la provincia. Languideciendo en Poitiers y angustiado por el destino de París, prometió a principios de diciembre que «si Dios salvaba París y Francia y liberaba al soberano pontífice, contribuiría de acuerdo con sus medios a la construcción en París de un santuario dedicado al Sagrado Corazón». Buscó otros adherentes a este voto y pronto contó con el ardiente apoyo de Hubert Rohault de Fleury[4].

Sin embargo, los términos del voto de Legentil no le garantizaban una recepción muy cálida, porque, como pronto descubrió, las provincias «estaban

---

[4] H. Rohault de Fleury, *Historique de la Basilique de Sacré Coeur,* 1903-1909.

entonces poseídas por sentimientos de odio hacia París». Tal estado de cosas no era inusual, y podemos detenernos provechosamente un momento para considerar sus razones.

Bajo el *Ancien Régime,* el aparato estatal francés había adquirido un carácter fuertemente centralizado que se consolidó bajo la Revolución y el Imperio. Esa centralización se convirtió a partir de entonces en la base de la organización política francesa y le dio a París un papel peculiarmente importante en relación con el resto de Francia. El predominio administrativo, económico y cultural de París estaba asegurado. Pero los acontecimientos de 1789 también mostraron que los parisinos tenían el poder de hacer y deshacer Gobiernos, algo a lo que se aficionaron y no eran remisos, en consecuencia, a considerarse a sí mismos como seres privilegiados con el derecho y el deber de imponer todo lo que consideran «progresivo» a una Francia predominantemente rural, supuestamente atrasada y conservadora. La burguesía parisina despreciaba la estrechez de la vida provinciana y encontraba al campesino repugnante e incomprensible[5].

Desde la otra perspectiva, París se veía generalmente como un centro de poder, dominación y oportunidad. Era a la vez envidiada y odiada. Al antagonismo generado por la excesiva centralización del poder y la autoridad en París se agregaban todas las confusas recriminaciones de los pueblos pequeños y el campo hacia cualquier gran ciudad como centro de privilegio, éxito material, decadencia moral, vicio y malestar social. Lo que era especial en Francia era la forma en que las tensiones surgidas de la «contradicción urbano-rural» estaban tan intensamente concentradas en la relación entre París y el resto de Francia.

Bajo el Segundo Imperio esas tensiones se agudizaron considerablemente. París experimentó un gran auge económico cuando los ferrocarriles la convirtieron en centro de un proceso de integración espacial nacional. Al mismo tiempo, la caída de los costes del transporte y las políticas de libre comercio, ratificadas por los Tratados de Comercio anglo-franceses en 1860, llevaron a la ciudad a una nueva relación con una economía global emergente. Su participación en el comercio de exportación francés en expansión aumentó espectacularmente, y su población creció rápidamente, en gran medida a raíz de una inmigración masiva de trabajadores rurales[6]. La concentración de rique-

---

[5] T. Zeldin, *The Political System of Napoleon III,* 1958; T. Zeldin, *France, 1848-1945,* 1973.
[6] J. Gaillard, *Paris, La Ville, 1852-1870,* 1977.

za y poder se aceleró a medida que París se convertía en el centro de operaciones financieras, especulativas y comerciales. Los contrastes entre la opulencia y la pobreza se hacían cada vez más notorios y se expresaban cada vez más en términos de una segregación geográfica entre los barrios burgueses del oeste y los barrios obreros del norte, este y sur. Belleville se convirtió en un territorio extranjero en el que los ciudadanos burgueses del oeste rara vez se atrevían a aventurarse. La población de aquel lugar, más que duplicada entre 1853 y 1870, era descrita en la prensa burguesa como «la hez del pueblo» atrapada en «las profundidades más hondas de la pobreza y el odio» donde «burbujean sin cesar fermentos de envidia, pereza e ira»[7]. Por todas partes se apreciaban signos de una crisis social. A medida que el crecimiento económico se desaceleraba en la década de 1860 y la autoridad del Imperio comenzaba a agrietarse, París se convirtió en un caldo de cultivo para la agitación social, propicio para todo tipo de activistas y alborotadores.

Y para colmo Haussmann, a instancias del emperador, se había propuesto «embellecer París» con amplios bulevares, parques, jardines y edificios monumentales de todo tipo. Se trataba de hacer de París una verdadera ciudad imperial, digna no sólo de Francia, sino de la civilización occidental, y Haussmann acometió la tarea con un coste inmenso y por los métodos financieros más resbaladizos, lo que no le hizo ganarse las simpatías de la frugal mente provinciana. La imagen de opulencia pública que Haussmann proyectó sólo era igualada por el consumo conspicuo de una burguesía que en buena medida se había enriquecido especulando sobre los beneficios de aquella empresa[8].

No es de extrañar, pues, que los católicos provincianos y rurales no se sintieran con ánimos para rascarse los bolsillos para embellecer París con otro monumento, por piadoso que fuera su propósito. Pero había aún más objeciones específicas surgidas a raíz de la propuesta de Legentil. Los residentes en París habían proclamado con su acostumbrada arrogancia una república sin atender al fuerte sentimiento monárquico en las provincias y en el campo. Además, los que se habían quedado en París afrontando los rigores del asedio prusiano se mostraban notoriamente intransigentes y belicosos, declarando su voluntad de resistir hasta el final, mientras que los sentimientos provinciales mostraban una fuerte inclinación a poner fin al conflicto con Prusia. Y luego, los rumores e indicios de una nueva política materialista en-

---

[7] C. Lepidis y E. Jacomin, *Belleville,* 1975.
[8] D. Pinkney, *Napoleon III and the Rebuilding of Paris,* 1958.

Figura 4.2. Los incendios que asolaron París durante los últimos días de la Comuna dejaron tras de sí un enorme rastro de destrucción. Entre las muchas fotos disponibles (en su mayoría anónimas), encontramos una de la calle Royale con el fuego todavía ardiendo. Muchos de los principales edificios públicos, como el Hôtel-de-Ville, el Ministerio de Finanzas y el Palacio de las Tullerías, quedaron en ruinas. El palacio fue finalmente derribado por la Administración republicana que llegó al poder en la década de 1880, en parte debido al coste para reconstruirlo, pero también porque era un símbolo odiado del poder real y napoleónico.

tre la clase trabajadora parisina, aliñados con un revoltijo de manifestaciones de fervor revolucionario, daban la impresión de que la capital, en ausencia de sus ciudadanos más respetables, había caído presa del pensamiento radical y hasta socialista. Dado que el único medio de comunicación entre el París asediado y los territorios no ocupados eran las palomas mensajeras o los globos aerostáticos, surgieron muchas oportunidades para la confusión, que los enemigos rurales del republicanismo y los enemigos urbanos del monarquismo sabían aprovechar.

Legentil consideró por tanto aconsejable omitir cualquier mención específica de París en su voto; pero a fines de febrero el papa lo respaldó, y desde entonces el movimiento ganó algo de fuerza. Y así, el 19 de marzo apareció un panfleto que exponía con cierta extensión sus argumentos[9]. El espíritu de la empresa debía ser nacional, insistían sus autores, porque el pueblo francés tenía que hacer una penitencia nacional por lo que eran crímenes nacionales. Confirmaban su intención de construir el monumento en París. A la objeción de que la ciudad no debía embellecerse más, respondían: «Aun si París quedara reducido a cenizas, querríamos reconocer nuestras faltas nacionales y proclamar la justicia de Dios sobre sus ruinas».

El momento y el lenguaje del panfleto resultaron fortuitamente proféticos. El 18 de marzo los parisinos habían dado sus primeros pasos irrevocables hacia el establecimiento de su autogobierno bajo la Comuna. Los pecados reales o imaginarios de los comuneros iban a conmocionar e indignar posteriormente a la burguesía. Y como gran parte de París se vio efectivamente reducida a cenizas en el curso de una guerra civil de increíble ferocidad, la idea de construir una basílica de expiación sobre estas cenizas ganó cada vez más adeptos. Como señalaba Rohault de Fleury con evidente satisfacción, «en los meses siguientes, la imagen de París en llamas iba a refulgir muchas veces»[10]. Vamos a recordar un poco de esa historia.

Los orígenes de la Comuna de París se encuentran en una serie de acontecimientos que se encadenaron unos a otros de manera compleja. Precisamente debido a su importancia política en el país, a París se le había negado durante mucho tiempo cualquier forma representativa de gobierno municipal y había sido directamente administrada por el Gobierno nacional. Durante gran parte del siglo XIX, el París predominantemente republicano se

---

[9] C. Rohault de Fleury, *Historique de la Basilique de Sacré Coeur,* 1903-09, pp. 10-13.
[10] *Ibid.,* pp. 10-13.

sentía irritado bajo el dominio de los monárquicos (ya fueran «legitimistas» u «orleanistas») o bonapartistas autoritarios. La reivindicación de una forma democrática de gobierno municipal venía de muy atrás y tenía un amplio respaldo entre los ciudadanos.

El Gobierno de Defensa Nacional establecido el 4 de septiembre de 1870 no era radical ni revolucionario[11], pero sí republicano. También resultó ser timorato e inepto. Trabajó bajo ciertas dificultades, por supuesto, pero no suficientes para excusar su débil ejecutoria. No tenía, por ejemplo, el respeto de los monárquicos, y vivía bajo el temor perpetuo a los reaccionarios de la derecha. Cuando el ejército del este, bajo el mando del general Bazaine, capituló ante los prusianos en Metz el 27 de octubre, el general dejó la impresión de que lo hacía porque, siendo monárquico, no se veía con ánimos para combatir por un Gobierno republicano. Algunos de sus oficiales, opuestos a la capitulación, entendieron que Bazaine anteponía sus preferencias políticas al honor de Francia. Ese asunto iba a envenenar la política francesa durante varios años. Rossel, quien más tarde comandaría las fuerzas armadas de la Comuna y que fue ejecutado sumariamente por ello por las fuerzas invasoras de Versalles, fue uno de los oficiales más conmocionados por la evidente falta de patriotismo de Bazaine[12].

Pero las tensiones entre las diferentes facciones de la clase dominante no eran nada en comparación con los antagonismos reales o imaginarios entre una burguesía tradicionalista y notablemente obstinada y una clase obrera que estaba comenzando a encontrar su propio terreno y a afirmarse en él. Con razón o sin ella, la burguesía se alarmó notoriamente durante la década de 1860 por el surgimiento de las organizaciones y los clubes políticos de la clase obrera, por las actividades de la rama parisina de la Asociación Internacional de Trabajadores, por el pensamiento efervescente de la clase obrera y la difusión de ideas anarquistas y socialistas. Y aunque no estuviera en modo alguno tan bien organizada o tan unificada como temían sus oponentes, lo cierto es que mostraba abundantes señales de una conciencia de clase emergente.

El Gobierno de Defensa Nacional no podía detener la marea de victorias prusianas ni romper el cerco de París sin el apoyo mayoritario de la clase obrera. Y los líderes de la izquierda estaban muy dispuestos a dárselo a pesar de su oposición inicial a la guerra del emperador. Blanqui prometió al Go-

---

[11] H. Guillemin, *Cette Curieuse Guerre de 70,* 1956.
[12] E. Thomas, *Rossel 1844-71,* 1967.

bierno un «apoyo enérgico y absoluto», y hasta los líderes de la Internacional, tras haber apelado diligentemente a los trabajadores alemanes para que no participaran en una lucha fratricida, se volcaron en la organización de la defensa de París. Belleville, el centro de agitación de la clase obrera, se unió espectacularmente a la causa nacional en nombre de la república[13].

La burguesía se olió una trampa. Como escribió un comentarista contemporáneo extraído de sus filas, se veía a sí misma atrapada entre los prusianos y aquellos a los que llamaban «los rojos». «No sé –proseguía–, quiénes les aterrorizaban más; odiaban al extranjero, pero temían mucho más a la gente de Belleville»[14]. Por mucho que desearan derrotar a los prusianos, no se avenían a hacerlo bajo el liderazgo de la clase obrera. En la que no iba a ser la última vez en la historia francesa, la burguesía optó por capitular ante los alemanes, dejando a la izquierda como fuerza dominante de un frente patriótico. En 1871 el miedo al «enemigo interno» prevalecía sobre el orgullo nacional.

El fracaso de los franceses a la hora de romper el asedio de París fue interpretado por primera vez como el producto de la superioridad prusiana y la ineptitud militar francesa. Pero después de que una vez tras otra la prometida victoria se convirtiera en desastre, los patriotas honestos comenzaron a preguntarse si los poderes fácticos no estaban amagando trucos que lindaban con la traición. El Gobierno era visto cada vez más como un «Gobierno de Defección Nacional», descripción que Marx usó más tarde con gran efecto en su defensa apasionada de la Comuna[15]. El Gobierno era igualmente reacio a responder a la exigencia parisina de democracia. Como muchos de los burgueses respetables habían huido, parecía probable que unas elecciones acabaran entregando el poder municipal a la izquierda. Dadas las sospechas de los monárquicos de derechas, el Gobierno de Defensa Nacional entendió que no podía permitirse conceder lo que se venía exigiendo desde hacía tanto tiempo, y optó por postergarlo indefinidamente.

Ya el 31 de octubre estos diversos hilos se trenzaron para generar un movimiento insurreccional en París. Poco después de la ignominiosa rendición de Bazaine, se supo que el Gobierno estaba negociando los términos de un

---

[13] P. Lissagaray, *Histoire de la Commune,* 1976 [ed. cast.: *Historia de la Comuna,* Editorial Estela, 1971].

[14] J. Bruhat *et al., La Commune de 1871,* 1971, p. 75.

[15] K. Marx, *La Guerra Civil en Francia.*

armisticio con los prusianos. La población de París salió a la calle, acaudillada por los temidos habitantes de Belleville, y tomó prisioneros a varios miembros del Gobierno, acordando liberarlos sólo bajo la promesa verbal de que habría elecciones municipales y ninguna capitulación. Este incidente iba a hacer erizarse los cabellos a la derecha. Fue la causa inmediata de los «sentimientos de odio hacia París» que Legentil detectó en diciembre. El Gobierno sólo podía pensar en el día siguiente, pero a medida que pasaba el tiempo se le veía más decidido a combatir a la gente de Belleville que a los prusianos.

Así se fue alargando el asedio de París. Al empeoramiento de las condiciones de vida en la ciudad se añadieron ahora los efectos inciertos de una situación socialmente inestable. El Gobierno demostraba su ineptitud e insensibilidad frente a las necesidades de la población y con ello añadía combustible a los ardientes fuegos del descontento[16]. La gente se alimentaba de gatos o perros, mientras que los más privilegiados se repartían trozos de Pollux, el joven elefante del zoológico (a cuarenta francos la libra). El precio de las ratas –su «sabor es algo intermedio entre el cerdo y la perdiz»– subió de sesenta céntimos a cuatro francos cada una. El Gobierno no tomó hasta enero la precaución elemental de racionar el pan, cuando ya era demasiado tarde. Su suministro menguó, y la adulteración del pan con harina de huesos se convirtió en un problema crónico que se hizo más desagradable cuando se supo que eran huesos humanos de los cementerios que se estaban vaciando para la ocasión. Mientras que la gente común consumía a sus antepasados sin saberlo, se mantenían los lujos de la vida del café, ofrecidos por comerciantes acaparadores a precios exorbitantes. Los ricos que se habían quedado en París seguían satisfaciendo sus placeres como de costumbre, aunque pagándolos muy caros. El Gobierno no hizo nada para frenar la especulación o el mantenimiento del consumo de lujo de los ricos en una indiferencia cruel por los sentimientos de los menos privilegiados.

A finales de diciembre la oposición radical al Gobierno de Defensa Nacional iba en aumento. Se plasmó en el celebrado Affiche Rouge del 7 de enero, firmado por el comité central de los 20 distritos parisinos, que acusaba al Gobierno de llevar el país al borde del abismo por su indecisión, inercia y desidia; sugería que este no sabía cómo administrar o combatir; e insistía en que la perpetuación de tal régimen sólo podría terminar con la

---

[16] L. Lazare, *La France et Paris,* 1872; E. Goncourt, *Paris under Siege, 1870-1871,* 1969.

Figura 4.3. El dibujante Cham se unió a un envejecido Daumier en el intento de distraer humorísticamente los desolados meses del asedio de París. Aquí vemos a los parisinos haciendo cola para su porción diaria de carne de rata; Cham también advierte a sus lectores que procuren, cuando comen ratones, que el gato no se los dispute.

capitulación ante los prusianos. Proclamaba un programa para una requisa general de recursos, el racionamiento y un contraataque masivo. Concluía con el célebre llamamiento: «¡Dejad paso al pueblo! ¡Dejad paso a la Comuna!»[17]

Ese llamamiento, pegado en las paredes de todo París, tuvo su efecto. Los militares respondieron con decisión y organizaron una última salida en masa, espectacular por su ineptitud militar y la carnicería que dejaron atrás. «Todos entendieron –escribió Lissagaray–, que se los había hecho salir para sacrificarlos»[18]. La evidencia de la traición era ahora abrumadora para los que estaban cerca de la acción. Empujó a muchos patriotas honestos de la burguesía, que ponían el amor a su patria por encima de su interés de clase, a una alianza con los radicales disidentes y la clase trabajadora.

Los parisinos aceptaron el inevitable armisticio a finales de enero con una pasividad lúgubre. Preveía elecciones nacionales para una Asamblea Consti-

---

[17] J. Bruhat *et al.*, *La Commune de 1871*, 1971; S. Edwards, *The Paris Commune*, 1971.
[18] P. Lissagaray, *Historia de la Comuna*, 1971, p. 108.

Figura 4.4. Thiers había sido un tema frecuente para Daumier desde la década de 1840. Su repentina reaparición en la escena política en 1870 le brindó otra oportunidad para comentarios críticos. En la figura de la izquierda (publicada el 24 de febrero de 1871), se ve a Thiers orquestando la recién elegida Asamblea Nacional en Burdeos (aunque «no se puede ver al apuntador»), y en la de la derecha (publicada el 21 de abril, después de la proclamación de la Comuna) vemos a Thiers azotando frenéticamente a sus caballos, uncidos al carro del Estado, en dirección a Versalles. París, representado por la figura escultural de la libertad, trata de impeler a otros caballos en la dirección opuesta, pero con la cabeza vuelta desaprueba a Thiers. La ruptura del Estado quedaba así ominosamente predicha.

tuyente que negociaría y ratificaría un acuerdo de paz. Especificaba que el ejército francés deponía las armas pero permitía que la Guardia Nacional de París, que no podía ser desarmada fácilmente, siguiera siendo una fuerza de combate. Las provisiones llegaron a una ciudad hambrienta bajo la atenta mirada de las tropas prusianas. La mayoría de los burgueses restantes huyeron a sus retiros rurales, mientras que la afluencia a la capital de soldados empobrecidos, sin paga y desmoralizados se sumó a las tensiones sociales y políticas. En las elecciones de febrero la ciudad repitió su cuota de republicanos radicales (Louis Blanc, Hugo, Gambetta e incluso Garibaldi). Pero la Francia rural y provincial votó mayoritariamente por la paz. Como la izquierda se oponía a la capitulación, los republicanos del Gobierno de Defensa Nacional estaban seriamente comprometidos por su gestión de la guerra y los bonapartistas estaban desacreditados, el voto por la paz favoreció a los monárquicos. El París republicano estaba horrorizado al verse enfrentado a una mayoría monárquica en la Asamblea Nacional.

Thiers, que entonces tenía setenta y tres años, fue elegido presidente, en parte debido a su larga experiencia política y en parte porque los monárquicos no querían ser responsables de la firma de lo que inevitablemente sería un innoble acuerdo de paz. Cedió Alsacia y Lorena a Alemania, y peor aún a ojos de los parisinos, aceptó la ocupación simbólica de París por las tropas prusianas el 1 de marzo, lo que fácilmente se podría haber convertido en un baño de sangre ya que muchos amenazaban con una respuesta armada. Sólo el poder organizativo de la izquierda (que entendía que los prusianos la destruirían haciendo el trabajo sucio a Thiers) y la influencia de un nuevo grupo en la sombra llamado Comité Central de la Guardia Nacional impidieron el desastre. Los prusianos desfilaron por los Campos Elíseos mientras la multitud los contemplaba en un silencio sepulcral; los principales monumentos se habían envuelto en un crespón negro. Aquella humillación no era fácil de perdonar y se culpó a Thiers, quien también había aceptado pagar una gran indemnización de guerra; pero era lo bastante patriota como para resistir la insinuación de Bismarck de que los banqueros prusianos aportaran el préstamo requerido. Thiers reservó ese privilegio a los banqueros franceses y convirtió aquel año de problemas en uno de los más rentables para los caballeros de las altas finanzas francesas[19]. Los banqueros informaron a Thiers que para recaudar el dinero debía tratar antes con «esos bribones de París», algo para lo que estaba especialmente dispuesto. Como ministro del Interior de Luis Felipe, en 1834 fue responsable de la salvaje represión de una de las primeras movilizaciones genuinamente obreras de la historia francesa. Despreciando siempre a «la vil multitud», tenía desde hacía tiempo un plan para tratar con ella, plan que había propuesto a Luis Felipe en 1848 y que ahora por fin estaba en condiciones de poner en práctica[20]. El plan era muy simple: aprovecharía el conservadurismo del país para aplastar el radicalismo de la capital.

En la mañana del 18 de marzo la población parisina descubrió al despertar que los restos del ejército francés habían sido enviados a París para aliviarla de sus cañones en lo que obviamente era un primer paso hacia el desarme de una población que desde el 4 de septiembre había nutrido a la Guardia Nacional con grandes contingentes (figura 4.5). La población obrera de París se

---

[19] H. Guillemin, *op. cit.*, 1956; J. Bruhat *et al.*, *La Commune de 1871*, 1971, pp. 104-105; R. Dreyfus, *Monsieur Thiers contre l'Empire*, 1928, p. 266.

[20] J. Allison, *Monsieur Thiers*, 1932; H. Guillemin, *op. cit.*, 1956.

Figura 4.5. Los cañones de Montmartre, representados en esta notable foto, fueron fabricados principalmente en los talleres parisinos durante el asedio, a partir de materiales aportados por la población. El intento de retirarlos fue el detonante del conflicto que provocó la ruptura entre París y Versalles.

opuso espontáneamente al intento, reclamando los cañones como propios. ¿Quién, si no, los había forjado con sus propias manos a partir de los metales que habían recogido y fundido durante el asedio? En la colina de Montmartre, soldados franceses hastiados montaban guardia en torno a la poderosa batería de cañones reunidos allí, frente a una multitud cada vez más inquieta y enojada. El general Lecomte ordenó a sus tropas disparar. Lo hizo una, dos, tres veces. Los soldados no se animaban a hacerlo, alzaron sus culatas y fraternizaron alegremente con la multitud. Una muchedumbre enfurecida tomó prisionero al general Lecomte. Tropezaron con el general Clément-Thomas, recordado y odiado por su papel en los salvajes asesinatos de las jornadas de junio de 1848. Los dos generales fueron llevados al jardín del número 6 de la calle des Rosiers y, en medio de una confusión considerable y agrias discusiones, puestos contra una pared y fusilados.

Este incidente fue de crucial importancia. Los conservadores tenían ahora sus mártires. Thiers podía acusar de asesinato a la población insubordinada de París. Aunque la cima de Montmartre había sido un lugar de martirio para los santos cristianos mucho antes, ahora se les podían agregar los nombres de Lecomte y Clément-Thomas. Durante los meses y años venideros, mientras se desarrollaba la brega por la construcción de la Basílica del Sacré-Coeur, con frecuencia se apelaba a la necesidad de conmemorar a aquellos «mártires de ayer que murieron para defender y salvar la sociedad cristiana». Esta frase fue de hecho utilizada por el Comité de la Asamblea Nacional designado para informar sobre la ley propuesta para convertir la basílica en una obra de utilidad pública[21]. El día 16 de junio de 1875, cuando se colocó la primera piedra, Rohault de Fleury se regocijaba de que la basílica fuera construida en un sitio que, «después de haber sido un lugar tan santo, se había convertido, al parecer, en el lugar elegido por Satanás y donde se realizó el primer acto de aquel horrible saturnal que causó tanta ruina y que le dio a la Iglesia dos gloriosos mártires». «Sí –continuó–, aquí es donde se alzará el Sacré-Coeur, donde comenzó la Comuna, aquí donde fueron asesinados los generales Clément-Thomas y Lecomte». Se regocijaba al contemplar «la multitud de buenos cristianos que ahora adoran a un Dios que sabe muy bien cómo confundir a los malvados, frustrar sus designios y colocar una cuna donde pensaban cavar una tumba». Contrastaba aquella multitud de fieles con una «ladera bordeada por demonios embriagados, habitada por una población aparentemente hostil a todas las ideas religiosas y animada, sobre todo, por el odio a la Iglesia»[22]. GALLIA POENITENS.

La respuesta de Thiers a los sucesos del 18 de marzo fue ordenar la retirada de París de todo el personal militar y administrativo. Desde la distancia segura de Versalles, se preparó metódicamente para la invasión y el sometimiento de París. Bismarck mostró su acuerdo con la reconstitución de un ejército francés capaz de sofocar a los radicales en París, liberó prisioneros y aportó material para ese propósito.

Los parisinos, abandonados a su suerte, y algo sorprendidos por el giro de los acontecimientos, organizaron bajo la dirección del Comité Central de la Guardia Nacional las elecciones del 26 de marzo. La Comuna fue declarada como realidad política el 28 de marzo. Fue un día de alegre celebración para el pueblo llano de París y un día de consternación para la burguesía.

La política de la Comuna no era muy coherente que digamos. Aunque un número sustancial de trabajadores ocuparon su lugar como representan-

---

[21] H. Rohault de Fleury, *Historique de la Basilique de Sacré Coeur,* 1903-09, p. 88.
[22] *Ibid.,* p. 264.

Figura 4.6. Barricada de los comuneros en la calle d'Allemagne, marzo de 1871.

tes electos del pueblo por primera vez en la historia de Francia, la Comuna todavía estaba dominada por elementos radicales de la burguesía. Compuesta como estaba por diversas corrientes políticas, que iban desde republicanos tibios hasta jacobinos, proudhonianos, socialistas de la Internacional y revolucionarios blanquistas, había en ella mucho faccionalismo y abundantes discusiones contenciosas sobre qué camino radical o socialista seguir. En cualquier caso, su legislación fue progresista. Se decidió una moratoria para el pago de los alquileres y se suspendió el trabajo nocturno en las panaderías. Se reorganizaron la educación y las artes, hubo una apertura de estas últimas a la participación masiva, junto con la disolución de una segregación hasta entonces profunda entre las bellas artes y la vida cotidiana, y se exploraron nuevas formas de participación democrática... Fueron todos estos aspectos, innovaciones notables de la Comuna, los que llevaron a Marx, inicialmente crítico y escéptico, a ofrecer su apoyo incondicional a los comuneros[23].

---

[23] K. Marx, *La Guerra Civil en Francia*.

Sin embargo, todo esto fue poco más allá de los propósitos, ya que cualesquiera que fueran las pretensiones de modernidad socialista y política progresista que los comuneros pudieran tener, pronto se iban a ver aplastadas por una oleada de conservadurismo reaccionario. Thiers atacó a principios de abril y con ello comenzó el segundo asedio de París. La Francia rural estaba al servicio de la destrucción de la clase obrera parisina.

Lo que siguió fue desastroso para la Comuna. Cuando las fuerzas de Versalles desbordaron por fin la defensa exterior de París –que Thiers había reconstruido en la década de 1840–, atravesaron rápidamente los distritos burgueses del oeste de la capital y descendieron lenta y despiadadamente por los grandes bulevares que Haussmann había construido en los barrios obreros de la ciudad. Había barricadas por todas partes, pero los militares estaban dispuestos a utilizar cañones para derribarlas y a usar proyectiles incendiarios para destruir los edificios que albergaban fuerzas hostiles. Así comenzó una de las batallas más feroces de la muchas veces sangrienta historia francesa. Las fuerzas de Versalles no dieron cuartel. A las muertes en la lucha callejera, que, según la mayoría de las versiones no fueron demasiadas, se agregó un número increíble de ejecuciones arbitrarias sin juicio. Un médico de renombre fue ejecutado por sus opiniones socialistas utópicas, un diputado republicano crítico con la Comuna, Milière, fue ejecutado porque a un capitán del ejército no le gustaban los artículos de su periódico. Le obligaron a arrodillarse en los escalones del Panteón y le exigieron que pidiera perdón por sus pecados, ante lo que gritó, por primera vez en su vida, *«Vive la Commune!»*. Los Jardines del Luxemburgo, los barracones de Lobau, la célebre y todavía venerada pared del cementerio del Père Lachaise se hicieron eco una y otra vez del sonido de los disparos cuando los verdugos llevaban a cabo su tarea. Así murieron entre 20 y 30 mil comuneros y comuneras. GALLIA POENITENS, corregida y aumentada.

De esta triste historia hay un incidente que nos llama la atención. En la mañana del 28 de mayo, un exhausto Eugène Varlin –encuadernador, sindicalista y organizador cooperativo de alimentos bajo el Segundo Imperio, miembro de la Guardia Nacional, inteligente, respetado y escrupulosamente honesto, comprometido socialista y valiente soldado– fue reconocido y arrestado. Fue conducido a la misma casa en la calle des Rosiers donde habían sido fusilados los generales Lecomte y Clément-Thomas. El destino de Varlin fue peor. Condenado a muerte de inmediato, fue obligado a subir la colina de Montmartre, algunos dicen que durante 10 minutos y otros que durante horas, maltratado, golpeado y humillado por una turba voluble, en lo que su biógrafo

Figura 4.7. Unos 300 de los últimos comuneros capturados al final de la «semana sangrienta» de mayo de 1871 fueron fusilados arbitrariamente ante el Mur des Fédérés en el cementerio del Père Lachaise, convirtiéndolo en un lugar de peregrinación durante las siguientes décadas. (Gouache de Alfred Darjon)

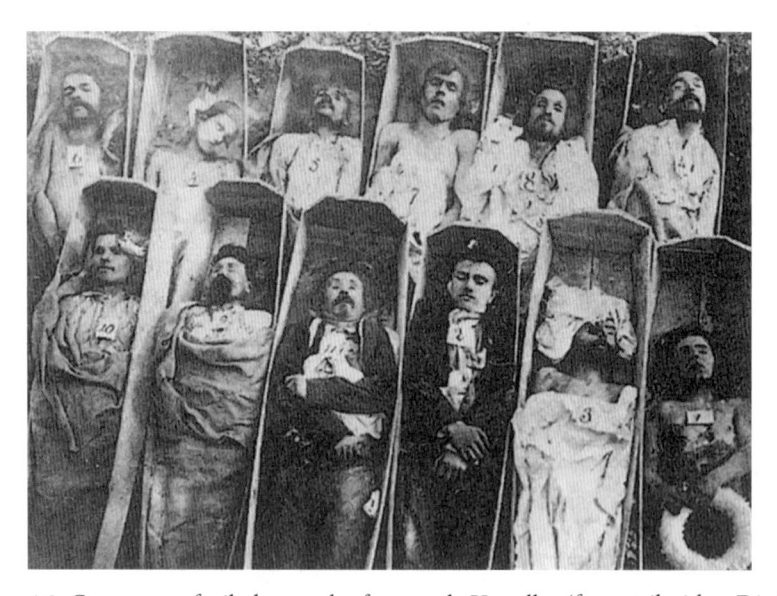

Figura 4.8. Comuneros fusilados por las fuerzas de Versalles (foto atribuida a Disdéri). Alguien ha colocado una corona blanca en las manos de la joven en la parte inferior derecha (¿un símbolo de la libertad, una vez más a punto de ser enterrada?).

Figura 4.9. El derribo de la columna Vendôme, aquí representado por Meaulle y Viers, suscitó mucho interés, ilustrando hasta qué punto los edificios y monumentos eran símbolos profundamente políticos para los parisinos.

calificó como «el calvario de Eugène Varlin». Finalmente fue puesto contra una pared y fusilado. Tenía tan sólo treinta y dos años. Tuvieron que disparar dos veces para matarlo. Entre una y otra descarga gritó, evidentemente sin arrepentirse, «*Vive la Commune!*». La izquierda también podía tener sus mártires. Y fue en ese lugar donde se construyó la Basílica del Sacré-Coeur[24].

La «semana sangrienta», como se la llamó, también supuso una enorme destrucción de propiedades. Los comuneros, evidentemente, no reverenciaban los privilegios de la propiedad privada y no les disgustaba destruir sus odiados símbolos. La columna Vendôme, que Napoleón III había idolatrado, fue derribada en una gran ceremonia para simbolizar el fin de la opresión autoritaria. El pintor Courbet fue posteriormente considerado responsable de aquel acto y condenado a pagar la reconstrucción del monumento de su propio bolsillo. Los comuneros también decretaron, pero nunca llevaron a cabo, la destrucción de la capilla de la expiación con la que Luis XVIII había intentado culpar a los parisinos por la ejecución de su hermano. Y cuando Thiers mostró sus verdadera faz, los comuneros se deleitaron desmantelando piedra a piedra su residencia parisina, en un gesto simbólico que, según De Goncourt, tuvo «un excelente efecto negativo»[25].

Pero la quema total de París era otra cosa. A los edificios incendiados en el curso del bombardeo se agregaron los deliberadamente quemados por ra-

---

[24] M. Foulon, *Eugène Varlin,* 1934.
[25] E. Goncourt, *Paris under Siege, 1870-71,* 1969, p. 288.

zones estratégicas por los comuneros en retirada. De ahí surgió el mito de los «incendiarios» de la Comuna que se vengaban atolondradamente, se dijo, quemando todo lo que podían. La prensa de Versalles difundió el falso mito de las odiosas *«pétroleuses»* y las mujeres bajo sospecha eran fusiladas inmediatamente sin más preámbulos[26]. Un burgués que llevaba un diario registró complacientemente cómo había denunciado en la calle Blanche a una mujer bien vestida como *«pétroleuse»* porque llevaba dos botellas (llenas de lo que nunca sabremos). Cuando empujó a un soldado agresivo y bastante borracho, este le disparó por la espalda[27].

Fuera cual fuera su contenido de verdad, el mito de los incendiarios se extendió con fuerza. Al cabo de un año, el propio papa describía a los comuneros como «demonios salidos del infierno que llevan su fuego a las calles de París». Las cenizas de la ciudad se convirtieron en un símbolo de los crímenes de la Comuna contra la Iglesia e iban a fertilizar el suelo del que brotaría la energía para construir el Sacré-Coeur. No es de extrañar que Rohault de Fleury se felicitara por aquella afortunada elección de palabras: «Aunque París quedara reducida a cenizas…»[28]. Esa frase podría resonar con fuerza redoblada, señaló, «cuando los incendiarios de la Comuna llegaron a aterrorizar al mundo».

Las secuelas de la Comuna no fueron nada agradables. Los cadáveres que cubrían las calles y el hedor se hicieron insoportables. Para dar un solo ejemplo, 300 o más cuerpos arrojados al lago del hermoso nuevo parque de Haussmann en Buttes-Chaumont (que antes había sido un lugar para colgar a pequeños criminales y más tarde un vertedero municipal) tuvieron que ser dragados cuando salieron a la superficie, horriblemente hinchados, varios días después; fueron quemados en una pira funeraria que duró días. Audéoud[29] se deleitaba al ver los cuerpos «acribillados, fétidos y podridos», y aspiraba «el hedor de sus cadáveres» como un «aroma de paz, y si las fosas nasales demasiado sensibles se rebelan, el alma se regocija». «Nosotros también –proseguía–, nos hemos vuelto crueles y despiadados, y deberíamos encontrar placer en bañarnos y lavar nuestras manos en su sangre». Pero el derramamiento de sangre comenzó a revolver los estómagos de los burgueses hasta que todos, salvo los más sádicos, tuvieron que gritar: «¡Basta!». El célebre autor

---

[26] E. Thomas, *The Women Incendiaries,* 1966.
[27] Citado en F. Jellinek, *The Paris Commune of 1871,* 1937, p. 339.
[28] H. Rohault de Fleury, *Historique de la Basilique de Sacré Coeur,* 1903-1909, p. 13.
[29] Citado en F. Jellinek, *The Paris Commune of 1871,* 1937.

Edmond de Goncourt intentaba convencerse de la justicia de todo aquello cuando escribió en su diario:

> Es bueno que no haya conciliación ni negociación. La solución fue brutal, por la fuerza, y ha mantenido a la gente alejada de compromisos cobardes [...] el derramamiento de sangre significaba privarlos de todos los recursos; tal purga, matando a la parte más combativa de la población, difiere la siguiente revolución por toda una generación. La vieja sociedad tiene 20 años de tranquilidad por delante, si los poderes se atreven a todo lo que puedan atrever en este momento[30].

Estos sentimientos eran exactamente los de Thiers. Pero cuando De Goncourt pasó más tarde por Belleville y vio los «rostros de amenazante silencio», no pudo dejar de sentir que allí había un «distrito vencido pero no subyugado». ¿No había otra forma de purgar la amenaza de la revolución?

Las experiencias de 1870-1871, junto con la confrontación entre Napoleón III y el papa y el decadente «materialismo festivo» del Segundo Imperio, sumergieron a los católicos en un examen de conciencia generalizado. La mayoría de ellos aceptaban la idea de que Francia había pecado, y esto daba lugar a manifestaciones de expiación y un movimiento pietista que era tan místico como espectacular[31]. Los católicos más intransigentes y ultramontanos aspiraban, sin lugar a dudas, a un retorno de la ley y el orden y una solución política basada en el respeto a la autoridad. Y eran los monárquicos, en general católicos intransigentes, los que ofrecían la promesa de ley y orden. Los católicos liberales encontraban todo aquello perturbador y desagradable, pero no estaban en condiciones de movilizar sus fuerzas; el papa llegó a calificarlos como el «verdadero azote» de Francia. No había manera de detener la consolidación del vínculo entre monarquismo y catolicismo intransigente, e iba a ser esa alianza tan poderosa la que iba a garantizar la construcción del Sacré-Coeur.

El problema inmediato para los impulsores del proyecto era hacer operativo un deseo piadoso, lo que requería el apoyo oficial. Legentil y Rohault de Fleury buscaron el del recién nombrado arzobispo de París. Monseñor Guibert, quien como Thiers era originario de Tours y al que había costado persuadir para que aceptara el puesto. Los tres arzobispos anteriores de París habían

---

[30] E. Goncourt, *Paris under Siege, 1870-71,* 1969, p. 312.
[31] A. Dansette, *Histoire Religieuse,* 1965, pp. 340-345.

Figura 4.10. Esta perspectiva, desde la cima de la colina de Montmartre, de los incendios en París durante los últimos días de la Comuna, refleja parte de lo que Rohault de Fleury tenía en mente cuando comentó lo fortuitamente apropiado que había sido la elección de construir el Sacré-Coeur aunque «París se viera reducido a cenizas».

muerto violentamente: el primero durante la insurrección de 1848, el segundo a manos de un asesino en 1863 y el tercero durante la Comuna. Los comuneros habían decidido tomar rehenes en respuesta a la carnicería prometida por Versalles. El arzobispo fue considerado como uno de los principales, pretendiendo los comuneros intercambiarlo por Blanqui. Thiers rechazó esa negociación, habiendo decidido al parecer que un arzobispo mártir (que además era un católico liberal) era más valioso para él que uno vivo a cambio de un Blanqui dinámico y agresivo. Durante la «semana sangrienta» ciertos sectores de los comuneros (en particular los blanquistas) optaron por la venganza. El 24 de mayo, mientras las fuerzas de Versalles se abrían camino hacia París del modo más brutal y sangriento, ejecutando arbitrariamente a cualquier persona que a su juicio desempeñara cualquier papel en la Comuna, el arzobispo fue fusilado. Durante aquella última semana fueron fusilados 74 rehenes, de los que 24 eran sacerdotes. Ese tremendo anticlericalismo estaba tan vivo bajo la Comuna

Figura 4.11. El remordimiento y el horror por lo que sucedió en la Comuna se limitó inicialmente a los republicanos de convicciones socialdemócratas. Manet (arriba) estaba profundamente conmovido por los acontecimientos, y dibujó varias representaciones de las muertes en las barricadas. Daumier (abajo), en uno de sus últimos dibujos, mostraba triste y dolorosamente lo que sucedía «cuando unos trabajadores se enfrentan a otros».

como lo había estado en 1789; pero con la purga masiva que dejó más de 20 mil comuneros muertos, cerca de 40 mil prisioneros e incontables huidos, Thiers podría escribir tranquilizadoramente el 14 de junio al monseñor Guibert: «Los "rojos", totalmente vencidos, no reanudarán sus actividades mañana; uno no se involucra dos veces en 50 años en una lucha tan inmensa como la que acaban de perder»[32]. Tranquilizado, monseñor Guibert volvió a París.

El nuevo arzobispo quedó muy impresionado por el movimiento para construir un monumento al Sagrado Corazón. El 18 de enero de 1872 aceptó formalmente la responsabilidad de la empresa. Les escribió esto a Legentil y Rohault de Fleury:

> Han considerado desde su verdadera perspectiva las desgracias de nuestro país [...] La conjura contra Dios y su Cristo ha prevalecido en una multitud de espíritus, y en castigo por una apostasía casi universal, la sociedad ha sido sometida a todos los horrores de la guerra contra un extranjero victorioso y una guerra aún más horrible entre los hijos de una misma patria. Habiéndonos convertido, por nuestra prevaricación, en rebeldes contra el cielo, hemos caído durante esos disturbios en el abismo de la anarquía. La tierra de Francia presenta la terrorífica imagen de un lugar donde no prevalece el orden, mientras que el futuro ofrece aún más terrores en perspectiva [...] Ese templo, erigido como un acto público de contrición y reparación por tantos pecados cometidos contra Dios, se levantará entre nosotros como protesta contra otros monumentos y otras obras de arte erigidos para la glorificación del vicio y la impiedad[33].

En julio de 1872 el ultraconservador papa Pío IX, que aún esperaba la liberación de su cautiverio en el Vaticano, aprobó formalmente el proyecto. Se emprendió una inmensa campaña de propaganda y el movimiento cobró impulso. A finales de año se prometieron más de un millón de francos, y todo lo que quedaba era traducir el voto en su representación física material.

El primer paso fue elegir un lugar. Legentil quería utilizar los cimientos del palacio proyectado para alojar la Ópera de París, todavía en construcción, que consideraba «un escandaloso monumento de extravagancia, indecencia y mal gusto»[34]. El diseño inicial de Rohault de Fleury había sido descartado en

---

[32] H. Guillemin, *op. cit.*, 1956, pp. 295-296; H. Rohault de Fleury, *Historique de la Basilique de Sacré Coeur*, 1903-1909, p. 365.

[33] H. Rohault de Fleury, *Historique de la Basilique de Sacré Coeur*, 1903-1909, p. 27.

[34] R. Jonquet, *Montmartre Autrefois et Aujourd'hui*, 1892, pp. 85-87.

1860 a instancias del conde Walewski («quien tenía la dudosa distinción de ser hijo ilegítimo de Napoleón I y el esposo de la entonces favorita de Napoleón III»)[35]; el que lo reemplazó, de Charles Garnier (que fue el que efectivamente se construyó), aparecía a ojos de Legentil como un «monumento al vicio y la impiedad», y nada podría ser más apropiado para borrar la memoria del Imperio que construir la basílica en aquel lugar. Probablemente no se le ocurrió a Legentil que los comuneros habían derribado, con la misma intención, la columna Vendôme.

En cualquier caso, a fines de octubre de 1872 el arzobispo había tomado el asunto en sus manos y seleccionado las alturas de Montmartre, porque sólo desde allí podía asegurarse el dominio simbólico de París. Como el terreno era en parte de propiedad pública, para adquirirlo eran necesarios el consentimiento o el apoyo activo del Gobierno, que por su parte estaba considerando la construcción de una fortaleza militar en aquel lugar. El arzobispo señaló, sin embargo, que una fortaleza militar bien podría ser impopular, mientras que una fortificación del tipo que él proponía sería menos ofensiva y más segura. Thiers y sus ministros, aparentemente persuadidos de que la protección ideológica podría ser preferible a la militar, alentaron al arzobispo a proseguir el asunto formalmente, y así lo hizo en una carta del 5 de marzo de 1873[36]. Solicitó que el Gobierno aprobara una ley especial que declarara de utilidad pública la construcción de la basílica, lo que permitiría usar las leyes de expropiación para obtener el terreno.

Esa ley contrariaba un sentimiento muy arraigado en favor de la separación entre la Iglesia y el Estado. Sin embargo, la presión de los católicos más conservadores en favor del proyecto fue muy fuerte. Thiers lo demoró, pero su indecisión se hizo pronto irrelevante. Los monárquicos habían decidido que había llegado su momento. El 24 de mayo expulsaron a Thiers del poder y lo reemplazaron por el mariscal archiconservador MacMahon, que 2 años antes había dirigido las fuerzas armadas de Versalles en la sangrienta represión contra la Comuna. Francia entró, una vez más, en efervescencia política; una restauración monárquica parecía inminente.

El Gobierno de MacMahon informó rápidamente sobre la ley, convirtiéndola en parte de su programa para establecer la primacía del orden moral en el que los ricos y privilegiados, muy interesados en la preservación de la so-

---

[35] D. Pinkney, *Napoleon III and the Rebuilding of Paris,* 1958, pp. 85-87.
[36] H. Rohault de Fleury, *Historique de la Basilique de Sacré Coeur,* 1903-1909, p. 75.

ciedad, tendrían, bajo el liderazgo del rey y en alianza con la autoridad de la Iglesia, el derecho y el deber de proteger Francia de los peligros sociales a los que se había visto expuesta recientemente y de evitar así que el país cayera en el abismo de la anarquía. La Iglesia organizó grandes manifestaciones como parte de una campaña para restablecer el orden moral. La mayor de ellas tuvo lugar el 29 de junio de 1873, en Paray-le-Monial. 30 mil peregrinos, incluidos 50 miembros de la Asamblea Nacional, viajaron allí para adherirse públicamente a la devoción al Sagrado Corazón[37].

En aquel ambiente, el comité formado para informar sobre la ley presentó sus conclusiones el 11 de julio ante la Asamblea Nacional, una cuarta parte de cuyos miembros se habían adherido al voto. El comité declaró que la propuesta de construir una basílica de expiación era incuestionablemente de utilidad pública. Era correcto y apropiado construir tal monumento en las alturas de Montmartre para que todos lo vieran, porque allí era donde se había derramado la sangre de los mártires, incluidos los del pasado. Era necesario «borrar, mediante esa obra de expiación, los crímenes que han coronado nuestras penas», y Francia, «que ha sufrido tanto», debe «invocar la protección y la gracia de Quien otorga, según su voluntad, la derrota o la victoria»[38].

El debate que siguió los días 22 y 23 de julio giraba en parte en torno a las cuestiones técnico-legales y las consecuencias de la legislación sobre las relaciones entre el Estado y la Iglesia. Los católicos intransigentes se proponían temerariamente ir mucho más allá. Querían que la Asamblea se comprometiera formalmente en una empresa nacional que «no fuera únicamente una protesta contra el empleo de las armas por la Comuna, sino una señal de apaciguamiento y concordia». Esa enmienda fue rechazada, pero la ley se aprobó con una espectacular mayoría de 244 votos.

La única voz disidente en el debate fue la de un republicano radical de París:

> Cuando pensáis establecer en las alturas de París, la base del pensamiento libre y la revolución, un monumento católico, ¿qué hay en vuestros pensamientos? Hacer de él el triunfo de la Iglesia sobre la revolución. Sí, eso es lo que queréis extinguir, lo que llamas la pestilencia de la revolución. Lo que queréis resucitar es la fe católica, ya que estáis en guerra contra el espíritu de

---

[37] A. Dansette, *Histoire Religieuse,* 1965, pp. 340-345.
[38] H. Rohault de Fleury, *Historique de la Basilique de Sacré Coeur,* 1903-1909, p. 88.

los tiempos modernos […] Bueno, yo que conozco los sentimientos de la población de París, yo que estoy manchado por la pestilencia revolucionaria como ellos, os digo que la población se sentirá más escandalizada que aleccionada por la ostentación de vuestra fe […] Lejos de edificarnos, nos empujáis hacia el pensamiento libre, hacia la revolución. Cuando la gente vea estas manifestaciones de los partidarios de la monarquía, de los enemigos de la revolución, se dirá a sí misma que el catolicismo y la monarquía van unidos, y al rechazar uno rechazarán la otra[39].

Armado con una ley que le daba poderes de expropiación, el comité formado para llevar el proyecto a buen término adquirió los terrenos en la cima de la Butte Montmartre. Recogieron el dinero prometido y se dispusieron a pedir más para que el edificio pudiera ser tan grandioso como el pensamiento que se hallaba tras él. Se convocó y juzgó un concurso para el diseño de la basílica. El edificio tenía que ser imponente, coherente con la tradición cristiana y muy distinto de los «monumentos al vicio y la impiedad» construidos en el transcurso del Segundo Imperio. De los 78 diseños presentados y exhibidos al público, se seleccionó el del arquitecto Abadie[40]. La grandeza de sus cúpulas, la pureza del mármol blanco y la simplicidad sin adornos de sus detalles impresionaron al comité. ¿Qué podría ser más diferente, después de todo, que la extravagancia del horrible Palacio de la Ópera?

En la primavera de 1875 todo estaba listo para poner la primera piedra; pero el París radical y republicano no estaba, al parecer, tan arrepentido como debía. El arzobispo se quejó de que la construcción del Sacré-Coeur estaba siendo tratada como un acto de provocación, como un intento de sepultar los principios de 1789. Y aunque él no rezaría, dijo, para resucitar esos principios en el caso de que resultaran muertos y enterrados, esa visión de las cosas estaba dando lugar a una deplorable polémica en la que el propio arzobispo se veía obligado a participar. Publicó una circular en la que expresaba su asombro por la hostilidad con que habían recibido el proyecto «los enemigos de la religión». Le parecía intolerable que la gente se atreviera a contraponer una interpretación política a los pensamientos surgidos únicamente de la fe y la piedad. La política, aseguraba a sus lectores, «había estado muy, muy lejos de nuestras inspiraciones; el trabajo se había inspirado, por el contrario,

---

[39] *Ibid.*
[40] P. Abadie, *Paul Abadie, Architecte, 1812-1884,* 1988.

en una profunda convicción de que la política era impotente para lidiar con los males del país. Las causas de esos males son morales y religiosas, y las soluciones deben ser del mismo orden». Además, proseguía, la obra no podía interpretarse como política porque el objetivo de la política es dividir, «mientras que nuestro trabajo tiene como objetivo la unión de todos [...] La pacificación social es el punto final del trabajo que tratamos de realizar»[41].

El Gobierno, ahora claramente a la defensiva, se puso extremadamente nervioso ante la perspectiva de una gran ceremonia de apertura que podría ser la ocasión para una desagradable confrontación, y aconsejó precaución. El comité tenía que encontrar una forma de poner la primera piedra sin ser demasiado provocador. El papa vino a su ayuda y declaró un día de oración al Sagrado Corazón para todos los católicos del mundo. Tras ese refugio, una ceremonia muy reducida para poner la primera piedra pasó sin incidentes. La construcción ya estaba en marcha. GALLIA POENITENS estaba cobrando forma de manera simbólica y material.

Los 40 años transcurridos entre la colocación de la primera piedra y la consagración final de la basílica en 1919 fueron a menudo problemáticos. Surgieron dificultades técnicas en el curso de la edificación de una estructura tan grande en la cima de una colina que habían hecho inestable los siglos de minería para obtener yeso. El coste de la estructura se incrementó dramáticamente, y como el entusiasmo por el culto al Sagrado Corazón había disminuido un tanto, surgieron dificultades financieras. Y la controversia política continuaba. El comité a cargo del proyecto había decidido anticipadamente una variedad de estratagemas para alentar el flujo de contribuciones. Individuos y familias podrían comprar una piedra, y el visitante del Sacré-Coeur vería allí sus nombres inscritos en las piedras. Se alentó a diversas regiones y organizaciones a suscribirse para la construcción de determinadas capillas. Miembros de la Asamblea Nacional, del ejército, del clero, etc., unieron así sus esfuerzos. Cada capilla particular tiene su significado propio.

Entre las capillas de la cripta, por ejemplo, el visitante encontrará la de Jesús Maestro, que recuerda, como dijo Rohault de Fleury, «que uno de los principales pecados de Francia fue la estúpida invención de la escolarización sin Dios»[42]. Quienes se hallaban en el lado perdedor de la feroz batalla para preservar el poder de la Iglesia sobre la educación después de 1871 pusieron ahí

---

[41] H. Rohault de Fleury, *Historique de la Basilique de Sacré Coeur,* 1903-1909, p. 244.
[42] *Ibid.,* p. 269.

su dinero. Y al lado de esa capilla, en el extremo de la cripta, cerca de la línea donde antes transcurría la calle des Rosiers, se encuentra la capilla de Jesús Obrero. Que los obreros católicos trataran de contribuir a la construcción de su propia capilla fue motivo de gran regocijo. Mostraba, escribió Legentil, el deseo de los trabajadores «de protestar contra la terrible impiedad en la que está cayendo gran parte de la clase obrera», así como su determinación de resistir frente a «la impía y verdaderamente infernal asociación que, en casi toda Europa, la convierte en esclava y víctima»[43]. La alusión a la Asociación Internacional de Trabajadores es inconfundible y comprensible, ya que era costumbre en los círculos burgueses en la época atribuir la Comuna, bastante erróneamente, a la nefasta influencia de esa asociación «infernal». Sin embargo, por un extraño capricho del destino, que tan a menudo da un giro irónico a la historia, la capilla de Jesús Obrero se encuentra casi exactamente en el lugar donde transcurrió el «calvario de Eugène Varlin». Así que la basílica, erigida en parte para conmemorar la sangre de dos mártires recientes de la derecha, conmemora involuntariamente, en sus profundidades, a un mártir de la izquierda.

La interpretación de todo esto por parte de Legentil era de hecho un poco torcida. En las etapas finales de la Comuna, un joven católico llamado Albert de Mun observó con consternación que los comuneros iban camino de la matanza. Conmocionado, se preguntaba «qué había hecho la sociedad legalmente constituida por aquella gente», y concluía que sus males habían sido causados en gran medida por la indiferencia de las clases acomodadas. En la primavera de 1872 se trasladó hasta el corazón de la odiada Belleville y fundó allí el primero de sus Círculos Obreros[44]. Esto marcó el comienzo de un nuevo tipo de catolicismo en Francia, que pretendía atender mediante la acción social las necesidades tanto materiales como espirituales de los trabajadores. Fue por medio de organizaciones como aquella, muy alejadas del intransigente catolicismo ultramontano que dominaba el movimiento por el Sagrado Corazón, como una pequeña parte de las contribuciones de los trabajadores comenzó a fluir hacia la construcción de una basílica en lo alto de la colina de Montmartre.

Las dificultades políticas aumentaron, no obstante. Francia, finalmente dotada de una Constitución republicana (en gran parte debido a la intransi-

---

[43] *Ibid.,* p. 165.
[44] A. Dansette, *Histoire Religieuse,* 1965, pp. 356-358; C. Lepidis y E. Jacomin, *Belleville,* 1975, pp. 271-272.

gencia de los monárquicos), estaba ahora inmersa en un proceso de modernización fomentado por las comunicaciones más fáciles, la educación masiva y el desarrollo industrial. El país acabó aceptando aquella forma moderada de republicanismo y se sentía amargamente desilusionado con el monarquismo reaccionario que había dominado la Asamblea Nacional elegida en 1871. En París, la Belleville, «no subyugada», y sus vecinas Montmartre y La Villette comenzaron a recuperarse más rápidamente de lo que Thiers había previsto. A medida que la reivindicación de la amnistía para los comuneros exiliados se reforzó en esos barrios, aumentó en ellos el odio hacia la basílica (figura 4.13). La agitación contra el proyecto aumentó.

El 3 de agosto de 1880 el asunto llegó ante el Consejo de la ciudad en forma de una propuesta: una «colosal Estatua de la Libertad se colocaría en la cima de Montmartre, frente a la iglesia del Sacré-Coeur, en un terreno perteneciente a la ciudad de París». Los republicanos franceses habían adoptado en aquel momento a Estados Unidos como sociedad modelo que funcionaba perfectamente sin una monarquía y otras trampas feudales. Como parte de una campaña para mostrar su ejemplo, así como para simbolizar su profundo apego a los principios de libertad, republicanismo y democracia, recaudaron fondos para la Estatua de la Libertad que ahora se encuentra en el puerto de Nueva York. ¿Por qué no, decían los autores de aquella proposición, borrar la visión del odiado Sacré-Coeur mediante un monumento de tamaño similar?[45]

Independientemente de que se afirmara lo contrario, decían, la basílica simbolizaba la intolerancia y el fanatismo de la derecha: era un insulto a la civilización, contrario a los principios de los tiempos modernos, una evocación del pasado y un estigma para Francia en su conjunto. Los parisinos, aparentemente empeñados por demostrar su apego impenitente a los principios de 1789, decidieron borrar lo que consideraban una expresión del «fanatismo católico» construyendo exactamente el tipo de monumento que el arzobispo había caracterizado previamente como una «glorificación del vicio y la impiedad». El 7 de octubre el Ayuntamiento había cambiado su táctica. Calificando la basílica de «una provocación incesante a la guerra civil», sus miembros decidieron, por una mayoría de 61 contra 3, pedir al Gobierno que «derogara la ley de utilidad pública de 1873» y que utilizara el terreno, que volvería a ser de propiedad pública, para la construcción de una obra de ver-

---

[45] Ville de Paris, Conseil Municipal, Prods. Verbaux, 3 de agosto, 7 de octubre y 2 de diciembre de 1880.

Figura 4.12. La Estatua de la Libertad en su taller de París antes de ser enviada a Nueva York.

dadera importancia nacional. Obviando cuidadosamente el problema de cómo debían ser indemnizados los que habían contribuido a la construcción de la basílica –que apenas había ido más allá de sus cimientos–, transmitió su propuesta al Gobierno. En el verano de 1882 la solicitud fue aceptada en la Cámara de Diputados.

El arzobispo Guibert tuvo que asumir, una vez más, la defensa pública del proyecto. Contrapuso a lo que ahora eran argumentos habituales contra la basílica las respuestas habituales. Insistió en que la obra no se inspiraba en la confrontación política, sino en sentimientos cristianos y patrióticos. A los que se oponían al carácter expiatorio de la obra les respondía simplemente que nadie podía permitirse considerar que su país es infalible. En cuanto a la conveniencia del culto al Sagrado Corazón, opinaba que sólo dentro de la Iglesia se podía juzgar. A los que presentaban la basílica como una provocación a la guerra civil, les respondía: «¿Han sido alguna vez producto de nuestros templos cristianos las guerras civiles y los disturbios? ¿Son propensos a alborotos y rebeliones contra la ley los que frecuentan nuestras iglesias? ¿Encontramos a gente así envuelta en los desórdenes y la violencia que, de vez en cuando, perturban las calles de nuestras ciudades?» Se adelantaba a señalar que mientras que Napoleón I había proyectado construir un templo de la paz en Montmartre, «somos nosotros quienes estamos construyendo, por fin, el verdadero templo de la paz»[46].

A continuación consideraba los efectos negativos de detener la construcción. Tal acción heriría profundamente el sentimiento cristiano y provocaría divisiones. Sin duda sería un mal precedente, decía (ignorando despreocupadamente el antecedente establecido por la ley de 1873) que empresas religiosas de ese tipo debieran someterse a los caprichos políticos del Gobierno del momento. Y luego estaba el complejo problema de la compensación, no sólo para los contribuyentes, sino también por el trabajo ya realizado. Por último, apelaba al hecho de que la obra estaba dando empleo a 600 familias, argumentando que privar a «esa parte de París de una fuente tan importante de empleo sería inhumano».

Los representantes de París en la Cámara de Diputados, que en 1882 estaba dominada por republicanos reformistas como Gambetta (de Belleville) y Clemenceau (de Montmartre), no parecían impresionados por esos argumentos. El debate fue acalorado. El Gobierno, por su parte, se declaró claramente opuesto a la ley de 1873, pero igualmente se oponía a su abrogación, ya que implicaría pagar más de 12 millones de francos en indemnizaciones a la Iglesia. En un esfuerzo por desactivar la evidente indignación de la izquierda, el ministro pasó a comentar que si se anulaba la ley, el arzobispo quedaría relevado de la obligación de completar lo que demostraba ser una ardua tarea, al mismo tiempo que proporcionaría a la Iglesia millones de francos para realizar trabajos de propaganda que podrían ser «infinitamente más eficaces que aquellos que objetan los patrocinadores de la presente moción».

Sin embargo, los republicanos radicales no estaban dispuestos a considerar el Sacré-Coeur como un elefante blanco, ni tampoco estaban dispuestos a pagar una indemnización. Estaban decididos a acabar con lo que entendían como una manifestación odiosa del clericalismo piadoso y a poner en su lugar un monumento a la libertad de pensamiento. Echaban la culpa de la guerra civil directamente a los monárquicos y sus intransigentes aliados católicos.

Clemenceau se alzó para exponer los argumentos radicales. Declaró la ley de 1873 un insulto, un acto de una Asamblea Nacional que había tratado de imponer el culto al Sagrado Corazón en Francia porque «luchamos y aún se-

---

[46] H. Rohault de Fleury, *Historique de la Basilique de Sacré Coeur,* 1903-1909, pp. 71-73.

guimos luchando por los derechos humanos, por haber hecho la Revolución francesa». La ley era el producto de la reacción clerical, un intento de estigmatizar a la Francia revolucionaria, «para condenarnos a pedir perdón a la Iglesia por nuestra incesante lucha para prevalecer sobre ella a fin de establecer firmemente los principios de libertad, igualdad y fraternidad». Debemos responder a un acto político, declaró, mediante un acto político. No hacerlo sería dejar a Francia bajo la intolerable advocación del Sagrado Corazón»[47].

Con aquella oratoria apasionada, Clemenceau avivó las llamas del sentimiento anticlerical. La Cámara votó en favor de derogar la ley de 1873 por una mayoría de 261 votos contra 199. Parecía que la basílica, cuyos muros apenas se habían levantado por encima de sus cimientos, iba a derrumbarse, pero fue salvada por un tecnicismo. La moción fue aprobada demasiado tarde para cumplir todos los requisitos formales para su promulgación. El Gobierno, genuinamente temeroso de los costes y las responsabilidades involucrados, trabajó en silencio para impedir la reintroducción de la moción en una cámara que, en la siguiente sesión, pasó a considerar asuntos de mucho mayor peso y trascendencia. Los republicanos parisinos habían obtenido una victoria parlamentaria simbólica pero pírrica. El arzobispo, aliviado, siguió adelante con la obra.

Pero de algún modo el asunto siguió vivo. En febrero de 1897 se volvió a presentar la moción[48]. El republicanismo anticlerical ya había logrado grandes progresos, al igual que el movimiento obrero, con la formación de un creciente y vigoroso partido socialista. Pero la construcción en lo alto de la colina también había progresado. El interior de la basílica había sido inaugurado y abierto para el culto en 1891, y la gran cúpula estaba en camino de completarse (la cruz que la corona fue formalmente bendecida en 1899). Aunque la basílica todavía se veía como una «provocación a la guerra civil», la posibilidad de desmantelar una obra tan vasta era bastante poco creíble. Y esta vez no fue sino Albert de Mun quien defendió la basílica en nombre de un catolicismo que había entendido, para entonces, la virtud de separar su destino del de una causa monárquica que se desvanecía. La Iglesia estaba comenzando a aprender una lección, y el culto al Sagrado Corazón comenzó a adquirir un nuevo significado en respuesta al cambio en la situación social. En 1899, un papa más reformista dedicó el culto al ideal de la armonía entre las razas, la justicia social y la conciliación.

---

[47] *Ibid.,* pp. 71 y ss.
[48] P. Lesourd, *Montmartre,* 1973, pp. 224-225.

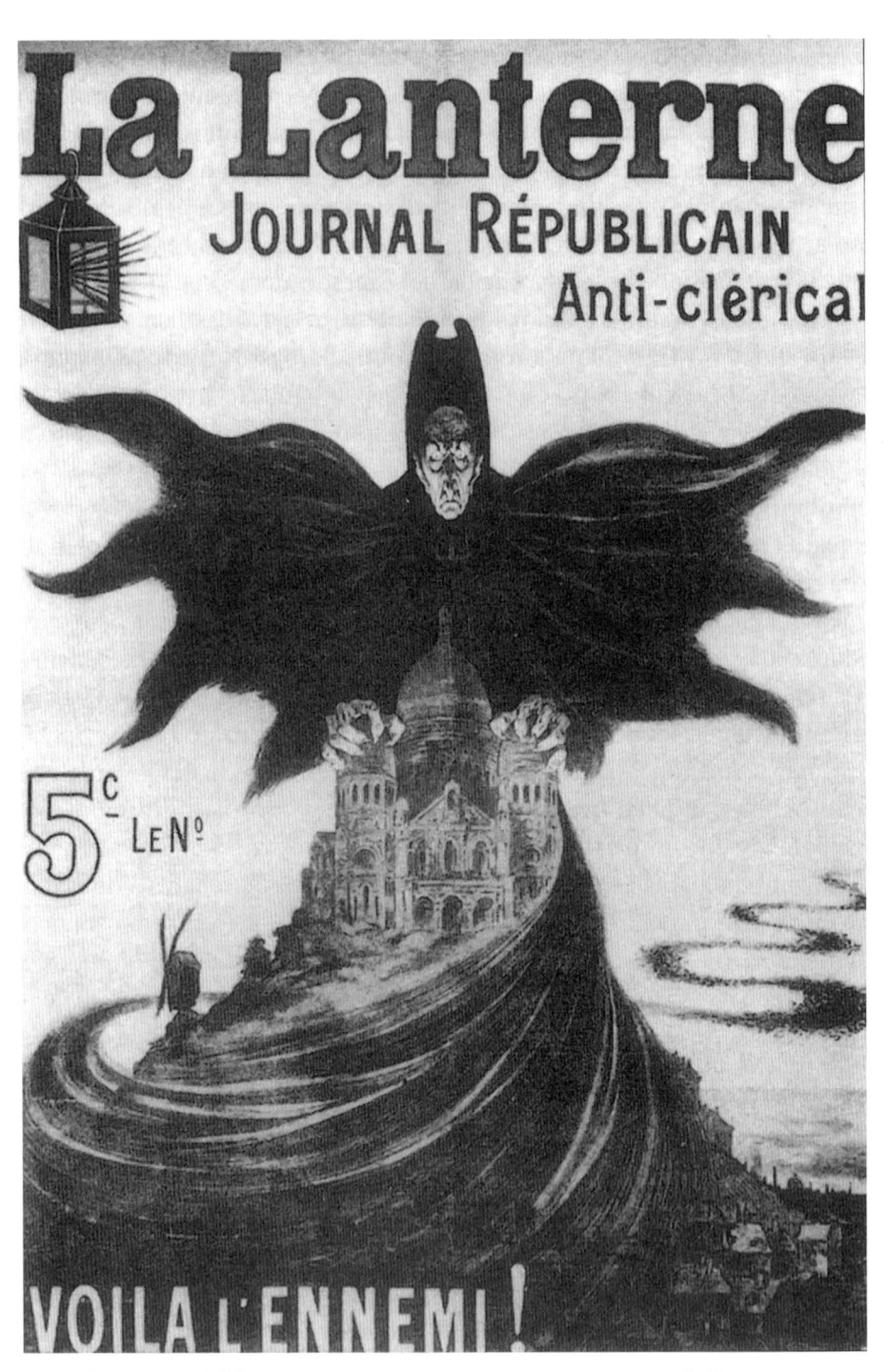

Figura 4.13. El Sacré-Coeur como vampiro en un póster para *La Lanterne*, alrededor de 1896.

Pero los diputados socialistas no quedaron impresionados por lo que entendían como maniobras de cooptación. Siguieron presionando para que se derribara aquel odiado símbolo, aunque ya estaba casi completo y aunque tal acto implicara la indemnización a ocho millones de suscriptores con una suma de 30 millones de francos. Pero la mayoría en la Cámara palideció ante tal perspectiva, y la moción fue rechazada por 322 votos contra 196.

Esta iba a ser la última vez que la construcción se viera amenazada por una acción oficial. Con la cúpula completada en 1899, la atención pasó a la construcción del *campanile,* finalizada en 1912. En la primavera de 1914 todo estaba listo y la consagración oficial se fijó para el 17 de octubre. Pero estalló la guerra contra Alemania y hubo que esperar hasta el final de aquel sangriento conflicto para consagrar finalmente la basílica. La Francia victoriosa, alentada por la ardiente oratoria de Clemenceau, celebró alegremente la consagración de un monumento concebido en el curso de una guerra perdida contra Alemania una generación antes. GALLIA POENITENS trajo por fin su recompensa.

Todavía se pueden oír ecos apagados de esa historia tortuosa. En febrero de 1971, por ejemplo, los manifestantes perseguidos por la policía se refugiaron en la basílica. Firmemente atrincherados allí, llamaron a sus camaradas radicales para que se unieran a ellos en la ocupación de una iglesia «construida sobre los cuerpos de los comuneros para borrar el recuerdo de esa bandera roja que había ondeado durante demasiado tiempo sobre París». El mito de los incendiarios se desprendió inmediatamente de sus antiguos amarres, y un rector en pánico llamó a la policía a la basílica para evitar la conflagración. Los «rojos» fueron expulsados de la iglesia en medio de escenas de gran brutalidad. Así se celebró, en aquel mismo lugar, el centenario de la Comuna de París. Y como coda de aquel incidente, una bomba estalló en la basílica en 1976, causando bastante daño en una de sus cúpulas. Aquel mismo día, se decía, quien hubiera visitado el cementerio del Père Lachaise había podido ver una rosa roja en la tumba de Auguste Blanqui.

Rohault de Fleury había pretendido desesperadamente «colocar una cuna donde [otros] habían pensado cavar una tumba». Pero el visitante que contempla la estructura de mausoleo que es el Sacré-Coeur bien podría preguntarse qué es lo que está enterrado allí. ¿El espíritu de 1789? ¿Los pecados de Francia? ¿La alianza entre el catolicismo intransigente y el monarquismo reaccionario? ¿La sangre de mártires como Lecomte y Clément-Thomas? ¿O la de Eugène Varlin y los 20 mil comuneros asesinados sin piedad junto con él?

El edificio esconde sus secretos en un silencio sepulcral. Sólo los vivos, conocedores de esta historia, que entienden los principios de los que lucharon a favor y en contra del embellecimiento de ese lugar, pueden desentrañar los misterios que yacen sepultados en él y rescatar así esa rica experiencia del silencio sepulcral de la tumba y transformarla en la ruidosa algazara de una cuna.

Comentario

Entender el proceso de urbanización requiere algo más que un análisis de las corrientes migratorias del flujo de capital. La ciudadanía, la pertenencia, la alienación, las solidaridades, la clase y otras formas de política colectiva tienen papeles cruciales en la producción de espacios de intimidad y relaciones sociales, así como los espacios ocupados por las funciones públicas. El proceso urbano tiene que ver igualmente con movimientos, encuentros, conflictos y confrontaciones políticos. Mucho de lo que sucede en una ciudad es simbólico. Cuando escribí este artículo sobre el Sacré-Coeur, estaba leyendo mucho a Dickens (a quien detestaba en mi juventud) y me impresionó enormemente su capacidad para transmitir de manera tan brillante la sensación, los olores y el movimiento de la vida urbana. Me parecía vital inyectar algo similar en mis propios escritos sobre las ciudades como complemento de la teoría del capital. En 1976-1977 me concedieron una beca Guggenheim para ir a París, supuestamente para estudiar teoría marxista. Mientras estaba allí me pregunté por los orígenes del edificio en la colina de Montmartre y por qué me pareció tan espeluznante al entrar en él. Decidí ver si podía descubrir qué fantasmas podían estar enterrados allí. Cuanto más descubría, más fascinado me sentía. Esto me llevó no sólo a escribir este texto, sino también a complementar mis estudios teóricos en París con un relato de lo que sucedió durante la remodelación de Haussmann de la ciudad durante el Segundo Imperio. La primera versión de este capítulo fue publicada en 1979. Fue un placer escribirla. Me mantuvo vivo e interesado cuando la vida era sombría y la política estaba muerta.

El trabajo también demostró ser un marco maravilloso en el que establecer un diálogo entre la historia y la teoría, por un lado, y Marx y la geografía histórica, por otro. Llegué a París con una concepción de cómo debía leerse la economía política de Marx y me fui de allí con una lectura marcadamente diferente. La experiencia de la Comuna tuvo una gran influencia en el pensamiento de Marx sobre cómo debemos diseñar alternativas. Ciertamente influyó (y continúa influyendo) en la mía. Se puede aprender mucho de una inmersión en la historia de la Comuna. Su continua relevancia es explorada en el reciente libro de Kristin Ross *Lujo comunal: El imaginario político de la Comuna de París.*

Mi libro *París, Capital of Modernity [París, capital de la modernidad],* del que una versión revisada de este artículo es una parte fundamental, fue publicado en 2003; junto con *The Limits to Capital* (1982) [*Los límites del capitalismo y la teoría marxista,* 1990], abarcan los temas de los que me he ocupado.

V. La compresión espacio-temporal y la condición posmoderna

¿Cómo cambiaron los usos y significados del espacio y el tiempo con la transición del fordismo a la acumulación flexible? Tal como yo lo veo, durante estas dos últimas décadas hemos venido experimentando una intensa fase de compresión espacio-temporal, que ha tenido un impacto desorientador y perturbador sobre las prácticas político-económicas y el equilibrio del poder de clase, así como sobre la vida cultural y social. Aunque las analogías históricas siempre son peligrosas, no es casual que la sensibilidad posmoderna manifieste notables simpatías hacia algunos de los confusos movimientos políticos, culturales y filosóficos que surgieron a comienzos del siglo XX (en Viena, por ejemplo), cuando la sensación de una compresión espacio-temporal también era particularmente intensa. Además advierto el renovado interés por la teoría geopolítica a partir de 1970 aproximadamente, por la estética del lugar, así como un renacimiento de la voluntad (hasta en la teoría social) de someter el problema de la espacialidad a una reconsideración general[1].

La transición a la acumulación flexible se realizó en parte a través del rápido despliegue de nuevas formas organizativas y nuevas tecnologías productivas. Aunque estas últimas pudieron tener como origen el propósito de alcanzar una superioridad militar, su aplicación tenía mucho que ver con evitar la rigidez del fordismo y acelerar el tiempo de rotación para dar solución a los problemas del fordismo-keynesianismo, que entró en franca crisis en 1973. La

---

[1] Véanse, por ejemplo, D. Gregory y J. Urry, *Social Relations and Spatial Structures,* 1985; E. Soja, *Postmodern Geographies,* 1988.

aceleración de la producción se logró mediante cambios organizativos dirigidos a la desintegración vertical –subcontratación, externalización, etc.– que revirtieron la tendencia fordista hacia la intregración vertical y produjeron un incremento en el carácter indirecto de la producción, pese a la creciente centralización financiera. Otros cambios organizativos –como el sistema de entrega «justo-a-tiempo», que reduce los depósitos almacenados–, combinados con las nuevas tecnologías de control electrónico, producción en lotes pequeños, etc., redujeron los tiempos de rotación en muchos sectores de la producción (electrónica, máquinas-herramientas, automóviles, construcción, textil, etc.). Para los trabajadores todo esto implicaba una intensificación (aceleración) de los procesos laborales y un incremento en la discapacitación y recapacitación requeridas para responder a las nuevas necesidades laborales.

La aceleración del tiempo de rotación en la producción supone aceleraciones paralelas en el intercambio y el consumo. La mejora de los sistemas de comunicación y de información, junto con la racionalización de las técnicas de distribución (embalaje, control de inventarios, uso de contenedores, retroalimentación del mercado, etc.), dieron lugar a una aceleración en la circulación de las mercancías en todo el sistema de mercado. Las operaciones de banca electrónica y el dinero de plástico fueron algunas de las innovaciones que aumentaron la velocidad del flujo inverso del dinero. También se aceleraron los servicios y mercados financieros (ayudados por las transacciones computerizadas), dando lugar al lema «24 horas es muchísimo tiempo» en los mercados de valores globales.

De las muchas innovaciones en el ámbito del consumo, dos tienen especial importancia. La movilización de la moda en los mercados masivos (para distinguirlos de los de la elite) constituyó un medio para acelerar el ritmo del consumo, no sólo en el vestido, el ornamento y la decoración, sino en toda la vasta gama de estilos de vida y actividades recreativas (hábitos de ocio y deporte, estilos de música pop, videojuegos para niños, etc.). Una segunda tendencia fue el desplazamiento del consumo de mercancías hacia el consumo de servicios, no sólo personales, comerciales, educativos y sanitarios, sino también los relacionados con entretenimientos, espectáculos, *happenings* y distracciones. El «periodo vital» de esos servicios (visitar un museo, ir a un concierto de rock o al cine, asistir a conferencias o a gimnasios), si bien resulta difícil de estimar, es mucho más corto que el de un automóvil o una lavadora. Si hay límites para la acumulación y la rotación de los bienes físicos (aunque se trate de los famosos seis mil pares de zapatos de Imelda Marcos), tiene sentido que los capitalistas recurran al suministro de servicios de consumo muy fugaces, algo que puede estar en la raíz de la rápida penetración capitalista, observada por Mandel y Jameson[2], en muchos sectores de la producción cultural desde mediados de la década de 1960.

Entre las innumerables consecuencias derivadas de esta aceleración general de los tiempos de rotación del capital, me concentraré en las que tienen una influencia particular en las formas posmodernas de pensar, sentir y actuar.

La primera consecuencia importante ha sido la acentuación de la volatilidad y transitoriedad de las modas, productos, técnicas de producción, procesos laborales, ideas e ideologías, valores y prácticas establecidos. La sensación de que «todo lo sólido se desvanece en el aire» rara vez ha estado más presente (lo que probablemente da cuenta del volumen de trabajos sobre ese tema producidos en los últimos años). El efecto de ese proceso en los mercados y en las habilidades laborales ha sido considerable. Lo que pretendo aquí es analizar los efectos más generales en toda la sociedad.

En el ámbito de la producción de mercancías, el efecto fundamental ha sido la acentuación de los valores y las virtudes de la instantaneidad (comidas y otras gratificaciones al instante o rápidas) y de lo desechable (tazas, platos, cubiertos, envoltorios, servilletas, ropa, etc.). La dinámica de una sociedad del «desperdicio», como la han calificado autores como Alvin Toffler[3], comenzó a hacerse evidente durante la década de 1960. Significaba algo más que tirar a la basura los bienes producidos (dando lugar al problema monumental de la eliminación de desechos); significaba también ser capaz de desechar valores, estilos de vida, relaciones estables y acabar con el apego por cosas, edificios, lugares, gente y formas tradicionales de hacer y de ser. Esas eran las formas inmediatas y tangibles en las que el «impulso acelerado en el conjunto de la sociedad» chocaba contra la «experiencia cotidiana común del individuo»[4]. A través de esos mecanismos (que demostraban ser muy eficaces desde el punto de vista de la aceleración de la rotación de bienes en el consumo), la gente se veía obligada a lidiar con lo desechable, la novedad y las perspectivas de obsolescencia instantánea.

«En comparación con la vida en una sociedad de transformaciones menos veloces, hoy fluyen más situaciones en cualquier intervalo de tiempo dado; y esto implica profundas modificaciones en la psicología humana». Esto, sugie-

---

[2] Mandel, *El capitalismo tardío;* Jameson, 1984.
[3] A. Toffler, *El «shock» del futuro.*
[4] *Ibid.,* cap. 2, «El impulso acelerador».

re Toffler, crea «una temporalidad en la estructura de los sistemas de valores públicos y personales» que a su vez proporciona un contexto para el «resquebrajamiento del consenso» y la diversificación de valores en una sociedad en proceso de fragmentación. El bombardeo de estímulos, por hablar únicamente del frente de las mercancías, crea problemas de sobrecarga sensorial frente a los cuales parece insignificante la disección que hizo Simmel a comienzos del siglo XX de los problemas de la vida urbana modernista. Sin embargo, precisamente debido a las cualidades relativas del cambio, las respuestas psicológicas se sitúan en líneas generales dentro del repertorio de las que identificó Simmel: bloqueo de los estímulos sensoriales, negación y cultivo de la actitud de hastío, la especialización miope, regresión a imágenes de un pasado perdido (de ahí la importancia de los monumentos, los museos y las ruinas) y simplificación excesiva (tanto en la presentación de uno mismo como en la interpretación de los acontecimientos). En este sentido, es instructivo ver cómo Toffler[5], en un momento muy posterior de la compresión espacio-temporal, se hace eco del pensamiento de Simmel, cuyas ideas se formaron en un momento de trauma similar más de 70 años antes.

Es evidente que la volatilidad hace extremadamente difícil la planificación a largo plazo. De hecho, aprender a manejarla bien es hoy tan importante como acelerar el tiempo de rotación. Esto significa hacerse eminentemente adaptable y moverse con celeridad para responder a los cambios del mercado o dominar la volatilidad. La primera estrategia apunta principalmente hacia la planificación a corto plazo más que a largo plazo, y a cultivar el arte de cosechar beneficios en el corto plazo siempre que se pueda. Este ha sido un rasgo notable de la gestión estadounidense durante los últimos años. La antigüedad promedio de los cargos directivos de las empresas se ha reducido a 5 años, y las involucradas nominalmente en la producción suelen buscar ganancias a corto plazo mediante fusiones, adquisiciones u otras operaciones en los mercados financieros y monetarios. La tensión de los gerentes en este ambiente es considerable y produce todo tipo de efectos secundarios, como la llamada «gripe del yuppie» (tensión psicológica que paraliza el rendimiento de gente con talento y que produce síntomas crónicos semejantes a los de la gripe) o el estilo de vida frenético de los agentes financieros, a quienes la adicción al trabajo, las largas jornadas y el afán de poder los hace excelentes candidatos para el tipo de mentalidad esquizofrénica que describe Jameson.

---

[5] *Ibid.,* cap. 6.

Por otra parte, dominar o intervenir activamente en la producción de volatilidad entraña la manipulación del gusto y la opinión, ya sea mediante el liderazgo de la moda o saturando el mercado con imágenes para dar forma a la volatilidad con fines particulares. Esto significa, en cualquier caso, que la construcción de nuevos sistemas de signos e imágenes, que de por sí constituye un aspecto importante de la condición posmoderna, debe ser considerada desde varios ángulos diferentes. Para empezar, la publicidad y las imágenes de los medios han adquirido un papel mucho más integrador en las prácticas culturales, y ahora tienen una importancia mucho mayor en la dinámica de crecimiento del capitalismo. Además, la publicidad ya no se basa en la idea de informar o promocionar en el sentido ordinario, sino que está cada vez más orientada a manipular los deseos y gustos del consumidor mediante imágenes que pueden estar relacionadas o no con el producto a vender. Si despojáramos la publicidad moderna de la referencia directa a sus tres temas cardinales, el dinero, el sexo y el poder, poco quedaría de ella. Más aún, las propias imágenes se han convertido, en cierto sentido, en mercancías. Este fenómeno ha llevado a Baudrillard[6] a sostener que el análisis de la producción de mercancías de Marx está anticuado porque el capitalismo se dedica ahora sobre todo a la producción de signos, imágenes y sistemas de signos y no tanto de mercancías tradicionales. La transición que señala Baudrillard es importante, aunque en realidad no es difícil extender la teoría de la producción de mercancías de Marx para incluir ese fenómeno. Es cierto que los sistemas de producción y comercialización de imágenes (como los mercados de la tierra, los bienes públicos o la fuerza de trabajo) presentan algunos rasgos especiales que deben tenerse en cuenta. De hecho, el tiempo de rotación en el consumo de ciertas imágenes puede ser muy breve (y aproximarse al ideal del «abrir y cerrar de ojos» que Marx consideraba óptimo desde el punto de vista de la circulación del capital). Muchas imágenes también se pueden comercializar masivamente llegando a todos los rincones de forma instantánea. Dadas las presiones para acelerar el tiempo de rotación (y superar las barreras espaciales), la mercantilización de imágenes de tipo más efímero parecería ser un regalo del cielo desde el punto de vista de la acumulación del capital, en particular cuando otros caminos para aliviar la sobreacumulación parecen bloqueados. La fugacidad y la comunicabilidad instantánea a través del espacio se convierten entonces en

---

[6] J. Baudrillard, *Pour une critique de l'économie politique du signe,* 1972.

virtudes que pueden ser exploradas y explotadas por los capitalistas para sus propios fines.

Pero las imágenes deben desempeñar otras funciones. Las corporaciones, los Gobiernos, los dirigentes políticos e intelectuales, todos valoran una imagen estable (aunque dinámica) como parte de su aura de autoridad y poder. La mediatización de la política reina hoy por doquier. Se convierte, de hecho, en el medio huidizo, superficial e ilusorio en el que una sociedad individualista, de gente de paso, exhibe su nostalgia por los valores comunes. La producción y comercialización de esas imágenes de permanencia y poder exigen un refinamiento considerable, porque la continuidad y la estabilidad de la imagen deben ser conservadas a la vez que se acentúan la adecuación, flexibilidad y dinamismo de quienquiera o cualquier cosa que se plasme en imagen. Además, la imagen cobra una importancia insólita en la competencia, no sólo en el reconocimiento de la marca, sino también por diversas asociaciones de «respetabilidad», «calidad», «prestigio», «fiabilidad» e «innovación». La competencia en la creación de imágenes se vuelve un aspecto vital de la competencia entre empresas. El éxito es tan claramente rentable que la inversión en la creación de imágenes (patrocinio de las artes, exposiciones, producciones televisivas, nuevos edificios, comercialización directa) resulta tan importante como la inversión en nuevas instalaciones y maquinaria. La imagen sirve para establecer una identidad en el mercado. Esto también es cierto en los mercados laborales. La adquisición de una imagen (por la compra de un sistema de signos, como la ropa de diseño y el auto adecuado) se convierte en un elemento de singular importancia en la presentación de uno mismo en los mercados laborales y, por extensión, constituye un componente integral de la búsqueda de la identidad, la autorrealización y el significado individual. Abundan las señales divertidas pero tristes de este tipo de búsqueda. Una empresa californiana fabrica imitaciones de teléfonos para automóviles, indistinguibles de los verdaderos, y los vende como el pan caliente a una población desesperada por adquirir esos signos de prestigio. Las consultorías de imagen personal se han convertido en un gran negocio en la ciudad de Nueva York, informa el *International Herald Tribune,* ya que en esa región urbana alrededor de un millón de personas al año se inscriben en cursos con firmas llamadas Image Assemblers, Image Builders, Image Crafters o Image Creators. «En la actualidad, la gente se hace una idea acerca de usted aproximadamente en una décima de segundo», dice un consultor de imagen. «Simúlela hasta que la consiga» es el eslogan de otro.

Evidentemente, los símbolos de riqueza, estatus, prestigio y poder, así como de clase, han sido siempre importantes en la sociedad burguesa, pero quizá nunca lo hayan sido tanto como ahora. La opulencia material creciente generada durante el *boom* fordista de posguerra planteó el problema de convertir los crecientes ingresos en una demanda efectiva que diera satisfacción a las crecientes aspiraciones de la juventud, las mujeres y los trabajadores. Dada la capacidad para producir más o menos a voluntad tanto imágenes como mercancías, resulta factible que la producción se realice, al menos en parte, sobre la base de la pura producción y comercialización de imágenes. Su fugacidad se puede interpretar en parte como una lucha de los grupos oprimidos de cualquier índole por establecer su propia identidad (en términos de cultura callejera, estilos musicales, los usos y las modas que ellos mismos crean) y convertir rápidamente esas innovaciones en ventajas comerciales (a finales de la década de 1960 Carnaby Street demostró ser una excelente pionera). El efecto es hacer que parezca que vivimos en un mundo de efímeras imágenes creadas. Los impactos psicológicos de la sobrecarga sensorial, como los que señalan Simmel y Toffler, funcionan con un efecto redoblado.

Los materiales para producir y reproducir esas imágenes, en los casos en que no se disponía ya de ellos, han sido objeto de innovación: cuanto mejor es la réplica de la imagen, más puede crecer el mercado masivo para la creación de imágenes. Esto constituye un tema importante que nos lleva a considerar de forma más explícita el papel del «simulacro» en el posmodernismo. Por «simulacro» se entiende un grado de imitación tan perfecto que se hace casi imposible detectar la diferencia entre el original y la copia. La producción de imágenes como simulacros es relativamente fácil gracias a las técnicas modernas. En la medida en que la identidad depende cada vez más de las imágenes, las réplicas seriales y reiteradas de las identidades (individuales, empresariales, institucionales y políticas) se convierten en una posibilidad y un problema reales. Podemos constatar esto en el campo de la política a medida que los creadores de imagen y los medios adquieren más importancia en la configuración de las identidades políticas. Pero hay muchos campos más tangibles donde el simulacro tiene un papel más importante. Con los materiales de construcción modernos es posible reproducir edificios antiguos con tanta exactitud como para poner en duda la autenticidad o los orígenes. La fabricación de antigüedades u otros objetos artísticos resulta absolutamente posible, de modo que las imitaciones muy bien realizadas se convierten en un serio problema para el negocio de los coleccionistas de arte. Por lo tanto, no sólo tenemos la capacidad de acumular imágenes del pasado o de otros lugares ecléctica y simultáneamente con la pantalla de la televisión, sino que hasta podemos transformar esas imágenes en simulacros materiales bajo la forma de entornos, acontecimientos y espectáculos construidos que, en muchos aspectos, resultan casi indistinguibles de los originales. Una cuestión que retomaremos más adelante es lo que ocurre con las formas culturales cuando las imitaciones se vuelven reales y las formas reales asumen muchas de las cualidades de una imitación.

También es un tema muy especial la organización y las condiciones de los trabajadores en lo que podríamos llamar en general la «industria de producción de imágenes». Una industria de este tipo tiene que confiar, después de todo, en la capacidad de innovación de los productores directos. Estos últimos llevan una existencia incierta, mitigada por recompensas muy altas para los triunfadores y por un aparente control sobre sus propios procesos laborales y poderes creativos. El crecimiento de la producción cultural ha sido efectivamente impresionante. Taylor[7] compara las condiciones del mercado del arte en Nueva York en 1945, cuando sólo había un puñado de galerías y una veintena de artistas que exponían de una manera regular, con los dos mil artistas, aproximadamente, que trabajaban en París o en sus alrededores a mediados del siglo XIX y con los 150 mil artistas de la región de Nueva York que reclaman ahora un estatus profesional, exponen en unas 680 galerías y producen más de 15 millones de obras de arte en una década (comparadas con las 200 mil de finales del siglo XIX en París). Y esto es sólo la punta del iceberg de la producción cultural, que incluye entretenimientos locales y diseñadores gráficos, músicos callejeros y de *pubs,* fotógrafos, así como escuelas establecidas y reconocidas para enseñar arte, música, teatro y similares. Alrededor de todo eso se mueve lo que Daniel Bell llama «la masa cultural», definida como:

> No los creadores de cultura, sino los transmisores: los que trabajan en la enseñanza superior, las publicaciones, las revistas, los medios de comunicación, los teatros y museos, que procesan e influyen en la recepción de productos culturales serios. Se trata de una masa lo suficientemente grande como para constituir un mercado de la cultura: compra de libros, de publicaciones y de grabaciones de música seria, etc. Y es también el grupo que, como escritores,

---

[7] T. Taylor, *Modernism, Post-Modernism, Realism*, 1987, p. 77.

redactores de revistas, realizadores cinematográficos, músicos, etc., produce los materiales populares para el público más amplio de la cultura de masas[8].

Toda esta industria se especializa en la aceleración del tiempo de rotación a través de la producción y comercialización de imágenes. Se trata de una industria donde las reputaciones se hacen y se pierden de un día para otro, donde el dinero habla en términos tajantes, y donde hay un fermento de creatividad intensa, a menudo individual, que se derrama en el gran recipiente de la cultura de masas serial y repetida. Es la que organiza las novedades y modas y siempre ha sido fundamental para la experiencia de la modernidad. Se convierte en un medio social para producir esa sensación de horizontes temporales que colapsan, de los que a su vez se alimenta tan ávidamente.

La popularidad de un libro como el de Alvin Toffler, *Future shock,* radica precisamente en su apreciación profética de la velocidad con la que el futuro se descuenta en el presente. De ahí surge también un colapso de las distinciones culturales entre la «ciencia» y la ficción «común» (por ejemplo, en las obras de Thomas Pynchon y Doris Lessing), así como una fusión del cine de entretenimiento con el de los universos futuristas. Podemos vincular la dimensión esquizofrénica de la posmodernidad, en la que insiste Jameson, con las aceleraciones en el tiempo de rotación de la producción, el intercambio y el consumo, que causan, por decirlo así, la pérdida de la sensación de futuro, excepto cuando el futuro puede descontarse en el presente. La volatilidad y la fugacidad también hacen difícil mantener cualquier sentido firme de continuidad. La experiencia pasada se comprime en un presente sobrecogedor. Italo Calvino registra de esta forma el efecto en su propio oficio de escribir novelas:

> Las novelas largas escritas hoy acaso sean un contrasentido: la dimensión del tiempo se ha hecho pedazos, no podemos vivir o pensar sino fragmentos de metralla del tiempo que se alejan cada cual a lo largo de su trayectoria y al punto desaparecen. La continuidad del tiempo podemos encontrarla sólo en las novelas de aquella época en la cual el tiempo no aparecía ya como inmóvil pero aún no había estallado, una época que duró más o menos cien años, y luego se acabó[9].

---

[8] D. Bell, *The Cultural Contradictions of Capitalism,* 1978, p. 20.
[9] I. Calvino, *Se una notte d'inverno un viaggiatore,* cap. 1, 1981.

Baudrillard, que no teme a la exageración, considera Estados Unidos como una sociedad tan entregada a la velocidad, el movimiento, las imágenes cinematográficas y los ajustes tecnológicos, que ha generado una crisis de la lógica explicativa. Representa, sugiere, «el triunfo del efecto sobre la causa, de la instantaneidad sobre el tiempo como profundidad, el triunfo de la superficie y de la pura objetivación sobre la profundidad del deseo»[10]. Este es, por supuesto, el tipo de entorno en el que puede florecer el deconstruccionismo. Si no es posible decir nada sólido y permanente en medio de ese mundo efímero y fragmentado, ¿por qué no sumarse al juego (de lenguaje)? Todo, desde escribir novelas y filosofar hasta la experiencia de trabajar o de hacerse un hogar, debe afrontar el desafío de la aceleración del tiempo de rotación y la veloz desaparición de los valores tradicionales e históricamente adquiridos. El contrato temporal en todo, tal como observa Lyotard, se convierte en el sello distintivo de la vida posmoderna.

Pero, como sucede a menudo, la inmersión en la vorágine de lo efímero ha provocado una explosión de sentimientos y tendencias opuestas. Para empezar, surgen todo tipo de medios técnicos para protegerse de futuros impactos. Las firmas subcontratan o recurren a prácticas de empleo flexibles para descontar los costes potenciales del desempleo por eventuales cambios en el mercado. Los diferentes mercados de futuros, desde cereales o tripas de cerdo hasta monedas y deuda pública, junto con el «aseguramiento» de todo tipo de deudas temporales y flotantes, ilustran las técnicas para descontar el futuro en el presente. Hay una amplia variedad de compensaciones del sistema de seguros contra la volatilidad futura.

También surgen dudas más profundas sobre el significado y la interpretación. Cuanto más fugaces son los fenómenos, mayor es la presión para descubrir o producir algún tipo de verdad eterna subyacente. El renacimiento religioso, cada vez más fuerte desde finales de la década de 1960, y la búsqueda de autenticidad y autoridad en la política (con todos sus avíos de nacionalismo y localismo, y de admiración por los individuos carismáticos y «proteicos» y su «voluntad de poder» nietzscheana) son ejemplos de ello. El renovado interés por las instituciones fundamentales (como la familia y la comunidad) y el escrutinio de raíces históricas son signos de la búsqueda de vínculos más seguros y de valores más duraderos en un mundo cambiante. Rochberg-Halton, en un muestreo realizado entre los residentes en el norte de Chicago en

---

[10] J. Baudrillard, *L'Amérique,* 1986.

1977, encontró, por ejemplo, que los objetos realmente valorados en el hogar no eran los «trofeos pecuniarios» de una cultura materialista que servían como «índices visibles de la clase socioeconómica, la edad, el género, etc.), sino los artefactos que encarnaban «los lazos con las personas amadas y los familiares, las experiencias y actividades valoradas, y los recuerdos de acontecimientos significativos de la vida y de otras personas»[11]. Fotografías, objetos particulares (como un piano, un reloj, una silla) y acontecimientos (escuchar un disco con una pieza de música, cantar una canción) se convierten en el foco de una memoria contemplativa y generan, por tanto, un sentimiento de identidad que es ajeno a la sobrecarga sensorial de la cultura y de la moda consumistas. El hogar se convierte en un museo privado para protegerse de los estragos de la compresión espacio-temporal. En el momento, además, en que el posmodernismo proclama la «muerte del autor» y el auge del arte antiaurático en el ámbito público, el mercado artístico toma mayor conciencia del poder monopólico de la firma del artista y de los problemas vinculados a la autenticidad y el plagio (más allá de que las obras de Rauschenberg sean un mero montaje de reproducciones). Quizá sea apropiado que la construcción posmoderna, sólida como el granito rosa del edificio de AT&T de Philip Johnson, se financie con deuda, se levante con capital ficticio, y arquitectónicamente se conciba, al menos en su exterior, más en el espíritu de la ficción que de la función.

Los ajustes espaciales no han sido menos traumáticos. Los sistemas de comunicaciones por satélite, desplegados desde principios de la década de 1970, permitieron que el coste unitario y el tiempo de comunicación se mantuvieran invariables en relación con la distancia. Vía satélite, cuesta lo mismo comunicarse a 500 que a 5.000 km. Las tarifas de flete aéreo de las mercancías también han disminuido drásticamente, mientras que el sistema de contenedores ha reducido el coste del transporte marítimo y por carretera. Hoy es posible que una gran corporación multinacional, como Texas Instruments, disponga de plantas con toma de decisión simultánea con respecto a los costes financieros, de comercialización, de insumos, del control de calidad y de las condiciones del proceso laboral en más de 50 puntos diferentes del globo[12]. La difusión masiva de la televisión unida a la comunicación vía satélite permiten recibir casi simultáneamente un torrente de imágenes procedentes

---

[11] E. Rochberg-Halton, *Meaning and Modernity,* 1986, p. 173.
[12] P. Dicken, *Global Shift,* 1986, pp. 110-113.

de diferentes lugares, de modo que los espacios del mundo pasan a ser una serie de imágenes sobre la pantalla televisiva. Todo el mundo puede ver los Juegos Olímpicos, la Copa del Mundo, la caída de un dictador, una cumbre política, una tragedia mortal... mientras que el turismo masivo, los filmes realizados en lugares espectaculares, ponen a disposición de muchos una amplia gama de experiencias simuladas o vicarias de lo que el mundo contiene. La imagen de lugares y espacios remotos resulta tan abierta a la producción y al uso efímero como cualquier otra.

En resumen, hemos asistido a otro feroz episodio del proceso de aniquilación del espacio por el tiempo que siempre ha estado en el centro de la dinámica del capitalismo. Marshall McLuhan describía a mediados de la década de 1960 cómo se había convertido en una realidad de las comunicaciones la concepción de la «aldea global»:

> Al cabo de tres mil años de explosión, por medio de tecnologías fragmentarias y mecánicas, el mundo occidental está implosionando. En el curso de las épocas mecánicas habíamos extendido nuestros cuerpos en el espacio. Hoy, después de más de un siglo de tecnología electrónica, hemos ampliado nuestro sistema nervioso central en un abrazo global, aboliendo el espacio y el tiempo en lo que respecta a nuestro planeta.

En los últimos años una profusión de textos, por ejemplo *L'Esthétique de la disparition* de Paul Virilio[13], se han propuesto explorar las consecuencias culturales de la supuesta desaparición del tiempo y el espacio como dimensiones materializadas y tangibles de la vida social.

Pero el colapso de las barreras espaciales no significa que la importancia del espacio esté disminuyendo. No es la primera vez en la historia del capitalismo que encontramos pruebas que avalan la tesis contraria. La competencia acrecentada en condiciones de crisis ha obligado a los capitalistas a prestar mucha más atención a las ventajas relativas de ubicación, precisamente porque la atenuación de las barreras espaciales les permite explotar las menores diferenciaciones espaciales con buenos resultados. Así, las pequeñas diferencias en lo que el espacio contiene en cuanto a oferta de mano de obra, recursos, infraestructuras y cuestiones semejantes han adquirido mayor importancia. La superioridad en el control del espacio se convierte en un arma aún

---

[13] P. Virilio, *L'Esthétique de la Disparition*, 1980.

más importante en la lucha de clases. Se trata de uno de los medios para imponer la intensificación y la redefinición de las habilidades a trabajadores rebeldes. La movilidad geográfica y la descentralización se utilizan contra un poder sindical que tradicionalmente se concentraba en las fábricas de producción en masa. La fuga de capitales, la desindustrialización de algunas regiones y la industrialización de otras, la destrucción de las comunidades obreras tradicionales como bases de poder en la lucha de clases se convierten en temas recurrentes de la transformación espacial en las condiciones de la acumulación flexible[14].

A medida que las barreras espaciales disminuyen, nos sensibilizamos mucho más con lo que contienen los espacios del mundo. La acumulación flexible suele explotar una amplia gama de circunstancias geográficas presuntamente contingentes, reconstituyéndolas como elementos internos estructurados de su propia lógica abarcadora. Por ejemplo, las diferenciaciones geográficas en la modalidad y eficacia en el control sobre la mano de obra, junto con las variaciones en la calidad así como en la cantidad de la fuerza de trabajo, asumen una importancia mucho mayor en las estrategias de localización de las corporaciones. Surgen nuevos complejos industriales, a veces de la nada (como los diversos Silicon Valleys), pero más a menudo sobre la base de una combinación de capacidades y recursos preexistentes. La «Tercera Italia» (Emilia-Romaña) se erige a partir de una mezcla peculiar de empresas cooperativas, trabajo artesanal y Administraciones comunistas locales ansiosas por generar empleo, e introduce sus productos textiles con increíble éxito en una economía mundial altamente competitiva. Flandes atrae capitales extranjeros sobre la base de una oferta laboral razonablemente capacitada, dispersa y flexible, con una fuerte hostilidad hacia el sindicalismo y el socialismo. Los Ángeles importa los sistemas de trabajo patriarcales sumamente exitosos del Sudeste Asiático a partir de la inmigración masiva, mientras que el celebrado sistema de control laboral paternalista de los japoneses y taiwaneses se implanta en California y el sur de Gales. La historia es en cada caso diferente, de modo tal que el carácter singular de esta o aquella circunstancia geográfica importa más que nunca. Sin embargo eso ocurre, irónicamente, debido al colapso de las barreras espaciales.

---

[14] R. Martin y B. Rowthorn, *The Geography of Deindustrialisation,* 1986; B. Bluestone y B. Harrison, *The Deindustrialisation of America,* 1982; B. Harrison y B. Bluestone, *The Great U-Turn,* 1988.

Si bien el control sobre la mano de obra siempre constituye un elemento fundamental, hay muchos otros aspectos de la organización geográfica que han adquirido una nueva importancia en las condiciones de una acumulación más flexible. La necesidad de información precisa y de comunicaciones rápidas ha acentuado el papel de las llamadas «ciudades mundiales» en el sistema financiero y empresarial (centros equipados con telepuertos, aeropuertos, enlaces de comunicación fijos, así como un amplio repertorio de servicios financieros, legales, de negocios e infraestructurales). La atenuación de las barreras espaciales da lugar a la reafirmación y realineamiento de la jerarquía dentro de lo que es hoy un sistema urbano global. La disponibilidad local de recursos materiales de cualidades especiales, o con costes marginales más bajos, comienza a ser cada vez más importante, al igual que las variaciones locales en el gusto del mercado que hoy pueden ser explotadas más fácilmente con una producción en series pequeñas y con un diseño flexible. También cuentan las diferencias locales en capacidades empresariales, capital de riesgo, *know-how* científico y técnico y actitudes sociales, mientras que las redes locales de influencia y poder, las estrategias de acumulación de las elites gobernantes locales (opuestas en ocasiones a los planes del Estado-nación) también intervienen con mayor profundidad en el régimen de acumulación flexible.

Pero esto plantea también otra dimensión referida a la función cambiante de la espacialidad en la sociedad contemporánea. Si los capitalistas se muestran cada vez más sensibles a las cualidades espacialmente diferenciadas que componen la geografía mundial, es posible que los pueblos y los poderes que controlan esos espacios las modifiquen a fin de que resulten más atractivas para el capital más móvil. Las elites gobernantes locales pueden, por ejemplo, implementar estrategias de control laboral local, de mejora de las habilidades, de provisión de infraestructuras, de política impositiva, de regulación estatal, etc., y promover así el desarrollo de su espacio particular. Las cualidades del lugar se destacan por eso en medio de las crecientes abstracciones del espacio. La producción activa de lugares con cualidades especiales constituye un objetivo importante en la competencia espacial entre localidades, ciudades, regiones y naciones. En esos espacios pueden brotar formas de gobernanza corporativas y asumir roles empresariales en la producción de climas favorables a los negocios y otras cualidades específicas. Y es en este contexto donde podemos concebir mejor el esfuerzo de las ciudades para forjar una imagen peculiar y crear una atmósfera de lugar y de tradición que actuará como un señuelo tanto para el capital como para la gente «adecuada» (es decir, rica e influyente). La fuerte competencia entre lugares debería conducir a la producción de espacios más diversificados dentro de la creciente homogeneidad del intercambio internacional; pero en la medida en que esa competencia abre las ciudades a diversos sistemas de acumulación, termina generando lo que Boyer llama una monotonía «recursiva» y «serial», que «a partir de pautas o moldes conocidos produce lugares casi idénticos de una ciudad a otra: el South Street Seaport de Nueva York, el Quincy Market de Boston, el Harbor Place de Baltimore»[15].

Nos aproximamos así a la paradoja central: cuanto menos importantes son las barreras espaciales, mayor es la sensibilidad del capital con respecto a las variaciones de lugar en el espacio, y mayor el incentivo para que los lugares se diferencien a fin de hacerse atractivos para el capital. El resultado ha sido producir una fragmentación, una inseguridad y un desarrollo desigual efímero en un espacio económico global altamente unificado de flujos de capital. La tensión histórica en el capitalismo entre la centralización y la descentralización cobra ahora nuevas formas. La extraordinaria descentralización y la proliferación de la producción industrial hacen que los productos de Benetton o de Laura Ashley se encuentren en casi todos los centros comerciales reproducidos en serie en todo el mundo capitalista avanzado. Es evidente que la nueva fase de compresión espacio-temporal está llena de tantos peligros como posibilidades ofrece para la supervivencia de lugares particulares o para una solución al problema de la hiperacumulación.

La geografía de la devaluación a través de la desindustrialización, el aumento local del desempleo, los recortes fiscales, la desaparición de activos locales y otras cuestiones semejantes, ofrece sin duda un panorama lastimoso. Pero al menos podemos observar su lógica en el marco de la búsqueda de una solución para el problema de la hiperacumulación mediante el impulso de sistemas flexibles y más móviles de acumulación. Y también hay razones *a priori* para sospechar (además de las pruebas materiales que avalan la idea) que las regiones de máxima agitación y fragmentación son también las que parecen estar mejor situadas para sobrevivir a los traumas de la devaluación a largo plazo. Parece evidente que, en la lucha por la supervivencia local en un mundo donde las oportunidades de crecimiento positivo están seriamente limitadas, más vale una pequeña devaluación ahora que una devaluación ma-

---

[15] C. Boyer, «The return of aesthetics», 1988.

siva más tarde. La reindustrialización y la reestructuración no pueden realizarse sin una desindustrialización y devaluación previas.

Ninguno de esos cambios en la experiencia del espacio y el tiempo tendrían el sentido o el impacto que tienen sin un cambio radical en la forma en que el valor se representa como dinero. Aunque haya dominado durante mucho tiempo, el dinero nunca ha sido una representación clara o inequívoca del valor, y en ocasiones se vuelve tan confuso que se convierte en una gran fuente de inseguridad e incertidumbre. Bajo los términos del acuerdo de posguerra, la cuestión del dinero mundial se estableció sobre una base bastante estable. El dólar estadounidense se convirtió en el medio del comercio mundial, técnicamente respaldado por una convertibilidad fija en oro y, política y económicamente, por el poder abrumador del aparato productivo de Estados Unidos. El espacio del sistema de producción estadounidense se convirtió, en efecto, en el garante del valor internacional. Pero, como hemos visto, una de las señales del colapso del sistema fordista-keynesiano fue la del acuerdo de Bretton Woods, poniendo fin a la convertibilidad de los dólares estadounidenses en oro y dando paso a un sistema global de tipos de cambio flotantes. El desmoronamiento se debió en parte a las cambiantes dimensiones del espacio y el tiempo generadas por la acumulación de capital. El endeudamiento creciente (particularmente en Estados Unidos) y la mayor competencia internacional de los espacios reconstruidos de la economía mundial en condiciones de creciente acumulación tuvieron mucho que ver con el deterioro del poder de la economía estadounidense para operar como garante exclusivo del dinero mundial.

Los efectos han sido innumerables. La cuestión de cómo debe representarse ahora el valor, qué forma debe tomar el dinero, y el significado que se le puede dar a las diversas formas de dinero disponibles, nunca ha estado lejos de la superficie de las preocupaciones recientes. Desde 1973 el dinero se ha «desmaterializado» en el sentido de que ya no tiene un vínculo formal o tangible con los metales preciosos (si bien estos han seguido desempeñando un papel importante como una forma potencial de dinero entre muchas otras), o con cualquier otro bien tangible. Tampoco depende exclusivamente de la actividad productiva dentro de un espacio particular. El mundo se atiene ahora, por primera vez en su historia, a formas inmateriales de dinero, es decir, dinero de cuenta tasado cuantitativamente en números de alguna moneda (dólares, yenes, marcos alemanes, libras esterlinas, etc.). Los tipos de cambio entre las diferentes monedas del mundo también se han vuelto sumamente volátiles.

Se pueden perder o ganar fortunas por el simple hecho de tener la moneda correcta durante determinados periodos. La cuestión de qué moneda tengo o utilizo está directamente relacionada con el lugar en el que confío. Eso puede tener algo que ver con la posición económica competitiva y el poder de diferentes sistemas nacionales. Ese poder, dada la flexibilidad de la acumulación en el espacio, es de por sí de una importancia rápidamente cambiante. De ello se deriva que los espacios que sustentan la determinación del valor sean tan inestables como el valor mismo. Este problema se ve agravado por la forma en que los cambios especulativos eluden el poder y el rendimiento económico real y desencadenan expectativas autocumplidas. La desvinculación del sistema financiero con respecto a la producción activa y cualquier base monetaria material pone en tela de juicio la fiabilidad del mecanismo básico por el que se supone que se representará el valor.

Estas dificultades han tenido una influencia preponderante en el proceso de devaluación del dinero, la medida del valor, mediante la inflación. Los bajos niveles de inflación de la era fordista-keynesiana (por lo general alrededor del 3 por 100 y rara vez superiores al 5 por 100) se alteraron desde 1969 en adelante y luego se aceleraron en los países capitalistas más importantes durante la década de 1970 hasta alcanzar los dos dígitos. Y lo que es peor aún, la inflación se volvió altamente inestable, entre y dentro de los países, dejando a todo el mundo con la duda acerca de cuál sería el verdadero valor (el poder adquisitivo) de una moneda particular en el futuro próximo.

En consecuencia, el dinero se volvió inútil como medio de almacenar valor durante periodos largos (la tasa de interés real, medida por el tipo de interés del dinero menos la tasa de inflación, fue negativa durante muchos años en la década de 1970, con lo que desposeía a los ahorradores del valor que estaban tratando de almacenar). Fue preciso encontrar otros medios de almacenar valor de una manera efectiva, y así comenzó la gran inflación en ciertos precios de activos: objetos de colección, obras de arte, antigüedades, casas, etc. Comprar un Degas o un Van Gogh en 1973 habría aventajado con seguridad a casi cualquier otra inversión en términos de ganancias de capital. De hecho, se puede argumentar que el crecimiento del mercado del arte (con su preocupación por la firma del autor) y la fuerte comercialización de la producción cultural desde la década de 1970, aproximadamente, tuvieron mucha relación con la búsqueda de otros medios de atesorar valor cuando las formas usuales del dinero resultaron deficientes. La inflación de precios de las mercancías y otros, aunque controlada hasta cierto punto en los países capitalistas avanzados durante la década de 1980, en modo alguno ha dejado de ser un problema. Es desenfrenada en países como México, Argentina, Brasil e Israel (todos en niveles de cientos por ciento), y la perspectiva de una inflación generalizada se cierne sobre los países capitalistas avanzados, donde, en todo caso, se puede afirmar que la inflación de los precios de ciertos activos (vivienda, obras de arte, antigüedades, etc.) ha tomado el relevo allí donde la de los precios de los productos básicos y de la fuerza de trabajo se frenó a comienzos de la década de 1980.

El colapso del dinero como medio seguro de representar el valor ha creado una crisis de representación en el capitalismo avanzado, que se ha visto reforzada por los problemas de compresión del espacio-tiempo, a los que añade un peso muy considerable. La rapidez con la que fluctúan los mercados de divisas en el espacio mundial, el poder extraordinario del flujo de capital monetario en lo que ahora es un mercado bursátil y financiero mundial y la volatilidad de lo que podría representar el poder adquisitivo del dinero definen, por decirlo así, un momento crítico de esa intersección altamente problemática entre el dinero, el tiempo y el espacio como elementos interconectados del poder social en la economía política posmoderna.

Además, no es difícil advertir que todo esto podría crear una crisis de representación más general. El sistema de valores central, al que el capitalismo siempre ha apelado para validar y medir sus acciones, se desmaterializa y cambia, los horizontes temporales colapsan y es difícil decir en qué espacio estamos cuando se trata de evaluar causas y efectos, significados o valores. La intrigante exposición en el Centro Pompidou en 1985 sobre *Lo inmaterial* (en la que el propio Lyotard actuó como consultor) fue quizá una imagen especular de la disolución de las representaciones materiales del valor en condiciones de acumulación más flexible, y de las confusiones sobre lo que podría querer decir, igual que Paul Virilio, que el tiempo y el espacio han desaparecido como dimensiones significativas para la acción y el pensamiento humanos.

Hay, me atrevería a decir, formas más tangibles y materiales que esta para evaluar la importancia del espacio y el tiempo para la condición de la posmodernidad. Debería ser posible considerar cómo, por ejemplo, la cambiante experiencia de espacio, tiempo y dinero ha constituido una base material característica para el surgimiento de sistemas de interpretación y representación específicos, así como para abrir un camino a través del cual podría reafirmarse una vez más la estetización de la política. Si consideramos la cultura como ese complejo de signos y significados (incluido el lenguaje) que se engranan en códigos de transmisión de valores y significados sociales, entonces podemos al menos comenzar la tarea de descifrar sus complejidades en las condiciones actuales reconociendo que el dinero y las mercancías son en sí mismos los portadores primarios de los códigos culturales. Dado que el dinero y las mercancías están totalmente ligados a la circulación del capital, se desprende que las formas culturales están firmemente arraigadas en el proceso de circulación diaria del capital. Por lo tanto, deberíamos comenzar por la experiencia cotidiana del dinero y de las mercancías, más allá de que algunas mercancías en particular o incluso sistemas enteros de signos puedan extraerse de la masa indiferenciada para constituir la base de la «alta» cultura o de ese «imaginario» especializado que ya hemos podido comentar.

La aniquilación del espacio por el tiempo ha cambiado radicalmente la combinación de mercancías que entran en la reproducción diaria. Innumerables sistemas locales de alimentos se han reorganizado mediante su incorporación al intercambio global de productos básicos. Los quesos franceses, por ejemplo, prácticamente imposibles de encontrar en Estados Unidos en 1970, excepto en algunas tiendas muy refinadas de las grandes ciudades, se venden ahora en cualquier centro comercial de mediano tamaño. Y si esto se considera un ejemplo un tanto elitista, el caso del consumo de cerveza sugiere que la internacionalización de un producto, que la teoría tradicional de la ubicación siempre enseñó que debía estar orientado al mercado, hoy es total. Baltimore era esencialmente una ciudad de una sola cerveza (de fabricación local) en 1970, pero primero las cervezas regionales de lugares como Milwaukee y Denver y luego cervezas canadienses y mexicanas, seguidas de cervezas europeas, australianas, chinas, polacas, etc., se volvieron más baratas. Los alimentos que antes eran exóticos pasaron a ser de consumo corriente, mientras que los manjares populares locales (en el caso de Baltimore, cangrejos azules y ostras), antes relativamente baratos, dieron un salto en el precio cuando se integraron en el comercio a larga distancia.

El mercado siempre ha sido un «emporio de estilos» (como decía Jonathan Raban en *Soft City*), pero el mercado de abastos, por poner un ejemplo, tiene ahora un aspecto muy diferente al de hace 20 años. En un supermercado británico se pueden encontrar alubias de Kenia, apio y aguacates de California, patatas del norte de África, manzanas canadienses y uvas de Chile. Esta variedad también permite una proliferación de estilos culinarios, incluso en las familias relativamente pobres. Tales estilos siempre se han trasladado de un lado a otro, por supuesto, generalmente siguiendo las corrientes de migración de diferentes grupos antes de difundirse lentamente en las culturas urbanas. Las nuevas olas de inmigrantes (como los vietnamitas, coreanos, filipinos, centroamericanos, etc., que se han sumado a los grupos más antiguos de japoneses, chinos, chicanos y todos los grupos étnicos europeos), que también han comprobado que sus tradiciones culinarias pueden ser revitalizadas por diversión y beneficio, hacen de una ciudad típica estadounidense como Nueva York, Los Ángeles o San Francisco (donde el último censo mostraba que la mayoría de la población estaba constituida por minorías) un emporio de estilos culinarios, además de ser un emporio de las diversas mercancías del mundo. Pero también en este caso se ha producido una aceleración, porque los estilos culinarios se han desplazado más rápidamente que las corrientes migratorias. No hizo falta una gran migración francesa a Estados Unidos para que el *croissant* se difundiera desafiando al tradicional *doughnut*, ni tampoco hizo falta una gran migración norteamericana para llevar las hamburguesas a casi todas las ciudades medianamente importantes de Europa. La comida rápida para llevar china, las pizzerías italianas (a cargo de una cadena estadounidense), puestos de falafel de Oriente Medio, bares de *sushi* japoneses… la lista es ahora interminable en el mundo occidental.

La *cuisine* mundial se reúne hoy en cualquier lugar, casi exactamente como la complejidad geográfica mundial se reduce por las noches a una serie de imágenes en la pantalla estática de la televisión. Ese mismo fenómeno se explota en templos del entretenimiento como Epcot y Disney World; es posible, como decía un eslogan comercial estadounidense, «experimentar el Viejo Mundo por un día sin tener que ir allí». La consecuencia general es que a través de la experiencia de todo, desde la comida hasta los hábitos culinarios, la música, la televisión, el entretenimiento y el cine, ahora es posible experimentar la geografía mundial de forma indirecta, como un simulacro. El entrelazamiento de simulacros en la vida cotidiana reúne diferentes mundos (de mercancías) en el mismo espacio y tiempo. Pero lo hace de tal forma que oculta de manera casi absoluta cualquier huella del origen, de los procesos laborales que los produjeron, o de las relaciones sociales involucradas en su producción.

Los simulacros pueden a su vez convertirse en realidad. Baudrillard llega incluso a sugerir en *L'Amérique*[16], en mi opinión algo exageradamente, que la realidad estadounidense se construye ahora como una pantalla gigante: «el cine está en todas partes, sobre todo en la ciudad; una película y un escenario

---

[16] J. Baudrillard, *L'Amérique,* 1986.

incesantes y maravillosos». Lugares retratados de cierta manera, en particular si tienen la capacidad de atraer a los turistas, pueden comenzar a «vestirse» tal como prescriben las imágenes de fantasía. Los castillos ofrecen fines de semana medievales (comida, vestido, aunque no, por supuesto, los dispositivos más primitivos de calefacción). La participación vicaria en esos diversos mundos tiene efectos reales sobre las formas en que se ordenan. Jencks propone que el arquitecto participe activamente en ello:

> Cualquier urbanita de clase media en cualquier gran ciudad, desde Teherán hasta Tokio, debe contar con un «banco de imágenes», no sólo bien abastecido, sino superabastecido, continuamente surtido por viajes y revistas. Su *musée imaginaire* puede reflejar el popurrí de los productores, pero aun así resulta natural en su estilo de vida. Exceptuando algún tipo de reducción totalitaria en la heterogeneidad de producción y consumo, parece deseable que los arquitectos aprendan a usar esta inevitable heterogeneidad de idiomas. Además, resulta muy divertida. ¿Por qué, si puede uno permitirse el lujo de vivir en diferentes edades y culturas, va a limitarse al presente, a lo local? El eclecticismo es la evolución natural de una cultura con opciones diversas[17].

Lo mismo se puede decir de los estilos de música popular. Comentando cómo han llegado a dominar recientemente el *collage* y el eclecticismo, Chambers[18] muestra cómo las músicas de oposición y subculturales como el reggae, la música afroamericana y la afrohispánica han ocupado su lugar «en el museo de las estructuras simbólicas fijas» para formar un *collage* flexible de «lo ya visto, lo ya usado, lo ya realizado, lo ya oído». Un fuerte sentido de «lo Otro» es reemplazado, sugiere, por un sentido débil de «los otros»: la yuxtaposición de culturas callejeras divergentes en los espacios fragmentados de la ciudad contemporánea vuelve a poner de manifiesto los aspectos contingentes y accidentales de esta «otredad» en la vida cotidiana. Esa misma sensibilidad se da en la ficción posmoderna. Le preocupan, dice McHale[19], las «ontologías» con un potencial y a la vez con una pluralidad real de universos que forman un ecléctico y «anárquico paisaje de mundos plurales». Los personajes aturdidos y distraídos deambulan a través de estos mundos sin un sentido

---

[17] C. Jencks, *The Language of Post-Modern Architecture,* 1984, p. 127.
[18] I. Chambers, «Maps for the metropolis», 1987.
[19] B. McHale, *Postmodernist Fiction,* 1987.

claro de ubicación, preguntándose, «¿En qué mundo estoy y cuál de mis personalidades despliego?» Nuestro paisaje ontológico posmoderno, sugiere McHale, «no tiene precedentes en la historia humana: al menos en cuanto al grado de pluralismo». Espacios de mundos muy diferentes parecen superponerse unos sobre otros, de forma similar a como se ensamblan las mercancías del mundo en el supermercado y a como todo tipo de subculturas se yuxtaponen en la ciudad contemporánea. En la ficción posmoderna triunfa la espacialidad disruptiva sobre la coherencia de perspectiva y narrativa, exactamente del mismo modo que las cervezas importadas coexisten con las cervezas locales, el empleo local colapsa bajo el peso de la competencia extranjera, y todos los espacios divergentes del mundo se ensamblan cada noche como un *collage* de imágenes en la pantalla del televisor.

Parecen derivarse dos efectos sociológicos divergentes de todo esto en el pensamiento y la acción cotidianos. El primero sugiere el aprovechamiento de todas las posibilidades divergentes, como recomienda Jencks, y el cultivo de toda una serie de simulacros como medios de escape, fantasía y distracción:

> A nuestro alrededor se presentan –en las vallas publicitarias, en las estanterías, en las cubiertas de discos, en las pantallas de televisión– todas estas fantasías de escape en miniatura: Al parecer, así es como estamos destinados a vivir, como personalidades divididas en las que la vida privada se ve perturbada por la promesa de rutas de escape hacia otra realidad[20].

Desde este punto de vista, creo que debemos aceptar el argumento de McHale de que la ficción posmoderna es mimética de algo, tal como yo he argumentado que el énfasis en lo efímero, el *collage,* la fragmentación y la dispersión en el pensamiento filosófico y social imita las condiciones de la acumulación flexible. Y tampoco debería sorprendernos ver que todo esto encaja con la aparición desde 1970 de una política fragmentada de grupos de intereses espaciales y regionales divergentes.

Pero es exactamente en este punto donde encontramos la reacción opuesta que puede resumirse como la búsqueda de identidad personal o colectiva, la búsqueda de amarres seguros en un mundo cambiante. En ese *collage* de imágenes espaciales superpuestas que implosionan sobre nosotros, la identidad de

---

[20] S. Cohen y L. Taylor, *Escape Attempts,* 1978, citado en B. McHale, *Postmodernist Fiction,* 1987, p. 38.

lugar se convierte en un asunto importante porque cada persona ocupa un lugar de individuación (un cuerpo, una habitación, un hogar, una comunidad configuradora, una nación), y la forma en que nos individuamos configura la identidad. Además, si nadie «conoce su lugar» en ese mundo de *collages* cambiantes, ¿cómo podemos dar forma o sostener un orden social seguro?

Hay dos elementos en este problema que merecen una consideración especial. Primero, la capacidad de la mayoría de los movimientos sociales para controlar el lugar mejor que el espacio pone de manifiesto la conexión potencial entre el lugar y la identidad social. Esto es evidente en la acción política. La actitud defensiva del socialismo municipal, la insistencia en la comunidad obrera o la localización de la lucha contra el capital constituyen rasgos centrales de la lucha de la clase obrera dentro de un desarrollo geográfico desigual generalizado. Los consiguientes dilemas de los movimientos socialistas u obreros frente al capitalismo universalizante son compartidos por otros grupos de oposición –minorías raciales, pueblos colonizados, mujeres, etc.–, que tienen un poder relativo para organizarse en el lugar pero carecen de poder cuando se trata de organizarse en el espacio. Al aferrarse, a menudo por necesidad, a una identidad ligada al lugar, esos movimientos opositores pasan a ser parte de la misma fragmentación que nutre a un capitalismo móvil y una acumulación flexible. Las «resistencias regionales», la lucha por la autonomía local, la organización ligada al lugar, pueden ser bases excelentes para la acción política, pero no pueden soportar aisladamente la carga de un cambio histórico radical. «Pensar globalmente y actuar localmente» era el eslogan revolucionario de la década de 1960. Vale la pena repetirlo.

La afirmación de cualquier identidad ligada al lugar debe apoyarse, de algún modo, en el poder motivacional de la tradición. Pero es difícil conservar un sentido de continuidad histórica frente a todo el flujo y la transitoriedad de la acumulación flexible. La paradoja reside en que hoy la tradición se preserva a menudo mediante la mercantilización y la comercialización. La búsqueda de raíces, en el peor de los casos, termina siendo producida y vendida como una imagen, como un simulacro o pastiche (comunidades de imitación construidas para evocar imágenes de un pasado folclórico, el tejido de las comunidades tradicionales de la clase obrera, del que toma posesión una clase media urbana). La fotografía, el documento, el paisaje y la reproducción se convierten en historia, precisamente por lo abrumador de su presencia. El problema, por supuesto, es que ninguno de ellos es inmune a la corrupción o directamente a la falsificación con propósitos actuales. En el mejor de los casos, la tradición histórica se reorganiza como una cultura de museo, no necesariamente de las bellas artes modernistas, sino de la historia local, de la producción local, de cómo se hacían antes las cosas, cómo se vendían, se consumían y se integraban en una vida cotidiana que se perdió hace mucho tiempo, a menudo idealizada (de la que se pueden borrar todas las huellas de las relaciones sociales opresivas). A través de la presentación de un pasado parcialmente ilusorio, se hace posible dar significado a cierta forma de identidad local, y quizá hacerlo de manera rentable.

La segunda reacción frente al internacionalismo del modernismo reside en la intención de construir el lugar y sus significados de un modo cualitativo. La hegemonía capitalista sobre el espacio relega la estética del lugar concediéndole una importancia muy secundaria. Pero esto, como hemos visto, encaja muy bien con la idea de las diferenciaciones espaciales como señuelos para un capital peripatético que valora muy positivamente la opción de la movilidad. ¿Acaso este lugar no es mejor que aquel, no sólo para las operaciones del capital sino también para vivir, consumir bien y sentirse seguro en un mundo cambiante? La construcción de este tipo de lugares, la adaptación de alguna imagen estética localizada, permiten construir cierta variante limitada y limitadora de identidad en medio de un *collage* de espacialidades en vías de implosión.

La tensión entre estas oposiciones es bastante evidente, pero es difícil apreciar sus ramificaciones intelectuales y políticas. Aquí, por ejemplo, Foucault aborda el tema desde su propia perspectiva:

> El espacio es fundamental en cualquier forma de vida comunitaria; el espacio es fundamental en cualquier ejercicio del poder... recuerdo haber sido invitado en 1966 por un grupo de arquitectos a hacer un estudio del espacio; se trataba de lo que yo llamaba entonces «heterotopías», esos espacios singulares que se encuentran en algunos espacios sociales cuyas funciones son diferentes o incluso opuestas a las de los demás. Los arquitectos trabajaron sobre ese proyecto y al final del estudio alguien tomó la palabra –un psicólogo sartriano–, y me bombardeó diciendo que el espacio es reaccionario y capitalista, pero que la historia y el devenir son revolucionarios. Ese discurso absurdo no era en absoluto inusual en aquel momento. Hoy todo el mundo se partiría de risa ante semejante declaración, pero no así entonces[21].

---

[21] «Espace, savoir et pouvoir»; entrevista con P. Rabinow, *Skyline,* marzo de 1982, pp. 16-20; *Dits et Écrits,* vol. IV: *1980-1988,* texto n.º 310, París, Gallimard, 1994.

La proposición del crítico sartriano, aunque cruda y opositora, no es tan risible como afirma Foucault. Por otra parte, el sentimiento posmodernista se inclina decididamente hacia la posición de Foucault. Mientras que el modernismo consideraba los espacios de la ciudad, por ejemplo, como «un epifenómeno de las funciones sociales», el posmodernismo tiende a desvincular el espacio urbano de su dependencia respecto de las funciones, y a verlo como un sistema formal autónomo que incorpora «estrategias retóricas y artísticas que son independientes de cualquier determinismo histórico simple»[22]. Es precisamente esa separación la que permite a Foucault desplegar tantas metáforas espaciales en sus análisis sobre el poder. La imaginería espacial, liberada de sus raíces en alguna determinación social, se convierte en un medio para describir las fuerzas de la determinación social. Sin embargo, hay sólo un paso desde las metáforas de Foucault hasta la consolidación de una ideología política que considera al lugar y al *Ser,* con todas sus cualidades estéticas, como una base adecuada para la acción social. La geopolítica y la trampa heideggeriana no están demasiado lejos. Jameson, por su parte, piensa que

> Las peculiaridades espaciales del posmodernismo constituyen síntomas y expresiones de un nuevo dilema, históricamente original, que involucra nuestra inserción como sujetos individuales en un conjunto multidimensional de realidades radicalmente discontinuas, cuyos marcos van desde los espacios aún supervivientes de la vida privada burguesa, hasta el inimaginable descentramiento del propio capitalismo global. Ni siquiera la relatividad einsteiniana ni los múltiples mundos subjetivos de los viejos modernistas son capaces de proporcionar una representación adecuada de este proceso que, en la experiencia vivida, se hace sentir a través de la llamada muerte del sujeto o, más exactamente, del fragmentado y esquizofrénico descentramiento y la dispersión de este último […] Y aunque quizá no se haya advertido, estoy hablando aquí de prácticas políticas: teniendo en cuenta la crisis del internacionalismo socialista y las enormes dificultades estratégicas y tácticas para coordinar las acciones políticas locales y populares o vecinales con las nacionales e internacionales, esos dilemas políticos urgentes son todos, inmediatamente, funciones del nuevo espacio internacional, enormemente complejo, al que me refiero[23].

---

[22] A. Colquhoun, «On modern and postmodern space», 1991.
[23] F. Jameson, «Cognitive mapping», 1988, p. 351.

Jameson exagera un tanto con respecto a la singularidad y novedad de esta experiencia. Por más estresante que sea la situación actual, es cualitativamente similar a la que condujo al Renacimiento y a varias reconceptualizaciones modernistas del espacio y el tiempo. Sin embargo, los dilemas que Jameson describe son exactos y captan la deriva de la sensibilidad posmoderna en cuanto al significado del espacio en la vida política, cultural y económica contemporánea. Pero si, como sostenía el crítico sartriano del que habla Foucault, hemos perdido la fe modernista en el devenir, ¿hay algún otro camino que no sea la política reaccionaria de una espacialidad estetizada? ¿Estamos tristemente condenados a acabar en la pista iniciada por Camillo Sitte con su giro a la mitología wagneriana como soporte para su afirmación de la primacía del lugar y la comunidad en un mundo de espacios cambiantes? Peor aún, si la producción estética ha sido totalmente mercantilizada y por tanto realmente subsumida en una economía política de producción cultural, ¿cómo podemos evitar que ese círculo se cierre con una estetización producida, y por lo tanto fácilmente manipulada, de una política globalmente mediatizada?

Esto debería alertarnos acerca de los grandes riesgos geopolíticos asociados con la rapidez de la compresión espacio-temporal en los últimos años. La transición del fordismo a la acumulación flexible, tal como se ha dado, debería implicar una transición en nuestros mapas mentales, en nuestras actitudes políticas y en las instituciones políticas. Pero el pensamiento político no experimenta necesariamente transformaciones tan fáciles, y en todo caso está sujeto a las presiones contradictorias que se derivan de la integración y la diferenciación espaciales. Hay un peligro siempre presente de que nuestros mapas mentales no concuerden con las realidades actuales. Por ejemplo, la seria disminución del poder de los Estados-nación individuales sobre las políticas fiscales y monetarias no va acompañada de un desplazamiento paralelo hacia una internacionalización de la política. De hecho, hay abundantes signos de que el localismo y el nacionalismo se han fortalecido, precisamente, por la búsqueda de seguridad que el lugar ofrece en medio de todos los cambios que implica la acumulación flexible. El resurgimiento de la geopolítica y de la fe en la política carismática (la Guerra de las Malvinas de Thatcher, la invasión de Granada por Reagan) encaja muy bien en un mundo que se alimenta cada vez más, intelectual y políticamente, de un vasto repertorio de imágenes efímeras.

La compresión espacio-temporal siempre pone a prueba nuestra capacidad de afrontar las realidades que se despliegan a nuestro alrededor. El estrés, por ejemplo, nos hace más difícil reaccionar con precisión a los acontecimientos. La identificación errónea de un Airbus iraní, ascendiendo dentro de un corredor aéreo comercial establecido, confundiéndolo con un bombardero que desciende sobre un barco de guerra estadounidense –un incidente que determinó la muerte de muchos civiles–, es algo típico de la forma en que la realidad se crea, en lugar de interpretarse, en situaciones de estrés y de compresión espacio-temporal. El paralelismo con el relato de Kem sobre el estallido de la Primera Guerra Mundial es instructivo. Si «negociadores expertos caían exhaustos bajo la presión de las tensas confrontaciones y las noches sin dormir, atormentados por las consecuencias quizá desastrosas de sus errores de juicio y de sus acciones apresuradas», ¿cuánto más difícil puede ser tomar decisiones hoy? La diferencia es que ahora ni siquiera hay tiempo para atormentarse. Y los problemas no se limitan al ámbito de las decisiones políticas y militares: en la ebullición de los mercados financieros mundiales siempre se corre el riesgo de que un juicio apresurado aquí, una palabra desconsiderada allá o una reacción espontánea acullá sean el desliz que haga caer todo el entramado de la formación de capital ficticio y de la interdependencia.

Las condiciones de la compresión espacio-temporal posmoderna agudizan, en muchos aspectos, los dilemas que de vez en cuando han obstaculizado en el pasado los procedimientos de la modernización capitalista (ejemplos concretos que se me ocurren son el año 1848 y la fase inmediatamente anterior a la Primera Guerra Mundial). Aunque las respuestas económicas, culturales y políticas pueden no ser precisamente nuevas, el rango de esas respuestas difiere en ciertos aspectos importantes de las que se dieron antes. La intensidad de la compresión espacio-temporal en el capitalismo occidental a partir de la década de 1960, con todos sus rasgos congruentes de transitoriedad y fragmentación excesivas en lo político y en lo privado, así como en el ámbito social, parece revelar un contexto de experiencias que convierte la condición posmoderna en algo especial. Pero si situamos esa condición en su contexto histórico, como parte de una historia de oleadas sucesivas de compresiones espacio-temporales generadas por las presiones de la acumulación capitalista con su constante afán de aniquilación del espacio por el tiempo y de reducción de los tiempos de rotación, al menos podremos situar la condición de la posmodernidad en la gama de situaciones susceptibles de análisis y en una interpretación materialista histórica.

Comentario

Me sorprendió la recepción inicial y la popularidad sostenida del libro *The Condition of Postmodernity [La condición de la posmodernidad],* del que este artículo constituye el capítulo 17, porque lo escribí bastante aprisa y libremente, haciendo uso de los materiales y las ideas que había reunido durante mis anteriores estudios políticos, económicos y urbanos. Estaba familiarizado, por ejemplo, con los cambios culturales acontecidos en París durante el Segundo Imperio y había leído bastante sobre historia urbana. También me sentí autorizado a incorporar las observaciones de novelistas y pintores, y, como urbanista, siempre tuve muy presente toda la cuestión de la arquitectura y el papel de la planificación. Por eso, cuando en la década de 1980 proliferaron las publicaciones posmodernistas, en particular las académicas, me sentí en condiciones para ofrecer una respuesta crítica, sobre todo porque parecían haber dejado a mucha gente en un estado de confusión, mientras que los más comprometidos y entusiasmados con aquella moda, o lo que fuera, parecían entenderla de modos completamente diferentes. Todo esto coincidió con mi traslado a Oxford desde la Universidad Johns Hopkins en Baltimore (donde estaba estancado en algo así como una crisis de la mediana edad) para hacerme cargo de una Cátedra de Geografía que llevaba el nombre del afamado apologista del imperio y muy reaccionario Halford Mackinder. Parecía un buen momento para lanzarme a hacer algo nuevo.

En el batiburrillo posmoderno de ideas había varias con las que estaba muy en desacuerdo. El frecuente rechazo del pensamiento marxista me parecía irritante y el dogma de que todos los indicios de metateoría (con Marx como exponente destacado) debían ser borrados y extirpados sin misericordia no me atraía en absoluto. El tardío descubrimiento de que la dimensión espacial en las relaciones sociales era un importante atributo de nuestro mundo estaba siendo utilizado para desmantelar y socavar las metateorías. Esto me resultaba particularmente molesto: mis propios trabajos trataban de integrar la producción de espacio en la economía política de Marx. Está claro, no obstante, que alrededor de 1975 se produjeron cambios importantes en el funcionamiento del capital. Muchos malinterpretaron esos cambios como emancipadores, cuando la acumulación flexible, la desindustrialización, el creciente poder de las finanzas internacionales, la globalización y una fuerte tendencia de lo que llamé compresión espacio-temporal estaban siendo movilizados para destruir el poder de las instituciones y culturas de la clase trabajadora. En aquel momento sólo pude ver la mitad del fenómeno; la historia completa la expuse más tarde en *A Brief History of Neoliberalism [Breve historia del neoliberalismo],* publicada en 2005 (en cast., en 2007). Pero la mitad que había vislumbrado dio en la diana: *The Condition of Postmodernity* sirvió para discernir las nuevas ideas y mostrar la implicación del capital en su producción.

VI. Del gerencialismo al empresarialismo

La transformación de la gobernanza urbana en el capitalismo tardío

Una de mis principales preocupaciones académicas durante las dos últimas décadas ha sido desentrañar el papel de la urbanización en el cambio social, en particular bajo las condiciones de la acumulación y las relaciones sociales capitalistas. Este proyecto necesitaba una investigación más profunda del modo en que el capitalismo produce una geografía histórica propia. Cuando el paisaje físico y social de la urbanización se configura siguiendo criterios específicamente capitalistas, surgen limitaciones para las vías futuras del desarrollo capitalista. Esto supone que aunque los procesos urbanos bajo el capitalismo respondan a la lógica de la circulación y la acumulación de capital, a su vez configuran las condiciones y circunstancias de la acumulación de capital en momentos posteriores y en otros puntos del espacio. Dicho de otro modo, los capitalistas, como el resto de los mortales, pueden verse en dificultades para crear su propia geografía histórica, pero al igual que todos ellos, no lo hacen en circunstancias históricas y geográficas elegidas por ellos mismos, aunque hayan desempeñado un papel colectivo importante e incluso determinante en la configuración de esas circunstancias. Esta relación biunívoca de reciprocidad y dominación (en la que los capitalistas, como los trabajadores, se ven dominados y constreñidos por sus propias creaciones) se puede captar mejor teóricamente en términos dialécticos. Desde ese punto de vista busco ideas más poderosas sobre el proceso de construcción de la ciudad, que es a la vez producto y condición de los procesos sociales de transformación en curso en la fase más reciente del desarrollo capitalista.

La investigación sobre el papel de la urbanización en la dinámica social no es, por supuesto, nada nuevo. De vez en cuando la cuestión aparece como foco de importantes debates, aunque la mayoría de las veces lo haga en relación con determinadas circunstancias histórico-geográficas en las que, por una razón o por otra, el papel de la urbanización y de las ciudades parece particularmente destacado. El papel desempeñado por la formación de las ciudades en el surgimiento de la civilización se ha discutido mucho, al igual que su función en la Época Clásica en Grecia y Roma. La importancia de las ciudades en la transición del feudalismo al capitalismo es un campo de continua controversia, habiendo suscitado a lo largo de los años una literatura notable y reveladora. Igualmente se puede aportar ahora una gran cantidad de pruebas sobre la importancia de la urbanización en el desarrollo industrial, cultural y político durante el siglo XIX, así como sobre la posterior difusión de las relaciones sociales capitalistas en los países menos desarrollados (en los que ahora vemos algunas de las ciudades con un crecimiento más espectacular en el mundo).

Con demasiada frecuencia, sin embargo, el estudio de la urbanización se separa del cambio social y el desarrollo económico, como si de algún modo se pudiera considerar como un accesorio o un producto secundario pasivo de cambios sociales más importantes y fundamentales. A veces se sugiere que las sucesivas revoluciones en tecnología, relaciones espaciales, relaciones sociales, hábitos de consumo, estilos de vida y asuntos similares, que han caracterizado la historia capitalista, se pueden entender sin necesidad de una investigación profunda sobre las raíces y la naturaleza de los procesos urbanos. Cierto es que ese juicio suele ser tácito, como un pecado de omisión más que de comisión. Pero el sesgo antiurbano en los estudios del cambio macroeconómico y macrosocial es demasiado persistente como para aceptarlo sin inquietud. Por esa razón me parece que vale la pena investigar qué papel podría estar desempeñando el proceso urbano en la reestructuración radical que se está dando en la distribución geográfica de la actividad humana y en la dinámica político-económica del desarrollo geográfico desigual durante los últimos tiempos.

El giro al empresarialismo en la gobernanza urbana

Un coloquio celebrado en Orleans en 1985 reunió a académicos, empresarios y políticos de ocho grandes ciudades de siete países capitalistas avanzados[1]. Se trataba de explorar las líneas de acción abiertas a los Gobiernos urbanos frente a la erosión generalizada de la base económica y fiscal de muchas grandes ciudades en el mundo capitalista avanzado. En el coloquio se observó un notable consenso en que los Gobiernos urbanos deben ser mucho más innovadores y emprendedores, dispuestos a explorar todo tipo de posibilidades para aliviar sus problemas y asegurar un mejor futuro para sus poblaciones. El único ámbito de desacuerdo era sobre cómo podría hacerse. ¿Deben prestar los Gobiernos urbanos algún tipo de apoyo o incluso ejercer un papel dirigente en la creación de nuevas empresas? Y, en caso afirmativo, ¿de qué tipo? ¿Deberían esforzarse para preservar o incluso asumir las fuentes de empleo amenazadas? Y de ser así, ¿cuáles? ¿O deberían limitarse simplemente a la provisión de las infraestructuras, sitios, cebos fiscales y atracciones culturales y sociales que arrumben lo viejo y atraigan nuevas formas de actividad económica?

Menciono ese coloquio porque es sintomático de la reorientación de la actitud hacia la gobernanza urbana que ha tenido lugar en las dos últimas décadas en los países capitalistas avanzados. En pocas palabras, el enfoque «gerencial» típico de la década de 1960 ha cedido el paso a las formas de acción «emprendedora» e iniciática de las de 1970 y 1980. En los últimos años, en particular, parece haber surgido un consenso general en todo el mundo capitalista avanzado sobre los beneficios positivos que obtendrán las ciudades que adopten una actitud empresarial hacia el desarrollo económico. Lo más notable es que ese consenso parece traspasar las fronteras nacionales e, incluso, las diferencias ideológicas y partidistas.

Tanto M. Boddy como A. Cochrane[2] aceptan, por ejemplo, que desde principios de la década de 1970 las autoridades locales británicas «se han involucrado cada vez más en actividades de desarrollo económico directamente relacionadas con la producción y la inversión», mientras que G. Rees y J. Lambert[3] muestran que «el aumento de las iniciativas de los Gobiernos locales en el campo económico fue alentado positivamente por las sucesivas administraciones centrales durante la década de 1970» para complementar los intentos del Gobierno central de mejorar la eficiencia, los poderes competiti-

---

[1] J. Bouinot, *L'Action Economique des Grands Villes,* 1987.
[2] M. Boddy, «Local economic and employment strategies», 1984; A. Cochrane, *Developing Local Economic Strategies,* 1987.
[3] G. Rees y J. Lambert, *Cities in Crisis,* 1985, p. 179.

vos y la rentabilidad de la industria británica. David Blunkett, líder del Consejo Laborista de Sheffield durante varios años, ha puesto recientemente el sello de aprobación a cierto tipo de empresarialismo urbano:

> Desde principios de la década de 1970, cuando el pleno empleo dejó de estar entre las prioridades gubernamentales, los Consejos locales comenzaron a afrontar el desafío. Había apoyo para las pequeñas empresas; vínculos más estrechos entre los sectores público y privado; promoción de áreas locales para atraer nuevos negocios. Estaban remodelando el rol económico tradicional de los Gobiernos locales británicos, que ofrecían incentivos en forma de subvenciones, préstamos gratuitos e infraestructura subsidiada públicamente, sin exigir un compromiso recíproco con la comunidad, a fin de atraer firmas industriales y comerciales que buscaban sitios adecuados para la inversión y el comercio... Hoy día los Gobiernos locales pueden, como en el pasado, ofrecer su propia marca empresarial para afrontar el enorme cambio económico y social que traen la tecnología y la reestructuración industrial[4].

En Estados Unidos, donde el reforzamiento cívico y el empresarialismo han sido durante mucho tiempo una característica importante de los sistemas urbanos[5], la reducción en el flujo de redistribuciones federales e ingresos tributarios locales desde 1972 (el año en que el presidente Nixon declaró que la crisis urbana había terminado, indicando que el Gobierno federal ya no disponía de recursos fiscales para contribuir a su solución) condujo a una reactivación de los intensificadores de refuerzo hasta el punto de que Robert Goodman estaba dispuesto a caracterizar tanto al Gobierno estatal como a los locales como «los últimos empresarios»[6]. Existe ahora una extensa literatura sobre cómo el nuevo empresarialismo urbano ha pasado a ocupar un lugar central en la formulación de políticas urbanas y estrategias de crecimiento urbano en Estados Unidos[7].

El giro hacia el empresarialismo no ha sido, naturalmente, unánime ni simultáneo. Muchos Gobiernos locales en Gran Bretaña no respondieron a las

---

[4] D. Blunkett y K. Jackson, *Democracy in Crisis,* 1987, pp. 108-142.
[5] Véase S. Elkin, *City and Regime,* 1987.
[6] R. Goodman, *The Last Entrepreneurs,* 1979.
[7] Véanse D. Judd y R. Ready, «Entrepreneurial cities», 1986; P. Peterson, *City Limits,* 1981; H. Leitner, «Cities in pursuit of economic growth», 1989.

nuevas presiones y posibilidades, al menos hasta hace relativamente poco tiempo, mientras que ciudades como Nueva Orleans en Estados Unidos siguen bajo la tutela del Gobierno federal y dependen fundamentalmente de las redistribuciones para sobrevivir. Y la historia de sus resultados, aunque está todavía por hacerse en detalle, es obviamente accidentada, marcada por tantos fracasos como éxitos y con no pocas controversias en cuanto a qué constituye verdaderamente el «éxito» (cuestión sobre la que volveré más adelante). Sin embargo, a pesar de toda esta diversidad, el giro del gerencialismo urbano a algún tipo de empresarialismo sigue siendo un tema persistente y recurrente desde principios de la década de 1970. Tanto las razones como las consecuencias de ese giro merecen cierto escrutinio.

Existe un acuerdo general, por supuesto, en que ese cambio tiene algo que ver con las dificultades que han aquejado a las economías capitalistas desde la recesión de 1973. La desindustrialización, el desempleo generalizado y aparentemente «estructural», la austeridad fiscal tanto en el ámbito nacional como en el ámbito local, junto con una ola de neoconservadurismo y mucha más insistencia (aunque a menudo más en la teoría que en la práctica) en la racionalidad del mercado y la privatización, ofrecen un telón de fondo para entender por qué tantos Gobiernos urbanos, a menudo de distintas tendencias políticas y armados con muy diferentes poderes políticos y legales, han tomado una dirección muy similar. El mayor énfasis en la acción local para combatir esos males también parece tener algo que ver con los poderes declinantes del Estado-nación para controlar los flujos de dinero multinacionales, de modo que la inversión adopta cada vez más la forma de una negociación entre el capital financiero internacional y los poderes locales que hacen cuanto pueden para maximizar el atractivo de su localidad como un señuelo para el desarrollo capitalista. Por la misma razón, el auge del empresarialismo urbano puede haber desempeñado un papel importante en la transición general de la dinámica del capitalismo, desde el régimen fordista-keynesiano de acumulación de capital hasta un régimen de «acumulación flexible»[8]. La transformación de la gobernanza urbana durante las dos últimas décadas ha teni-

---

[8] Puede hallarse cierta elaboración y reflexión crítica en torno a este concepto tan controvertido en M. Gertler, «The limits to flexibility», 1988; D. Harvey, *The Condition of Postmodernity,* 1989; A. Sayer, «Post-Fordism in question», 1989; E. Schoenberger, «From Fordism to flexible accumulation», 1988; A. Scott, *New Industrial Spaces,* 1988; E. Swyngedouw, «The socio-spatial implications of innovations», 1986.

do, según argumentaré, causas y consecuencias macroeconomías sustanciales; y si Jane Jacobs tiene siquiera una parte de razón en que la ciudad es la unidad relevante para comprender cómo se crea la riqueza de las naciones[9], el cambio del gerencialismo al empresarialismo urbano podría tener consecuencias de gran alcance para las perspectivas futuras de crecimiento.

Si, por ejemplo, el empresarialismo urbano (en el sentido más amplio) se integra en un marco de competencia interurbana de suma cero por los recursos, los empleos y el capital, hasta los socialistas municipales más resueltos y vanguardistas se encontrarán, al final, participando en el juego capitalista y actuando como agentes disciplinarios en los procesos a los que han intentado resistirse. Es exactamente ese problema el que ha acosado a los Consejos municipales laboristas en Gran Bretaña[10]. Por un lado, tenían que desarrollar proyectos que pudieran «producir resultados directamente relacionados con las necesidades de los trabajadores, basándose en sus habilidades en lugar de reducirlas»[11], mientras que, por otro, debían reconocer que gran parte de ese esfuerzo sería estéril si la región urbana no se aseguraba ventajas competitivas relativas. En circunstancias adecuadas, no obstante, el empresarialismo urbano e incluso la competencia interurbana pueden abrir la vía a una pauta de desarrollo de suma no nula. Ese tipo de actividad ha desempeñado ciertamente un papel clave en el desarrollo capitalista en el pasado, y es una cuestión abierta si puede o no conducir hacia transiciones progresistas y socialistas en el futuro.

Cuestiones conceptuales

Existen dificultades conceptuales para tal investigación que merecen ser ventiladas de antemano. Para empezar, la reificación de las ciudades, cuando se combina con un lenguaje que ve el proceso urbano como un aspecto activo del desarrollo político-económico, plantea peligros graves. Hace parecer como si las «ciudades» pudieran ser agentes activos cuando son meras cosas. La urbanización debería ser considerada más bien como un proceso social basado en el espacio en el que una amplia gama de distintos actores con objetivos

---

[9] J. Jacobs, *Cities and the Wealth of Nations,* 1984.
[10] Véase el excelente informe de G. Rees y J. Lambert en *Cities in Crisis,* 1985.
[11] F. Murray, «Pension funds and local authority investments», 1983.

y agendas bastante diferentes interactúan mediante una configuración particular de prácticas espaciales entrelazadas. En una sociedad de clase como el capitalismo, esas prácticas espaciales adquieren un contenido de clase definido, lo que no quiere decir que todas las prácticas espaciales puedan interpretarse así. De hecho, como han mostrado muchos investigadores, las prácticas espaciales pueden adquirir y adquieren contenidos de género, raciales y burocrático-administrativos (por mencionar sólo un subconjunto de posibilidades importantes). Pero bajo el capitalismo es la amplia gama de prácticas de clase conectadas a la circulación de capital, la reproducción de la fuerza de trabajo y las relaciones de clase, así como la necesidad de controlar la fuerza de trabajo, las que siguen siendo hegemónicas.

Lo difícil es encontrar una forma de proceder que pueda tratar específicamente la relación entre proceso y objeto sin ser víctima de una reificación innecesaria. El conjunto de procesos sociales fundamentados en el espacio que yo llamo urbanización produce innumerables artefactos: una forma construida, espacios producidos y sistemas de recursos de cualidades particulares organizados en una configuración espacial determinada. La acción social posterior debe tener en cuenta esos artefactos, ya que muchos procesos sociales (como los desplazamientos cotidianos) resultan canalizados físicamente por ellos. La urbanización también propicia ciertos dispositivos institucionales, formas legales, sistemas políticos y administrativos, jerarquías de poder, etc. Estos también le dan a una «ciudad» cualidades objetivadas que pueden dominar las prácticas cotidianas y limitar los cursos de acción posteriores. Y, finalmente, la conciencia de los habitantes urbanos se ve afectada por el entorno de experiencias de las que surgen percepciones, lecturas simbólicas y aspiraciones. En todos esos aspectos existe una tensión perpetua entre forma y proceso, entre objeto y sujeto, entre actividad y cosa. Es tan absurdo negar el papel y el poder de las objetivaciones, la capacidad de las cosas que creamos para regresar a nosotros como otras tantas formas de dominación, como atribuir a tales cosas la capacidad de acción social.

Dado el dinamismo al que es tan propenso el capitalismo, encontramos que esas «cosas» están siempre en curso de transformación, que las actividades escapando continuamente de los límites de las formas fijas, que las cualidades objetivadas de lo urbano, son crónicamente inestables. Tan universal es esta condición capitalista que la concepción de lo urbano y de «la ciudad» también se vuelve inestable, no a causa de ningún error de definición conceptual, sino precisamente porque el concepto mismo debe reflejar las relaciones cambiantes entre la forma y el proceso, entre actividad y cosa, entre sujetos y objetos. Cuando hablamos, por tanto, de una transición del gerencialismo urbano hacia el empresarialismo urbano durante estas dos últimas décadas, debemos tener en cuenta los efectos reflexivos de dicho cambio, a través de sus impactos en las instituciones urbanas y en los entornos urbanos construidos.

El dominio de las prácticas espaciales ha cambiado lamentablemente en los últimos años, haciendo aún más problemática cualquier definición firme de lo urbano como un dominio espacial específico. Por un lado somos testigos de una mayor fragmentación del espacio social urbano en barrios, comunidades y una multitud de sociedades en cada esquina, mientras que por otro el teletrabajo y el transporte rápido restan sentido a cualquier concepto de la ciudad como unidad física hermética o incluso como dominio administrativo organizado coherentemente. La «megalópolis» de la década de 1960 ha sufrido aún más fragmentación y dispersión, particularmente en Estados Unidos, a medida que la desconcentración urbana se acelera y da lugar a una especie de «ciudad dispersa». Sin embargo, la fundamentación espacial persiste de algún modo con significados y efectos específicos. La producción de nuevas pautas y estructuras ecológicas en el interior de una «ciudad dispersa» tiene importancia para la forma en que se organizan la producción, el intercambio y el consumo, para conocer cómo se establecen las relaciones sociales, cómo se ejerce el poder (financiero y político) y cómo se logra la integración espacial de la acción social. Me apresuro a agregar que la presentación de la problemática urbana en tales términos ecológicos no supone en modo alguno explicaciones ecológicas; simplemente insiste en que los patrones ecológicos son importantes para la organización y la acción social. El giro hacia el empresarialismo en el Gobierno urbano tiene que examinarse, entonces, en muy diversas escalas espaciales: vecindario y comunidad local, centro de la ciudad y periferia, región metropolitana, región, Estado-nación y similares.

También es importante especificar quién es emprendedor y sobre qué. Quiero insistir aquí en que la «gobernanza» urbana significa mucho más que un «Gobierno» urbano. Es lamentable que gran parte de la literatura (especialmente en Gran Bretaña) se concentre tanto en este último cuando el poder real para reorganizar la vida urbana a menudo está en otra parte, o al menos inserta en un conglomerado de fuerzas más amplio dentro del cual el Gobierno y la Administración urbana sólo desempeñan un papel facilitador y coordinador. El poder de organizar el espacio deriva de todo un complejo de fuerzas movilizadas por diversos agentes sociales. Es un proceso conflictivo, más aún en espacios ecológicos de densidad social muy variada. Dentro de una región metropolitana como un todo, tenemos que atender a la política de formación de coaliciones, a la formación de alianzas de clase, como base para cualquier tipo de empresarialismo urbano. El refuerzo cívico ha solido ser, por supuesto, con la prerrogativa de la cámara de comercio local, una camarilla de financieros, industriales y comerciantes locales, o alguna «mesa redonda» de líderes empresariales y promotores inmobiliarios. Estos últimos frecuentemente se unen para constituir el poder dirigente de la «máquina del crecimiento»[12]. Las instituciones educativas y religiosas, las diferentes ramas del Gobierno (que varían desde el ejército hasta los centros de investigación o administrativos), las organizaciones laborales locales (en particular, los oficios de la construcción), así como los partidos políticos, los movimientos sociales y los aparatos estatales locales (que son múltiples y a menudo bastante heterogéneos) también pueden promover la intensificación o el refuerzo de actividades, aunque a menudo con objetivos bastante diferentes.

La formación de coaliciones y alianzas constituye una tarea tan delicada y difícil que se abre la vía para que personas de visión, tenacidad y habilidad (como un alcalde carismático, un hábil administrador de la ciudad o un rico líder empresarial) den un sello particular a la naturaleza y la dirección del empresarialismo urbano, tal vez para darle forma, incluso, con fines políticos particulares. Mientras que en Baltimore fue una figura pública como el alcalde Schaefer quien desempeñó un papel central, en ciudades británicas como Halifax o Gateshead fueron los empresarios privados los que tomaron la iniciativa. En otros casos ha sido una mezcla más intrincada de personalidades e instituciones la que ha impulsado un proyecto particular.

Planteo estos problemas, no porque sean insuperables o imposibles de resolver –se resuelven a diario dentro de las prácticas de la urbanización capitalista–, sino porque tenemos que atender con el cuidado y la seriedad necesarios a su modo de resolución práctica. Sin embargo, me aventuraré a hacer tres afirmaciones que sé que son ciertas para una ciudad como Baltimore (el caso bajo estudio que sustenta gran parte del argumento que ofrezco aquí) y que pueden ser aplicables con mayor generalidad.

En primer lugar, el nuevo empresarialismo tiene como eje central la noción de una «asociación público-privada» en la que el refuerzo local tradicional se integra con el uso de las facultades gubernamentales locales para tratar de

---

[12] H. Molotch, «The city as a growth machine», 1976.

atraer recursos externos de financiación, nuevas inversiones directas o nuevas fuentes de empleo. El coloquio de Orleans[13] estuvo lleno de referencias a la importancia de esa asociación público-privada y, después de todo, se trataba del tipo de proyectos económicos (vivienda, educación, etc.) que fueron precisamente el objetivo de las reformas emprendidas por los Gobiernos locales en Gran Bretaña en la década de 1970 para facilitar su formación (o superar la resistencia local al establecer las corporaciones de desarrollo urbano). En Estados Unidos la tradición de la asociación público-privada respaldada por el Gobierno federal y puesta en práctica a nivel local se debilitó durante la década de 1960 cuando los Gobiernos urbanos trataron de recuperar el control social de poblaciones ariscas mediante la redistribución de la renta real (mejores viviendas, educación, salud y similares, todas ellas enfocadas hacia los pobres) a raíz de los disturbios urbanos. El papel del Gobierno local como facilitador de los intereses estratégicos del desarrollo capitalista (a diferencia del de estabilizador de la sociedad capitalista) disminuyó. La misma actitud desdeñosa hacia el desarrollo capitalista se ha notado en Gran Bretaña:

> El principio de la década de 1970 fue un periodo de resistencia al cambio: grupos de protesta en las autopistas, acción comunitaria contra la remoción de barrios marginales, oposición a los planes de reurbanización del centro de la ciudad. Los intereses estratégicos y empresariales fueron sacrificados por las presiones de la comunidad local. Es concebible, sin embargo, que estemos entrando en un periodo diferente en el que el rol emprendedor se hace dominante[14].

En Baltimore el momento de la transición se puede fechar con exactitud. Un referéndum aprobado por una estrecha mayoría en 1978, después de una vigorosa y polémica campaña política, sancionó el uso de un terreno de la ciudad para el plan privado que dio lugar al altamente espectacular y exitoso Harborplace. A partir de entonces, la política de asociación público-privada contó con un respaldo popular y una presencia subterránea eficaz en casi todo lo relacionado con la gobernanza urbana[15].

---

[13] J. Bouinot, *L'Action Economique des Grands Villes,* 1987.

[14] H. Davies, «The relevance of development control», 1980, p. 23, citado en M. Ball, *Housing Policy and Economic Power,* 1983, pp. 270-271.

[15] Véanse B. Berkowitz, «Economic development really works», 1984; M. Levine, «Downtown redevelopment», 1987; K. Lyall, «A bicycle built for two», 1982; R. Stoker, «Baltimore: the self-evaluating city», 1986.

En segundo lugar, la actividad de esa asociación público-privada es empresarialista precisamente porque es especulativa en su ejecución y diseño y por tanto se ve aquejada por todas las dificultades y los peligros que conllevan las especulaciones, a diferencia del desarrollo planificado y coordinado racionalmente. En muchos casos esto ha significado que el sector público asume el riesgo y el sector privado se queda con los beneficios, aunque hay suficientes ejemplos en los que no es así (piénsese, por ejemplo, en el riesgo privado asumido en el desarrollo del Metrocentre de Gateshead), por lo que no se debe caer en generalizaciones abusivas. Pero sospecho que es esta característica de la absorción de riesgos por el sector público local (más que por el nacional o federal) la que distingue la fase actual del empresarialismo urbano de fases anteriores del reforzamiento cívico en las que el capital privado parecía en general mucho menos reacio al riesgo.

En tercer lugar, el empresarialismo se centra mucho más en la economía política del lugar que en la del territorio. Con esto aludo a que se ha diseñado principalmente para mejorar las condiciones de vida o de trabajo dentro de una jurisdicción particular. La construcción del lugar (un nuevo centro cívico, un parque industrial) o la mejora de las condiciones en un lugar (intervención, por ejemplo, en los mercados laborales locales mediante planes de formación o presión a la baja sobre los salarios locales) pueden tener, por otro lado, efectos mayores o menores que en el territorio específico en el que se ubican. La mejora de la imagen de ciudades como Baltimore, Liverpool, Glasgow o Halifax, mediante la construcción de centros culturales, minoristas, de entretenimiento y de oficinas, puede arrojar una sombra aparentemente beneficiosa sobre toda la región metropolitana. Dichos proyectos pueden adquirir importancia a la escala metropolitana de la acción público-privada y permitir la formación de coaliciones que eliminen el tipo de rivalidades entre las ciudades y su periferia que aquejaron a las regiones metropolitanas en la fase gerencial. Por otro lado, un plan de desarrollo bastante similar en la ciudad de Nueva York –el de Southstreet Seaport– dio paso a un nuevo lugar que sólo ha tenido efectos locales, quedando muy lejos de cualquier influencia metropolitana, y generó una coalición de fuerzas que básicamente eran las de los promotores inmobiliarios y financieros locales.

La constitución de tales lugares puede verse, por supuesto, como un medio para generar beneficios para las poblaciones dentro de una jurisdicción particular, y de hecho este suele ser uno de los principales argumentos empleados en el discurso público para apoyarlos. Pero en su mayor parte sus características hacen que todos los beneficios sean indirecta y potencialmente de alcance mayor o menor que la jurisdicción donde se sitúan. Los proyectos locales específicos de ese tipo también suelen convertirse en un foco de atención pública y política que desvía la atención e incluso los recursos de los problemas más amplios que pueden aquejar a la región o el territorio como un todo. El nuevo empresarialismo urbano descansa pues típicamente sobre una asociación público-privada centrada en la inversión y el desarrollo económico, con la construcción especulativa del lugar más que la mejora de las condiciones dentro de un territorio particular como objetivo político y económico inmediato (aunque en modo alguno exclusivo).

Estrategias alternativas para la gobernanza urbana

Hay cuatro opciones básicas para el empresarialismo urbano. Cada una de ellas merece algunas consideraciones específicas, pese a que es su combinación la que proporciona la clave de los recientes y rápidos cambios en el desarrollo desigual de los sistemas urbanos en el mundo capitalista avanzado.

En primer lugar, la competencia dentro de la división internacional del trabajo significa creación o explotación de ventajas particulares para la producción de bienes y servicios. Algunas ventajas derivan de la base de recursos (el petróleo que permitió el florecimiento de Texas en la década de 1970) o de la ubicación (por ejemplo, el acceso privilegiado al vigoroso comercio en la cuenca del Pacífico en el caso de las ciudades californianas). Pero otras se crean mediante inversiones públicas y privadas en las infraestructuras físicas y sociales que fortalecen la base económica de la región metropolitana como exportadora de bienes y servicios. Intervenciones directas para estimular la aplicación de nuevas tecnologías, la creación de nuevos productos o la provisión de capital de riesgo a nuevas empresas (que pueden ser incluso de propiedad y gestión cooperativas) también pueden ser significativas, mientras que los costes locales pueden reducirse mediante subsidios (desgravaciones fiscales, crédito barato, adquisición de lugares). Ahora casi no se produce ningún desarrollo a gran escala sin que los Gobiernos locales (o la coalición de fuerzas más amplia en la que se basa la gobernanza local) ofrezcan como aliciente un paquete sustancial de ayudas y asistencias. La competitividad internacional también depende de las cualidades, las cantidades y los costes de la oferta laboral local. Los costes locales se pueden controlar más fácilmente cuando la negociación colectiva local reemplaza a la nacional y cuando los Gobiernos locales y otras grandes instituciones, como hospitales y universidades, lideran la marcha con reducciones en los salarios reales y los beneficios (en ese sentido fue típica una serie de luchas en torno a los niveles reales de salarios y beneficios en el sector público e institucional en Baltimore en la década de 1970).

La fuerza de trabajo de buena calidad, aunque es costosa, puede ser un poderoso imán para el nuevo desarrollo económico, de modo que la inversión en trabajadores altamente capacitados y habilidosos adaptados a los nuevos procesos laborales y sus exigencias de gestión puede verse recompensada. Está, finalmente, el problema de las economías aglomeradas en las regiones metropolitanas. A menudo la producción de bienes y servicios no depende de decisiones individuales de las unidades económicas (como las de las grandes multinacionales para instalar una sucursal en una ciudad, a menudo con muy escasos efectos secundarios locales), sino de la forma en que se puede generar una economía reuniendo diversas actividades en un espacio restringido para facilitar sistemas de producción altamente eficientes e interactivos[16]. Desde ese punto de vista, las grandes regiones metropolitanas de Nueva York, Los Ángeles, Londres o Chicago poseen algunas ventajas específicas que los costes de congestión no contrapesan en absoluto. Pero tal como ilustra el caso de Bolonia[17] y el brote del nuevo desarrollo industrial en Emilia-Romaña, una atención cuidadosa a la combinación industrial-comercial respaldada por una enérgica acción de la Administración local (liderada por los comunistas en este caso) puede promover un potente crecimiento de nuevos distritos y configuraciones industriales, basado en economías de aglomeración y en una organización eficiente.

Bajo la segunda opción, la región urbana también puede tratar de mejorar su posición competitiva con respecto a la división espacial del consumo, sin limitarse a tratar de atraer dinero de empresas relacionadas con el turismo y las atracciones para jubilados. El estilo consumista de urbanización desde 1950 promovió una base cada vez más amplia para la participación en el consumo de masas. Aunque la recesión, el desempleo y el alto costo del crédito han hecho retroceder esa posibilidad para capas importantes en la población,

---

[16] Véase A. Scott, *New Industrial Spaces,* 1988.

[17] Véase S. Gundle, «Urban dreams and metropolitan nightmares: models and crises of communist local government in Italy», en *Marxist Local Governments in Western Europe and Japan,* pp. 66-95, 1986.

todavía hay mucha capacidad de consumo (en gran parte alimentada por el crédito). La competencia en torno suyo se hace más y más frenética mientras que los consumidores con dinero tienen la oportunidad de ser mucho más selectivos. Las inversiones para atraer dólares de los consumidores han crecido paradójicamente a buen ritmo a raíz de la recesión generalizada, concentrándose cada vez más en la calidad de vida. La gentrificación, la innovación cultural y mejora física del entorno urbano (incluido el giro a los estilos posmodernos de arquitectura y diseño urbano), las atracciones para el consumidor (estadios deportivos, centros de convenciones y comerciales, puertos deportivos, lugares exóticos para comer) y el entretenimiento (organización de espectáculos urbanos de forma temporal o permanente) se convierten en facetas mucho más prominentes de las estrategias de regeneración urbana. La ciudad tiene que aparecer sobre todo como innovadora, emocionante, creativa y como un lugar seguro para vivir o visitar, jugar y consumir. Baltimore, con su triste reputación como «la axila de la costa este» a principios de los años setenta, amplió por ejemplo su empleo en el sector turístico, pasó de menos de mil a más de 15 mil trabajadores en menos de dos décadas de desarrollo urbano masivo. Más recientemente, 13 ciudades industriales británicas en dificultades (incluidas Leeds, Bradford, Mánchester, Liverpool, Newcastle y Stoke-on-Trent) emprendieron un esfuerzo de promoción conjunto para captar una porción mayor de la actividad turística en Gran Bretaña. Así es como informaba *The Guardian* sobre esa empresa bastante exitosa:

> Además de generar ingresos y crear puestos de trabajo en áreas de desempleo aparentemente terminal, el turismo también tiene un importante efecto derivado en su mejora más amplia del medio ambiente. Los adecentamientos cosméticos y las instalaciones diseñadas para atraer a más turistas también mejoran la calidad de vida de quienes viven ahí, atrayendo incluso nuevas industrias. Aunque los recursos específicos de cada ciudad son obviamente muy diversos, cada una es capaz de ofrecer una serie de recordatorios estructurales de lo que la hizo grande en otro tiempo. Comparten, con otras palabras, un ingrediente comercial llamado herencia industrial o marítima[18].

Las ferias y otros eventos culturales también se convierten en foco de actividades inversoras. «Las artes crean un clima de optimismo, el potencial cul-

---

[18] *The Guardian,* 9 de mayo de 1987.

tural ("se puede hacer") que es esencial para desarrollar la cultura empresarial», dice la introducción de un reciente informe del Consejo de las Artes de Gran Bretaña, que agrega que las actividades culturales y las artes pueden ayudar a detener la espiral descendente del estancamiento económico en las ciudades del interior y ayudar a la gente a «creer en sí misma y en su comunidad»[19]. Los espectáculos y las exposiciones se convierten en símbolos de una comunidad dinámica, tanto en Roma y Bolonia, controladas por los comunistas, como en Baltimore, Glasgow y Liverpool. De ese modo, una región urbana puede esperar unirse y sobrevivir como un lugar de solidaridad comunitaria mientras explora la opción de explotar el consumo suntuoso en un mar de recesión cada vez más extendido.

En tercer lugar, el empresarialismo también ha estado fuertemente marcado por una lucha feroz por la conquista de las funciones clave de control y mando en las altas finanzas y el Gobierno y de la recopilación y el procesamiento de información (incluidos los medios). Las funciones de este tipo necesitan una dotación infraestructural particular y a menudo costosa. La eficiencia y la centralidad en una red mundial de comunicaciones son vitales en sectores donde se requieren interacciones personales de quienes toman las principales decisiones. Esto implica grandes inversiones en transporte y comunicaciones (aeropuertos y telepuertos, por ejemplo) y la provisión del espacio para oficinas adecuado, equipado con los enlaces internos y externos necesarios para minimizar los tiempos y costes de las transacciones. Reunir una amplia gama de servicios de apoyo, particularmente de los que pueden recopilar y procesar la información rápidamente o permitir consultas rápidas con los «expertos», requiere otro tipo de inversiones, mientras que las habilidades específicas requeridas por tales actividades otorgan una prima a las regiones metropolitanas con cierto tipo de instituciones educativas (escuelas de negocios y jurídicas, sectores productivos de alta tecnología, habilidades mediáticas, etc.). La competencia interurbana en este ámbito es muy costosa y particularmente dura, porque es un área en la que reinan las economías de aglomeración, y el poder monopolístico de los centros establecidos, como Nueva York, Chicago, Londres y Los Ángeles, es particularmente difícil de vencer. Pero dado que el sector de las funciones de mando ha experimentado un fuerte crecimiento durante las dos últimas décadas (el empleo en ellas se duplicó en Gran Bretaña en menos de una década), su logro se ha percibido

---

[19] Véase F. Bianchini, «The arts and the inner cities», 1991.

cada vez más como la ruta dorada para la supervivencia urbana. El efecto, por supuesto, es hacer que parezca que la ciudad del futuro va a ser una ciudad de puras funciones de mando y control, una ciudad informativa, posindustrial, en la que el suministro de servicios (financieros, informáticos, productores de conocimiento) se convierte en la base económica para la supervivencia urbana.

En cuarto lugar, la ventaja competitiva con respecto a la redistribución de excedentes por el Gobierno central (o, en el caso estadounidense, por los Gobiernos estatales) sigue siendo de tremenda importancia, ya que es algo así como un mito que los Gobiernos centrales ya no redistribuyen en la medida en que solían hacerlo. Los canales han cambiado, de modo que tanto en Gran Bretaña (considérese el caso de Brístol) como en Estados Unidos (caso de Long Beach-San Diego) son los contratos militares y de defensa los que proporcionan el sustento para la prosperidad urbana, en parte debido a la gran cantidad de dinero en cuestión, pero también por el tipo de empleo y las repercusiones indirectas en las llamadas industrias de «alta tecnología»[20]. Y aunque se han hecho todo tipo de esfuerzos para cortar el flujo de apoyo del Gobierno central a muchas regiones urbanas, hay muchos sectores de la economía (sanidad y educación, por ejemplo) e incluso economías metropolitanas enteras (véase el estudio de Smith y Keller sobre Nueva Orleans[21]) donde tal interrupción era simplemente imposible. Las alianzas de la clase dominante urbana han tenido muchas oportunidades, por tanto, para explotar los mecanismos redistributivos como un medio para la supervivencia urbana.

Esas cuatro estrategias no son mutuamente excluyentes y la suerte desigual de las regiones metropolitanas ha dependido de la naturaleza de las coaliciones que han formado, la combinación y el ritmo de las estrategias emprendedoras, los recursos particulares (naturales, humanos, de ubicación) con los que la región metropolitana puede trabajar y la intensidad de la competencia. Pero el crecimiento desigual también se debe a las sinergias que hacen que un tipo de estrategia facilite otro. Por ejemplo, el crecimiento de la megalópolis Los Ángeles-San Diego-Long Beach-Condado de Orange parece haber sido alimentado por efectos de interacción entre fuertes redistribuciones gubernamentales a las industrias de defensa y la rápida acumulación de funciones de mando y control que ha estimulado aún más las actividades

---

[20] A. Markusen, «Defense spending», 1986.
[21] M. Smith y M. Keller, «Managed growth», 1983.

orientadas al consumo hasta el punto de que se ha producido una reactivación considerable de ciertos tipos de fabricación. Por otro lado, hay pocas pruebas de que el fuerte crecimiento de la actividad orientada al consumo en Baltimore haya significado mucho para el crecimiento de otras funciones, salvo, tal vez, la proliferación relativamente leve de los servicios bancarios y financieros. Pero también hay pruebas de que la red de ciudades y regiones urbanas, por ejemplo en el Cinturón del Sol [Sun Belt] o el sur de Inglaterra, ha generado una sinergia colectiva más intensa que en sus homólogas del norte. Noyelle y Stanback también sugieren que la posición y la función dentro de la jerarquía urbana han tenido un papel importante en la pauta de venturas y desventuras urbanas[22]. Los efectos de transmisión entre ciudades y dentro de la jerarquía urbana también deben tenerse en cuenta para explicar esa pauta durante la transición desde el gerencialismo hasta empresarialismo en la gobernanza urbana.

El empresarialismo urbano implica, no obstante, cierto nivel de competencia interurbana. Aquí nos acercamos a una fuerza que impone claras limitaciones al poder de proyectos específicos para transformar la suerte de ciudades particulares. De hecho, en la medida en que la competencia interurbana se intensifica, funcionará prácticamente como un «poder coercitivo externo» sobre las ciudades individuales para alinearlas más estrechamente con la disciplina y la lógica del desarrollo capitalista. Puede incluso forzar la reproducción repetitiva y en serie de ciertas pautas de desarrollo (como la reproducción en serie de «centros comerciales mundiales» o de nuevos centros culturales y de entretenimiento, de desarrollo costero, de centros comerciales posmodernos, etc.). La evidencia de la reproducción en serie de formas similares de desarrollo urbano es bastante clara y las razones que la impulsan son dignas de mención. Con la disminución en los costes de transporte y la consiguiente atenuación de las barreras espaciales para el movimiento de bienes, personas, dinero e información, la importancia de las cualidades locales ha aumentado y el vigor de la competencia interurbana por el desarrollo capitalista (inversión, empleo, turismo, etc.) se ha fortalecido considerablemente. Considérese el asunto, en primer lugar, desde el punto de vista del capital multinacional altamente móvil.

Con la atenuación de las barreras espaciales, la distancia del mercado o de las materias primas se ha hecho menos relevante para las decisiones de ubica-

---

[22] T. Noyelle y T. Stanback, *The Economic Transformation of American Cities,* 1984.

ción. Los elementos monopolísticos en la competencia espacial, tan esenciales para el funcionamiento de la teoría de la ubicación de Löschian, desaparecen. Los artículos pesados y de escaso valor (como la cerveza y el agua mineral), que solían producirse localmente, ahora se comercializan a tanta distancia que conceptos como el de «alcance de un bien o servicio» pierden sentido. Por otro lado, la capacidad del capital para disponer de un mayor margen de maniobra sobre la ubicación destaca la importancia de las condiciones de producción particulares que prevalecen en un lugar determinado. Pequeñas diferencias en la oferta de mano de obra (cantidades y calidades), en las infraestructuras y los recursos, en la regulación gubernamental y la tributación asumen una importancia mucho mayor que cuando los altos costes de transporte daban lugar a monopolios «naturales» para la producción local en los mercados locales. Por la misma razón, el capital multinacional tiene ahora la posibilidad de dar respuesta a variaciones altamente localizadas del gusto del mercado mediante la producción en pequeños lotes y especializada destinada a satisfacer los sectores locales de mercado. En un mundo de mayor competencia, como el que prevalece desde que el auge de posguerra se detuvo en 1973, las presiones coercitivas obligan al capital multinacional a ser mucho más selectivo y sensible a las pequeñas variaciones entre lugares con respecto a las posibilidades tanto de producción como de consumo.

Considérese la cuestión, en segunda instancia, desde el punto de vista del lugar que puede mejorar o perder su vitalidad económica si no ofrece a las empresas las condiciones necesarias para acudir o permanecer en él. La reducción de las barreras espaciales ha agudizado aún más, de hecho, la competencia entre localidades, Estados y regiones urbanas para el desarrollo del capital. El Gobierno urbano se ha orientado mucho más a la oferta de un «buen clima de negocios» y a la construcción de todo tipo de señuelos para atraer capital a la ciudad. La intensificación del empresarialismo ha sido, por supuesto, un resultado parcial de ese proceso. Pero ahí vemos que aumentar el empresarialismo de una manera diferente, precisamente porque la búsqueda de inversión de capital limita la innovación a un camino muy estrecho, construye a su alrededor un conjunto de medidas que favorece el desarrollo capitalista y todo lo que conlleva. La tarea de la gobernanza urbana es, en resumen, atraer hacia su espacio los flujos muy móviles y flexibles de producción, financieros y de consumo. Las cualidades especulativas de las inversiones urbanas derivan simplemente de la incapacidad de predecir exactamente qué paquete tendrá éxito y cuál no, en un mundo de considerable inestabilidad y volatilidad económica.

Es fácil prever, por lo tanto, todo tipo de movimientos ascendentes y descendentes de crecimiento y declive urbanos en condiciones en que son fuertes el empresarialismo urbano y la competencia interurbana. Las respuestas innovadoras y competitivas de muchas alianzas de la clase dominante urbana han generado más incertidumbres que certidumbres, y en definitiva han hecho al sistema urbano más vulnerable a las incertidumbres del cambio rápido.

Las consecuencias macroeconómicas de la competencia interurbana

Las consecuencias macroeconómicas y locales del empresarialismo urbano y de una mayor competencia interurbana merecen cierto examen. Es particularmente útil poner esos fenómenos en relación con algunos de los cambios y las tendencias más generales que se han observado en la forma en que han venido trabajando las economías capitalistas desde que la primera gran recesión de posguerra en 1973 provocó una variedad de ajustes aparentemente profundos en las vías del desarrollo capitalista.

Para empezar, la competencia interurbana y el empresarialimo urbano han abierto los espacios urbanos de los países capitalistas avanzados a todo tipo de nuevas pautas de desarrollo, aun cuando su efecto neto haya sido la reproducción en serie de los parques científicos, la gentrificación, los colosales centros comerciales y otros comercios a gran escala con accesorios posmodernos, centros culturales y de entretenimiento y otros por el estilo. El énfasis en la producción de un buen clima local de negocios ha enfatizado la importancia de la localidad como centro de regulación del suministro de infraestructuras, relaciones laborales, controles medioambientales e incluso de una política fiscal amable para el capital internacional[23]. La absorción del riesgo por el sector público, y en particular el hincapié en la participación del sector público en la dotación de infraestructuras, ha significado que el coste del cambio de ubicación ha disminuido desde el punto de vista del capital multinacional, dándole mayor movilidad geográfica. En cualquier caso, el nuevo empresarialismo urbano incrementa la flexibilidad geográfica con la que las empresas multinacionales pueden enfocar sus estrategias de ubicación. En la medida en

---

[23] Véase E. Swyngedouw, «The heart of the place», 1989.

que la localidad se convierte en el centro de regulación de las relaciones laborales, también contribuye a una mayor flexibilidad en las estrategias de gestión en mercados laborales geográficamente segmentados. La negociación colectiva local, en lugar de nacional, viene siendo desde hace mucho tiempo una característica de las relaciones laborales en Estados Unidos, pero la tendencia hacia acuerdos locales ha sido más pronunciada en muchos países capitalistas avanzados durante las dos últimas décadas.

En resumen, no hay nada en el empresarialismo urbano que sea antitético a la tesis de un cambio macroeconómico en la forma y el estilo del desarrollo capitalista desde principios de la década de 1970. De hecho, se puede argumentar que el cambio en la política urbana y el giro hacia el empresarialismo han facilitado notablemente la transición de sistemas de producción fordistas, bastante rígidos en cuanto a la ubicación, respaldados por el Estado del bienestar keynesiano, a una forma de acumulación flexible mucho más abierta geográficamente y basada en el mercado[24]. También se puede argüir que la tendencia a alejarse del modernismo de base urbana en el diseño, las formas culturales y el estilo de vida, para adoptar los correspondientes patrones posmodernistas, está conectada con el auge del empresarialismo urbano. Lo que sigue ilustrará cómo y por qué pueden surgir tales conexiones.

Considérense, para empezar, las consecuencias distributivas generales del empresarialismo urbano. Gran parte de la tan cacareada «asociación público-privada» en Estados Unidos, por ejemplo, equivale a un subsidio para que los consumidores ricos, las empresas y las poderosas funciones de mando permanezcan en una ciudad a expensas del consumo colectivo local de la clase trabajadora y los pobres. El aumento general de los problemas de empobrecimiento y desempoderamiento, incluida la producción de una «infraclase» característica en muchas de las grandes ciudades estadounidenses, ha sido documentado más allá de toda duda. Levine, por ejemplo, proporciona abundantes detalles para Baltimore en un contexto en el que predominan las grandes proclamaciones de los beneficios que se iban a obtener de la asociación público-privada[25]. Boddy informa de forma parecida de que lo que él llama enfoques «prevalecientes» (a diferencia de los socialistas) para el desarrollo local en Gran Bretaña han sido «dirigidos por los intereses de los propietarios, orientados hacia los negocios y el mercado competitivos, con el desarro-

---

[24] Véase D. Harvey, *The Condition of Postmodernity,* 1989, cap. 8.
[25] M. Levine, «Downtown redevelopment», 1987.

llo económico en lugar del empleo como foco principal, y con énfasis en las pequeñas empresas»[26]. Dado que el objetivo principal era «estimular o atraer a la empresa privada mediante la creación de las condiciones necesarias para una inversión rentable», el Gobierno local «ha acabado apuntalando de hecho la empresa privada y asumiendo parte de la carga de los costes de producción». Como el capital tiende a aumentar su movilidad, se deduce que probablemente aumentarán los subsidios locales al capital, mientras que la dotación para los desfavorecidos disminuirá, produciendo una mayor polarización en la distribución social de la renta real.

Los tipos de empleo creados en muchos casos también dificultan cualquier cambio progresivo en la distribución de rentas, ya que el énfasis en las pequeñas empresas y en la subcontratación puede difundirse buscando el estímulo directo del «sector informal» como base para la supervivencia urbana. El aumento de las actividades de producción informal en muchas ciudades, especialmente en Estados Unidos, ha sido un rasgo sobresaliente de las dos últimas décadas y se considera cada vez más como un mal necesario o un sector de crecimiento dinámico capaz de devolver algún nivel de actividad industrial a centros urbanos que de otro modo estarían en declive[27]. Por la misma razón, el tipo de actividades de servicio y funciones gerenciales que se consolidan en las regiones urbanas tienden a generalizar los empleos mal remunerados (a menudo ocupados exclusivamente por mujeres) o muy bien remunerados en lo más alto de la escala gerencial. El empresarialismo urbano contribuye así a la creciente disparidad en riqueza e ingresos, así como a ese aumento del empobrecimiento urbano que se ha observado incluso en aquellas ciudades (como Nueva York) que han mostrado un fuerte crecimiento. Ha sido por supuesto este resultado el que los Consejos municipales laboristas en Gran Bretaña (así como algunas de las Administraciones urbanas más progresistas de Estados Unidos) han intentado, con notable esfuerzo, contrarrestar; pero no está en absoluto claro que ni siquiera el Gobierno urbano más progresista pueda evitarlo cuando está integrado en la lógica del desarrollo espacial capitalista en la que la competencia parece operar, lógica que no actúa como una mano invisible benéfica, sino como una ley coercitiva externa que impone el denominador común más bajo en cuanto a la responsabilidad social y la dotación de bienestar en un sistema urbano organizado competitivamente.

---

[26] M. Boddy, «Local economic and employment strategies», 1984.
[27] S. Sassen-Koob, *Global Cities,* 1988.

Muchas de las innovaciones e inversiones diseñadas para hacer que ciudades particulares sean más atractivas como centros culturales y de consumo se han visto rápidamente imitadas en otros lugares, lo que hace efímera cualquier ventaja competitiva en el conjunto de ciudades. ¿Cuántos centros de convenciones, estadios deportivos, Disney Worlds, puertos acogedores y centros comerciales espectaculares puede haber? El éxito es a menudo pasajero o se debilita por las innovaciones paralelas o alternativas que surgen en otros lugares. Las coaliciones locales no tienen otra opción, dadas las leyes coercitivas de la competencia, que adelantarse al juego, lo que genera innovaciones esporádicas en el estilo de vida, formas culturales, combinaciones de bienes y servicios e incluso formas institucionales y políticas, si quieren sobrevivir. El resultado es un torbellino estimulante, aunque a menudo destructivo, de innovaciones culturales, políticas, de producción y consumo basadas en la ciudad. A ese respecto podemos identificar una conexión subterránea pero vital entre el auge del empresarialismo urbano y la inclinación posmoderna por el diseño de fragmentos urbanos en lugar de la planificación urbana integral, por la evanescencia y el eclecticismo de modas y estilos en lugar de la búsqueda de valores perdurables, por la citación y la ficción en lugar de la invención y la función y, finalmente, por el medio en lugar del mensaje y la imagen en lugar de la sustancia.

En Estados Unidos, donde el empresarialismo urbano ha sido particularmente profuso e intenso, el resultado ha sido la inestabilidad del sistema urbano. Houston, Dallas y Denver, ciudades en auge en la década de 1970, repentinamente declinaron a partir de 1980 bajo el peso de la inversión excesiva de capital, llevando a una serie de instituciones financieras al borde de la bancarrota, cuando no al cierre. Silicon Valley, otrora maravilla tecnológica de nuevos productos y nuevos empleos, perdió repentinamente su brillo, pero Nueva York, al borde de la bancarrota en 1975, se recuperó durante la década de 1980 con la inmensa vitalidad de sus servicios financieros y funciones de mando, sólo para ver su futuro amenazado una vez más por la ola de despidos y fusiones que racionalizaron el sector de servicios financieros a raíz del colapso bursátil de octubre de 1987. San Francisco, la favorita para las operaciones en el Pacífico, se encontró repentinamente con un exceso del espacio de oficinas a principios de la década de 1980, aunque se recuperó casi de inmediato. Nueva Orleans, que ya se había acogido a la redistribución del Gobierno federal, ha patrocinado una Feria Mundial desastrosa que la ha hundido en el fango, mientras que Vancouver, en plena expansión, ha albergado en 1986 una Exposición Mundial notablemente exitosa. Los cambios en las venturas y desventuras urbanas desde principios de los años setenta han sido realmente notables y el fortalecimiento del empresarialismo urbano y de la competencia interurbana ha tenido mucho que ver con ellos.

Ha habido otro efecto bastante más sutil que merece consideración. El empresarialismo urbano alienta el desarrollo de aquellos tipos de actividades e iniciativas que tienen la mayor capacidad localizada de mejorar el valor de las propiedades, la base tributaria, la circulación local de ingresos y (muy frecuentemente como consecuencia esperada de la lista anterior) el aumento del empleo. Dado que la mayor movilidad geográfica y las tecnologías rápidamente cambiantes han hecho muy cuestionables muchas formas de producción de bienes, la producción de los tipos de servicios que (1) están muy localizados y (2) se caracterizan por un tiempo de rotación rápido, si no instantáneo, aparece como la base más estable para el esfuerzo emprendedor urbano. El énfasis en el turismo, la producción y el consumo de espectáculos, la promoción de eventos efímeros en un lugar dado, muestra todos los signos de ser el remedio preferido para las economías urbanas enfermas. Las inversiones urbanas de este tipo pueden producir soluciones rápidas aunque efímeras a los problemas urbanos. Pero a menudo son muy especulativas; prepararse para unos Juegos Olímpicos, por ejemplo, es un ejercicio económico que puede o no dar sus frutos. Muchas ciudades estadounidenses (Búfalo, por ejemplo) han invertido en vastas instalaciones con la esperanza de albergar a un equipo de béisbol de las Grandes Ligas, y Baltimore está planificando un nuevo estadio para tratar de recapturar a un equipo de fútbol que se pasó a un estadio mejor en Indianápolis hace algunos años (esta es la versión contemporánea del antiguo culto cargo de Papúa Nueva Guinea, que consistía en construir una pista de aterrizaje con la esperanza de atraer un avión a tierra). Los proyectos especulativos de ese tipo son parte integrante de un problema macroeconómico más general. En pocas palabras, los centros comerciales financiados con créditos, los estadios deportivos y otras facetas del alto consumo conspicuo son proyectos de alto riesgo que pueden derrumbarse fácilmente en malos tiempos y exacerbar, como ilustra dramáticamente la expansión excesiva de los centros comerciales en Estados Unidos[28], los problemas de sobreacumulación y sobreinversión a los que el capitalismo en general es tan propenso.

---

[28] H. Green, «Retailing in the new economic era», 1988.

La inestabilidad que impregna el sistema financiero estadounidense (obligando a que alrededor de 100 millardos de dólares de dinero público estabilicen el sector de préstamos y ahorro, en buena medida en bancarrota) se debe en parte a créditos incobrables a empresas energéticas, agrícolas y de desarrollo inmobiliario urbano. Muchos de los «mercados para festivales», que parecían una «lámpara de Aladino para ciudades en tiempos difíciles» hace apenas una década, se ven ahora a su vez en tiempos difíciles, según un reciente informe del *Baltimore Sun*[29]. Proyectos en Richmond (Virginia), Flint (Míchigan) y Toledo (Ohio), administrados por Rouse's Enterprise Development Co., están perdiendo millones de dólares, y hasta el South Street Seaport en Nueva York y Riverwalk en Nueva Orleans han encontrado graves dificultades financieras. La ruinosa competencia interurbana en todas esas dimensiones parece producir un atolladero de endeudamiento.

Sin embargo, incluso frente al bajo rendimiento económico, las inversiones en esos últimos tipos de proyectos parecen tener gran atractivo social y político. Para empezar, la venta de la ciudad como un lugar propicio para los negocios depende en buena medida de la creación de una imagen urbana atractiva. Los dirigentes urbanos pueden considerar el desarrollo espectacular como una «oportunidad» ofrecida a bajo precio para obtener otras formas de desarrollo. Parte de lo que hemos visto durante estas dos últimas décadas es el intento de construir una imagen física y social de ciudades adecuadas para ese propósito competitivo. La producción de una imagen urbana de ese tipo también tiene consecuencias políticas y sociales internas. Ayuda a contrarrestar la sensación de alienación y anomia que Simmel señaló hace tiempo como una característica problemática de la vida urbana moderna. Lo hace en particular cuando se ofrece un terreno urbano para la exhibición, la moda y la «presentación de sí misma» en un entorno de espectáculo y diversión. Si todos, desde punks y artistas de rap hasta los «yuppies» y la alta burguesía, participan en la proyección de una imagen urbana a través de su producción de espacio social, entonces todos pueden experimentar al menos cierta sensación de pertenencia a ese lugar. La producción orquestada de una imagen urbana también ayuda, si tiene éxito, a crear un sentido de solidaridad social, orgullo cívico y lealtad al lugar, e incluso permite que la imagen urbana proporcione un refugio mental en un mundo en que el capital concede cada vez menos importancia al lugar. El empresarialismo urbano (a diferencia del ge-

---

[29] *Baltimore Sun,* 20 de agosto de 1987.

rencialismo burocrático mucho más anónimo) se mezcla aquí con una búsqueda de identidad local, y como tal abre una gama de mecanismos para el control social. «Pan y circo» era la famosa fórmula romana que ahora se reinventa y renace, mientras que la ideología del lugar, el espacio y la comunidad cobran centralidad en la retórica política de la gobernanza urbana que se concentra en la idea de unidad en la defensa contra un mundo hostil y amenazante de comercio internacional y competencia intensificada.

La reconstrucción radical de la imagen de Baltimore mediante el desarrollo del nuevo puerto y sus alrededores es un buen ejemplo de ello. Esa remodelación puso de nuevo a Baltimore en el mapa, le valió a la ciudad el título de «ciudad del renacimiento» y la situó en la portada de la revista *Time*, transfigurando su imagen de aburrimiento y empobrecimiento. Parecía ahora una ciudad dinámica, lista para recibir el capital externo y para alentar el movimiento del capital y de la gente «correcta». No importa que la realidad sea de mayor empobrecimiento y deterioro urbano general, que una investigación local exhaustiva basada en entrevistas con líderes comunitarios, cívicos y empresariales encontrara mucha «podredumbre bajo el brillo»[30], que un informe del Congreso en 1984 describiera la ciudad como una de las «más sórdidas» de Estados Unidos y que un completo estudio del renacimiento, realizado por Levine[31], volviera a mostrar cuán parciales y limitados eran los beneficios y que el declive de la ciudad en su conjunto se estaba acelerando en vez de revertirse. La apariencia de prosperidad encubre todo eso, enmascara las dificultades subyacentes y proyecta imágenes de éxito que se extienden internacionalmente, hasta el punto de que el periódico británico *Sunday Times*[32] pudo informar, sin un atisbo de crítica, que

> Baltimore, pese al creciente desempleo, convirtió audazmente su abandonado jardín en un patio de recreo. Los turistas aludían a las compras, la restauración y el transporte, lo que a su vez significaba construcción, distribución e industria, lo que implicaba más empleos, más residentes y más actividad. La decadencia del viejo Baltimore se frenó, se detuvo y luego se invirtió. El área del puerto se encuentra ahora entre los principales centros turísticos de Estados Unidos y el desempleo urbano está cayendo rápidamente.

---

[30] P. Szanton, *Baltimore 2000,* 1986.
[31] M. Levine, «Downtown redevelopment», 1987.
[32] *Sunday Times,* 29 de noviembre de 1987.

Sin embargo, también es evidente que poner a Baltimore en el mapa de ese modo, dándole un sentido más fuerte de lugar y de identidad local, ha supuesto un éxito político en la consolidación del poder y la influencia de la asociación público-privada local que dio origen al proyecto. Ha traído dinero para el desarrollo a Baltimore (aunque es difícil saber si ha aportado más de lo que se ha gastado, dada la absorción del riesgo por parte del sector público). También le ha dado a la población en general cierto sentido de identidad local. El circo sigue aunque falte el pan. El triunfo de la imagen sobre la sustancia es completo.

El giro empresarial en la gobernanza urbana

Durante los últimos años se ha debatido mucho sobre la «autonomía relativa» de los Gobiernos locales en relación con la dinámica de la acumulación de capital. El giro hacia el empresarialismo en la gobernanza urbana parece sugerir una considerable autonomía de la acción local. La noción de empresarialismo urbano, tal como la he presentado aquí, no supone en modo alguno que el Gobierno local o la alianza de clase más amplia que constituye la gobernanza urbana estén automáticamente presos (ni siquiera en la famosa «última instancia») de intereses de clase exclusivamente capitalistas o que sus decisiones estén directamente prefiguradas en términos que reflejen los requisitos de la acumulación de capital. Superficialmente, al menos, esto parece revelar una contradicción entre mi presentación y la versión marxista de la teoría del estado local expuesta por ejemplo por Cockburn[33], y también han disentido abiertamente de ella otros autores no marxistas o neomarxistas como Mollenkopf, Logan y Molotch, Gurr y King, y Smith[34]. La consideración de la competencia interurbana, no obstante, indica una forma en que un empresarialismo urbano aparentemente autónomo puede reconciliarse con los requisitos que podrían imaginarse opuestos a la acumulación continua de capital, al tiempo que garantiza la reproducción de las relaciones sociales capitalistas a escalas cada vez más amplias y en niveles más profundos.

---

[33] C. Cockburn, *The Local State,* 1977.

[34] J. Mollenkopf, *The Contested City,* 1983; J. Logan y H. Molotch, *Urban Fortunes,* 1987; T. Gurr y D. King, *The State and the City,* 1987; M. Smith, *City, State and Market,* 1988.

Marx expuso la tajante afirmación de que la competencia es inevitablemente la «portadora» de las relaciones sociales capitalistas en cualquier sociedad donde la circulación del capital sea una fuerza hegemónica. Las leyes coercitivas de la competencia obligan a los agentes individuales o colectivos (empresas capitalistas, instituciones financieras, Estados, ciudades) a cierto tipo de actividades que a su vez son constitutivas de la dinámica capitalista. Pero la «obligación» se da después de la acción y no antes. El desarrollo capitalista es siempre especulativo –de hecho, toda la historia del capitalismo se puede leer como una serie completa de impulsos especulativos minúsculos y a veces grandiosos amontonados histórica y geográficamente unos sobre otros. No hay, por ejemplo, una prefiguración exacta de cómo se adaptarán y se comportarán las empresas frente a la competencia del mercado. Cada una de ellas buscará su propia vía de supervivencia sin ningún conocimiento previo de lo que tendrá o no tendrá éxito. Sólo después aparece, *a posteriori,* la «mano invisible» (en palabras de Adam Smith) del mercado «que se impone violentamente a la desordenada arbitrariedad de los productores de mercancías como necesidad natural»[35].

La gobernanza urbana es similar y susceptible de ser igualmente anárquica y caprichosa, si no más. Pero también hay razones para esperar que tal «capricho sin ley» será regulado *ex post facto* por la competencia interurbana. La competencia por las inversiones y el empleo, especialmente en condiciones de desempleo generalizado, y la reestructuración industrial, en una fase de rápidos cambios hacia pautas de acumulación de capital más flexibles y geográficamente móviles, generarán presumiblemente todo tipo de fermentos sobre la mejor forma de captar y estimular el desarrollo en condiciones locales particulares. Cada coalición ensayará su propia versión de lo que Jessop llama «estrategias de acumulación y proyectos hegemónicos»[36]. Desde el punto de vista de la acumulación de capital a largo plazo, es esencial explorar diferentes caminos y diferentes paquetes de iniciativas políticas, sociales y empresariales. Sólo de ese modo es posible que un sistema social dinámico y revolucionario, como el capitalismo, descubra nuevas formas de regulación social y política adecuadas a nuevos modos y nuevas vías de acumulación de capital. Si es esto lo que se entiende por «autonomía relativa» del Gobierno local, entonces no hay nada en ello que distinga en principio al empresarialis-

---

[35] K. Marx, *El capital,* vol. 1, cap. XII.4, p. 452 [*MEW* 23, p. 377].
[36] B. Jessop, «Accumulation strategies», 1983.

mo urbano de la «autonomía relativa» que poseen y ejercen todas las firmas, instituciones y empresas capitalistas en su exploración de diferentes vías para la acumulación de capital. La autonomía relativa entendida de ese modo es perfectamente coherente con, y de hecho constitutiva de, la teoría general de la acumulación de capital que yo suscribiría[37]. La dificultad teórica surge, empero, como en muchas cuestiones de este tipo, porque la teoría marxiana y la no marxiana tratan el argumento de la autonomía relativa como si se pudiera considerar fuera del poder de control de las relaciones espaciales y como si la competencia interurbana y espacial fuera inexistente o irrelevante.

A la luz de este argumento, parecería que es la postura gerencial en condiciones de competencia interurbana débil la que haría la gobernanza urbana menos coherente con las reglas de acumulación de capital. La consideración de ese argumento requiere, sin embargo, un análisis pormenorizado de las relaciones del Estado de bienestar y del keynesianismo nacional (en los que se inserta la acción estatal local) con la acumulación de capital durante las décadas de 1950 y 1960. Este no es el lugar para intentar tal análisis, pero es importante reconocer que fue en términos del Estado de bienestar y del compromiso keynesiano como surgió gran parte de la discusión sobre la autonomía relativa del Gobierno local. Reconocerlo como un interludio particular ayuda no obstante a comprender por qué el refuerzo cívico y el empresarialismo urbano son tradiciones tan antiguas y arraigadas en la geografía histórica del capitalismo (comenzando, por supuesto, por la Liga Hanseática y las ciudades-Estado italianas). La recuperación y el reforzamiento de esa tradición, y el resurgimiento de la competencia interurbana durante las dos últimas décadas, sugieren que la gobernanza urbana se ha adaptado bastante a las líneas de los requerimientos expresos de la acumulación de capital. Tal cambio exigió una reconstrucción radical de las relaciones entre el Gobierno central y el local y el desmantelamiento de las actividades estatales locales del Estado de bienestar y el compromiso keynesiano (que han sufrido un fuerte ataque durante las dos últimas décadas). Y, huelga decirlo, hay bastantes pruebas de la confusión en ese terreno en muchos de los países capitalistas avanzados durante los últimos años.

Desde este punto de vista se puede construir una perspectiva crítica sobre la versión contemporánea del empresarialismo urbano. Para empezar, la investigación debe centrarse en el contraste entre el vigor aparente de muchos

---

[37] D. Harvey, *The Limits to Capital*, 1982.

de los proyectos para la regeneración de las economías urbanas decaídas y las tendencias subyacentes en la condición urbana. Habría que reconocer que tras la máscara de muchos proyectos exitosos se ocultan algunos problemas sociales y económicos serios que en muchas ciudades están cobrando forma geográfica, dando lugar a una ciudad dual con una regeneración del centro, al que circunda un mar de creciente empobrecimiento. Una perspectiva crítica también debería centrarse en algunas de las peligrosas consecuencias macroeconómicas, muchas de las cuales parecen inevitables dada la coacción ejercida a través de la competencia interurbana. Estas últimas incluyen impactos regresivos sobre la distribución de la renta, la volatilidad dentro de la red urbana y la fugacidad de los beneficios que ofrecen muchos proyectos. La concentración en el espectáculo y la imagen, más que en la sustancia de los problemas económicos y sociales, también puede resultar nociva a largo plazo, aunque con demasiada facilidad se puedan obtener beneficios políticos.

Sin embargo, aquí también hay algo positivo que merece una atención especial. La idea de la ciudad como una corporación colectiva, dentro de la cual puede operar la toma democrática de decisiones, tiene una larga historia en el panteón de las doctrinas y prácticas progresistas (siendo la Comuna de París, por supuesto, el caso paradigmático en la historia socialista). Ha habido algunos intentos recientes de resucitar esa visión corporativista, tanto en la teoría[38] como en la práctica[39]. Aunque es posible, por tanto, caracterizar ciertos tipos de empresarialismo urbano como algo puramente capitalista en cuanto a su método, intención y resultado, también es útil reconocer que muchos de los problemas de la acción empresarial colectiva no se deben al hecho de algún tipo de reforzamiento cívico, ni siquiera en virtud de quién, en particular, domina la alianza de clases urbana, o qué forma o proyectos diseña esta. Porque es el conjunto de la competencia interurbana, dentro del marco general del desarrollo geográfico capitalista desigual, el que parece dictar las opciones por las que los proyectos «malos» desplazan a los «buenos» y las coaliciones bien intencionadas y benévolas de fuerzas de clase se sienten obligadas a ser «realistas» y «pragmáticas» en un grado que las hace admitir las reglas de la acumulación capitalista por encima de los objetivos de satisfacer necesidades locales o maximizar el bienestar social. Sin embargo, incluso ahí, no está claro que el mero hecho de la competencia interurbana

---

[38] Véase G. Frug, «The city as a legal concept», 1980.
[39] Véase D. Blunkett y K. Jackson, *Democracy in Crisis,* 1987.

sea la principal contradicción que deba abordarse. Debería considerarse, más bien, como una condición que actúa como «portadora» (para usar la expresión de Marx) de las relaciones sociales más generales de cualquier modo de producción en el que se inserte esa competencia

El socialismo en una sola ciudad no es, por supuesto, un proyecto factible ni siquiera en la mejor de las circunstancias. Sin embargo, las ciudades son bases de poder importantes desde las cuales se puede y se debe trabajar. El problema es idear una estrategia geopolítica de vinculación interurbana que mitigue la competencia interurbana y lleve los horizontes políticos más allá de la localidad hacia un desafío más generalizable del desarrollo desigual capitalista. Los movimientos de la clase obrera, por ejemplo, han demostrado históricamente ser bastante capaces de dominar la política local, pero siempre han sido vulnerables a la disciplina de las relaciones espaciales y al dominio más poderoso sobre el espacio (tanto militar como económico) ejercido por una burguesía cada vez más internacionalizada. En tales condiciones, la trayectoria seguida por el auge del empresarialismo urbano en los últimos años sirve para sustentar y profundizar las relaciones capitalistas de desarrollo geográfico desigual, y por lo tanto afecta al camino general seguido por el desarrollo capitalista de formas intrigantes. Pero una perspectiva crítica sobre el empresarialismo urbano indica, además de sus impactos negativos, su potencialidad para la transformación en un corporativismo urbano progresivo, armado con un fuerte sentido geopolítico de la construcción de alianzas y vínculos a través del espacio a fin de mitigar, si no desafiar, la dinámica hegemónica de la acumulación capitalista para dominar la geografía histórica de la vida social.

Comentario

Este es, con mucho, mi artículo más citado (curiosamente mi libro y mi artículo más citados aparecieron el mismo año en que cayó el Muro de Berlín). Como debería quedar claro a partir de las referencias, esto no se debió a que estuviera escribiendo sobre un tema inusual. Cualquiera que trabajara en estudios urbanos en la década de 1980 estaría familiarizado con las tendencias en la gobernanza urbana que emergían a raíz de la desindustrialización y la reestructuración económica capitaneadas por los Gobiernos de Thatcher y Reagan. Las pérdidas masivas de empleos en la industria en las viejas ciudades de Europa y Estados Unidos estaban teniendo efectos dramáticos y destructivos sobre las estructuras sociales y la solidaridad comunitaria. Gran parte de la oposición al neoliberalismo –y no pocas esperanzas para un futuro alternativo– se concentraba en las ciudades (siendo emblemático el Greater London Council bajo Ken Livingstone en su fase marxista). Así que no había nada políticamente inusual en el texto. Era útil, por supuesto, tener una declaración sintética en la que figuraran todos sus aspectos. Pero creo que lo que le dio relevancia al artículo fue su énfasis en las raíces y consecuencias macroeconómicas y generales de la tendencia hacia el empresarialismo urbano y su contribución al aumento de las desigualdades sociales. Mostraba que los procesos locales, cuando se suman y coordinan mediante el poder de la competencia espacial, constituían un proceso global de inmensa importancia y que sería muy difícil resistirse a él únicamente mediante movilizaciones locales. El artículo destacaba sin ambages que lo que Marx llamó «leyes coercitivas de la competencia» funcionaban a través de la descentralización y la competencia interurbana. Por último, insistía en el papel seductor de la toma de decisiones autónoma en condiciones de libertad que ha producido los resultados coercitivos y no libres con los que ahora tenemos que convivir.

En 1978-1979 Michel Foucault, en un curso de conferencias en el Collège de France sobre *La Naissance de la biopolitique* enunció otra forma de pensar las consecuencias de esta transición. Postuló un giro hacia una forma neoliberal de gobenanza, en la que la racionalidad económica pasara de la esfera económica, relativamente estrecha, del mercado a la esfera de la autorregulación y en la que todos nos convirtiéramos en empresarios y responsables de nuestra propia formación de «capital humano». Sus ideas no desempeñaron ningún papel en la construcción de la transición que describo, pero proporcionan una interpretación interesante del potencial y de las consecuencias políticas muy negativas del cambio en las subjetividades políticas. Cuando escribí este artículo no empleé el término neoliberalismo, prefiriendo el de la «acumulación flexible», que también había enmarcado mi pensamiento en *The Condition of Postmodernity*. En 2005, en *A Brief History of Neoliberalism* [*Breve historia del neoliberalismo,* 2007], reescribí la historia de los cambios político-económicos que se habían producido bajo el neoliberalismo como soporte del empresarialismo urbano. Es más fácil interpretar retrospectivamente lo que sucedió que comprender lo que está sucediendo en un momento dado. A menudo me pregunto lo que pensaremos de nuestras confusiones actuales cuando miremos hacia atrás dentro de unos pocos años. Aquí es donde las intuiciones de un marxista (liberado del dogmatismo) podrían ser útiles.

VII

La naturaleza del medio ambiente
Dialéctica de los cambios sociales y medioambientales

Alrededor del «Día de la Tierra» de 1970, recuerdo haber leído un número especial de la revista *Fortune* sobre el medio ambiente. Celebraba la escalada de la preocupación medioambiental como una «cuestión no clasista» y el presidente Nixon, invitado a dar su opinión en un editorial, advertía que las generaciones futuras nos juzgarían sobre todo por la calidad del medio ambiente que habían heredado. El propio «Día de la Tierra» asistí a un mitin en el campus en Baltimore y escuché varios discursos entusiastas, principalmente de radicales blancos de clase media, atacando la falta de preocupación por las cualidades del aire que respiramos, el agua que bebemos y la comida que consumimos, y lamentando el enfoque materialista y consumista que estaba provocando el agotamiento de todo tipo de recursos y la degradación medioambiental. Al día siguiente fui a la Left Bank Jazz Society, un lugar popular frecuentado por familias afroamericanas de Baltimore. Los músicos intercalaron entre sus piezas diversos comentarios sobre el deterioro del medio ambiente. Hablaron también de la falta de empleos, las viviendas precarias, la discriminación racial y la decadencia de las ciudades, culminando con la proclamación, que hizo estallar a la audiencia en un paroxismo de vítores, de que su principal problema medioambiental era el presidente Richard Nixon.

Lo que me llamó la atención en aquel momento, y lo que sigue sorprendiéndome, es que la «cuestión medioambiental» significaba necesariamente cosas muy diferentes para distintas personas, y que en conjunto abarcaba literalmente todo lo que existe. Los dirigentes empresariales se preocupan por el entorno político y legal, los políticos por el entorno económico, los ciudadanos por el entorno social, los delincuentes, sin duda, por el entorno de la aplicación de la ley y los industriales contaminantes por el entorno regulatorio. Que una sola palabra se use de tantas maneras demuestra su incoherencia fundamental como concepto unitario. Sin embargo, al igual que sucede con la palabra «naturaleza», cuya idea «contiene, aunque a menudo no se aprecie, una extraordinaria cantidad de historia humana […] complicada y cambiante, del mismo modo que cambian las ideas y las experiencias»[1], los usos que se dan a la palabra «entorno» resultan instructivos. El aspecto «inadvertido» de esto plantea dificultades particulares, no obstante, porque siempre es difícil detectar las «*suposiciones* insuficientemente explícitas, o los *hábitos mentales* más o menos *inconscientes,* que operan en el pensamiento de un individuo o una generación», pero que definen «las tendencias intelectuales dominantes de una era». Lovejoy prosigue:

> Debido en gran parte a sus ambigüedades, las simples palabras son capaces de una acción independiente como fuerzas en la historia. Un término, una frase, una fórmula, gana uso o aceptación porque uno de sus significados, o de los pensamientos que sugiere, es compatible con las creencias o las pautas de valor prevalecientes. Los gustos de cierta época pueden ayudar a alterar las creencias, las normas de valor y las preferencias, porque otros significados o implicaciones sugeridas, sin que quienes emplean estas palabras lo aprecien claramente, se convierten gradualmente en elementos dominantes de su significado. La palabra «naturaleza», no hace falta decirlo, es el ejemplo más extraordinario de ello[2].

La batalla contemporánea sobre palabras como «naturaleza» y «medio ambiente» no es una cuestión meramente semántica, sino uno de los ejes principales del conflicto político, aunque es en el ámbito de la ideología donde «cobramos conciencia de las cuestiones políticas y luchamos por ellas». La lucha surge precisamente porque palabras como «naturaleza» y «medio ambiente» transmiten una comunidad y universalidad de pensamiento, que precisamente debido a su ambigüedad está abierta a una gran diversidad de interpretaciones. «Medio ambiente» es lo que rodea o, para ser más precisos, lo que existe en el entorno de algún ser y es relevante para el estado de

---

[1] Williams, *Problems in Materialism and Culture,* 1980, p. 67.
[2] Lovejoy, *The Great Chain of Being,* 1964, pp. 7-14.

ese ser en un momento particular. Dicho sencillamente, la «ubicación» de un ser y sus condiciones y necesidades internas tienen que ver tanto con la definición de su medio ambiente como con las propias condiciones circundantes, mientras que los criterios de relevancia también pueden variar ampliamente. Sin embargo, cada uno de nosotros se halla situado en un «medio ambiente» y todos tenemos por tanto cierta idea de lo que es un problema medioambiental.

Sin embargo, en los últimos años ha surgido cierto consenso que circunscribe los problemas medioambientales a un subconjunto particular de posibles significados, centrándose principalmente en la relación entre la actividad humana y (a) el estado o la «salud» del bioecosistema que sostiene esa actividad; (b) las cualidades específicas de ese ecosistema, como el aire, el agua, el suelo y los paisajes; y (c) las cantidades y calidades de los recursos naturales básicos para dicha actividad, incluidos los activos reproducibles y no renovables. Pero incluso interpretaciones levemente biocéntricas desafiarían la división entre «naturaleza» y «cultura» implícita en ese consenso. La consiguiente división entre «medioambientalistas», que adoptan una actitud externa y a menudo administrativa hacia el medio ambiente, y «ecologistas», que ven las actividades humanas como parte de la naturaleza, se está volviendo políticamente conflictiva[3]. En cualquier caso, hay una creciente aceptación pública de la idea de que gran parte de lo que llamamos «natural», al menos en lo que se refiere a la ecología superficial del globo y su atmósfera, ha sido significativamente modificada por la acción humana[4]. La distinción entre entornos construidos de las ciudades y entornos humanamente modificados de regiones rurales e incluso remotas parece pues arbitraria, excepto como una manifestación particular de una distinción ideológica bastante antigua entre el campo y la ciudad[5]. Sin embargo, ignoramos el poder ideológico de esa distinción y el riesgo que conlleva, ya que bajo mucha retórica ecologista subyace un sesgo generalizado antiurbano.

En lo que sigue trataré de establecer una posición teórica desde la cual intentaré interpretar las cuestiones medioambientales en el sentido más bien circunscrito que ahora atribuimos a ese término.

---

[3] Véase A. Dobson, *Green Political Thought,* 1990.
[4] G. Marsh, *Man and Nature,* 1965; W. Thomas, *Man's Role,* 1956; Goudie, *The Human Impact,* 1986.
[5] R. Williams, *The Country and the City,* 1973.

El problema

Comenzaré con dos citas.

> Abusamos de la tierra porque la consideramos como una mercancía que nos pertenece. Cuando veamos la tierra como una comunidad a la que pertenecemos, podemos comenzar a utilizarla con amor y respeto[6].

> Allí donde el dinero no es él mismo la entidad comunitaria, disuelve necesariamente la entidad comunitaria [...] El supuesto elemental de la sociedad burguesa es que el trabajo produce inmediatamente el valor de cambio, en consecuencia dinero, y que del mismo modo el dinero también compra inmediatamente el trabajo, y por consiguiente al obrero, pero sólo si él mismo, en el cambio, enajena su actividad [...] Por lo tanto el dinero es inmediatamente la *comunidad,* en cuanto que es la sustancia universal de la existencia para todos, y al mismo tiempo el producto social de todos[7].

Desde la perspectiva de Marx, la ética de la tierra que preconiza Leopold parece una búsqueda desesperada en una sociedad burguesa donde prevalece la comunidad del dinero; su prevalencia implicaría necesariamente la construcción de un modo de producción y consumo alternativo al del capitalismo. La claridad y las cualidades evidentes de ese argumento no han conducido, curiosamente, a un acercamiento inmediato entre la política ecologista/medioambientalista y la socialista; las dos se han mantenido en general enfrentadas, y el examen de las dos citas revela por qué. Leopold define un campo de pensamiento y acción fuera de las estrechas restricciones de la economía; es una forma de pensar mucho más biocéntrica. La política de la clase trabajadora y su empeño particular en revolucionar los procesos político-económicos se ve entonces como una perpetuación más que como una resolución del problema, tal como lo define Leopold. Lo mejor que la política socialista puede lograr, se argumenta a menudo, es una política medioambientalista (instrumental y administrativa) más que una política ecologista. En el peor de los casos, el socialismo se inclina hacia los llamados proyectos

---

[6] A. Leopold, *A Sand County Almanac,* 1968.

[7] K. Marx, *Elementos Fundamentales para la Crítica de la Economía Política,* vol. 1, pp. 159, 161 [*Grundrisse,* en *MEW* 42, pp. 151, 152].

«prometeicos» en los que se supone que la «dominación» de la naturaleza es posible y deseable.

Mi preocupación en este ensayo es ver si hay formas de superar ese antagonismo y convertirlo en un elemento creativo más que en una tensión destructiva. ¿Hay o debería haber algún lugar para una visión claramente «ecológica» de la política socialista progresista? Y si es así, ¿cómo debería ser? Empiezo por la pregunta de cómo puede valorarse socialmente la «naturaleza».

Valores monetarios

¿Podemos adscribir valores monetarios a la «naturaleza»? y, de ser así, ¿cómo y por qué? Hay tres argumentos a favor de hacerlo:

1. El dinero es el medio por el que todos, en la práctica diaria, valoramos aspectos significativos y muy extendidos de nuestro entorno. Cada vez que compramos una mercancía, entramos en un circuito de transacciones monetarias y mercantiles mediante las cuales se asignan valores monetarios (o, lo que es igualmente importante, no se asignan a los bienes libres con precio nulo) a los recursos naturales o las características ambientales significativas utilizadas en la producción y el consumo. Todos participamos (ya tengamos una mentalidad ecologista o no) en esas valoraciones monetarias sobre la naturaleza en virtud de nuestras prácticas diarias.
2. El dinero es la única vara de medir el valor, bien entendida y universal, que tenemos actualmente. Todos lo utilizamos y poseemos una comprensión tanto práctica como intelectual de lo que significa. Sirve para comunicar a los demás nuestras apetencias, necesidades y opciones, preferencias y valores, incluidos los que se adscribirán específicamente a la naturaleza. La comparabilidad de diferentes proyectos ecológicos (desde la construcción de presas hasta las medidas de conservación de la vida silvestre o de la biodiversidad) depende de la definición de un criterio común (implícito o reconocido) para evaluar si uno es preferible a otro. No se ha ideado todavía ninguna alternativa al dinero satisfactoria o universalmente aceptada. El dinero, como señaló Marx, es un nivelador cínico, que reduce un maravilloso mundo ecosistémico multidimensional de valores de uso, deseos y necesidades humanas, así

como de significados subjetivos, a un común denominador que todos pueden entender.

3. En nuestra sociedad particular el dinero es el lenguaje básico (aunque no el único) del poder social, y hablar en términos de dinero siempre es hablar en una lengua que los poseedores de ese poder aprecian y entienden. Pretender cualquier acción en cuestiones medioambientales a menudo requiere no sólo que articulemos el problema en términos universales (dinerarios) que todos podamos entender, sino también que hablemos con una voz persuasiva para quienes disponen del poder y lo ejercen. El discurso de la «modernización ecológica» trata precisamente de representar las cuestiones medioambientales como una empresa rentable. La economía medioambiental es también una herramienta útil y pragmática para incluir en la agenda los temas medioambientales. Cabe mencionar aquí la lucha de E. P. Odum para obtener la protección de los humedales en su Estado natal de Georgia, que cayó en saco roto hasta que expuso algunos valores monetarios plausibles pero bastante arbitrarios sobre el valor de los humedales para la economía estatal[8]. Esto convenció a la asamblea legislativa para formular, en una fecha relativamente temprana, una amplia legislación para la protección de los humedales. Hay suficientes ejemplos parecidos (como la conversión de Margaret Thatcher a una variante desvaída de la política verde en 1988) como para evidenciar que la influencia política se relaciona con la capacidad de articular las cuestiones medioambientales en crudos términos dinerarios.

Cómo hacerlo plantea dificultades. Pearce, Markandya y Barbier, por ejemplo[9], hacen valer la ampliamente aceptada opinión del Informe Brundtland[10] de que el desarrollo «sostenible» significa que las acciones actuales no deben comprometer la capacidad de las generaciones futuras para satisfacer sus necesidades, argumentando que el valor del conjunto total de activos, tanto producidos (por ejemplo, carreteras, campos y fábricas) como ofrecidos por la «naturaleza» (por ejemplo, minerales, suministros de agua, etc.), deben permanecer constantes de una generación a otra. ¿Pero cómo se puede

---

[8] Véase J. Gosselink et al., *The Value of the Tidal Marsh,* 1974.
[9] D. Pearce et al., *Blueprint for a Green Economy,* 1989.
[10] Informe Brundtland, *Our Common Future,* 1987.

cuantificar ese valor total? No se puede medir en términos físicos no comparables (es decir, en valores de uso reales o potenciales), y mucho menos en términos de cualidades inherentes, de modo que los valores monetarios (valores de cambio) proporcionan el único denominador común (universal).

Las dificultades con dicho procedimiento son legión.

1. Para empezar, ¿qué es el dinero? De por sí muerto e inerte, adquiere sus cualidades como medida del valor por medio de un proceso social. Los procesos sociales de intercambio que dan lugar al dinero, concluía Marx, muestran que este es una representación del tiempo de trabajo socialmente necesario y el precio es «el nombre dinerario del valor». Pero los procesos son contradictorios y por ello el dinero es siempre una representación escurridiza y poco fiable del valor como trabajo social. La devaluación de la moneda, las tasas extraordinarias de inflación en ciertos periodos y lugares, los furores especulativos… ilustran cómo el dinero puede ser seriamente inestable como representación del valor. El dinero, decimos, «sólo vale lo que puede comprar» e incluso hablamos del «valor del dinero», lo que significa que asignamos a todo lo que se presenta como dinero algunas cualidades sociales inherentes a todo lo demás que se intercambia. Además, el dinero aparece en múltiples formas: oro y plata, símbolos, fichas, monedas, papel (¿debemos usar dólares, libras esterlinas, yenes, cruzeiros, marcos?). Además, ha habido casos en que el dinero formal se ha visto tan desacreditado que chocolate, cigarrillos u otros bienes tangibles se han convertido en formas de moneda. Evaluar el valor de la «naturaleza» o del «flujo de bienes y servicios medioambientales» en esos términos plantea problemas graves que sólo tienen una compensación parcial mediante métodos sofisticados de cálculo en «precios constantes», «deflactores de precios» y nobles intentos de calcular tasas constantes de cambio en un mundo en el que las divisas muestran una notable volatilidad.
2. Es difícil asignar cualquier cosa que no sean valores dinerarios arbitrarios a los activos, independientemente de los precios de mercado realmente alcanzados por la corriente de bienes y servicios que proporcionan. Esto condena la valoración económica a una tautología en la que los precios alcanzados se convierten en los únicos indicadores que tenemos del valor monetario de los activos cuyo valor independiente estamos tratando de determinar. Los rápidos cambios en los precios de mer-

cado implican cambios igualmente rápidos en los valores de los activos. La devaluación masiva del capital fijo en el entorno construido durante los últimos años (fábricas y almacenes vacíos y cosas similares), por no hablar de los efectos del colapso del mercado inmobiliario, ilustra la intensa volatilidad de la valoración de activos dependiente de los comportamientos y las condiciones del mercado. Este principio se transfiere a la valoración de los activos «naturales» en las economías de mercado (considérese el valor de un pozo de petróleo en Texas durante la escasez de 1973-1975 frente a su valor en el momento de sobreabundancia petrolífera de 1980). El intento de transmitir un acervo constante de activos de capital (tanto construidos como naturales), medidos en esos términos monetarios, parece una empresa poco fiable, si no contraproducente.

3. Los precios en dinero se adscriben a cosas particulares y presuponen entidades intercambiables con respecto a las cuales se pueden establecer o inferir derechos de propiedad privada. Esto significa que concebimos esas entidades como si pudieran extraerse de cualquier ecosistema del que formen parte. Supongamos que podemos valorar los peces, por ejemplo, independientemente del agua en la que nadan. El valor monetario de todo un ecosistema puede evaluarse, según esa lógica, sumando el de sus partes, que se engarzan en una relación atomística con el todo. Sin embargo, esa forma de realizar las evaluaciones monetarias tiende a desmoronarse cuando consideramos que el medio ambiente se construye de manera orgánica, ecosistémica o dialéctica[11] y no como una máquina cartesiana con piezas reemplazables. De hecho, la búsqueda de valoraciones monetarias nos compromete a una ontología totalmente cartesiana-newtoniana-lockeana y en algunos aspectos «antiecológica», de cómo se constituye el mundo natural (véase más adelante).

4. Las valoraciones monetarias presuponen cierta estructura, tanto del tiempo como del espacio. La estructura temporal se define a través del procedimiento del descuento, en el que el valor presente se calcula en términos de un flujo descontado de beneficios futuros. No existen reglas firmes para el descuento y la literatura medioambiental está llena de críticas y defensas de diferentes prácticas de descuento en relación con las cualidades medioambientales. La volatilidad de los tipos de interés real y la arbitrariedad de los tipos de interés asignados, por ejem-

---

[11] R. Norgaard, «Environmental economics», 1985.

plo, a los proyectos públicos, hacen que la valoración sea particularmente difícil. Tal valoración, además, sólo tiene sentido si los activos son intercambiables, por lo que descontar el valor futuro de, digamos, el estado de los flujos de energía en el océano o en la atmósfera resulta totalmente inverosímil. Las nociones múltiples y, a menudo, no lineales del tiempo que se asignan a diferentes procesos ecológicos también plantean problemas profundos. Mientras que, por ejemplo, sería posible descubrir algo acerca de las preferencias humanas del tiempo (o al menos realizar afirmaciones razonables sobre ellas), las temporalidades múltiples que operan en los ecosistemas suelen ser de un tipo fundamentalmente diferente. McEvoy cita el caso del ciclo reproductivo (no lineal) de las poblaciones de sardinas en las aguas californianas: las sardinas se adaptaron a la «volatilidad ecológica» individualmente, «viviendo lo suficiente para permitir que cada generación se reprodujera al menos en un buen año»[12]. El volumen total se colapsó repentinamente cuando la pesca «privó a la población de su amortiguador natural». Por supuesto, políticas y prácticas sensatas con respecto al riesgo y la incertidumbre podrían haber evitado tal resultado, pero la cuestión es que la temporalidad definida por tales comportamientos ecológicos es antagónica a la concepción lineal, progresiva y muy newtoniana del tiempo que solemos usar en los cálculos económicos. Pero incluso suponiendo que se puede llegar a algún tipo de valoración, aún quedan profundas cuestiones morales, porque si bien puede ser, como señala Goodin, «económicamente eficiente para nosotros cambiar el futuro», podría ser «equivocado que lo hiciéramos» porque «equivaldría a un tratamiento injusto para las generaciones futuras»[13]. Por esta y otras razones, la «teoría del valor verde» (como la llama Goodin) es profundamente antagónica a las prácticas de descuento. «La preocupación por el futuro debería añadirse hasta sumar cero», escribe el gran ecologista Naess[14]. El efecto de esa tasa de descuento sería evitar cualquier inversión en un proyecto futuro.
5. Los dispositivos de propiedad pueden ser de varios tipos. Se ven muy diferentes, por ejemplo, en condiciones de una intensa conservación de

---

[12] A. McEvoy, «Towards an interactive theory of nature and culture», 1988, p. 222.
[13] R. Goodin, *Green Political Theory,* 1992, p. 67.
[14] A. Naess, *Ecology, Community and Lifestyle,* 1989, p. 127.

los humedales o del control de uso de la tierra. Gran parte de la política medioambiental contemporánea se ocupa de diseñar un marco regulatorio con el que inducir o persuadir a quienes poseen derechos de propiedad privada a que los empleen de manera medioambientalmente benigna, por ejemplo aceptando horizontes temporales bastante más largos que los que dicta la tasa de descuento del mercado. Por difícil que sea este problema teórico, legal y político, aún presume que el medio ambiente tiene una estructura lo suficientemente clara como para poder construir una especie de argumento coste-beneficio con respecto a la relación entre los bienes ambientales y los derechos de propiedad individualizados. La apelación a las valoraciones monetarias nos condena, en resumen, a una visión del mundo en la que el ecosistema es visto como una «externalidad» que sólo debe ser internalizada en la acción humana mediante una estructura de precios arbitrariamente elegida e impuesta o un régimen regulatorio.

6. A la luz de estos problemas es difícil no concluir que hay algo en las valoraciones monetarias que las hace intrínsecamente antiecológicas, limitando el campo de pensamiento y acción a la gestión ambiental instrumental. Aunque el propósito de la economía medioambiental (tanto en su teoría como en su práctica) es escapar de una lógica demasiado estrecha de valoraciones y buscar formas de aplicar valores monetarios a activos que de otro modo carecerían de precio, no puede escapar de los límites de sus propias suposiciones institucionales y ontológicas (que bien pueden ser erróneas) sobre cómo se ordena el mundo y cómo se valora.

7. El dinero, por último, no es muy satisfactorio como un medio apropiado para representar la fuerza o la complejidad múltiple de querencias, deseos, pasiones y valores humanos. «Vemos en la naturaleza del dinero mismo algo de la esencia de la prostitución», dice Simmel[15], y Marx pensaba algo parecido[16]. Freud llevó las cosas aún más lejos, señalando nuestra inclinación a describir el dinero como algo sucio e impuro («vil metal» y «asquerosamente rico» son expresiones comunes). «Es posible que el contraste entre la sustancia más preciada conocida por los hombres y la más inútil […] haya llevado a la identificación específica

---

[15] G. Simmel, *The Philosophy of Money*, 1978, p. 377.
[16] K. Marx, *EFCEP*, vol. 1, p. 90 [*Grundrisse*, en *MEW* 42, p. 96].

del oro con las heces», escribió, y conmocionó a sus lectores victorianos al tratar el oro como excremento transformado y las relaciones de intercambio burguesas como rituales sublimados del ano. El dinero, escribió su amigo Ferenczi, «no es más que inmundicia deshidratada e inodora que se ha hecho brillar»[17]. No tenemos que llegar tan lejos como Freud y Ferenczi para reconocer que hay algo moral o éticamente cuestionable o francamente objetable en la valoración de la vida humana en términos de ganancias vitalicias actualizadas y de la «naturaleza» (por ejemplo, el destino del oso pardo y el búho moteado como especies a las que se permite seguir viviendo) en términos monetarios.

Desde este último punto de vista, el capitalismo carga con una falla moral central: el dinero reemplaza todas las demás formas de imagen (religión, autoridad religiosa tradicional y similares) y pone en su lugar algo que no tiene una imagen propia porque es incoloro, inodoro e indiferente en relación con el trabajo social que se supone que representa o, si proyecta alguna imagen, connota suciedad, inmundicia, excrementos y prostitución. El efecto es crear un vacío moral en el corazón de la sociedad capitalista: una autoimagen incolora del valor, que puede tener un efecto nulo sobre la identidad social. No puede proporcionar una imagen de vínculo social o de comunidad en el sentido habitual de ese término (aunque es la comunidad real en el sentido en que Marx la definía); y fracasa como sistema central de valores en cuanto a articular incluso las esperanzas y aspiraciones humanas más mundanas. El dinero es lo que ambicionamos a efectos de la reproducción diaria y en este sentido sí que se convierte en la comunidad; pero en una comunidad vacía de pasión moral o de significados humanos. El sentimiento que Leopold intentó articular es, desde ese punto de vista, correcto.

En este punto, quien juzgue críticamente las valoraciones monetarias, sintiéndose sin embargo profundamente preocupado por la degradación medioambiental, se enfrenta a un dilema: evitar el lenguaje de la práctica económica diaria y el poder político y clamar en el desierto, o articular valores no monetizables profundamente sentidos en un idioma (el del dinero) que cree inapropiado o fundamentalmente ajeno. A mi parecer no existe una solución inmediata para esa paradoja. Zola la presentó acertadamente en *L'Argent* (cap. 7):

---

[17] E. Borneman, *The Psychoanalysis of Money,* 1976, p. 86.

> *Madame* Caroline tuvo entonces la brusca convicción de que el dinero constituía el estiércol en medio del cual surgía aquella humanidad del mañana [...] sin la especulación, no sería posible la existencia de grandes empresas, vivientes y fecundas, como tampoco habría criaturas sin la lujuria. Es preciso ese exceso de la pasión, toda esa vida rastreramente gastada y perdida, para la continuación de la vida misma [...] El dinero, envenenador y destructor, era el fermento de toda vegetación social, servía de abono para aquellos grandes trabajos cuya realización acercaría a los pueblos entre sí y pacificaría la tierra [...] Todo el bien nacía de él, que era al propio tiempo el que producía todo el mal.

Aunque la moraleja última de la novela de Zola es que la aceptación de esa tesis conduce a una farsa especulativa y a una tragedia personal, nada menos que el teórico Max Weber advirtió con severidad y acierto que era un error atroz pensar que del bien sólo puede salir el bien y del mal sólo el mal. El dinero puede ser profundamente inadecuado, desalmado y «la raíz de todo mal», pero de ahí no se deduce necesariamente que todos los males sociales, y por extensión todos los males ecológicos, sean consecuencia de las condiciones de mercado en las que operan la propiedad privada, el individualismo y las valoraciones monetarias. Por otro lado, también tenemos suficientes pruebas de las consecuencias desenfrenadas de lo que Karl William Kapp llamó *The Social Costs of Private Enterprise* para saber que es igualmente ilusorio aceptar la tesis de Adam Smith de que el bien surge automáticamente de los necesarios males provocados por el comportamiento de la mano invisible del mercado. Abandonado a sus propios impulsos, argumentaba Marx, el progreso capitalista «es un progreso en el arte, no sólo de robar al trabajador, sino de esquilmar el suelo», mientras que la tecnología capitalista sólo se desarrolla «socavando las fuentes originales de toda riqueza: la tierra y el trabajador»[18].

La conclusión es, entonces, bastante más ambigua de lo que muchos querrían aceptar. En primer lugar, mientras participemos continuamente en intercambios de mercancías mediados por dinero (y esta proposición se sostiene con la misma firmeza para cualquier posible sociedad socialista) será imposible en la práctica evitar valoraciones monetarias. En segundo lugar, las valoraciones de activos ambientales en términos de dinero, aunque sean

---

[18] K. Marx, *El capital*, vol. I, cap. XIII *(Maschinerie und große Industrie)*, sec. 10 *(Große Industrie und Agrikultur)*, pp. 584-585.

muy problemáticas y seriamente defectuosas, no son un mal absoluto. No podemos saber, sin embargo, hasta qué punto son buenas las valoraciones arbitrarias de la «naturaleza» (una vez que decidimos ir más allá de la simple idea de un flujo sin precio de bienes y servicios) a menos que tengamos alguna noción alternativa del valor con la que juzgar la idoneidad o el valor moral de las valoraciones monetarias. Tampoco podemos evitar una profunda conexión entre una visión newtoniana y cartesiana de la biosfera (una visión que muchos consideran ahora seriamente inadecuada para afrontar los problemas ecológicos) y la base misma del pensamiento económico y las prácticas capitalistas. Es importante destacar que la visión newtoniana-cartesiana no es de por sí incorrecta, como tampoco lo es el modelo smithiano paralelo del individualismo atomístico, los comportamientos de mercado y los derechos de propiedad. Pero una y otro son severamente limitados en su capacidad y ahora somos lo bastante sabios como para saber que hay muchas esferas de decisión y acción, como la teoría cuántica y las cuestiones ecológicas, que no pueden ser captadas en dicho formato. La mecánica newtoniana y la economía smithiana pueden ser adecuadas para construir puentes, pero son totalmente inadecuadas para tratar de determinar el impacto ecosistémico de tales tareas.

¿Son inherentes los valores a la naturaleza?

Dentro de la vida burguesa ha habido una larga historia de resistencia y búsqueda de una alternativa al dinero como forma de expresar los valores. Religión, comunidad, familia y nación han sido propuestas como candidatas, pero el conjunto particular de alternativas que deseo considerar aquí es el de las que de un modo u otro entienden que los valores residen en la naturaleza, porque el romanticismo, el medioambientalismo y el ecologismo han incorporado elementos esenciales de esa ética. Y la idea tampoco es ajena al marxismo (al menos a algunas de sus interpretaciones). Cuando Marx argumentó en «Sobre la cuestión judía»[19] que el dinero «ha robado a todo el mundo, tanto al mundo de los hombres como a la naturaleza, su valor específico» y que «la visión de la naturaleza alcanzada bajo el dominio de la propiedad privada y el dinero es un desprecio real de la naturaleza y una degradación

---

[19] K. Marx, «Zur Judenfrage», en *MEW,* Band 1, p. 375.

práctica de ella», se acerca mucho a respaldar la opinión de que el dinero ha destruido valores naturales intrínsecos anteriores y tal vez recuperables.

La ventaja de ver los valores como algo propio de la naturaleza es que proporciona un sentido inmediato de seguridad y permanencia ontológicas. El mundo natural proporciona un candidato rico, variado y permanente para la entrada en la sala de valores universales y permanentes para conformar la acción humana y dar sentido a vidas de otro modo efímeras y fragmentadas[20]. «Para mí es inconcebible –escribe Leopold–, que una relación ética con la tierra pueda existir sin amor, respeto y admiración por ella y un gran aprecio por su valor. Por valor entiendo, por supuesto, algo mucho más amplio que el mero valor económico; entiendo el valor en su sentido filosófico [de modo que] una cosa está bien cuando tiende a preservar la integridad, la estabilidad y la belleza de la comunidad biótica. Está mal cuando tiende a lo contrario»[21]. ¿Pero cómo sabemos y qué significa que «la integridad, la estabilidad y la belleza» son cualidades inherentes a la naturaleza?

Esto nos lleva a la cuestión crucial: si los valores residen en la naturaleza, ¿cómo sabemos lo que son? Las vías para tal comprensión son muchas y variadas. La intuición, el misticismo, la contemplación, la revelación religiosa, la metafísica y la introspección personal han proporcionado, y continúan proporcionando, caminos para adquirir tales comprensiones. Superficialmente, al menos, esos distintos enfoques contrastan radicalmente con la investigación científica. Sin embargo, argumentaré, todos comparten necesariamente algo. Todas las versiones de los valores revelados en la naturaleza dependen en gran medida de capacidades humanas y de *mediaciones* antropocéntricas particulares (a veces incluso de intervenciones carismáticas de individuos visionarios). Mediante el despliegue de términos altamente emotivos, como el amor, el cuidado, la crianza, la responsabilidad, la integridad, la belleza y otros por el estilo que representan inevitablemente tales valores «naturales» en términos característicamente humanizados, se producen discursos peculiarmente humanos sobre valores intrínsecos. Para algunos, esa «humanización» de los valores de la naturaleza es deseable y en sí misma noble, reflejando las peculiaridades de nuestra propia posición en la «gran cadena del ser»[22].

---

[20] Cfr. R. Goodin, *Green Political Theory,* 1992, p. 40.
[21] A. Leopold, *A Sand County Almanac,* 1968, pp. 223-224.
[22] A. Lovejoy, *The Great Chain of Being,* 1964.

«La humanidad es la naturaleza que cobra conciencia de sí misma», fue el lema que adoptó el geógrafo anarquista Reclus, indicando claramente que el sujeto cognoscente tiene un papel creativo que desempeñar al menos al traducir los valores inherentes a la naturaleza en términos humanizados. Pero si, como señala Ingold, «el mundo físico de la naturaleza no puede ser aprehendido como tal, y mucho menos confrontado y apropiado, salvo por una conciencia en cierto grado emancipada de él»[23], ¿cómo podemos estar seguros de que los seres humanos son agentes apropiados para representar todos los valores que residen en la naturaleza?

La capacidad de descubrir valores intrínsecos depende, entonces, de la capacidad de los sujetos humanos dotados de conciencia y capacidades reflexivas y prácticas para convertirse en mediadores neutrales de lo que podrían ser esos valores. Esto a menudo conduce, como en las doctrinas religiosas, a la estricta regulación de las prácticas humanas (como el ascetismo o prácticas como el yoga) para asegurar la apertura de la conciencia humana al mundo natural. El problema de las mediaciones antropocéntricas está igualmente presente en la investigación científica. Pero ahí también el científico suele adoptar el papel de un sujeto cognoscente que actúa como mediador neutral, bajo las más estrictas pautas de ciertos métodos y prácticas (que a veces avergüenzan a muchos budistas), tratando de descubrir, comprender y representar con precisión los procesos que tienen lugar en la naturaleza. Si los valores son inherentes a la naturaleza, entonces la ciencia, en virtud de sus procedimientos objetivos, debería proporcionar una vía razonablemente neutral para descubrir cuáles podrían ser esos valores. Hasta qué punto sería eso neutral es algo que ha sido objeto de intensos debates. La consideración de dos ejemplos proporcionará una idea de la dificultad.

1) *La fábula del espermatozoide y el óvulo*

Las obras feministas han recurrido una y otra vez, a lo largo de los años, a las metáforas de género en la investigación científica. El efecto deseado es reflejar ideas sociales sobre las relaciones de género en representaciones científicas del mundo natural para hacer así que esas construcciones sociales parezcan «naturales». Merchant destaca, por ejemplo, la imaginería de género

---

[23] T. Ingold, *The Appropriation of Nature,* 1986, p. 104.

con la que Francis Bacon se acercaba a la naturaleza (en esencia la analizaba como si fuera un cuerpo femenino que debía ser explorado y un espíritu femenino a ser dominado y domado por la astucia o la fuerza) en sus argumentos fundacionales con respecto al método experimental (una imaginería que arroja luz sobre lo que sucede en *La Doma de la bravía* de Shakespeare)[24]. No se trata, sin embargo, de ejemplos aislados o singulares. Haraway, en un perspicaz ensayo sobre el «patriarcado del osito» en el Museo de Historia Natural de Nueva York, señala cómo «la decadencia –la amenaza de la ciudad, la civilización, la máquina– se mantuvo en la política de la eugenesia y el arte de la taxidermia. El museo cumplió su propósito científico de conservación, preservación y producción de permanencia en medio de un mundo urbano que en el momento del cambio de siglo parecía estar al borde del caos y el colapso». Oponía a ese mundo de socialidad conflictiva una tecnología visual de muestras desplegadas en parte como un medio para comunicar al mundo exterior un sentido de auténtica organicidad del orden natural (fundada en la jerarquía, el patriarcado, la clase y la familia) que debería ser el fundamento de la estabilidad para cualquier orden social. Al hacerlo, utilizaba explícitamente y sigue utilizando la primatología como un medio para producir o promover relaciones de raza, clase y género de cierto tipo.

El ejemplo de Martin[25] de la fábula del óvulo y el espermatozoide tal como se representa en la extensa literatura médica y biológica sobre la fertilidad humana es particularmente instructivo. No sólo se describe el proceso reproductivo femenino (en particular la menstruación) como un desperdicio en comparación con la capacidad inmensamente productiva de los hombres para generar esperma, sino que el proceso real de fertilización se describe en términos de un óvulo femenino pasivo, rastreado, capturado y reclamado como premio por un espermatozoide masculino activo, dinámico e intrusivo después de un difícil y arduo viaje para reclamar su premio. Los espermatozoides aparecen extrañamente como exploradores que buscan oro o empresarios que compiten por negocios (véase la idea de Zola antes citada de la especulación financiera como la lujuria derrochadora necesaria para producir cualquier cosa). Sin embargo, resulta que la metáfora desplegada en los estudios científicos de la fertilidad humana era fundamentalmente engañosa: el espermatozoide no es en absoluto tan directo, enérgico y valiente como se

---

[24] C. Merchant, *The Death of Nature,* 1980.
[25] E. Martin, «The egg and the sperm», 1991.

suponía (resulta ser bastante apático y errante de por sí) y el óvulo desempeña un papel mucho más activo en la fertilización. Pero a los investigadores les llevó un tiempo dejar de lado sus prejuicios de género, y cuando lo hicieron fue principalmente convirtiendo el óvulo en el equivalente a la *femme fatale* agresiva que seduce, atrapa y victimiza al macho (espermatozoide) en una elaborada red de araña como «una madre envolvente y devoradora». Los nuevos datos, sugiere Martin, «no llevaron a los científicos a eliminar los estereotipos de género en sus descripciones de óvulos y espermatozoides, sino que simplemente comenzaron a describir óvulos y espermatozoides en términos diferentes, pero no menos nocivos»[26]. Evidentemente, no podemos inferir los valores inherentes a la naturaleza de investigaciones y consultas de este tipo.

2) *Las metáforas de Darwin*

Considérense, como segundo ejemplo, las complejas metáforas que se contraponen y desarrollan en *El origen de las especies* de Darwin. Está, en primer lugar, la metáfora de las prácticas de cría de ganado (de las que Darwin era un buen conocedor en virtud de su infancia en una granja). Como señaló Young[27], tomó los procedimientos de selección artificial tan conocidos en la cría de ganado y los situó en un entorno natural, planteando la dificultad inmediata de quién era el agente consciente tras la selección natural. Está, en segundo lugar, la metáfora maltusiana que Darwin explícitamente reconoce como fundamental para esta teoría. Los valores emprendedores de la competencia, la supervivencia del más apto en una lucha por la existencia, aparecían en la obra de Darwin como valores «naturales» a los que el darwinismo social podría recurrir más tarde y que el «sentido común» contemporáneo sigue desplegando. Todes[28], en un detallado examen de cómo se recibieron las ideas de Darwin en Rusia, muestra, sin embargo, que los rusos rechazaron casi unánimemente la relevancia de la metáfora maltusiana y restaron importancia a la lucha y la competencia como mecanismo evolutivo:

---

[26] *Ibid.*, p. 498.
[27] R. Young, *Darwin's Metaphor*, 1985.
[28] D. Todes, *Darwin without Malthus*, 1989.

Ese estilo nacional unificador fluía de las condiciones básicas de la vida nacional en Rusia, desde la propia naturaleza de su estructura de clase y sus tradiciones políticas y de su tierra y clima. La economía política rusa carecía de una dinámica burguesía favorable al *laissez faire* y estaba dominada por terratenientes y campesinos. Las principales tendencias políticas, el monarquismo y un populismo de orientación socialista, compartían ampliamente un *ethos* social cooperativo y un rechazo del individualismo competitivo de Malthus y Gran Bretaña. Además, Rusia era un país extenso, escasamente poblado, con un clima rápidamente cambiante y a menudo severo. Es difícil imaginar un escenario menos acorde con la idea de Malthus de unos organismos constantemente enfrentados en conflictos mutuos por un espacio y unos recursos limitados [...] Esta combinación de influencias antimaltusianas y no maltusianas privó a la metáfora de Darwin del poder del sentido común y de atractivo explicativo[29].

A pesar de su gran admiración por Darwin, Marx no pasó por alto este aspecto de su trabajo: «Es notable –escribió a Engels–, cómo Darwin reconoce entre las bestias y plantas su sociedad inglesa con sus divisiones del trabajo, su competencia, su apertura de nuevos mercados, los "inventos" y la "lucha por la existencia" de Malthus»[30].

Si Darwin (y Wallace) no se hubieran sentido tan impresionados, como muchos ingleses de la época, por la extraordinaria fecundidad de los trópicos y hubieran orientado su pensamiento hacia las regiones subárticas, y si hubieran estado socialmente armados con imágenes de lo que ahora llamamos «la economía moral del campesinado», bien podrían haber minimizado, como lo hicieron los evolucionistas rusos de todas las tendencias políticas, los mecanismos de la competencia. En su lugar, podrían haber insistido en la cooperación y la ayuda mutua. Cuando el príncipe Kropotkin llegó a Londres procedente de Rusia, armado con sus teorías de la ayuda mutua como potente fuerza en la evolución tanto natural como social, fue simplemente apartado como un maniático anarquista (a pesar de sus impresionantes credenciales científicas) debido a la poderosa aura del darwinismo social en su época.

Pero hay otra metáfora interesante en la obra de Darwin, hasta cierto punto antagónica a la de la competencia y la lucha por la existencia. Tenía que ver

---

[29] *Ibid.,* p. 168.
[30] K. Marx a F. Engels, carta del 18 de junio de 1862, en *MEW,* Band 30, p. 249.

con la diversificación de especies en grupos. La metáfora que la guiaba era al parecer la proliferación de las divisiones del trabajo y la creciente rotundidad de la producción dentro del sistema fabril, sobre las que Darwin también estaba muy informado, dado su matrimonio con la hija del industrial Josiah Wedgwood II. En todos esos casos, la intensa interacción entre las metáforas de base social y la investigación científica hace extremadamente difícil extraer de los hallazgos científicos cualquier información no socialmente contaminada de los valores que pueden residir en la naturaleza. Por eso no es sorprendente descubrir que las influyentes opiniones científicas de Darwin se vieran apropiadas por una amplia gama de movimientos políticos como base «natural» para sus programas políticos particulares[31]. Tampoco debería sorprendernos que otros, como Allee y sus colegas ecologistas de la Universidad de Chicago, pudieran utilizar en los años de entreguerras su trabajo científico sobre la ecología animal como vehículo para apoyar e incluso promover sus puntos de vista comunitarios, pacifistas y cooperativos[32].

La conclusión me parece irrefragable. Si los valores residen en la naturaleza, no tenemos una forma científica para saber lo que son independientemente de los valores implícitos en las metáforas desplegadas en el montaje de líneas específicas de investigación científica. Hasta los nombres que usamos traicionan la profundidad y la omnipresencia del problema. Las «abejas obreras» no pueden entender el *Manifiesto comunista* más de lo que la «mantis religiosa» va a la iglesia; sin embargo, la terminología ayuda a naturalizar las peculiares relaciones y prácticas de poder social[33]. El lenguaje del «gen egoísta» o «el relojero ciego» proporciona referencias sociales igualmente vívidas de los argumentos científicos. Rousseau, curiosamente, percibió esa astucia hace tiempo cuando escribió sobre «el error cometido por aquellos que, al razonar sobre el estado de naturaleza, siempre importan ideas recogidas del estado de sociedad»[34]. Los ecologistas interesados, por ejemplo, en articular conceptos de equilibrio, sucesión de plantas y clímax vegetal como propiedades del mundo natural han reflexionado tanto sobre la búsqueda humana de permanencia y seguridad como sobre la búsqueda de una descripción o teo-

---

[31] Véase V. Gerratana, «Marx and Darwin», 1973.
[32] G. Mitman, *The State of Nature,* 1992.
[33] Cfr. M. Bookchin, *Remaking Society,* 1990.
[34] J.-J. Rousseau, *Discours sur l'origine et les fondements de l'inégalité parmi les hommes,* París, Flammarion, 2016 [ed. cast: *Discurso sobre el origen y los fundamentos de la desigualdad entre los hombres,* Madrid, Alianza, 1980].

rización precisa y neutral de los procesos ecológicos. Y la idea de la armonía con la naturaleza, no como un deseo humano, sino como una necesidad impuesta por la naturaleza, también evoca la visión de que ser natural es ser armonioso más que conflictivo. Hemos cargado sobre la naturaleza, a menudo sin saberlo, tanto en nuestra ciencia como en nuestra poesía, gran parte de un deseo de valor alternativo al que implica el dinero.

La elección de valores está en nosotros y no en la naturaleza. Vemos, por decirlo resumidamente, sólo aquellos valores que nuestras metáforas cargadas de valores nos permiten ver en nuestros estudios del mundo natural. Armonía y equilibrio; belleza, integridad y estabilidad; cooperación y ayuda mutua; fealdad y violencia; jerarquía y orden; competencia y lucha por la existencia; turbulencia y cambio dinámico impredecible; causalidad atomista; dialéctica y principios de complementariedad; caos y desorden; fractales y atractores extraños... todos ellos pueden entenderse como «valores naturales», no porque sean atribuidos arbitrariamente a la naturaleza, sino porque por muy implacable, prístino y riguroso que sea nuestro método de investigación, el marco de la interpretación se da en la metáfora más que en la prueba. De la biología celular y reproductiva contemporánea aprenderemos que el mundo está inapelablemente ordenado, siguiendo una jerarquía, en sistemas de mando y control que se parecen sospechosamente a un sistema fabril fordista, mientras que de la inmunología contemporánea concluiremos que el mundo está ordenado como un sistema de comunicaciones fluido con redes dispersas de control-mando-inteligencia que se parecen mucho más a los modelos contemporáneos de organización industrial y comercial flexible[35]. Así pues, cuando se afirma que «la naturaleza enseña», lo que normalmente sigue, comenta Williams, «es selectivo, de acuerdo con el propósito general del hablante»[36].

La solución a este respecto no puede ser buscar una investigación científica sin metáforas. Su despliegue (como el despliegue paralelo de modelos) está en la raíz de la producción de todo conocimiento. La «percepción metafórica», dicen Bohm y Peat, es «fundamental para toda la ciencia», tanto para ampliar los procesos de pensamiento existentes como para penetrar en «dominios aún desconocidos de la realidad, que en cierto sentido están implícitos en la metáfora»[37]. Por lo tanto, sólo podemos reflexionar críticamente sobre

---

[35] E. Martin, «The end of the body?», 1992.
[36] R. Williams, *Problems in Materialism and Culture,* 1980, p. 70.
[37] D. Bohm y F. Peat, *Science, Order and Creativity,* 1987, pp. 35-41.

las propiedades de las metáforas en uso. Y entonces descubrimos que los valores supuestamente inherentes a la naturaleza son siempre propiedades de las metáforas más que inherentes a la naturaleza. «Nunca podemos hablar de naturaleza –dice Capra–, sin hablar al mismo tiempo de nosotros mismos»[38].

La comunidad moral y los valores medioambientales

En los últimos años ecologistas muy respetables tienden a abandonar la idea de valores puramente inherentes a la naturaleza[39], en parte debido a sus lecturas de teoría cuántica y la traducción de las ideas de Bohr y Heisenberg a una forma particular de discurso ecológico en los muy influyentes textos de Fritjof Capra *The Tao of Physics [El Tao de la Física]* y *The Turning Point [El punto crucial]*. El giro simultáneo a la metafísica, la hermenéutica y la fenomenología como medios para presentar y descubrir los valores que deberían adscribirse a la naturaleza enfatiza el papel del sujeto cognoscente. Warwick Fox, por ejemplo, escribe:

> El marco apropiado del discurso para describir y presentar la ecología profunda no tiene que ver fundamentalmente con el valor del mundo no humano, sino con la naturaleza y las posibilidades del yo, o podríamos decir, con la cuestión de quiénes somos, o podemos (o debemos) llegar a ser en el gran plan de las cosas[40].

La palabra «debemos» sugiere que los valores que asignamos a la comunidad biótica más amplia de la que formamos parte, pero sobre todo los medios mediante los que los descubrimos, dependen fundamentalmente de la capacidad humana para la «autorrealización» (a diferencia del sentido más estrecho de «realización del ego» o «autorrealización» tal como se entiende en la sociedad burguesa) dentro de la naturaleza y no sin ella. La literatura de la «ecología profunda» apela tácitamente a la noción de «esencia humana» o «potencialidad humana» (o, en el lenguaje de Marx, «ser una especie» *[Gattungswesen]* cuyas potencialidades aún no se han realizado plenamente), de la que la huma-

---

[38] F. Capra, *The Tao of Physics,* 1975, p. 77.
[39] Cfr. A. Dobson, *Green Political Thought,* 1990, pp. 57-63.
[40] Citado en A. Naess, *Ecology, Community and Lifestyle,* 1989, p. 19.

nidad se ha visto fundamentalmente alienada (tanto real como potencialmente) por su separación de la «naturaleza». El deseo de restaurar esa conexión perdida (amputada por la tecnología moderna, la producción mercantil, un enfoque prometeico o utilitario de la naturaleza, la «comunidad» de los flujos de dinero, etc.) estaría en la raíz de una búsqueda intuitiva, contemplativa y fenomenológica de «autorrealización». Si los valores están «social y económicamente anclados», argumenta Naess[41], entonces la tarea filosófica es desafiar esos valores instrumentales que alienan. Mediante la «elaboración de un sistema filosófico» podemos llegar a una «clarificación y desenmarañamiento integral de los valores», poniendo en marcha un movimiento colectivo que pueda lograr «una reorientación sustancial de toda nuestra civilización».

Ahí tenemos a nuestra disposición todo tipo de «clarificaciones» filosóficas, metafísicas y religiosas. Heidegger, por ejemplo, ofrece un considerable sustento para el pensamiento ecológico contemporáneo[42]. Curiosamente, sus principales objeciones a la modernidad no sólo se hacen eco de argumentos contra el fetichismo de la mercancía, sino que también captan gran parte de la sensibilidad que alienta en un amplio sector de la metafísica ecológica:

> Ahora cada vez se hace más prepotente, rápida y completa la objetividad del dominio técnico sobre la tierra. No sólo dispone todo ente como algo producible en el proceso de producción, sino que provee los productos de la producción a través del mercado. Lo humano del hombre y el carácter de cosa [*coseidad*] de las cosas se disuelven, dentro de la producción que se autoimpone, en el calculado valor mercantil de un mercado, que no sólo abarca como mercado mundial toda la tierra, sino que, como voluntad de la voluntad, mercadea dentro de la esencia del ser y así conduce todo ente al comercio de un cálculo que domina con mayor fuerza donde no precisa de números[43].

La respuesta de Heidegger a esta situación, como la de gran parte de esa corriente del movimiento ecologista, es retirarse por completo a una metafísica del Ser como forma de habitar que se despliega en una forma de construcción que cultiva, cuida, protege, preserva y nutre el medio ambiente para

---

[41] A. Naess, *Ecology, Community and Lifestyle*, 1989, p. 45.
[42] R. Steiner, *Heidegger*, 1992, p. 136.
[43] M. Heidegger, *Poetry, Language, Thought*, 2001, p. 112; en alemán, «Wozu Dichter?», en *Holzwege*, Frankfurt a. M., 1950 [ed. cast.: *¿Para qué poetas?*, México, UNAM, 2004].

acercarlo a nosotros. Su proyecto político consiste en recuperar ese «enraizamiento» del «hombre» que «está amenazado hoy en su esencia». En vez de ver la naturaleza como «una gasolinera gigantesca», debe entenderse como «la que sirviendo, sostiene; la que floreciendo, da frutos; extendida en riscos y aguas, abriéndose en forma de plantas y animales». Los mortales, concluye Heidegger, «habitan en la medida en que salvan la tierra», pero «salvar no es sólo rescatar algo del peligro. Salvar significa realmente franquearle a algo la entrada a su propia esencia». Los lemas de Earth First (por ejemplo, «¡Liberemos los ríos!»), aunque no los tomara de Heidegger, apelan exactamente al mismo sentimiento. Todas las obras de arte genuinas, prosigue Heidegger[44], dependen de su arraigo en el suelo nativo y de la forma en que están construidas en el espíritu habitacional. Y cita estos versos de J. P. Hebel: «Somos plantas –nos guste o no admitirlo– que deben salir con las raíces de la tierra para florecer en el éter y dar fruto». Habitar es hacer uso de la capacidad de lograr una unidad espiritual entre los humanos y las cosas. La construcción del lugar debe significar la recuperación de las raíces, la recuperación del arte de cohabitar con la naturaleza.

Las «excavaciones ontológicas» de Heidegger centran la atención en «una nueva forma de hablar y cuidar de nuestra naturaleza y entorno humanos», de modo que «el amor por el lugar y la tierra no son suplementos sentimentales de los que no hay que ocuparse hasta que se hayan resuelto todos los problemas técnicos y materiales. Son parte del ser en el mundo y anteriores a todos los asuntos técnicos»[45]. La relación propuesta aquí es activa, no pasiva. «Habitar –escribe Norberg-Schulz–, supone sobre todo una *identificación* con el entorno», de modo que el «propósito existencial de la construcción (arquitectura) es hacer que un sitio se convierta en un lugar, es decir, descubrir los significados potencialmente presentes en el entorno». Los seres humanos «reciben» el entorno y «hacen que su carácter se manifieste» en un lugar que simultáneamente adquiere y nos devuelve una identidad particular[46].

Las ideas de Heidegger encuentran eco en los movimientos en América del Norte hacia una ética biorregional, en la que la recomendación de A. Leopold

---

[44] M. Heidegger, «Bauen, Wohnen, Denken» y «Gelassenheit», en *Gesamtausgabe* Band 7, *Vorträge und Aufsätze,* y Band 5, *Holzwege,* Pfullingen, Neske, 1954 y 1959 y Klostermann, Frankfurt am Main, 2000 y 2003 [ed. cast.: «Construir, habitar, pensar» y «Serenidad», en *Conferencias y artículos,* Ediciones del Serbal, Barcelona, 1994].

[45] E. Relph, «Geographical experiences», 1989, pp. 27-29.

[46] C. Norberg-Schulz, *Genius Loci,* 1980, pp. 15-21.

para ampliar los límites de la comunidad «para incluir suelos, aguas, plantas y animales, o dicho en conjunto: la tierra» se toma literalmente como un programa para convivir con la naturaleza. Se refuerzan los ideales de una identidad medioambiental ligada a un lugar. Berg y Dasmann dicen que esto significa:

> Aprender a vivir en el lugar, en un área que ha sido perturbada y dañada por la explotación pasada, implica convertirse en nativo de un lugar a través de la toma de conciencia de las relaciones ecológicas particulares que operan dentro y alrededor de él. Significa comprender actividades y comportamientos sociales en evolución que enriquecerán la vida de ese lugar, restaurarán sus sistemas de soporte de la vida y establecerán un patrón ecológica y socialmente sostenible de la vida en su interior. Eso, en pocas palabras, implica estar completamente vivo en y con un lugar. Implica solicitar la pertenencia a una comunidad biótica y dejar de ser su explotador[47].

Así pues, el biorregionalismo como movimiento cultural «celebra las características particulares, únicas y a menudo indescriptibles de un lugar, mediante las artes visuales, la música, el teatro y los símbolos que transmiten la sensación del lugar»[48].

Llegamos aquí al núcleo de lo que Goodin llama una teoría verde del valor[49]. Se trata de un conjunto de sentimientos y proposiciones que proporcionan una «visión moral unificada» que atraviesa, de diversas formas, casi todo el pensamiento político ecologista y verde. Tiene manifestaciones radicales, liberales y bastante conservadoras, como veremos en breve. Y en virtud de su fuerte apego como «comunidad moral» a la experiencia del lugar, con frecuencia dirige la política medioambiental hacia la preservación y mejora de las cualidades ya logradas de los lugares en cuestión.

Pero la noción de comunidad moral también resulta problemática. Consideremos, por ejemplo, el papel que desempeña en la obra de Mark Sagoff, un comentarista por lo demás plenamente liberal[50]. Aunque los individuos a menudo actúan como agentes económicos puramente egocéntricos y atómicamente constituidos que persiguen egoístamente sus propios objetivos, ar-

---

[47] Citado en D. Alexander, «Bioregionalism», 1990, p. 163.
[48] Mills, citado *ibid.*
[49] R. Goodin, *Green Political Theory,* 1992, cap. 2.
[50] M. Sagoff, *The Economy of the Earth,* 1988.

gumenta que no sólo pueden actuar, sino que con frecuencia lo hacen, de un modo totalmente distinto, como miembros de una «comunidad moral», en particular con respecto a las cuestiones ambientales. En el caso estadounidense, concluye que:

> La regulación social tiene que ver fundamentalmente con la identidad de una nación, una nación históricamente comprometida, por ejemplo, en el aprecio y preservación de un patrimonio natural fabuloso y en su transmisión sin demasiadas perturbaciones a las generaciones futuras. No es cuestión de lo que queremos, ni es exactamente cuestión de en qué creemos; es cuestión de lo que somos. No hay una respuesta teórica para esa pregunta: la respuesta tiene que ver con nuestra historia, nuestro destino y nuestra autopercepción como pueblo[51].

A este respecto se pueden realizar varias puntualizaciones. En primer lugar, se trata de una versión fuertemente comunitaria de la tesis de la «autorrealización» propuesta por W. Fox (véase p. 221). En segundo lugar, tiene tanto que decir sobre la construcción de la identidad de una nación como sobre el medio ambiente. Y aquí nos topamos inmediatamente con una dificultad relativa a la persuasión moral y las implicaciones políticas de valores específicamente verdes, porque están inevitablemente implicados en la construcción de tipos particulares de «comunidad moral» que pueden ser tan fácilmente nacionalistas, excluyentes y en algunos casos violentamente fascistas, como democráticos, descentralizados y anarquistas. Bramwell[52], por ejemplo, apunta la conexión nazi, no sólo a través de Heidegger (cuyo papel es más emblemático que real), sino también en la construcción de una tradición típicamente fascista en torno al romanticismo alemán, con temas como «Sangre y Suelo» y otros por el estilo, invocando por cierto los extensos y a menudo innovadores programas de conservación y repoblación forestales emprendidos por los nazis. Aunque Bramwell exagera un tanto, no es difícil ver que determinadas actitudes ligadas a ambientes particulares pueden verse fuertemente implicadas en la construcción de un sentido identitario nacionalista o comunitario. La insensibilidad de Sagoff al usar el término América cuando se refiere a Estados Unidos y su tendencia a despoblar el continente de los pueblos indígenas e ignorar

---
[51] *Ibid.,* p. 17.
[52] A. Bramwell, *Ecology in the Twentieth Century,* 1989.

su estructura de clase, género y raza en su relato del encuentro de la nación con el entorno contienen muchas de esas exclusiones perturbadoras.

La política medioambiental queda entonces limitada a transmitir a las generaciones futuras un sentido de identidad nacional basado en ciertos rasgos ambientales. Dicho de otro modo, el nacionalismo sin ninguna apelación a la imaginería e identidad ambientales es una configuración muy poco probable. Si el bosque es un símbolo de la nación alemana, entonces el retroceso del bosque es una amenaza para la identidad nacional. Este hecho desempeñó un papel en el despertar del movimiento verde alemán actual, pero también ha supuesto una dificultad considerable para ese movimiento al señalar la forma en que las sensibilidades ecológicas contemporáneas tienen sus raíces en tradiciones que también llevaron a los nazis a ser los primeros «ecologistas radicales al mando de un Estado»[53]. Hasta un ecologista radical como Spretnak se ve forzado a reconocer que «la dimensión espiritual de la política verde es un área extremadamente cargada y problemática en la Alemania Occidental»[54].

La cuestión a este respecto es no ver como necesariamente excluyentes o neonazis todas las ideas sobre «comunidad moral», regionalismo o pensamiento ligado al lugar (por ejemplo, el nacionalismo y la comunidad imaginada). Raymond Williams, por ejemplo, incluye elementos de tal pensamiento en su socialismo. En sus novelas, todo el controvertido terreno de la imaginería medioambiental, los ideales ligados al lugar y la perturbación de ambos por el capitalismo contemporáneo se convierten en argumentos significativos sobre las raíces de la alienación y la problemática de la relación humana con la naturaleza. El cometido, entonces, es intentar articular las circunstancias sociales, políticas, institucionales y económicas que transforman tales sentimientos vinculados al lugar, y relativos a una relación especial con la «naturaleza», en directrices excluyentes y a veces neonazis radicales. La evocación de la conexión nazi por parte de Bramwell (aunque en sí misma sea una manifestación de hostilidad conservadora hacia el Partido Verde como «nuevos antagonistas autoritarios del liberalismo de mercado») es de gran ayuda aquí, ya que plantea la cuestión de hasta qué punto pueden esconder siempre en última instancia las teorías verdes del valor fuertes inclinaciones hacia actitudes reaccionarias más que progresistas. En cualquier caso, rápidamente se hace

---

[53] Citado *ibid.*, p. 11.
[54] C. Spretnak, «The spiritual dimension of Green politics», 1985, p. 232.

evidente que los valores medioambientales extraídos de una comunidad moral tienen tanto que decir sobre la política de la comunidad como sobre el medio ambiente.

Valores políticos y cuestiones ecológicas-medioambientales

Uno de los ejercicios más interesantes al investigar el debate medioambiental-ecológico es el examen de los argumentos, no por lo que digan sobre el medio ambiente, sino por lo que dicen sobre la «comunidad» y la organización político- económica. Al hacerlo surge una impresionante cantidad de formas alternativas de organización social aparentemente «necesarias» para resolver los problemas en cuestión, junto con una variedad extraordinaria de diversos culpables y villanos que habría que derrocar para que nuestro actual ecodrama tenga un final feliz y no trágico. «Los ecologistas –señala Robert Paehlke–, ocupan casi todas las posiciones en el tradicional abanico ideológico de derecha a izquierda»[55], pero también pueden adaptarse a distintas posiciones políticas al tiempo que afirman que están más allá de la política en el sentido habitual de la palabra. Sin embargo, una y otra vez invocan «la autoridad de la naturaleza y sus leyes», ya sea para justificar el estado existente de la sociedad, o «como base para una nueva sociedad que resolverá [todos los] problemas ecológicos»[56]. Lo que está en juego a menudo en las discusiones entre ecologistas y medioambientalistas, sugiere Williams, «son ideas sobre diferentes tipos de sociedades»[57].

Parte del problema es que esas discusiones están abiertas, precisamente debido a su diversidad y generalidad, a una gran variedad de interpretaciones que ecologistas y medioambientalistas objetarían casi con seguridad. Su retórica se moviliza para una gran cantidad de asuntos particulares, desde los anuncios de automóviles Audi, las pastas dentífricas y los sabores supuestamente «naturales» (para alimentos) o fisonomías «naturales» (principalmente para mujeres) hasta los objetivos más específicos de control social e inversión en «desarrollo sostenible» o «conservación de la naturaleza». Pero la otra cara de esa moneda es que los ecologistas y en cierta medida

---

[55] R. Paehlke, *Environmentalism and the Future of Progressive Politics,* 1989, p. 194.
[56] R. Grundmann, *Marxism and Ecology,* 1991, p. 114.
[57] R. Williams, *Problems in Materialism and Culture,* 1980, p. 71.

también los medioambientalistas, más inclinados a la gestión, suelen dejar tantas lagunas en sus argumentos, contaminan sus textos con tantos silencios, ambigüedades y ambivalencias, que resulta casi imposible entender sus programas sociopolíticos con cierta precisión, pese a que su objetivo pueda ser «nada menos que una revolución que derroque toda nuestra sociedad industrial contaminante, expoliadora y materialista, para crear en su lugar un nuevo orden económico y social que permita a los seres humanos vivir en armonía con el planeta»[58].

Mi intención en lo que sigue no es proporcionar una clasificación firme ni participar en la evaluación crítica de ningún tipo particular de política (todos son susceptibles de serias objeciones), sino ilustrar la increíble diversidad política a la que es propensa la cuestión medioambiental-ecológica.

1) *Autoritarismo*

William Ophuls escribe: «cualquiera que sea su forma específica, parece probable que la política de la sociedad sostenible nos lleve a lo largo de todo el abanico, desde el libertarismo hasta el autoritarismo», y tendríamos que aceptar que «la edad de oro del individualismo, la libertad y la democracia ha terminado»[59]. Ante la creciente escasez, Robert Heilbroner también argumenta que sólo hay un tipo de solución: un orden social «que combinará una orientación "religiosa" y una disciplina "militar" [que] puede parecernos repugnante, pero [que] sospecho que ofrece la mayor promesa para llevar a cabo las profundas y dolorosas adaptaciones que deben afrontar las próximas generaciones»[60]. Aunque sus inclinaciones personales sean abiertamente liberales (y en el caso de Heilbroner socialistas), ambos autores aceptan a regañadientes la necesidad de algún tipo de autoritarismo centralizado como respuesta «realista» a los límites de los recursos naturales y las dolorosas adaptaciones que tales límites nos impondrán inevitablemente. En el caso del ala más maltusiana del movimiento ecologista, de la que Garrett Hardin es probablemente el mejor representante, el llamamiento a soluciones autoritarias es explícito como única solución posible a la «tragedia de los bienes co-

---

[58] Porritt y Winner, citado en A. Dobson, *Green Political Thought,* 1990, p. 7.
[59] W. Ophuls, *Ecology and the Politics of Scarcity,* 1977, p. 161.
[60] R. Heilbroner, *An Inquiry into the Human Prospect,* 1974, p. 161.

munes». La mayoría de los textos de este género asumen que la escasez de recursos (y los consiguientes límites al crecimiento) y la presión de la población constituyen el núcleo de la cuestión medioambiental-ecológica. Dado que esos problemas cobraron importancia a principios de la década de 1970, este tipo de argumentos estuvo también entonces en su apogeo. En los últimos años, sin embargo, las soluciones autoritarias a la crisis medioambiental han sido abandonadas por el movimiento[61]. Pero siempre hay algún asomo autoritario en las propuestas políticas ecológicas.

2) Gerencialismo empresarial y estatal

Una versión débil de la solución autoritaria se basa en la aplicación de métodos de racionalidad científico-técnica por parte de un Estado administrativo armado con fuertes poderes reguladores y burocráticos asociados a la «gran» ciencia y el gran capital. La pieza central de la argumentación es en este caso que nuestra definición de muchos problemas ecológicos, como la lluvia ácida, el agujero de la capa de ozono, el calentamiento global, los pesticidas en la cadena alimenticia, etc., se basa en razones científicas y que las soluciones dependerán igualmente de la movilización de la capacidad científica y de las habilidades tecnológicas empresariales integradas en un proceso racional (dirigido por el Estado) de toma de decisiones político-económicas. El lema ideológico de esa política es la «modernización ecológica»[62]. La conservación y la regulación medioambiental (a nivel tanto global como nacional) se interpretarían así como una gestión racional y eficiente de los recursos para un futuro sostenible. Ciertos sectores del capital empresarial, en particular los que más pueden beneficiarse de la demanda de la tecnología necesaria para el seguimiento global de la salud planetaria, encuentran muy atractivas las imágenes de la gestión global o de la «medicina planetaria». IBM, por ejemplo, ha asumido el liderazgo del «reverdecimiento» de la política empresarial, ya que probablemente desempeñará un papel principal en el suministro de esta tecnología. La «sostenibilidad» se aplica tanto al poder empresarial como al ecosistema.

---

[61] A. Dobson, *Green Political Thought,* 1990, p. 26.
[62] M. Hajer, «The politics of environmental performance review», 1992; Weale, *The New Politics of Pollution,* 1992, cap. 3.

3) Liberalismo pluralista

Los derechos democráticos y las libertades (particularmente de expresión y opinión) a veces se consideran esenciales para la política ecológica, precisamente por la dificultad de definir de forma omnisciente u omnipotente cómo debería ser una política medioambiental-ecológica correcta. La negociación abierta y perpetua sobre las cuestiones medioambientales-ecológicas en una sociedad donde se permita florecer a diversos grupos de presión (como Greenpeace) se entiende como la única forma de garantizar que siempre se mantenga en la agenda el tema medioambiental. Quien quiera hablar en favor de o sobre la «naturaleza» debería poder hacerlo, y crear iniciativas (como las declaraciones de impacto ambiental y leyes medioambientales) que permitan defender los «derechos de los árboles y los búhos». El consenso sobre las cuestiones medioambientales, y en consecuencia sobre las mejores medidas para la protección del medio ambiente, sólo se puede alcanzar después de complejas negociaciones y forcejeos de poder entre múltiples grupos de interés. Pero el consenso sólo es, en el mejor de los casos, un momento efímero en una política profundamente dividida y pluralista sobre los valores atribuibles a la naturaleza y sobre cómo enfocar el cambio ecológico.

4) Conservadurismo

En algunas publicaciones ecológicas desempeña un papel primordial el principio de contención y respeto a la tradición. Las adaptaciones humanas a los entornos naturales se han forjado a lo largo de siglos y no deben ser innecesariamente perturbadas. La conservación y preservación de los paisajes y usos existentes, a veces argumentadas apelando explícitamente a juicios estéticos, le dan a ese marco un toque conservador[63]. Pero los argumentos de este tipo tienen un efecto radical. Pueden ser fuertemente anticapitalistas (contra el desarrollo) y, cuando se sitúan en un escenario internacional, también pueden ser fuertemente antiimperialistas. La tradición debería ser respetada en todas partes, de modo que la modernización total siempre se considera problemática. Esa consideración puede extenderse, por ejemplo, hacia los pueblos indígenas bajo el asedio de la mercantilización y las relaciones de inter-

---

[63] Véase, por ejemplo, R. Collingwood, *The Idea of Nature,* 1960.

cambio. Todo esto tiene su lado romántico, pero también puede producir una política localista obstinada en la protección de un entorno determinado. El problema no es la no intervención en el medio ambiente, sino la preservación de los modos tradicionales de interacción social y ambiental, precisamente porque se ha visto que funcionan en un sentido u otro, al menos para algunos grupos (por lo general de la elite, aunque no siempre). La preservación del poder político y los valores de tales grupos es tan importante para ellos, evidentemente, como las consideraciones medioambientales.

5) Comunidad moral

Ya se han examinado los complejos problemas que surgen cuando se invocan los ideales de la «comunidad moral». Muchas «comunidades» desarrollan un consenso severo sobre cuáles son sus obligaciones morales con respecto a los modos de relación social, así como sobre las formas de comportarse con respecto a los «derechos de la naturaleza»[64]. Aunque a menudo se cuestionan, en virtud de la heterogeneidad interna de la comunidad o debido a la presión hacia el cambio social, estos preceptos morales sobre, por ejemplo, la relación con la naturaleza (expresados cada vez más en el lenguaje de la «ética ambiental»), pueden convertirse en una herramienta ideológica importante en el intento de forjar solidaridades comunitarias (sentimientos nacionalistas) y ganar empoderamiento. Este es el espacio por excelencia del debate moral[65] sobre temas medioambientales y de la articulación de políticas y valores comunitarios centrados en ideales de virtudes cívicas que se trasladan a ciertas concepciones de una deseable relación virtuosa con la naturaleza.

6) Ecosocialismo

Aunque existe una tendencia, definida en los círculos socialistas, a considerar el medioambientalismo un problema burgués y de clase media y a juzgar con gran suspicacia[66] las propuestas de crecimiento cero y de restricciones al

---

[64] Véase R. Nash, *The Rights of Nature,* 1989.
[65] Véase R. Attfield, *The Ethics of Environmental Concern,* 1991.
[66] Para un buen resumen, véase T. Benton, «Marxism and natural limits», 1989, p. 52.

consumo, hay suficientes solapamientos en diversas áreas como para hacer del ecosocialismo un proyecto político factible (aunque todavía es una corriente relativamente débil dentro de la mayoría de los movimientos socialistas). Algunos problemas medioambientales, como la salud y la seguridad en el trabajo, son de gran interés para los trabajadores, mientras que muchos grupos ecologistas aceptan que los problemas medioambientales pueden «atribuirse al precepto capitalista de que la elección de la tecnología de producción debe regirse únicamente por el interés privado en la maximización con beneficio de la cuota de mercado»[67]. «Si queremos sanidad ecológica –afirman Haila y Levins[68]–, tenemos que luchar por la justicia social». Eso significa: control social de la tecnología y los medios producción, control del sistema capitalista basado en la «acumulación por la pura acumulación, producción por la pura producción», que está en la raíz de muchos problemas medioambientales, y el reconocimiento de que «el futuro de la humanidad no puede basarse simplemente en una vida placentera para unos pocos y sufrimiento para la mayoría»[69]. Esto sitúa claramente el problema medioambiental dentro de la órbita socialista. Los socialistas que aceptan que hay una crisis ecológica[70] argumentan que existe una segunda ruta al socialismo, que destaca la contradicción entre la organización social de la producción y las condiciones (ecológicas) de producción, más que las contradicciones de clase. La necesidad del socialismo viene en parte dada porque sólo en una sociedad así se pueden encontrar soluciones completas, duraderas y socialmente justas para los problemas medioambientales.

7) Ecofeminismo

La controversia naturaleza-crianza ha sido debatida sobre todo en el movimiento feminista, y en el ecofeminismo encontramos un conjunto diverso de opiniones sobre cómo conectar el problema medioambiental-ecológico con la política feminista. En el ecofeminismo radical, por ejemplo, la devaluación y la degradación de la naturaleza se consideran profundamente relacionadas con la devaluación y degradación paralelas de la mujer. La respuesta política es

---

[67] B. Commoner, *Making Peace with the Planet,* 1990, p. 219.
[68] Y. Haila y R. Levins, *Humanity and Nature,* 1992, p. 251.
[69] *Ibid.,* p. 227.
[70] Véase R. O'Connor, «Capitalism, nature, socialism», 1988.

celebrar en lugar de negar las interrelaciones a modo de red entre las mujeres y la naturaleza mediante el desarrollo de rituales y simbolismos, así como una ética de cuidado, crianza y procreación. En esa ecuación, el feminismo destaca tanto, si no más, como la ecología, y se entiende que las soluciones a los problemas ecológicos dependen de la aceptación de los principios feministas.

8) Comunitarismo descentralizado

La mayoría de los movimientos ecológicos contemporáneos, argumenta A. Dobson[71], evitan las soluciones autoritarias por principio y «abogan por una sociedad participativa en la que se discuta y se solicite el consentimiento explícito para la más amplia gama posible de cuestiones políticas y sociales». En general, su política se basa en «la comunidad autosuficiente inspirada en líneas anarquistas»[72], y autores como Bookchin, Goldsmith y muchos otros (incluido el Partido Verde alemán) han intentado articular la forma de las relaciones sociales que debería prevalecer en tales comunidades autosuficientes para poder hacerse, en virtud de su escala, «más cercanas» a la naturaleza. El igualitarismo, las formas no jerárquicas de organización, el amplio empoderamiento local y la participación en la toma de decisiones serían las normas políticas más destacables[73]. La descentralización y el empoderamiento de la comunidad, junto con cierto grado de biorregionalismo, se entienden como la única alternativa efectiva a la relación alienada con la naturaleza y la alienación en las relaciones sociales.

La variedad de políticas ecológicas que he esbozado aquí debe complementarse, no obstante, con una gama cada vez más vasta y mucho más compleja de alegatos especiales, en los que se invocan cuestiones o requisitos medioambientales-ecológicos para fines sociales muy particulares. Los científicos, por ejemplo, ávidos de financiación y de atención, pueden presentar problemas medioambientales que reflejan tanto la economía política y la sociología de la ciencia como la situación del medio ambiente. Robert May, profesor e investigador de la Royal Society, que escribe sobre la urgencia evidente de tomar medidas para conservar la diversidad biológica, se centra,

---

[71] A. Dobson, *Green Political Thought,* 1990, p. 25.
[72] T. O'Riordan, *Environmentalism,* 1981, p. 307.
[73] G. Dauncey, *After the Crash,* 1988.

por ejemplo, tanto en la financiación insuficiente de la taxonomía (en relación con la física) como en la clarificación de la importancia de la pérdida de biodiversidad[74]. Si bien, por un lado, la ignorancia científica es claramente una barrera para la identificación adecuada de los que podrían ser los problemas o las soluciones pertinentes, los reclamos egoístas para obtener más fondos suscitan un merecido escepticismo.

Jack y Whyte ofrecen otro ejemplo aún más insidioso. Estos dos respetados científicos, profundamente preocupados por la erosión del suelo en África, argumentaron en 1939 que:

> Una sociedad de tipo feudal en la que los cultivadores nativos estarían de alguna manera ligados a las tierras de sus señores europeos parece lo más adecuado para satisfacer las necesidades del suelo en el presente estado de desarrollo de África. No se puede esperar que África acepte sin resistencia el feudalismo: en algunas regiones del África británica significaría descartar el prometedor experimento del «dominio indirecto», y en todas significaría negarles a los nativos parte de la libertad y las oportunidades de avance material a las que sus trabajos deberían darles derecho. Pero habilitaría a las personas que han sido la causa principal de la erosión, y que tienen los medios y la capacidad de controlarla, para asumir la responsabilidad del suelo. El interés propio, libre de temores de la rivalidad nativa, aseguraría que la responsabilidad se ejerciera en el interés último del suelo. En la actualidad, las consideraciones humanitarias con respecto a los nativos impiden a los europeos reivindicar la posición de dominio que se puede alcanzar sobre el suelo. Puede que la humanidad sea el ideal más alto, pero el suelo exige un dominio, y si los hombres blancos no lo hacen y los negros no pueden asumir esa posición, lo hará la vegetación, por un proceso de erosión que acabará exprimiendo y expulsando a los blancos[75].

Esta declaración, contundente y sorprendente, muestra que, en nombre del medio ambiente, cabría imponer todo tipo de restricciones a los derechos de los «otros» al tiempo que se confieren derechos (y obligaciones) a quienes supuestamente disponen de los conocimientos y la alta tecnología para controlar el problema. Aunque pocos se atreverían ahora a ser tan descarados, existe una fuerte huella de ese tipo de pensamiento en los argumentos del

---

[74] R. May, «How many species inhabit the earth?», 1992.
[75] G. Jacks y R. Whyte, *Vanishing Lands,* 1939.

Banco Mundial e incluso en un documento aparentemente tan progresista como el Informe Brundtland. El control sobre los recursos de otros, en nombre de la salud planetaria, la sostenibilidad o la prevención de la degradación ambiental, nunca está demasiado lejos de muchas de las propuestas occidentales para la gestión ambiental global. La conciencia de esa posibilidad estimula una buena dosis de resistencia en los países en desarrollo a cualquier forma de medioambientalismo que provenga de Occidente.

Surgen problemas similares cada vez que las cuestiones medioambientales-ecológicas se convierten en cuestiones estéticas. El número especial de *Fortune* dedicado al medio ambiente en 1970, por ejemplo, contenía una enérgica argumentación en favor del desarrollo de los centros urbanos estadounidenses, siguiendo lo que ahora llamaríamos líneas «posmodernas», invocando la calidad ambiental (normalmente representada como amigable para el usuario y relacionada con espacios arbolados o costeros) como su objetivo principal. Toda la «cultura de la naturaleza» contemporánea, como la llama Wilson[76], es una muestra, muy cultivada y agresivamente promovida, de que en definitiva se trata a la naturaleza como mercancía.

Un observador cínico podría sentirse tentado a concluir que la discusión sobre el tema medioambiental no es más que una forma encubierta de introducir proyectos sociales y políticos particulares al presentar el espectro de una crisis ecológica, o de legitimar ciertas soluciones apelando a la autoridad de la necesidad impuesta por la naturaleza. Sin embargo, me gustaría llegar a una conclusión más amplia: todos los proyectos (y argumentos) ecológicos son simultáneamente proyectos (y argumentos) político-económicos, y viceversa. Los argumentos ecológicos nunca son socialmente neutrales, del mismo modo que los argumentos sociopolíticos no son ecológicamente neutrales. Estudiar más de cerca la forma en que la ecología y la política se interrelacionan resulta imperativo si queremos disponer de una mejor manera de abordar esas cuestiones.

La economía política de los proyectos socioecológicos

Existe un registro extraordinariamente rico de la geografía histórica del cambio socioecológico que arroja mucha luz sobre las formas en que se entrelazan los proyectos sociopolíticos y los ecológicos, que en algún momento se

---

[76] A. Wilson, *The Culture of Nature,* 1992.

vuelven indistinguibles unos de otros. El registro de tales materiales en la arqueología[77], la antropología[78], la geografía[79] y más recientemente la historia[80] es de hecho muy extenso. Sin embargo, gran parte del debate contemporáneo sobre cuestiones medioambientales-ecológicas, pese a toda su devoción superficial a los ideales de multidisciplinariedad y «profundidad», opera como si esos materiales no existieran o como si existieran sólo como depósito de pruebas anecdóticas en apoyo de posiciones particulares. Los trabajos sistemáticos son relativamente raros y los que existen[81] no han sido nunca tan decisivos para la discusión como deberían. El debate que surge ahora entre los marxistas, por ejemplo entre Benton[82] y Grundmann[83], opera en un plano de abstracción histórico-geográfica que es muy poco marxista. Incluso una revista como *Capitalism, Socialism, Nature,* creada para explorar cuestiones ecológicas desde una perspectiva socialista, es profusa en teoría y pruebas anecdóticas y escasa en intentos sistémicos que abarquen el registro histórico-geográfico.

Un repaso superficial ilustra cómo las sociedades se esfuerzan por crear condiciones ecológicas para sí mismas que no sólo permiten su propia supervivencia, sino también muestran manifestaciones y ejemplos «en la naturaleza» de sus relaciones sociales particulares. Dado que ninguna sociedad puede lograr tal tarea sin encontrar consecuencias ecológicas involuntarias, la contradicción entre los cambios sociales y ecológicos puede ser muy problemática, e incluso, de vez en cuando, poner en cuestión la propia supervivencia de la sociedad. Esta última posibilidad fue señalada hace mucho tiempo por Engels en el capítulo «El papel del trabajo en la transformación del mono en hombre» de su *Dialéctica de la naturaleza:*

> No debemos, sin embargo, lisonjearnos demasiado de nuestras victorias humanas sobre la naturaleza. Esta se venga de nosotros por cada una de las

---

[77] Véase, e.g., K. Butzer, *Archaeology as Human Ecology,* 1982.

[78] Véanse J. Bennett, *The Ecological Transition,* 1976; R. Ellen, *Environment, Subsistence and System,* 1982; T. Ingold, *The Appropriation of Nature,* 1986.

[79] Thomas, *Man's Role,* 1956; Goudie, *The Human Impact,* 1986.

[80] Cfr. el debate en *Journal of American History,* 1990.

[81] E.g. Butzer, *op. cit.,* 1982.

[82] T. Benton, «Marxism and natural limits», 1989; T. Benton, «Ecology, socialism and the mastery of nature», 1992.

[83] R. Grundmann, «The ecological challenge to Marxism», 1991; R. Grundmann, *Marxism and Ecology,* 1991.

derrotas que le inferimos. Es cierto que todas ellas se traducen principalmente en los resultados previstos y calculados, pero acarrean, además, otros imprevistos, con los que no contábamos y que, no pocas veces, contrarrestan los primeros […] Y, de la misma o parecida manera, todo nos recuerda a cada paso que el hombre no domina, ni mucho menos, la naturaleza de la manera en la que un conquistador domina un pueblo extranjero, es decir, como alguien que es ajeno a la naturaleza, sino que formamos parte de ella con nuestra carne, nuestra sangre y nuestro cerebro, que nos hallamos en medio de ella y que todo nuestro dominio sobre la naturaleza y la ventaja que en esto llevamos a las demás criaturas consisten en la posibilidad de llegar a conocer sus leyes y de saber aplicarlas acertadamente.

Esto implica la absoluta necesidad de tomar siempre en serio la dualidad entre el cambio social y el ecológico. El historiador William Cronon argumenta, por ejemplo, que:

Una historia ecológica comienza asumiendo una relación dinámica y cambiante entre medio ambiente y cultura, tan apta para producir contradicciones como continuidades. Además, supone que las interacciones entre ambos son dialécticas. El entorno puede dar forma inicialmente al rango de opciones disponibles para un pueblo en un momento dado, pero luego la cultura reconfigura el entorno respondiendo a esas decisiones. El entorno reconfigurado presenta una nuevo conjunto de posibilidades para la reproducción cultural, estableciendo así un nuevo ciclo de determinación mutua. Los cambios en la forma en que la gente crea y recrea su sustento deben analizarse como cambios, no sólo en sus relaciones sociales, sino también en sus relaciones ecológicas[84].

Todo lo cual es otra forma de expresar el adagio de Marx y Engels en *La ideología alemana* de que «la antítesis entre naturaleza e historia se crea» sólo cuando «la relación del hombre con la naturaleza queda excluida de la historia»[85]. El estudio de Cronon de los asentamientos coloniales en Nueva Inglaterra plantea otro problema, no obstante, muestra que un entorno que era el resultado de más de 10 mil años de ocupación y uso del bosque por los

---

[84] W. Cronon, *Changes in the Land*, 1983, pp. 13-14.
[85] K. Marx y F. Engels, *Die deutsche Ideologie,* en *MEW* Band 3, p. 39 ¿¿Núm. de pág. en la ed. de Akal??.

pueblos indígenas (promoviendo, mediante la quema, las condiciones en el borde del bosque que lo hacen tan diverso y rico en especies) fue mal interpretado por los colonos como prístino, virginal, rico e infrautilizado. La implantación de los derechos de propiedad y las instituciones europeas de gobernanza (junto con las aspiraciones típicamente europeas a la acumulación de riqueza) dieron lugar, además, a una transformación ecológica tan enorme que las poblaciones indígenas se vieron privadas de la base ecológica de su forma de vida, cuya aniquilación (y en consecuencia, la de los pueblos indígenas) fue pues un evento tanto ecológico como militar o político. Eso tenía que ver en parte con la introducción de nuevas enfermedades (en particular la viruela) pero los cambios en y sobre la tierra también hacían imposible mantener un modo de producción y reproducción indígena nómada y altamente flexible.

Una vía hacia la consolidación de un conjunto particular de relaciones sociales, por tanto, es emprender una transformación ecológica que requiere la reproducción de esas relaciones sociales para sustentarla. Worster[86] exagera sin duda en su extravagante proyección sobre el oeste americano de las tesis de Wittfogel sobre la relación entre los planes de riego a gran escala y las formas de gobierno despóticas, pero su argumento básico es seguramente correcto. Una vez que las propuestas originales para un sistema de asentamiento comunitario, descentralizado, «biorregional», confinado a las cuencas fluviales, redactado por el geólogo John Wesley Powell a finales del siglo XIX, fueron rechazadas por un Congreso dominado por los intereses de las grandes corporaciones (vilipendiando de paso a Powell). Esos intereses trataron de asegurar su propia reproducción mediante la construcción de presas, megaproyectos acuíferos de todo tipo, y las grandes transformaciones del ecosistema occidental. El sostenimiento de ese grandioso proyecto ecológico dependía crucialmente de la creación y el mantenimiento de poderes estatales centralizados y ciertas relaciones de clase (la formación y perpetuación, por ejemplo, de agronegocios a gran escala y de un proletariado agrario sin tierra). La consiguiente subversión del sueño jeffersoniano de democracia agraria ha creado desde entonces intensas contradicciones en el cuerpo político de Estados como California[87]. Pero de esto se concluye otra interpretación (notablemente ausente en gran parte del trabajo de Cronon): las contradic-

---

[86] D. Worster, *Rivers of Empire*, 1985.
[87] Véase R. Gottlieb, *A Life of Its Own*, 1988, o la película de R. Polanski *Chinatown*.

ciones en las relaciones sociales (en el caso de Worster de clase, pero pueden ser igualmente importantes las de género, religión, etc.) implican contradicciones sociales en la tierra y dentro de los propios proyectos ecosistémicos. No sólo es que los ricos ocupen sectores privilegiados en el hábitat mientras que los pobres trabajen o vivan en las zonas más tóxicas y peligrosas, sino que el propio diseño del ecosistema transformado se hace eco de sus relaciones sociales. Recíprocamente, proyectos establecidos en términos puramente ecológicos –cabe pensar en la llamada «Revolución verde», por ejemplo–, tienen todo tipo de consecuencias distributivas y sociales (en el caso de la revolución verde, la concentración de las tierras en unas pocas manos y la creación de un proletariado agrario sin tierras).

Los ecosistemas creados tienden a reproducir y reflejar, por tanto, los sistemas sociales que los originaron, aunque lo hagan de manera contradictoria e inestable. Este simple principio debería tenerse mucho más en cuenta en todos los aspectos del debate ecológico-medioambiental. Es un principio que Lewontin argumenta que ha sido olvidado tanto en la biología como en las ciencias sociales:

> No podemos considerar la evolución como la «solución» por la especie de «problemas» ambientales predeterminados, porque son las actividades vitales de las propias especies las que determinan simultáneamente los problemas y las soluciones […] Los organismos, dentro de su periodo de vida individual y en el curso de su evolución como especie, no se adaptan al entorno; lo construyen. No son simplemente objeto de las leyes de la naturaleza, que se alteran adaptándose a lo inevitable, sino sujetos activos que transforman la naturaleza adaptándola a sus leyes[88].

Es puro idealismo, por ejemplo, sugerir que de algún modo podemos abandonar de manera relativamente gratuita las inmensas estructuras ecosistémicas heredadas de la urbanización capitalista contemporánea para «volver a acercarnos a la naturaleza». Los sistemas que ahora existen son una forma reelaborada de «segunda naturaleza» que no podemos permitir que se deteriore o colapse sin arriesgarnos a un desastre ecológico para nuestra propia especie. Su gestión adecuada (y en esto incluyo su transformación socialista o ecológica en algo totalmente diferente a largo plazo) puede requerir institu-

---

[88] R. Lewontin, *Organism and enviroment,* 1982.

ciones políticas de transición, jerarquías de relaciones de poder y sistemas de gobernanza que bien podrían ser anatema tanto para los ecologistas como para los socialistas. Pero esto ocurre porque, en un sentido fundamental, no hay nada antinatural en la ciudad de Nueva York y sostener tal ecosistema incluso durante la transición conlleva un inevitable compromiso con las formas de organización social y las relaciones sociales que lo produjeron.

Llamar a la urbanización «ecosistema creado» puede sonar quizá extraño; pero la actividad humana no puede entenderse como algo externo a los proyectos ecosistémicos. Verlo así no tiene más sentido que tratar de estudiar la polinización sin abejas o el ecosistema precolonial del nordeste de Estados Unidos sin los castores. Los seres humanos, como todos los demás organismos, son «sujetos activos que transforman la naturaleza de acuerdo con sus leyes» y están siempre en proceso de adaptación a los ecosistemas que ellos mismos construyen. Por eso es un gran error hablar del impacto de la sociedad en el ecosistema como si se tratara de dos sistemas separados en interacción mutua. La manera típica de definir el mundo que nos rodea en términos de una caja etiquetada como «sociedad» en interacción con una caja etiquetada como «entorno» no sólo tiene poco sentido intuitivo (intente usted trazar el límite entre las cajas en su vida cotidiana), sino que tampoco tiene ninguna justificación fundamental teórica o histórica.

Los flujos monetarios y los movimientos de mercancías, por ejemplo, deben considerarse fundamentales para los ecosistemas contemporáneos, no únicamente por la transferencia geográfica de especies vegetales y animales de un entorno a otro[89], sino también porque esos flujos forman una red coordinadora que mantiene a los ecosistemas contemporáneos reproduciéndose y cambiando del modo particular en que lo hacen. Si esos flujos cesaran mañana, la perturbación de los ecosistemas del mundo sería enorme. Y a medida que los flujos se desplazan y cambia su carácter, los impulsos creativos insertos en cualquier sistema socioecológico también se desplazarán y cambiarán de maneras que pueden ser estresantes, contradictorias o armónicas, según sea el caso. Aquí, también, la consideración de Cronon[90] de Chicago como una ciudad que opera como un punto de intercambio fundamental y una influencia transformadora entre los ecosistemas de América del Norte supone un estudio monográfico interesante, que traduce y amplía en una

---

[89] Véase A. Crosby, *Ecological Imperialism*, 1986.
[90] W. Cronon, *Nature's Metropolis*, 1991.

detallada referencia histórico-geográfica las tesis de Smith[91] sobre «la producción de la naturaleza» mediante el intercambio de mercancías y la acumulación de capital.

La categoría «movimiento medioambiental o ecologista» puede ser, por ese motivo, un nombre equivocado, particularmente cuando se aplica a las resistencias de los pueblos indígenas al cambio ecológico. Tales resistencias pueden no estar basadas, como muchos occidentales podrían suponer, en alguna necesidad interna profunda de preservar una relación peculiar y no alienada con la naturaleza o de mantener intactos símbolos valorados de ascendencia y similares, sino en un reconocimiento mucho más claro de que una transformación ecológica impuesta desde el exterior (como sucedió en la Nueva Inglaterra colonial, o como ha ocurrido más recientemente con los caucheros en la Amazonía) destruirá los modos de producción indígenas, así como sus formas particulares de organización social. Guha, por ejemplo, en su estudio sobre el movimiento Chipko, y su campaña de «abrazar los árboles» en el Himalaya contra la tala comercial y la gestión de alta tecnología del rendimiento forestal[92], muestra que «el movimiento "medioambiental" más celebrado del Tercer Mundo es considerado por sus participantes sobre todo como un movimiento campesino en defensa de los derechos tradicionales en el bosque, y sólo secundariamente, como mucho, como un movimiento "medioambiental" o "feminista"». Sin embargo, en la medida en que una «cultura urbana-industrial homogeneizadora» genera sus propias formas distintivas de contradicciones y crisis ecológicas y culturales, las y los participantes en el movimiento Chipko, precisamente en virtud de sus prácticas ecológicas, «representan una de las respuestas más innovadoras a la crisis ecológica y cultural de la modernidad»[93].

Los grupos indígenas pueden, sin embargo, ser muy poco sentimentales en sus prácticas ecológicas. Es en gran medida una construcción occidental, fuertemente influida por la reacción romántica al industrialismo moderno, lo que lleva a muchos a la conclusión de que estaban y siguen estando de algún modo «más cerca de la naturaleza» que nosotros (hasta Guha, me parece, cae en algún momento en esta trampa). Enfrentados a la vulnerabilidad ecológica

---

[91] Véanse N. Smith, *Uneven Development,* 1990, y N. Smith y P. O'Keefe, «Geography, Marx and the concept of nature», 1985.
[92] R. Guha, *The Unquiet Woods,* 1989, p. xii.
[93] *Ibid.,* p. 196.

a menudo asociada con tal «proximidad a la naturaleza», los grupos indígenas pueden transformar tanto sus prácticas como sus opiniones sobre la naturaleza con sorprendente rapidez. Además, incluso cuando están armados con todo tipo de tradiciones culturales y gestos simbólicos que indican un profundo respeto por la espiritualidad de la naturaleza, pueden participar en grandes transformaciones ecosistémicas que minan su capacidad de mantener un modo de producción dado. Los chinos pueden tener tradiciones ecológicamente sensibles heredadas del tao, el budismo y el confucianismo (tradiciones de pensamiento que han desempeñado un papel importante en la promoción de una «conciencia ecológica» en Occidente), pero la geografía histórica de la deforestación, la degradación de la tierra, la erosión fluvial y las inundaciones en China contiene no pocos eventos ambientales que serían considerados como catástrofes según los estándares actuales. Las pruebas arqueológicas sugieren también que los grupos de cazadores de finales de la Edad del Hielo persiguieron a muchas de sus presas hasta su extinción, mientras que el fuego seguramente debe calificarse como uno de los agentes de transformación ecológica de mayor alcance jamás empleados, lo que ha permitido a grupos muy pequeños ejercer una inmensa influencia ecosistémica, no siempre para bien, como señala Sauer[94].

La cuestión a este respecto no es que no hay nada nuevo bajo el sol en relación con la perturbación ecológica generada por las actividades humanas, sino evaluar qué es lo nuevo y más preocupante, dada la velocidad y escala sin precedentes de las actuales transformaciones socioecológicas. Pero las investigaciones histórico-geográficas de este tipo también sitúan en perspectiva las afirmaciones típicamente lanzadas por algunos ecologistas de que hubo un tiempo en que «la gente sabía en todas partes cómo vivir en armonía con el mundo natural»[95] y que nos llevan a ver con escepticismo la igualmente sospechosa afirmación de Bookchin de que «una comunidad relativamente autosuficiente, visiblemente dependiente de su entorno en cuanto a los medios de vida, desarrollaría un nuevo respeto por la interrelación orgánica que la sostiene»[96]. Gran parte de la retórica contemporánea «ecológicamente consciente» presta demasiada atención a lo que dicen los grupos indígenas sin mirar lo que hacen. No podemos concluir, por ejemplo, que las prácticas de

---

[94] C. Sauer, «The agency of man on earth», 1956.
[95] E. Goldsmith, *The Way*, 1992, p. xvii.
[96] M. Bookchin, «Ecology and revolutionary thought», 1985, p. 97.

los indios nativos sean ecológicamente superiores a las nuestras a partir de afirmaciones como las de Luther Standing Bear de que:

> Somos del suelo y el suelo es nuestro. Amamos a los pájaros y a las bestias que crecieron con nosotros sobre este suelo. Bebieron la misma agua que nosotros y respiraron el mismo aire. Todos somos uno en la naturaleza. Creyéndolo así, había en nuestros corazones una gran paz y una bondad natural hacia todos los seres que viven y crecen[97].

Tal inferencia requeriría creer en alguna guía externa y espiritual para asegurar resultados ecológicamente «correctos», o una omnisciencia extraordinaria en los juicios y las prácticas indígenas o precapitalistas en un campo de acción dinámico que está plagado de todo tipo de consecuencias imprevistas. «La posibilidad de sobreexplotación de un recurso es perfectamente compatible con nuestra noción de pueblos que viven cerca de la naturaleza, observándola y actuando consecuentemente»[98]. Además, «estudios comparativos han sugerido que todas las grandes civilizaciones que incorporaron estrategias de intensificación eran metaestables y que sus trayectorias de crecimiento pueden interpretarse como las de una acelerada extracción de energía, hasta el punto de que tanto el ecosistema como las estructuras socioeconómicas se estiraron hasta el límite, con una productividad térmica y una relación insumo-producto constantes o decrecientes»[99]. La forma en que el capitalismo ha escapado hasta ahora a tal destino tiene una larga historia. Todas las sociedades han tenido su parte de dificultades basadas en la ecología y, como Butzer afirma, tenemos mucho que aprender de su estudio.

Por lo tanto, las prácticas indígenas o precapitalistas no son necesariamente superiores o inferiores a las nuestras simplemente porque tales grupos defiendan el respeto a la naturaleza, en lugar de la moderna actitud «prometeica» de dominación o posesión[100]. Seguramente Grundmann[101] está acertado en su argumentación contra Benton[102] al afirmar que la tesis del «dominio

---

[97] Citado en A. Booth y H. Jacobs, «Ties that bind», 1990, p. 27.
[98] Y. Haila y R. Levins, *Humanity and Nature,* 1992, p. 195.
[99] K. Butzer, *Archaeology as Human Ecology,* 1982, p. 320.
[100] Véase W. Leiss, *The Domination of Nature,* 1974.
[101] R. Grundmann, «The ecological challenge to Marxism», 1991.
[102] T. Benton, «Marxism and natural limits», 1989; T. Benton, «Ecology, socialism and the mastery of nature», 1992.

sobre la naturaleza» (dejando de lado, por el momento, sus connotaciones de género) no implica necesariamente destructividad; igualmente puede conducir a prácticas de amor, cuidado y crianza. La aceptación acrítica de declaraciones que suenan «ecológicamente conscientes» puede ser, además, políticamente autoritaria. Luther Standing Bear fue el precursor de los pensamientos citados anteriormente con el argumento muy político de que «esta tierra de las grandes llanuras es reclamada por los lakota como suya». Los indios nativos pueden tener sin duda derechos sobre la tierra, pero el empleo de una retórica «ecológicamente consciente» para defenderlos es, como ya hemos argumentado, una práctica habitual pero peligrosa de alegato especial con otro propósito.

Podemos, en la misma línea, contemplar críticamente las tradiciones ideológicas, estéticas y «ecológicamente conscientes» a través de las cuales se aborda toda la relación con la naturaleza. El monumental *Traces on the Rhodian Shore* de Glacken[103] ilustra algunos de los giros y las vueltas que ha dado a lo largo de la historia la idea de la naturaleza en una variedad de contextos geográficos, desde los griegos hasta finales del siglo XVIII. Aunque no se muestra directamente interesado en cómo los cambios en tales ideas conectaron o pudieron haber moldeado la evolución político-económica, esa conexión está siempre tácitamente presente. En este sentido, incluso Marx estaba dispuesto a aceptar que las ideas podían convertirse en una «fuerza material» para el cambio histórico cuando se insertan en prácticas sociales. Por esta razón, parece vital considerar tanto las ideas como las prácticas en términos de fusión de proyectos ecológicos y sociales.

En los últimos años, por ejemplo, encontramos a Wordsworth en el centro de un interesante debate. Por un lado, Bate[104] lo interpreta como un pionero de la «ecología romántica», un autor puramente «verde» cuya preocupación por restaurar una relación de naturaleza ha sido eliminada de la discusión por quienes, como McGann[105], lo ven únicamente como un apologista de ciertas relaciones de clase. En cierto sentido, el debate se pierde ahí. Wordsworth estaba seriamente preocupado por ambas cosas. Ni siquiera Bate duda de que Wordsworth tratara de recuperar o reconstituir, como parte de su ecologismo, cierto conjunto de relaciones sociales. Su estilo literario al modo de

---

[103] C. Glacken, *Traces on the Rhodian Shore,* 1967.
[104] J. Bate, *Romantic Ecology,* 1991.
[105] J. McGann, *The Romantic Ideology,* 1983.

guía turística invitaba a consumir paternalistamente la naturaleza (en formas en último término destructivas, como pronto descubrirían los visitantes del Distrito de los Lagos en el noroeste de Inglaterra) a través de la producción de lo que Urry llama «la mirada turística»[106]. Prácticas británicas de la época relacionadas con el consumo de la naturaleza como espectáculo cultural deben mucho a ideas y prácticas de las que Wordsworth fue pionero.

La inspección del registro histórico-geográfico revela en buena medida por qué palabras como «naturaleza» y «entorno» contienen «una cantidad tan extraordinaria de la historia humana»[107]. Los entrelazamientos de proyectos sociales y ecológicos en las prácticas cotidianas, así como en los ámbitos de la ideología, las representaciones, la estética y similares hacen que cada proyecto social (o incluso literario o artístico) sea un proyecto sobre la naturaleza, el medio ambiente y el ecosistema, y viceversa. Tal proposición no debería, seguramente, ser demasiado difícil de aceptar para los que trabajan en la tradición materialista histórica. Marx argumentó, después de todo, que sólo podemos descubrir quién y qué somos (nuestro potencial como especie) mediante la transformación del mundo que nos rodea, poniendo así la dialéctica del cambio social y ecológico en el centro de toda la historia humana. ¿Pero cómo debería entenderse esa dialéctica?

La trampa cartesiana

Existen peligros evidentes en imponer, como hizo Engels, una simple lógica dialéctica a la «naturaleza». Sin embargo, la literatura ecológica contemporánea está llena de argumentaciones dialécticas y cuasidialécticas similares a las que Marx esgrimió. Por esa razón hay, como señala Eckersley[108], «mucho mayor potencial para la síntesis teórica» entre «el ecocentrismo y las filosofías políticas comunitarias y socialistas que entre el ecocentrismo y las filosofías políticas individualistas como el liberalismo». Aquí quiero abordar brevemente las consecuencias de las enérgicas denuncias, desde la literatura ecológica, de los presupuestos ontológicos de Descartes, Newton y Locke y las formas reduccionistas (no dialécticas) de las ciencias naturales y sociales (en particular

---

[106] J. Urry, *The Tourist Gaze,* 1990.
[107] R. Williams, *Problems in Materialism and Culture,* 1980, p. 67.
[108] R. Eckersley, *Environmentalism and Political Theory,* 1992, p. 53.

la economía) a las que dan lugar las presuposiciones ontológicas[109]. La teoría ecológica se vuelve típicamente teoría cuántica (Heisenberg, Bohr y David Bohm ocupan un lugar destacado en sus textos) y varias formas de ciencia ecológica para un conjunto bastante diferente de proposiciones ontológicas.

El sistema cartesiano al que los ecologistas se oponen presupone que puede haber una separación estricta entre la *res cogitans* y la *res extensa* (entre mente y cuerpo, realidad y valor, «es» y «debería ser») y que la materialidad que los científicos estudian no se ve más afectada por el conocimiento científico generado en la mente que la mente, en su capacidad de representar «objetivamente», por la materialidad estudiada. El cartesianismo, además, construye una imagen detallada de un universo estructurado según ciertos principios básicos. Supone la existencia de un conjunto «natural» y evidente de entidades (individuos o cosas) que «son homogéneas en sí mismas, al menos en la medida en que afectan a la totalidad de la que son parte». Tales entidades pueden ser individualizadas (identificadas) en términos de un espacio y tiempo externamente dados y absolutos (esta es la presunción newtoniana que se transfiere, como ya hemos visto, a la teoría social de John Locke y a la economía de su época). Esas entidades son, además, «ontológicamente anteriores al todo» y las partes (individuos) «tienen propiedades intrínsecas, que poseen aisladamente». El todo (una sociedad o un ecosistema) no es más que la suma (o en casos complejos, una multiplicidad) de sus partes. Las relaciones entre ellas son, además, claramente distinguibles de las entidades mismas. El estudio de las relaciones se reduce entonces al estudio de la forma contingente en la que entidades (ya sean bolas de billar o personas) colisionan entre sí. Esto plantea el problema de la «causa primera» y conduce a la visión cartesiana-newtoniana del universo como un mecanismo de relojería que Dios montó y puso en movimiento. En ese modo de pensar, «las causas son efectos separados, son las propiedades de ciertos sujetos, y los efectos son propiedades de los objetos. Si bien las causas pueden responder a una información procedente de los efectos (los llamados «circuitos de retroalimentación»), no hay ambigüedad posible sobre cuál es el sujeto causante y cuál es el objeto causado»[110].

Esta visión cartesiana está muy generalizada y ha demostrado ser un dispositivo extraordinariamente poderoso para generar conocimiento y comprensión de cómo funciona el universo. También tiene un atractivo intuitivo. Nos

---

[109] Véase F. Capra, *The Tao of Physics,* 1975.
[110] Todas las citas son de R. Levins y R. Lewontin, *The Dialectical Biologist,* 1985.

encontramos con «cosas» (por ejemplo, individuos) y sistemas (por ejemplo, redes de transporte y comunicación) que parecen tener una existencia estable y evidente, de modo que parece perfectamente razonable construir el conocimiento sobre sus categorizaciones y sobre las pautas de sus relaciones causales.

Desde el punto de vista dialéctico, en cambio, eso significa mirar las cosas de una forma unilateral indebidamente restrictiva. Levins y Lewontin califican de «alienada» la visión cartesiana porque describe un mundo en el que «las partes están separadas de los todos y reificadas como cosas en sí mismas, las causas separadas de los efectos, los sujetos separados de los objetos». Marx era igualmente crítico con el «sentido común» que, «cada vez que logra ver una distinción no puede ver una unidad, y donde ve una unidad no puede ver una distinción»[111]. Sería, sin duda, igualmente mordaz con el razonamiento atomista y causativo que domina en la economía y la sociología contemporáneas, el individualismo metodológico que impregna gran parte de la filosofía política actual (incluida la marxista), y asuntos similares.

Tal vez la característica más común que adopta el pensamiento cartesiano en el campo ambiental es ver la «sociedad» como un sistema limitado en interacción con otro sistema limitado llamado «biosfera». Nuestro sentido actual de los problemas ambientales se define ampliamente en términos de relaciones complejas y problemáticas entre esos dos sistemas. En la práctica es difícil ver donde comienza la «sociedad» y termina la «naturaleza» (intente mirar a su alrededor y pensar dónde se encuentra el límite), pero incluso como un acto de abstracción, esta configuración de pensamiento parece ser precisamente el producto de la razón alienada, carente de justificación científica histórica o fundamentada. Y hay un sólido consenso en la literatura ecológica de que esta convención, junto con su base en una forma cartesiana de razonamiento, no sólo es profundamente antiecológica en sí misma sino también, a través de sus efectos en las prácticas sociales, la raíz de muchos de nuestros problemas ecológicos. Si esto es así, entonces el marxismo analítico y de elección racional, el individualismo metodológico y tal vez incluso el realismo marxista (aunque Bhaskar trata ahora de incorporar la dialéctica a sus argumentos), serían también profundamente antiecológicos en virtud de su ontología genéricamente cartesiana. El debate entre Grundmann y Benton sobre el marxismo y la ecología se basaría entonces en presupuestos ontológicos fundamentalmente erróneos.

---

[111] Citado en B. Ollman, «Putting dialectics to work», 1990, p. 44.

Dialéctica

La alternativa al punto de vista cartesiano-newtoniano-lockeano es una ontología dialéctica capaz de unificar la tradición marxista con el consenso emergente sobre la ontología apropiada para la teoría ecológica. Esto podría darse mediante la elaboración de las siguientes proposiciones:

1. El pensamiento dialéctico prioriza la comprensión de procesos, flujos y relaciones con respecto al análisis de elementos, cosas, estructuras y sistemas organizados. Estos últimos no existen fuera de los procesos que los sustentan, los generan o los crean. El dinero no puede entenderse fuera de los procesos de intercambio y flujo de capital que lo sustentan, del mismo modo que los organismos no pueden entenderse fuera de las relaciones ambientales que los constituyen[112]. El capital, en la definición de Marx, es tanto el proceso de circulación como el depósito de activos («cosas» como mercancías, dinero, aparatos de producción). La teoría cuántica afirma de manera similar que «la misma entidad (por ejemplo, un electrón) se comporta en determinadas circunstancias como una onda y en otras como una partícula»[113]. Sin embargo, los físicos tardaron muchos años en reconocer que estas dos concepciones no eran incompatibles o mutuamente excluyentes. Hasta entonces no pudo comenzar a cobrar forma la teoría cuántica moderna. También ha resultado muy difícil para los científicos sociales abandonar lo que Ollman[114] llama el «punto de vista del sentido común» convertido en sistema filosófico por Locke, Hume y otros: que «hay cosas y hay relaciones, y no se pueden subsumir unas en otras».
2. En consecuencia, las «cosas» siempre «son internamente heterogéneas a cada nivel» en virtud de los procesos y las relaciones que las constituyen[115]. De ahí se deduce una serie de consecuencias. En primer lugar, cualquier «cosa» se puede descomponer en una colección de «otras cosas» que mantienen alguna relación mutua. Por ejemplo, una ciudad se puede considerar una «cosa» interrelacionada con otras ciudades,

---

[112] R. Eckersley, *Environmentalism and Political Theory*, 1992, p. 49.
[113] D. Bohm y F. Peat, *Science, Order and Creativity*, 1987, p. 40.
[114] B. Ollman, *Dialectical Investigations*, 1993, p. 34.
[115] R. Levins y R. Lewontin, *The Dialectical Biologist*, 1985, p. 272.

pero también se puede dividir en vecindarios que a su vez se pueden dividir en hogares, escuelas, fábricas, etc., que a su vez se pueden descomponer *ad infinitum*. No hay, por consiguiente, bloques constructivos irreductibles de «cosas» para ninguna reconstrucción teórica de cómo funciona el mundo. Lo que parece un sistema en un nivel (por ejemplo, una ciudad o un estanque) se convierte en una parte a otro nivel (por ejemplo, una red global de ciudades o un ecosistema continental). No puede haber, como afirman Levins y Lewontin[116], «ningún nivel básico» para la investigación, ya que la experiencia muestra que «todas las unidades básicas indescomponibles propuestas anteriormente resultan descomponibles, y la descomposición ha abierto nuevos dominios para la investigación y la práctica». De ahí se deduce que es legítimo investigar «cada nivel de organización sin tener que buscar unidades fundamentales». Pero esto plantea un problema particular para la investigación: es crucial establecer la escala (generalmente espacial y temporal) en la que los procesos, las cosas y los sistemas son operativos, porque lo relevante en una escala (por ejemplo, el estanque) puede no serlo en otra (por ejemplo, el continente). En segundo lugar, si todas las «cosas» son internamente heterogéneas en virtud del complejo proceso (o relaciones) que las constituye, entonces la única forma en que podemos entender sus atributos cualitativos y cuantitativos es entendiendo los propios procesos y las relaciones que interiorizan. Aquí encontramos una notable identidad entre la construcción de la dialéctica marxiana por Ollmann[117], como relaciones internas, y los argumentos ecológicos expuestos por Eckersley[118], Birch y Cobb[119], Naess[120] y Zimmerman[121]. Sin embargo, a ese argumento se le pueden poner ciertos límites: Yo, como individuo, en la práctica no interiorizo todo el universo, sino sólo lo que es relevante para mí a través de mis relaciones (metabólicas, sociales, políticas, culturales, etc.) con los procesos que operan en un campo relativamente limitado (mi ecosistema, economía, cultura, etc.). No hay un límite fijo o *a priori* para este sistema. Dónde

---

[116] *Ibid.,* p. 278.
[117] B. Ollman, *Alienation*, 1971; B. Ollman, *Dialectical Investigations,* 1993.
[118] R. Eckersley, *Environmentalism and Political Theory,* 1992, pp. 49–55.
[119] C. Birch y J. Cobb, *The Liberation of Life,* 1981.
[120] A. Naess, *Ecology, Community and Lifestyle,* 1989, p. 79.
[121] M. Zimmerman, «Quantum theory», 1988.

comienza y acaba mi entorno relevante es función de lo que hago y de los procesos ecológicos, económicos y de otro tipo que son relevantes para ello. Ahí, también, el establecimiento de límites con respecto al espacio, el tiempo, la escala y el entorno se convierte en una importante consideración estratégica para el desarrollo de conceptos, abstracciones y teorías.

3. El espacio y el tiempo no son absolutos ni externos a los procesos, sino contingentes y contenidos dentro de ellos. Hay múltiples espacios y tiempos (y espacio-tiempos) implicados en diferentes procesos físicos, biológicos y sociales. Todos ellos producen –para usar la terminología de Lefebvre[122]– sus propias formas de espacio y tiempo. Los procesos no operan en el espacio y el tiempo, sino que los construyen activamente y, al hacerlo, definen escalas propias para su desarrollo.

4. Partes y totalidades son mutuamente constitutivas. En esto hay algo más que un simple bucle de retroalimentación entre entidades de cosas. Cuando, por ejemplo, capto poderes relevantes para mí que residen en esos sistemas ecológicos y económicos, los reconstituyo o transformo activamente dentro de mí antes de proyectarlos de vuelta para reconstituir o transformar el sistema del que emanaron inicialmente (una vez más, para dar un ejemplo trivial, cuando respiro me reconstituyo gracias al oxígeno que transformo, dentro de mí, y modifico al espirar la atmósfera que me rodea). Las prácticas reduccionistas «ignoran típicamente esa relación, aislando las partes como unidades preexistentes de las que se componen las totalidades», mientras que algunas prácticas holísticas invierten el trato preferencial[123].

5. La entreveración de partes y totalidades implica «la intercambiabilidad de sujeto y objeto, de causa y efecto»[124]. Los organismos, por ejemplo, deben considerarse como objeto y sujeto de la evolución, del mismo modo que los individuos deben considerarse sujeto y objeto de los procesos de cambio social. La reversibilidad entre causa y efecto pone en cuestión los modelos causalmente dispuestos (aun cuando están dotados de ciclos de retroalimentación). En la práctica, el razonamiento dialéctico, precisamente en virtud de su inserción y representación del

---

[122] H. Lefebvre, *The Production of Space,* 1991.
[123] R. Levins y R. Lewontin, *The Dialectical Biologist,* 1985.
[124] *Ibid.,* p. 274.

flujo de procesos continuos, apela sólo limitadamente al argumento causa-efecto.

6. «El cambio es una característica de todos los sistemas y de todos los aspectos de todos los sistemas»[125]. Este es quizá el más importante de todos los principios dialécticos y el que Ollman prioriza por encima de todos[126]. De él se sigue que el cambio y la inestabilidad son la norma y que lo que hay que explicar es la estabilidad de las «cosas» o sistemas. En palabras de Ollman, «dado que el cambio es siempre parte de lo que las cosas son, [nuestro] problema de investigación sólo [puede] ser cómo, cuándo y en qué cambian [las cosas o sistemas] y por qué a veces parecen no cambiar»[127].

7. El comportamiento transformador –la «creatividad»– surge de las complementariedades y contradicciones que atañen tanto a la heterogeneidad interiorizada de las «cosas» como a la heterogeneidad más obvia presente en los sistemas. Por eso es omnipresente en el mundo físico, biológico y social. Eso no significa, sin embargo, que todos los momentos de algunos procesos continuos sean igualmente significativos a una escala particular para entender el cambio o la estabilidad. La tarea de la investigación teórica y empírica es identificar esos «momentos», «formas» y «cosas» característicos dentro de los flujos continuos que pueden producir transformaciones radicales o, por el contrario, otorgar a un sistema cualidades de identidad, integridad y estabilidad relativa. La cuestión del «agente» en los sistemas sociales, biológicos y físicos debe formularse genéricamente en esos términos.

8. La investigación dialéctica no está fuera de su propia forma de argumentación, sino sujeta a ella. Es un proceso que produce conceptos, abstracciones, teorías y todo tipo de formas institucionalizadas de conocimiento que sólo se mantienen, de por sí, para ser respaldadas o socavadas por los continuos procesos de investigación. Existe, además, cierta relación implícita entre el investigador y lo investigado, que no se debe entender como la de un «extraño» (el investigador) que observa lo investigado como un objeto ajeno, sino como una relación entre dos sujetos, cada

---

[125] *Ibid.,* p. 275.
[126] B. Ollman, «Putting dialectics to work», 1990; B. Ollman, *Dialectical Investigations,* 1993.
[127] B. Ollman, «Putting dialectics to work», 1990, p. 34.

uno de los cuales interioriza necesariamente algo del otro en virtud del proceso en marcha. La observación del mundo es inevitablemente, sostenía Heisenberg, una intervención en el mundo, casi del mismo modo que los deconstruccionistas argumentan que la lectura de un texto es fundamental para su producción. De manera similar, Marx insistía en que sólo mediante la transformación del mundo podremos transformarnos a nosotros mismos y en que es imposible comprender el mundo sin cambiarlo simultáneamente, así como a nosotros mismos. Este principio convierte la dualidad entre el antropocentrismo y el ecocentrismo en una oposición falsa (del mismo modo que la teoría feminista, perpetuamente obligada a discutir la relación entre lo nacido y lo criado, ha acabado por aceptar en general –véase Fuss[128]– que la supuesta oposición entre el esencialismo y el constructivismo social es falsa porque ambos se necesitan mutuamente). La dialéctica no se puede imponer al mundo como un acto mental sobre la materia (este fue el error fatal de Engels, desgraciadamente repetido por Levins y Lewontin). La unidad subyacente de la teoría y la praxis nunca se puede romper; sólo atenuarse o alienarse temporalmente. Aquí reside, diría yo, la verdadera vía hacia esa trascendencia de la oposición que pretende Benton[129].

9. La educción –la exploración de las potencialidades para el cambio, la realización, la construcción de nuevas totalidades (por ejemplo, ecosistemas sociales) y similares– en lugar de la deducción o la inducción, es, como insiste Bookchin, el motivo central de la praxis dialéctica. La investigación dialéctica incorpora necesariamente, por tanto, la construcción de opciones éticas, morales y políticas en su propio proceso, y entiende los conocimientos construidos resultantes como discursos situados en un juego de poder. Los valores, por ejemplo, no se imponen desde el exterior como abstracciones universales, sino que se llega a ellos mediante un proceso de indagación inserto en formas de praxis y juegos de poder ligados a la exploración de tal o cual potencialidad (tanto en nosotros como en el mundo que habitamos). En la medida en que ha surgido en los últimos años una «teoría del valor verde» particular, debe entenderse como el producto de procesos ecológicos y juegos de poder.

---

[128] Véase D. Fuss, *Essentially Speaking*, 1989.
[129] T. Benton, «Ecology, socialism and the mastery of nature», 1992, p. 72.

Existe, evidentemente, una notable coincidencia entre la dialéctica (como en el caso de la ontología y la epistemología) presente en la argumentación marxiana, por ejemplo, en *El capital* (como ha señalado Ollman[130]) y la que hallamos, de una forma u otra, en un amplio abanico de textos ecologistas. Esta coincidencia no ha pasado desapercibida[131], ni puede considerarse carente de problemas[132], pero no se ha trabajado creativamente. Del mismo modo que la teoría marxiana se puede extender dialécticamente para entender la producción del espacio y el tiempo –que son, después de todo, atributos fundamentales de la «naturaleza»–, la tarea teórica de construir una teoría marxista más completa y coherente de la producción de la naturaleza[133] exige atención. En principio no hay nada antiecológico en la dialéctica de Marx. La perspectiva de crear una ecología económico-política es por lo tanto concebible, siempre que se restaure la imaginación dialéctica devolviéndola a la posición central en la teoría marxista de la que fue desalojada por muchas corrientes de pensamiento neomarxistas opuestas.

Hacia una política ecosocialista

Benton ha argumentado recientemente[134] que «las ideas básicas del materialismo histórico pueden considerarse sin distorsiones como una propuesta para un enfoque ecológico de la comprensión de la naturaleza y la historia humanas». La dificultad, afirma, es que hay un hiato «interno» en los textos maduros de Marx entre ese compromiso general y la concepción político-económica del proceso de trabajo. Quiero proponer una lectura más dialéctica de Marx, en la que el proceso de trabajo se entiende como «un fuego que da forma» y modifica perpetuamente los demás procesos al pasar por ellos y da lugar a «cosas» particulares, eliminando gran parte de ese hiato. No sólo se hace posible entonces explorar las coincidencias entre el proyecto de Marx y algunos sectores del pensamiento ecológico contemporáneo, sino que también nos permite comenzar a construir lenguajes más

---

[130] B. Ollman, *Dialectical Investigations,* 1993.

[131] H. Parsons, *Marx and Engels on Ecology,* 1977; D. Lee, «On the Marxian view», 1980.

[132] J. Clark, «Marx's inorganic body», 1989; Dickens, *Society and Nature,* 1992, pp. 190–95.

[133] Véase N. Smith, *Uneven Development,* 1990.

[134] T. Benton, «Marxism and natural limits», 1989, p. 55.

adecuados con los que reflexionar sobre la naturaleza de las actividades y los proyectos socioecológicos.

A este respecto es útil reflexionar por un momento sobre los múltiples lenguajes –científico, poético, mítico, moral y ético, económico e instrumental, emotivo y efectivo– con los que suelen abordarse los problemas ecológicos. Porque a menudo se argumenta que se requiere algún tipo de lenguaje transdisciplinario para representar y resolver mejor los problemas ecológicos, y que la propia existencia de múltiples discursos sobre la «naturaleza» es una parte fundamental del problema. Por otro lado, hay una gran renuencia a intentar aglutinar todo lo que queremos decir sobre la «naturaleza» y nuestra relación con ella en un solo lenguaje homogéneo. Quiero argumentar aquí que se pueden defender limitadamente ambas posiciones

Por un lado, necesitamos ciertamente un lenguaje mucho más unificado para las ciencias sociales y biológicas/físicas que el que actualmente poseemos. La cuestión de la unidad de la ciencia, por supuesto, se ha abordado muchas veces, y no sólo por Marx[135]. Pero en la teoría social han surgido serios problemas cada vez que se ha invocado una base biológica (los ejemplos más conocidos incluyen la utilización del darwinismo social por el nazismo, o los profundos antagonismos sociales aparecidos en el debate sobre la sociobiología). La respuesta en las ciencias sociales ha sido a menudo apartarse de cualquier examen del lado ecológico de los proyectos sociales y actuar como si no importaran o como si tuvieran que ser interpretados como algo «externo» a la investigación. Creo que esa no es una manera satisfactoria de hacer las cosas y que se deben encontrar formas de crear un lenguaje más común. Se trata, sin embargo, de un territorio resbaladizo, un campo abierto para los modos de pensamiento organicistas o holísticos más que dialécticos, que pueden requerir, para tener éxito, cambios profundos en las posturas ontológicas y epistemológicas en ambos lados científicos, social y natural.

Por otro lado, la heterogeneidad de los discursos sobre la «naturaleza» tiene que ser aceptada no sólo como inevitable, sino también como una característica muy constructiva y creativa de la argumentación ecológica, siempre que no se lean como modos de pensamiento y acción fragmentados y separados, asociados a comunidades aisladas, sino como la heterogeneidad interiorizada, el juego de la diferencia, que todos seguramente sentimos y experimentamos en nuestra interacción con «otros» en el mundo humano y en el no

---

[135] K. Marx, *Manuscritos económico-filosóficos de 1844*.

humano. El placer de un trabajo significativo y el compromiso con los demás no son irrelevantes para la vida del trabajador, y su celebración en la poesía y la canción tiene tanto que transmitir como las más alienadas representaciones del mundo que la ciencia proporciona.

Sin embargo, hay en esto un peligro omnipresente. No sólo se acoplan incómodamente diferentes discursos, de modo que se hace difícil detectar la unidad dentro de la diferencia, sino que el análisis cuidadoso de la forma en que las relaciones de poder se insertan en discursos particulares sugiere que el gran embrollo conceptual y la cacofonía de los discursos están lejos de ser inocentes en la reproducción del capitalismo. El compromiso crítico al respecto no es una tarea política trivial. Si todos los proyectos sociopolíticos son proyectos ecológicos y viceversa, entonces cierta concepción de la «naturaleza» y del «entorno» está presente en todo lo que decimos y hacemos. Si, además, los conceptos, discursos y teorías pueden operar, cuando se insertan en prácticas y acciones socioecológicas, como «fuerzas materiales» que configuran la historia[136], entonces las actuales batallas sobre los conceptos de «naturaleza» y «entorno» son de inmensa importancia. Todos los exámenes críticos de la relación con la naturaleza son simultáneamente exámenes críticos de la sociedad. El increíble vigor con el que los intereses dominantes han tratado de contener, dar forma, mistificar y enturbiar el debate contemporáneo sobre la naturaleza y el medio ambiente (en su mayor parte dentro de los discursos de la «modernización ecológica», la «sostenibilidad», el «consumismo verde» o la mercantilización y venta de la «naturaleza» como un espectáculo cultural) atestigua la seriedad de esa conexión

El peligro ahí es aceptar, a menudo sin saberlo, conceptos que impiden la crítica radical. Consideremos, por ejemplo, la forma en que la «escasez» (y su término afín de «superpoblación») aparece en la discusión contemporánea[137]. El énfasis se pone en los «límites naturales» a las potencialidades humanas. En el caso de Lee[138], la narración procede como si las reglas del comportamiento humano se derivaran de la segunda ley de la termodinámica y del poder sustentador inherente a los ecosistemas (ninguno de los cuales es útil para explicar la historia cambiante de la organización social humana, y menos

---

[136] Cfr. Lovejoy, *op. cit.;* B. Ollman, *Alienation,* 1971, pp. 23-24.

[137] Véanse T. Benton, «Marxism and natural limits», 1989; T. Benton, «Ecology, socialism and the mastery of nature», 1992.

[138] K. Lee, *Social Philosophy,* 1989.

aún la génesis de la vida). Pero si consideramos los «recursos naturales» en la forma geográfica tradicional, como «evaluaciones culturales, tecnológicas y económicas de elementos que residen en la naturaleza y que se movilizan para fines sociales particulares»[139], entonces la «ecoescasez» significa que no tenemos la voluntad, el ingenio o la capacidad para cambiar nuestros objetivos sociales, nuestros modos culturales, nuestras combinaciones tecnológicas o nuestra forma de economía y que somos incapaces de modificar la «naturaleza» de acuerdo con las necesidades humanas. Hasta la corta historia del capitalismo prueba que ninguna de estas características es fija, que todas ellas son dinámicas y cambiantes. Otra cosa es decir que el capitalismo, dadas sus estrechas fijaciones y reglas de la acumulación del capital, está afrontando una situación de ecoescasez y superpoblación. De hecho, se puede argumentar con cierta fuerza, *pace* Marx, que el capitalismo como modo de producción produce escasez, de modo que centrarse en las limitaciones universales significa eludir completamente la cuestión político-ecológica. En este sentido, al menos, Benton tiene razón:

> Lo que se requiere es el reconocimiento de que cada forma de vida social/económica tiene su propio modo y dinámica específica de interrelación con sus propias condiciones contextuales, recursos materiales, fuentes de energía y consecuencias involuntarias (formas de «desperdicio», «contaminación», etc.). Los problemas ecológicos de cualquier forma de vida social y económica [...] deben teorizarse como el resultado de esta estructura específica de articulación natural/social[140].

Resulta que muchos de los términos utilizados en los actuales debates medioambientales incorporan valores capitalistas sin saberlo. Aunque la «sostenibilidad», por ejemplo, significa cosas completamente diferentes para distintas personas[141], el uso general del término lo sitúa en el contexto de sostener un conjunto particular de relaciones sociales por medio de un proyecto ecológico particular. Imagínese, por ejemplo, una situación ecológico-económica muy simplificada (al estilo del *DaisyWorld* de James Love-

---

[139] Véanse, por ejemplo, A. Spoehr, «Cultural differences», 1956; W. Firey, *Man, Mind and the Land,* 1960.
[140] T. Benton, «Marxism and natural limits», 1989, p. 77.
[141] Véase M. Redclift, *Sustainable Development,* 1987.

lock y Andrew Watson para ilustrar su hipótesis Gaia), en la que la ciudad de Nueva York está habitada por dos especies, banqueros internacionales y cucarachas. Los banqueros internacionales son la especie en peligro de extinción, por lo que la «sostenibilidad» se define en términos de organizar el uso de la tierra (por ejemplo, organizar una agricultura «sostenible» en Malawi para facilitar el pago de la deuda) para mantener sus negocios. El modelo, aunque descabellado, es esclarecedor, ya que indica por qué y cómo la financiación internacional, a través del Banco Mundial, está actualmente tan interesada en la sostenibilidad ecológica. La dualidad de los proyectos ecológicos y sociales cobra aquí algunos aspectos interesantes, porque si bien es cierto que el pago de la deuda, como sostienen los ecologistas, está en la raíz de muchos problemas ecológicos, es precisamente la amenaza del impago de la deuda lo que obliga a las finanzas internacionales a reconocer que existen problemas ecológicos.

Pero exactamente por las mismas razones por las que no podemos permitirnos limitar las opciones interiorizando una lógica capitalista en la que los conceptos de sostenibilidad, ecoescasez y sobrepoblación están profundamente entrelazados, los socialistas no pueden contentarse simplemente con tratar de asimilar el lenguaje crítico del descontento ecológico. La tarea es, más bien, definir y luchar por un tipo particular de proyecto ecosocialista que nos libere de las peculiares opresiones y contradicciones que está produciendo el capitalismo. Hace mucho tiempo, Marx resumió esto sucintamente:

> En nuestros días, todo parece estar preñado de lo contrario. La maquinaria, dotada con el maravilloso poder de acortar y hacer fructificar el trabajo humano, nos da hambre y trabajo excesivo. Las nuevas fuentes de riqueza, por un extraño hechizo, se convierten en fuentes de necesidad. Las victorias del arte parecen compradas por la pérdida de carácter. Al mismo ritmo que la humanidad domina la naturaleza, el hombre parece convertirse en esclavo de otros hombres o de su propia infamia. Ni siquiera la luz pura de la ciencia parece capaz de brillar, si no es en el oscuro fondo de la ignorancia. Todos nuestros inventos y progresos parecen conducir a dotar las fuerzas materiales de vida intelectual y a embrutecer la vida humana reduciéndola a una fuerza material[142].

---

[142] K. Marx, discurso en el aniversario del *People's Paper,* 14 de abril de 1856. Citado en R. Grundmann, *Marxism and Ecology,* 1991, p. 228.

Es tentador entonces, aunque no suficiente, citar la vía que ofrece Engels hacia una resolución eficaz de los dilemas ecológicos y sociales:

> Pero también en este terreno una larga y a veces dura experiencia y el acopio y la investigación de material histórico nos van enseñando, poco a poco, a ver claro acerca de las consecuencias sociales indirectas y lejanas de nuestra actividad productiva, lo que nos permite, al mismo tiempo, dominarlas y regularlas. Ahora bien, para lograr esta regulación no basta con el mero conocimiento. Hace falta, además, transformar totalmente el régimen de producción vigente hasta ahora, y con él todo nuestro orden social presente[143].

Digo que esto no es suficiente porque deja demasiados dilemas no resueltos sobre la dirección real que cualquier proyecto ecosocialista podría tomar. Y aquí el debate entre marxistas y ecologistas de todo tipo tiene mucho que ofrecer. Ese debate es, en gran medida, una cuestión de articular posiciones fijas, por supuesto, pero hay otras formas más dialécticas para leerlo. «Las representaciones unilaterales siempre son restrictivas y problemáticas», argumentó Marx, y la mejor forma de proceder cuando se enfrenta uno a una dificultad es «frotar bloques conceptuales hasta que salten chispas». Con ese espíritu, concluiré con las cinco áreas clave en las que tal «roce» podría ayudar a que las políticas conceptuales ecosocialistas comiencen a arder:

1) Alienación y autorrealización

Las ideas de «autorrealización» son muy abundantes en la literatura ecológica. Se relacionan de cierta manera con las preocupaciones de Marx, particularmente en los *Manuscritos económicos y filosóficos de 1844,* pero también en trabajos posteriores como los *Grundrisse*, en torno a la emancipación humana y el autodesarrollo mediante el desarrollo de nuestros poderes creativos. Sin embargo, en la tradición marxista, bastante preocupada por el empobrecimiento y la privación, la liberación de las fuerzas productivas llegó a entenderse como el medio privilegiado y hasta cierto punto exclusivo hacia el

---

[143] F. Engels, «Anteil der Arbeit an der Menschwerdung des Affen», en *Dialektik der Natur,* MEW 20, p. 454 [ed. cast: «El papel del trabajo en la transformación del mono en hombre», en *Dialéctica de la naturaleza*].

objetivo más amplio de la autorrealización y la emancipación humana[144]. Como tal, se convirtió en un objetivo en sí mismo.

La crítica del «productivismo» socialista por parte de los ecologistas es aquí muy útil, ya que obliga a los marxistas a reexaminar la problemática de la alienación[145]. Bajo el capitalismo, la propiedad privada, las relaciones de clase, el trabajo asalariado y los fetichismos del intercambio de mercado nos separan y alienan de cualquier contacto sensible e inmediato con la «naturaleza» y otros seres humanos (excepto en esos sentidos fragmentados y parciales alcanzables bajo la división del trabajo regida por la clase). Pero si «el hombre vive en la naturaleza», entonces «esa naturaleza es su cuerpo, con el que debe permanecer en continuo intercambio para no morir». La salud de ese cuerpo es fundamental para nuestra salud. «Respetar» la naturaleza es respetarnos a nosotros mismos. Formar y transformar la naturaleza es transformarnos a nosotros mismos. Esto constituye una parte de las tesis de Marx. Pero el alejamiento del compromiso sensorial inmediato con la naturaleza es un momento esencial en la formación de la conciencia, y por lo tanto un paso en el camino hacia la emancipación y la autorrealización[146]. Topamos ahí, no obstante, con una paradoja. El distanciamiento sin fin de la conciencia permite la reflexividad y la construcción de formas de conocimiento emancipatorias (como la ciencia); pero también plantea el problema de cómo volver a aquello de lo que la conciencia nos aliena. Cómo recuperar una relación no alienada con la naturaleza (así como con formas no enajenadas de relaciones sociales), frente a las divisiones actuales del trabajo y la organización tecnológica y social, se convierte en parte de un proyecto común que une ineluctablemente a marxistas y ecologistas. Donde se separan es en la forma en que se puede buscar tal recuperación.

Para los marxistas no puede haber vuelta atrás, como muchos ecologistas parecen proponer, a una relación *inmediata* con la naturaleza (o un mundo construido únicamente sobre relaciones cara a cara), a un mundo precapitalista y comunitario de comprensiones no científicas con divisiones limitadas del trabajo. El único camino son los medios políticos, culturales e intelectuales que «van más allá» de las mediaciones tales como el conocimiento científico, la eficiencia organizativa y la racionalidad técnica, el dinero y el intercambio de mercancías, al tiempo que se reconoce la importancia de tales

---

[144] Véase R. Grundmann, *Marxism and Ecology,* 1991, p. 54.
[145] Véanse, e.g., I. Meszaros, *Marx's Theory of Alienation,* 1970; B. Ollman, *Alienation,* 1971.
[146] Cfr. T. Ingold, *The Appropriation of Nature,* 1986, citado antes.

mediaciones. El potencial emancipatorio de la sociedad moderna, basada en la alienación, debe seguir explorándose. Pero no puede ser, como lo es a menudo, un fin en sí mismo, porque eso es tratar la alienación como el punto final, el objetivo. La preocupación de los ecologistas y del joven Marx por recuperar la alienación de la naturaleza (y otras) que induce el capitalismo actual debe ser un objetivo fundamental de cualquier proyecto ecosocialista. La búsqueda de trabajos y de juegos significativos (asegurándose, por ejemplo, de que las «victorias del arte» no sean compradas por su «pérdida de carácter») se convierte en una cuestión central mediante la que el movimiento obrero puede expurgar la argumentación ecológica sobre la alienación de la naturaleza, de los demás, y en último término, de nosotros mismos.

Esto no significa negar la relevancia o el poder de los enfoques fenomenológicos en la exploración de las potencialidades de relaciones más íntimas e inmediatas con la naturaleza o con otros. La profundidad e intensidad de la sensación implícita incluso en el enfoque de Heidegger no son irrelevantes, como no lo es la búsqueda de lenguajes poéticos, representaciones o sistemas simbólicos adecuados. El existencialismo de Sartre, después de todo, debe tanto a Marx como a Heidegger. El peligro surge cuando tales modos de pensamiento se postulan como la única base de la política (en cuyo caso se vuelven hacia adentro, excluyentes e incluso neofascistas), cuando la intención de Marx era sin duda buscar la unidad dentro de la diferencia. Explorar esa dualidad tiene que estar en el centro de la política ecosocialista, lo que implica una incómoda pero instructiva dualidad de valores entre lo puramente instrumental (mediado) y lo existencial (no mediado).

2) Relaciones sociales y proyectos ecológicos

Las exploraciones de nuestro «potencial de especie» [*Gattungswesen*] y nuestra capacidad de realización requieren el estudio de la relación entre los proyectos ecológicos y las relaciones sociales necesarias para iniciarlos, implementarlos y gestionarlos. La energía nuclear, por ejemplo, requiere relaciones de poder altamente centralizadas y no democráticas junto con estructuras jerárquicas de mando y control para que funcione con éxito. Por eso las objeciones frente a ella se centran tanto en las relaciones sociales que implica como en los problemas ecológicos de salud y desechos peligrosos a largo plazo. La naturaleza de muchos de los proyectos ecológicos emprendidos en la

Unión Soviética también requería relaciones sociales que estaban fundamentalmente en desacuerdo con el proyecto teórico de construir una nueva sociedad fundada en el igualitarismo y la democracia. Pero ese tipo de crítica es la parte fácil, ya que si invertimos la ecuación y afirmamos que los únicos proyectos ecológicos que deben emprenderse son los coherentes con las relaciones sociales no jerárquicas, descentralizadas, altamente democráticas y radicalmente igualitarias, entonces la gama de posibles proyectos ecológicos se restringe enormemente, amenazando quizá incluso la vida de un número considerable de personas. La adopción de tal postura no concuerda, ciertamente, con la exploración abierta de las potencialidades de nuestra especie y probablemente milite contra el alivio de la evidente miseria material en la que vive gran parte de la población mundial.

Aquí no hay resolución para lo que siempre será una situación contradictoria, salvo la de reconocer plenamente la naturaleza de la tensión y buscar formas políticas de convivir con ella. Sin ir muy lejos, también debemos reconocer los efectos que surgen de la aparición «en la naturaleza» de ciertos tipos de relaciones sociales. Si vemos, por ejemplo, como creo que debemos ver, que los ecosistemas contemporáneos incorporan los entornos construidos de las ciudades y los flujos de capital y mercancías que los sustentan, y si esos ecosistemas incluyen relaciones sociales capitalistas, ¿qué transformaciones sociales y ecológicas son entonces factibles (y no catastróficamente destructivas)?

3) *La cuestión de la tecnología*

«La tecnología pone al descubierto [*enthüllt*] el comportamiento activo del ser humano con respecto a la naturaleza, el proceso de producción inmediato de su existencia, y con ello, asimismo, sus relaciones sociales de vida y las representaciones mentales que surgen de ellas»[147].

Si bien es incorrecto achacar cierto determinismo tecnológico a Marx («pone al descubierto» no puede leerse como «determina»), la centralidad de la tecnología y de las opciones tecnológicas en la integración de las relaciones sociales en proyectos ecológicos (y viceversa) significa que se debe prestar una cuidadosa atención a este asunto. Grundmann[148] está seguramente acer-

---

[147] K. Marx, *El capital*, vol. 1, cap. XIII.1, p. 448, n. 89 [*MEW* 23, p. 392].
[148] R. Grundmann, *Marxism and Ecology*, 1991.

tado cuando señala algunas profundas tensiones en el enfoque de Marx. Si, por ejemplo, la maquinaria no sólo despoja a los trabajadores del plusvalor que producen, sino que también los priva de su habilidad y virtuosismo mientras media su relación con la naturaleza de formas alienantes, entonces la autorrealización (por mucho que insistamos en la colectividad del proyecto) puede estar en peligro por razones tecnológicas. Algunas tecnologías son contrarias incluso al objetivo de ejercer un mayor control sobre la naturaleza. Pero el problema es aún más profundo. La combinación tecnológica que el capitalismo nos deja (con sus mezclas particulares de proyectos socioecológicos), o bien debe rechazarse rotundamente (como sugieren ahora muchos ecologistas) o bien transformarse gradualmente de manera que concuerde con las relaciones sociales socialistas y las concepciones mentales (como las relativas a la relación con la naturaleza) que brotan de ellas. Los argumentos sobre la «tecnología apropiada» y «lo-pequeño-es-hermoso» entran aquí en juego, no como principios o trayectorias tecnológicas necesarios para la construcción del socialismo, sino como un conjunto de preguntas que marcan la futura organización tecnológica de una sociedad socialista[149].

4) *La dialéctica de la similitud y la diferencia, de la centralización y la descentralización*

Dado que gran parte de la crítica ecológica radical actualmente en boga tiene sus raíces en el anarquismo, por lo general ha tomado el camino de enfatizar la comunidad, la localidad, el lugar, la proximidad a la «naturaleza», la particularidad y la descentralización (profundamente antagónicos a los poderes estatales) en oposición a las preocupaciones socialistas más tradicionales de la universalidad de las luchas proletarias y el derrocamiento del capitalismo como sistema de dominación histórico-mundial. Cualquier proyecto ecosocialista tiene que afrontar esa oposición. Aquí creo que un materialismo histórico más *geográfico*, que sea más sensible con el punto de vista ecológico, tiene mucho que ofrecer, en términos tanto de análisis como de posibles transformaciones. La lucha *general* contra las formas capitalistas de dominación siempre se compone de luchas *particulares* contra los tipos específicos de proyectos socioecológicos en los que se involucran los capitalistas y las relaciones sociales particulares que presu-

---

[149] Cfr. B. Commoner, *Making Peace with the Planet,* 1990.

ponen (contra la silvicultura comercial y la gestión de la madera en el Himalaya, contra los proyectos hídricos a gran escala en California o contra la energía nuclear en Francia). La articulación de principios socialistas de lucha varía por tanto en gran medida con la naturaleza y la escala del proyecto socioecológico que afrontar. Y por la misma razón, la naturaleza de la transformación socialista buscada depende crucialmente de las posibilidades socioecológicas existentes en relación con proyectos particulares, que se ven muy diferentes en Nicaragua o Zimbabue de cómo se ven en Suecia, y muy diferentes en términos de finanzas multinacionales de cómo se ven en términos de desechos médicos vertidos junto a proyectos residenciales. Pero es en este punto en el que los supuestos *generales* de la transición al socialismo merecen mayor reflexión.

El socialismo no pretende necesariamente la construcción de una homogeneidad. La exploración de la potencialidad de nuestra especie también puede atender a la búsqueda creativa y la exploración de la diversidad y la heterogeneidad. Los proyectos socioecológicos, mucho más atentos a la resolución de cuestiones de alienación y la apertura de diversas posibilidades para la autorrealización, se pueden considerar como parte fundamental del futuro socialista que se pretende. Los fallos del capitalismo en cuanto a producir algo más que el desarrollo geográfico desigual de una homogeneidad blanda y mercantilizada son, seguramente, una de las características más llamativas de sus fracasos.

La literatura ecológica radical, que se concentra en la construcción de lugares, el biorregionalismo y asuntos similares, tiene aquí algo creativo que ofrecer, en parte como un terreno excelente para la crítica de la producción de desechos por parte del capitalismo (¿realmente es necesario enviar cerveza británica a Australia y cerveza australiana a Gran Bretaña?), y en parte como su producción de una conformidad serial en el diseño urbano. Mumford, por ejemplo, describió con ilusión la región «al igual que su artefacto correspondiente, la ciudad, [como] una obra de arte colectiva», que no se encuentra «como un producto terminado en la naturaleza, sino como creación de la voluntad y la fantasía humanas». Esa forma de pensar, inserta en un proyecto socialista de transformación ecológica, estimula la «producción de naturaleza» en diversas obras de arte localizadas, junto con la creación de diferencias ecosistémicas que pueden respetar la diversidad, tanto de la cultura y los lugares como de los ecosistemas. La riqueza de la capacidad humana para la complejidad y la diversidad en un contexto de exploración libre de la riqueza, complejidad y diversidad, que ya se encuentran en el resto de la naturaleza, puede convertirse en parte vital de cualquier proyecto ecosocialista. «Cada uno de nosotros –dice un biorregionalista como Berger[150]–, habita un terreno de conciencia» determinado en gran parte por el lugar en el que vivimos, el trabajo que hacemos y la gente con la que compartimos nuestras vidas. Y no hay absolutamente ninguna razón para no seguirlo cuando argumenta que «la recreación de culturas humanas afectuosas y sostenibles» debería convertirse en «parte del "trabajo real" de nuestro tiempo». Con ello se hace eco de algo que deriva tanto de Raymond Williams como de Heidegger.

Pero ahí también tocamos el punto en el que el ecosocialismo se aparta del puro biorregionalismo, de la política comunitaria estrictamente local. El problema es que hay más que un atisbo de autoritarismo, vigilancia y confinamiento en el localismo forzado de una política tan descentralizada y de una ingenua creencia en que (1) el respeto por la diversidad humana es compatible con la convicción de que todas las sociedades descentralizadas se construirán necesariamente «sobre los valores [¡de la Ilustración!] de democracia, libertad, justicia y otros parecidos»[151] y no en términos de esclavitud, opresión sexual, y similares[152]; (2) el «empobrecimiento» que a menudo se asocia a la autarquía comunal y las fuertes restricciones al comercio exterior puede ser superado; y (3) las restricciones a los movimientos migratorios, junto con la exclusión de «extranjeros» problemáticos, pueden cuadrar de alguna manera con los ideales de maximizar las libertades individuales, la democracia y la apertura a los «otros». Conviene tener en cuenta las saludables advertencias de Young[153] sobre la pesadilla de la política comunitaria en la que la comunidad se define en contra de otros y por lo tanto se formula de una manera totalmente excluyente, chauvinista y racista. Cuando Goldsmith escribe condescendientemente[154], por ejemplo, que «se podría permitir que se instalaran un cierto número de extranjeros», pero que «no participarían en el funcionamiento de la comunidad hasta el momento en que los ciudadanos lo decidieran», la inclinación hacia una política de exclusión neofascista se hace demasiado evidente. El «ecologismo» de derechas de la Lega Nord en el Véneto, Lombardía y Piamonte, por ejemplo, comparte exactamente esa perspectiva, no sólo con respecto a la inmigración de no italianos, sino también con respecto a la inmi-

---

[150] Citado en D. Alexander, «Bioregionalism», 1990, p. 170.
[151] K. Sale, *Dwellers in the Land,* 1985.
[152] Véase A. Dobson, *Green Political Thought,* 1990, p. 122.
[153] I. Young, *Justice and the Politics of Difference,* 1990.
[154] Citado en A. Dobson, *Green Political Thought,* 1990, p. 97.

gración desde el sur de Italia. Además, en ese pensamiento está anclada la idea de que las biorregiones vienen dadas por la naturaleza o por la historia, y no por una variedad de procesos interrelacionados que operan a diferentes escalas temporales y espaciales. En otras palabras, las biorregiones son concebidas, de un modo absolutamente adialéctico, más como cosas que como productos inestables de procesos cambiantes. Esto provoca la pregunta: ¿a qué escala se podría definir una *biorregión,* un *lugar* o una *comunidad humana*?

Podemos concluir, pues, que la política ecosocialista debe tener muy en cuenta que la «universalidad» tiene un doble significado, algo que expresa muy adecuadamente Young al decir que «la universalidad en el sentido de la participación e inclusión de todos en la vida moral y social no implica universalidad en el sentido de adoptar un punto de vista general que deje a un lado las pertenencias, los sentimientos, los compromisos y los deseos particulares»[155]. La permanente transacción entre esos dos sentidos de la universalidad, ya se trate de diferencias de género, etnia u otra pertenencia o preferencia social, o de la diversidad de proyectos socioecológicos que podrían explorarse bajo el socialismo, debe permanecer en el corazón del pensamiento ecosocialista.

5) La cuestión de las escalas temporales y espaciales

A primera vista, la cuestión de la escala aparece como puramente técnica. ¿Dónde, por ejemplo, comienzan los ecosistemas (o proyectos socioecológicos) y dónde terminan? ¿En qué difiere un estanque de un océano? ¿Cómo es que los procesos que ejercen un efecto profundo a una escala se vuelven irrelevantes para otra, y así sucesivamente? Los «problemas de la escala adecuada», argumentan Haila y Levins, «se encuentran entre los desafíos teóricos fundamentales en la comprensión de las interacciones sociedad-naturaleza»[156]. No existe, dicen, «una forma "correcta" única» para definir las escalas temporales y espaciales: estas están constituidas por los organismos considerados, de modo que en cada cuestión particular en la naturaleza están simultáneamente presentes diferentes escalas. Si, como es el caso en la concepción dialéctica (véanse pp. 248-249), no hay unidades básicas a las que todo se pueda reducir, entonces la elección de la escala a la que se deben examinar los procesos se

---

[155] I. Young, *Justice and the Politics of Difference,* 1990, p. 105.
[156] Y. Haila y R. Levins, *Humanity and Nature,* 1992, p. 236.

vuelve crucial y problemática. La dificultad se complica por el hecho de que las escalas temporales y espaciales en las que los seres humanos operan como agentes ecológicos también han cambiado. Cronon señala, por ejemplo, que incluso antes de que comenzara el asentamiento colonial en Nueva Inglaterra, el comercio a larga distancia desde Europa estaba poniendo en contacto dos ecosistemas hasta entonces separados entre sí, con lo que la cultura material de la población indígena resultaba comercializada y sus prácticas ecológicas anteriores disueltas[157]. Si pensamos ahora en la escala definida por los flujos de mercancías y dinero que ponen nuestros desayunos sobre la mesa, y cómo ha cambiado esa escala en los últimos cien años, inmediatamente se hace evidente que hay una inestabilidad en la definición de escala que surge de las prácticas de acumulación de capital, intercambio de mercancías y similares.

Sin embargo, tal como comenta Smith[158], «la teoría de la producción de la escala geográfica [a la que yo añadiría también la producción de temporalidades] está enormemente subdesarrollada». Parece implicar la producción de una jerarquía de escalas anidadas (de global a local) dejándonos siempre con la pregunta político-ecológica de cómo «arbitrar y traducir entre ellas». El argumento ecológico es increíblemente confuso sobre este punto. Por un lado, los especialistas en la salud planetaria de Gaia piensan globalmente y tratan de actuar globalmente, mientras que los biorregionalistas y anarquistas sociales quieren pensar y actuar localmente, presumiendo, erróneamente, que todo lo que sea bueno a esa escala lo será también para el continente o el planeta. Pero ahí la cuestión se vuelve profundamente política y ecológica, ya que si el poder político debe actuar, decidir sobre los proyectos socioecológicos y regular sus consecuencias no deseadas, también debe definirse en una determinada escala (y en el mundo contemporáneo, los Estados-nación forjados principalmente durante los últimos cien años mantienen una posición privilegiada aunque no tengan necesariamente mucho sentido político-ecológico). Pero esto también dice algo muy concreto sobre lo que debe afrontar cualquier proyecto ecosocialista. Por un lado, presumiblemente, seguirá habiendo transformaciones en las prácticas humanas que redefinirán las escalas temporales y espaciales, mientras que, por otro, deben crearse estructuras de poder político que tengan la capacidad de «arbitrar y traducir» entre las diferentes escalas dadas por diferentes tipos de proyectos. También a este respecto parece que una pers-

---

[157] W. Cronon, *Changes in the Land,* 1983, p. 99.
[158] N. Smith, «Geography, difference and the politics of scale», 1992, p. 72.

pectiva ecosocialista tendría un enorme impacto para el pensamiento socialista sobre cómo deben explorarse las potencialidades humanas y qué tipos de instituciones políticas y estructuras de poder pueden crearse que sean sensibles a las dimensiones ecológicas de cualquier proyecto socialista.

Epílogo

«Al final del proceso de trabajo –observaba Marx–, surge un resultado que ya existía en la imaginación del obrero antes de su comienzo»[159]. El propósito del trabajo que yo he emprendido aquí era tratar de producir aclaraciones conceptuales que pudieran incorporarse a las prácticas políticas del socialismo. Pero para ser realizado, como señala agudamente Eckersley, las aspiraciones emitidas por análisis de este tipo «deben estar críticamente relacionadas con el conocimiento del presente, uniendo así el deseo con el análisis y [llevando a] un compromiso cultural, social y político informado». Dándole una vuelta completa a mi argumento, eso significa desarrollar formas de conceptualizar y representar las cuestiones ecológicas de manera que respondan a las aspiraciones de los movimientos de la clase trabajadora, de ciertos sectores de los movimientos feministas y ecologistas, así como de aquellos afroamericanos que, en la Left Bank Jazz Society de Baltimore, definieron correctamente hace muchos años como su principal problema medioambiental la presidencia de Richard Nixon.

Comentario

Espacio, lugar y entorno son fundamentales para el pensamiento geográfico. Acercarse a ellos a través de la economía política y el materialismo histórico de Marx ha sido una misión central de la geografía radical. La producción de espacios, lugares y entornos no es un mero subproducto de la acumulación de capital y la lucha de clases, sino un momento activo en la dinámica evolutiva del capitalismo. Considérese, por ejemplo, la inversión masiva y la circulación de capital en los entornos construidos necesarios para sostener la producción y el consumo capitalistas a una escala en constante expansión. El desarrollo geográfico desigual resultante de tales inversiones puede ser un elemento acti-

---

[159] K. Marx, *El capital,* vol. 1, cap. V, p. 240 [*MEW* Band 23, p. 193].

vo en la formación y resolución de crisis (como ha sido con el caso de la vivienda durante la última década más o menos). También existe una poderosa conexión interna entre los procesos urbanos y el cambio medioambiental. Todo, desde la pérdida de hábitat hasta la concentración de ozono, la contaminación y el calentamiento global, se ve profundamente afectado por la urbanización. No puede haber respuesta a algunas de las principales preguntas de nuestro tiempo –las de la degradación medioambiental y la creciente desigualdad social–, sin transformaciones radicales en una urbanización dinámicamente impulsada por la necesidad de absorber cada vez más capital excedente.

Mi antiguo colega Neil Smith pensó mucho sobre esos temas en su libro *Uneven Development: Nature, Capital and the Production of Space*. A principios de la década de 1990, lo que él llamaba «la producción de la naturaleza» se situó a la vanguardia del activismo en los movimientos sociales. Ese fue el único sector del sentimiento anticapitalista que creció en lugar de estancarse o retroceder durante aquellos años. La búsqueda de la justicia ambiental estaba incluso suplantando la de la justicia social.

La integración de los problemas ambientales y la relación con la naturaleza planteaban no pocos problemas metodológicos. El significado de «lo político» en la economía política tuvo que ser redefinido, y no quedó inmediatamente claro cómo podía funcionar el enfoque relacional de la dialéctica que yo siempre había defendido (basándome en las obras de Bertell Ollman) en la interfaz entre los fenómenos sociales y naturales. Por decirlo con sencillez, el planteamiento de Engels en la *Dialéctica de la naturaleza* no era apropiado. Lo que se necesitaba, concluí, era un enfoque de la dialéctica basado en los procesos que se pareciera más al de Alfred North Whitehead en *Proceso y realidad* que al de Hegel en su *Ciencia de la lógica*.

Este capítulo, publicado por primera vez en el *Socialist Register* en 1993, explora esas cuestiones. En *Justice, Nature and the Geography of Difference*, publicado 3 años después, profundicé en ellas. La incorporación al análisis de las relaciones con la naturaleza trastornó algunas de las certezas de la economía política de Marx (de forma muy parecida a como lo había hecho anteriormente la incorporación del espacio). Pero condujo a un gran enriquecimiento de perspectivas y una versión más abierta del evolucionismo de Marx que ganó en realismo aunque perdiera en coherencia lógica. Este artículo y el libro que le siguió marcaron una gran mejora en mi forma de pensar sobre la naturaleza y nuestro lugar en el mundo. Ahí es donde pretendí primero definir los principios de un materialismo histórico-geográfico.

VIII   Particularismo militante y ambición global

En 1988, poco después de trasladarme a Oxford desde la Universidad Johns Hopkins de Baltimore, me involucré en un proyecto de investigación sobre el destino de la planta de automóviles Rover en esa ciudad. Oxford, en particular entre los foráneos, se suele imaginar como una ciudad de capiteles de ensueño en torno a la grandeza de la universidad, pero eso no era todo: en 1973 la planta de automóviles en Cowley (East Oxford) empleaba a unos 27.000 trabajadores, frente a menos de 3.000 al servicio de la Universidad. La inserción de aquella fábrica de la Morris Motors en el tejido social medieval de la ciudad a principios de siglo había tenido efectos descomunales sobre la vida política y económica del lugar, recorriendo casi exactamente las tres etapas del camino hacia la conciencia socialista descrito en el *Manifiesto comunista*. Los trabajadores se habían ido agrupando durante años en y alrededor de la planta de automóviles y sus instalaciones auxiliares; habían cobrado conciencia de sus propios intereses y habían creado instituciones (principalmente los sindicatos) para defenderlos y promoverlos. Durante la década de 1930, y nuevamente en la de 1960 y a principios de la de 1970, aquella planta automovilística fue el foco de algunas de las luchas de clase más virulentas sobre el futuro de las relaciones laborales en Gran Bretaña. El movimiento obrero creó simultáneamente un poderoso instrumento político, bajo la forma de un Partido Laborista local, que finalmente asumió permanentemente el control del Consejo municipal a partir de 1980. Pero en 1988 las racionalizaciones y los recortes habían reducido el personal a unos 10.000 trabajadores, y en 1993 eran menos de 5.000 (frente a 7.000, poco más o menos, empleadas en la universidad). La amenaza del cierre total de la planta automovilística nunca dejó de cernirse sobre Oxford.

A finales de 1993 se publicó un libro sobre la historia de Cowley, editado por Teresa Hayter y por mí, titulado *The Factory and the City: The Story of the Cowley Auto Workers in Oxford*. Tuvo como origen los trabajos de investigación realizados en apoyo de una campaña contra el cierre que comenzó en 1988, cuando British Aerospace (BAe) adquirió la compañía de automóviles Rover en un amigable trato de privatización promovido por el Gobierno de Thatcher. Inmediatamente se anunció el cierre parcial y la racionalización de la planta, y corrían rumores sobre la posibilidad de un cierre total. El valor del suelo en Oxford era alto, y BAe, con el *boom* inmobiliario disparado, adquirió en 1989 una empresa de construcción especializada en la creación de parques empresariales (Arlington Securities). Se temía que el trabajo de la planta automovilística se transfiriera a Longbridge (Birmingham), o peor aún, a un sitio no sindicalizado en Swindon (donde Honda ya estaba involucrado en acuerdos de coproducción con Rover), recalificando el suelo de Oxford para un lucrativo proyecto inmobiliario que dejaría casi sin perspectivas de empleo a una comunidad de varios miles de personas formada durante muchos años para trabajar en la fábrica de automóviles.

Una reunión inicial para discutir una campaña contra el cierre atrajo a representantes de muchos sectores. Allí se acordó la creación de un grupo de investigación para proporcionar información sobre lo que estaba sucediendo y sobre cuáles podrían ser los efectos sobre la fuerza de trabajo y la economía de Oxford de cualquier decisión de BAe. Así nació el Oxford Motor Industry Research Project (OMIRP) y acepté presidirlo. Poco después, la dirección sindical de la planta retiró su apoyo a la campaña y a la investigación, y la mayoría de los miembros laboristas del Consejo municipal hicieron lo mismo. La investigación quedó en manos de un pequeño grupo de delegados sindicales disidentes dentro de la planta y un grupo de investigadores independientes, algunos de los cuales trabajaban en la Politécnica de Oxford (ahora Oxford Brookes University) y en la propia Universidad de Oxford.

Por razones personales no participé en la campaña, ni apenas en la investigación inicial. Ayudé a dar a conocer los resultados y a movilizar recursos para el proyecto de investigación que la dirección del sindicato y la mayoría del Partido Laborista local intentaron activamente detener, porque no querían que nada «sacudiera el barco» durante sus «delicadas negociaciones» con BAe sobre el futuro de la planta y del terreno. Casi fortuitamente, OMIRP produjo un panfleto, *Cowley Works,* en el momento en que BAe anunciaba otra ola de racionalizaciones que reduciría la mano de obra a la mitad y liberaría la mitad del terreno para la reurbanización. En el libro se recogen adecuadamente la historia de la planta y la del esfuerzo para organizar una campaña contra el cierre y la dinámica de la degradación posterior.

Teresa Hayter, la coordinadora del OMIRP, recibió en 1989 una beca para investigar durante 3 años en St. Peter's College con la intención de publicar un libro sobre la historia de Cowley, la campaña fallida y los problemas políticos de la movilización de resistencia frente a las acciones arbitrarias del capital corporativo. Para ello se debía formar un grupo de base amplia (incluidos académicos y activistas políticos), y cada uno de sus miembros redactaría capítulos sobre los temas con los que estuviera más familiarizado. Cada capítulo fue leído y comentado por los demás miembros hasta que se llegó a una versión final. Acepté, en parte con el propósito de hacer que el libro resultara más atractivo para las posibles editoriales, aparecer como coeditor del libro junto a Teresa Hayter. Esto significaba que, además de un capítulo del que yo era coautor, tendría que dedicar bastante tiempo junto a ella repasando, encargando nuevos apartados para garantizar una cobertura completa y, en general, tratando de mantener la coherencia del libro como un todo mientras mantenía las partes.

El libro es un documento fascinante. Reúne posiciones radicalmente diferentes, que van desde la de un delegado sindical sin nombre conocido y otros que habían trabajado en la planta o habían residido durante mucho tiempo en East Oxford, hasta las de académicos, planificadores e izquierdistas independientes. El lenguaje difiere drásticamente de un capítulo a otro. La voz de los activistas brotada de la subjetividad (lo que más tarde, siguiendo a Raymond Williams, yo llamaría «particularismo militante») contrasta notoriamente con los juicios académicos más abstractos, por ejemplo, mientras que la perspectiva de la comunidad difiere, a veces bastante, de la de los trabajadores de la fábrica. La heterogeneidad de las voces y los estilos es una característica que le da una fuerza particular al libro.

Sin embargo, pronto se hizo evidente que los diversos colaboradores tenían perspectivas e interpretaciones políticas muy diferentes. Inicialmente se optó por la negociación, para que todos sortearan cautelosamente un campo minado de diferencias y así poder acabar con un libro completo. Las dificultades surgieron con la conclusión. Originalmente propuse que Hayter y yo mismo escribiéramos dos conclusiones alternativas, para que los lectores pudieran obtener una mejor perspectiva de las diferencias políticas y pudieran juzgar por sí mismos; pero esto fue rechazado. Y entonces me comprometí a redactar una conclusión basada en las diversas ideas que habían sido presentadas por varios miembros del grupo. Mi proyecto de conclusión hizo estallar casi todas las minas que se habían negociado durante la redacción del libro. Las cosas se pusieron extremadamente tensas, difíciles y a veces hostiles entre Hayter y yo, con el grupo polarizado en distintos grados a nuestro alrededor.

En medio de aquellas intensas discusiones, recuerdo un almuerzo en St Peter's College en el que Hayter me desafió a explicitar mis lealtades. Ella era muy clara al respecto: dormía en la fábrica con los delegados sindicales más militantes, que no sólo permanecían allí trabajando en las condiciones más espantosas, sino que luchaban diariamente para recuperar el control que les pretendía arrebatar una dirección sindical reaccionaria a fin de construir una mejor base para el socialismo. A mí me veía, por el contrario, como un intelectual marxista flotante sin lealtades particulares hacia nadie. ¿Cuáles eran realmente?

Era una pregunta desconcertante y tuve que pensar mucho en ella. En aquel momento recuerdo haber argumentado que, por importante que fuera la lealtad hacia los que todavía trabajaban en la planta (y tal vez también hacia los trotskistas de *Socialist Outlook,* que constituían el núcleo de la oposición aunque sus opiniones fueran minoritarias), había mucha más gente en East Oxford que había sido despedida o que no tenía perspectivas de empleo (por ejemplo, jóvenes marginados y descontentos, algunos de los cuales habían optado por la sustracción de vehículos, con lo que habían suscitado la criminalización y la represión policial de toda la comunidad) que merecía igual atención. Durante todo el tiempo, observé, Hayter había tratado con escepticismo mis preocupaciones por la política comunitaria como fuerza paralela a la política en el lugar de trabajo. Además, yo creía que había que otorgar cierta consideración al futuro del socialismo en Oxford en unas condiciones en que las solidaridades de clase forjadas en torno a la planta se estaban debilitando y podían incluso desaparecer. Esto exigía la búsqueda de una coalición de fuerzas más amplia, tanto para apoyar a los trabajadores en la planta como para perpetuar la causa socialista. También creía que sería desleal en general no establecer una distancia crítica entre nosotros y lo que había sucedido para comprender mejor por qué la campaña no había cobrado fuerza. Hayter se negó a aceptar cualquier cosa que sonara siquiera remotamente crítica hacia la estrategia del grupo que había tratado de movilizar los sentimientos en pos de una campaña; rechazó asimismo cualquier perspectiva que no aceptara como base la lucha crítica por el poder en la fábrica.

Otras muchas cuestiones nos separaban. El deterioro de las condiciones de trabajo en la planta, por ejemplo, hacía difícil defender sin matices la conservación a largo plazo de lo que en realidad eran «trabajos de mierda», por urgente que fuera la defensa a corto plazo de aquellos empleos porque no había alternativas razonables. La cuestión no era subordinar las acciones a corto plazo a los sueños a largo plazo, sino señalar lo difícil que resulta avanzar en la trayectoria a largo plazo cuando las exigencias a corto plazo demandan algo muy diferente. También me preocupaba el enorme exceso de capacidad productiva de la industria automovilística en Gran Bretaña y en Europa en general. Algo tenía que ocurrir en alguna parte, y teníamos que encontrar la forma de proteger los intereses de los trabajadores en general sin caer en la política reaccionaria del «nuevo realismo» que paralizaba la política sindical oficial. ¿Pero, en qué ámbito debía calcularse esa generalidad? ¿Gran Bretaña? ¿Europa? ¿El mundo? Me encontré defendiendo una perspectiva al menos europea sobre los ajustes en la capacidad de producción de automóviles, pero me resultaba difícil justificar esa limitación de la escala cuando se me presionaba. También había cuestiones ecológicas importantes que considerar, derivadas no sólo de la propia planta (el taller de pintura era una notoria fuente de contaminación), sino también de la naturaleza del producto. Fabricar autos Rover para los ultrarricos y contribuir así a la degradación ecológica no parecía un objetivo socialista a largo plazo. En mi opinión no había que esquivar la cuestión ecológica, aunque fuera evidente que los burgueses de North Oxford la utilizarían en su propio interés para deshacerse de toda la planta si les venía bien. De nuevo, el problema del horizonte temporal y los intereses de clase debía debatirse explícitamente en lugar de rehuirlo. Además, aunque no iba a defender de ninguna manera el comportamiento escandaloso de BAe, creía relevante señalar que la compañía había perdido aproximadamente un tercio de su valor en bolsa en los primeros meses de 1992 y que sus esperanzas de hacer un gran negocio en el mercado inmobiliario habían disminuido seriamente en el colapso de 1990. Esto planteaba el interrogante de nuevas formas de control público o comunitario sobre la actividad empresarial (en este caso el giro a la especulación inmobiliaria como alternativa a la producción industrial) para no repetir la amarga historia de la nacionalización (como las desastrosas racionalizaciones y la reordenación de las estructuras de empleo ya sufridas por Rover en 1975-1978, cuando todavía era British Leyland).

Me parecía que sería desleal a mi concepción del socialismo como una alternativa real no hablar de todos esos temas en la conclusión del libro. No, me apresuro a añadir, con la idea de que pudieran resolverse, sino porque definían un terreno abierto de discusión y debate que, me parecía al menos, derivaban de los materiales reunidos en el libro. Tal conclusión mantendría abiertas las opciones y de ese modo ayudaría a los lectores a considerar las opciones activas en un amplio terreno de posibilidades, a la vez que se prestaba la debida atención a sus complejidades y dificultades. Pero Hayter creía, aun cuando estuviera parcialmente de acuerdo con la importancia a largo plazo de tales ideas, que plantear asuntos de ese tipo diluiría la lucha inmediata para mantener los empleos en Cowley y evitar su traslado a un sitio no sindicalizado en Swindon. Las cuestiones que yo quería plantear sólo podrían ser atendidas, sostenía, cuando los trabajadores y los delegados progresistas hubieran recuperado su fuerza y poder en la fábrica.

Estábamos operando, evidentemente, en un nivel diferente y con diferentes tipos de abstracción. Pero el impulso para la campaña, la investigación y el libro no provenía de mí, sino del extraordinario poder de una tradición de militancia sindical arraigada en la planta. Esa tradición tenía su propia versión del internacionalismo y las presunciones de verdad universal, aunque se podía argumentar que su captura y osificación por una retórica trotskista bastante estrecha era como mucho una parte del problema en el conflicto más fundamental entre mi perspectiva y la de Hayter. Pero sería incorrecto imaginar la discusión únicamente en términos sectarios, porque el origen de una política puramente basada en la planta frente a otra más amplia siempre iba a estar allí. No podía abandonar mi propia lealtad a la creencia de que la política de una extensión supuestamente no problemática desde la planta de un modelo prospectivo de transformación social total es fundamentalmente errónea. La idea de que lo que es correcto y bueno desde el punto de vista de los delegados sindicales militantes en Cowley también lo sería para la ciudad, y por extensión para la sociedad en general, es demasiado simplista. Deben desplegarse otros niveles y tipos de abstracción para que el socialismo salga de sus vínculos locales y se convierta en una alternativa viable al capitalismo como modo de producción y de relaciones sociales. Pero hay algo igualmente problemático en la imposición de una política guiada por abstracciones para la gente que ha dado su vida y su trabajo durante muchos años de un modo particular y en un lugar particular.

Entonces, ¿qué nivel y qué tipo de abstracción deberían desplegarse? ¿Y qué podría significar ser leal a las abstracciones más que a las personas reales? Por debajo de esas preguntas se encuentran otras: ¿Qué es lo que constituye una reivindicación privilegiada del conocimiento y cómo podemos juzgar, comprender, adjudicar y quizá negociar diferentes conocimientos construidos en niveles muy diferentes de abstracción y en condiciones materiales radicalmente diferentes?

Raymond Williams y la política de la abstracción

Estas cuestiones preocuparon a Raymond Williams, quien las mencionó una y otra vez en sus obras, aunque, por razones que pronto se harán evidentes, estén mucho mejor articuladas en sus novelas que en su teorización cultural. Mi propósito aquí no es, debo aclararlo, presentar a Williams como dechado de virtud en esos asuntos. De hecho, acepto la crítica de que cuanto más se acerca en su teorización a lo que se podría llamar «holismo cultural» –la opinión de que la cultura debe entenderse como una «forma de vida completa» y de que las prácticas sociales deben interpretarse como «elementos indisolubles de un continuo proceso material y social»– más próximo se muestra a una visión organicista del orden social que no puede evitar ser excluyente con respecto a los foráneos y, en algunos aspectos, opresiva para los propios autóctonos. Las intervenciones críticas de Said[1] y Gilroy[2] apuntan especialmente a su actitud hacia los forasteros, hasta el punto de que el segundo de ellos acusa a Williams de complicidad con un colonialismo e imperialismo metropolitanos en virtud de su acomodación dentro de las «estructuras del sentimiento» asociadas con el apoyo de la clase obrera al Imperio británico. Un punto de vista puramente organicista hace igualmente difícil examinar múltiples fuerzas de opresión y dominación dentro de una configuración cultural. Se suele reconocer que Williams no se muestra demasiado sensible en cuestiones de género, por ejemplo (aunque, una vez más, creo que maneja mucho mejor tales cuestiones en sus novelas que en sus teorías). La crítica constructiva y simpatizante de L. Roman de algunas de las trampas en las que Williams parece caer[3] expone algunos de los peligros y las oportunidades que Williams crea a

---

[1] E. Said, «Appendix», 1989.
[2] R. Gilroy, *There Ain't No Black in the Union Jack,* 1987.
[3] L. Roman, «On the ground», 1993.

partir de una perspectiva feminista y racialmente más sensible. No hay duda, tampoco, de que su renuencia a apartarse de la «experiencia vivida» lo lleva a aceptar, como ha comentado Hall[4], una «noción empirista de la experiencia» como si no hubiera nada problemático en tomarla directamente como base para la construcción de teorías. Los recelos de Williams a ese respecto han llevado incluso a algunos críticos a concluir, erróneamente a mi juicio, que no hizo contribuciones teóricas reales, salvo la de dar a la noción de hegemonía de Gramsci un aliento nuevo y un poco más matizado. Sin embargo, hay ahí cierta paradoja, porque también es cierto que la influencia de Williams, pese a todos sus supuestos defectos, «sigue siendo poderosa en los estudios culturales contemporáneos, con su énfasis en las contrahegemonías de los movimientos feministas, del tercer mundo y de la clase obrera»[5].

No trataré aquí de defender ni de ofrecer una crítica sistemática de las controvertidas posturas de Williams en cuestiones políticas y culturales[6]; pero en su obra hay dos puntos cruciales que pueden explicar por qué tantos de sus críticos más mordaces vuelven a menudo a sus formulaciones. El primero se refiere a la forma dialéctica en la que formula sus conceptos. Considérese, por ejemplo, el siguiente pasaje:

> En la mayoría de las descripciones y los análisis, la cultura y la sociedad se expresan en tiempo pasado. La barrera más sólida para el reconocimiento de la actividad cultural humana es esa conversión inmediata y regular de la experiencia en productos acabados. Lo que es defendible como procedimiento en la historia consciente, donde bajo ciertas suposiciones se pueden entender muchas acciones como definitivamente concluidas, se proyecta habitualmente, no sólo en la sustancia siempre móvil del pasado, sino en la vida contemporánea, en la que las relaciones, las instituciones y formaciones en las que aún estamos activamente involucrados se convierten, por ese procedimiento, en totalidades formadas en lugar de procesos formativos. El análisis se centra en las relaciones entre esas instituciones, formaciones y experiencias producidas, de modo que ahora, como en ese pasado producido, sólo existen las formas explícitas fijas, y la presencia viva siempre está, por definición, en retroceso[7].

---

[4] S. Hall, «Politics and letters», 1989, p. 62.

[5] G. Snedeker, «Between humanism and social theory», 1993, p. 113.

[6] Para discusiones detalladas, véanse las recopilaciones de T. Eagleton, *Raymond Williams,* 1989, y D. Dworkin y L. Roman, *Views beyond the Border Country*, 1993.

[7] R. Williams, *Marxism and Literature*, 1977, pp. 128–9.

Williams no es inmune a la tendencia a producir concepciones alienadas que dan lugar a «totalidades formadas» que dominan los «procesos conformantes y formativos». Pero lo cierto es que en ese pasaje declara una fuerte preferencia por las lecturas dialécticas que priorizan la comprensión de los procesos sobre la de las cosas, de forma que cualquier noción organicista de la comunidad, por ejemplo, se ve matizada por el conocimiento de los complicados flujos y procesos que la sostienen. Williams percibe ahí un terreno de posibilidades teóricas en el que la reducción de las relaciones entre personas a relaciones entre conceptos se puede desafiar continuamente, mientras que nuestra comprensión de las relaciones, las instituciones y las formas puede cobrar vida al centrar la atención en los procesos que las producen, sostienen o disuelven.

El segundo punto es que la forma de «inserción» (como la llaman sociólogos contemporáneos como Granovetter[8]) de la acción política en lo que los antropólogos gustan de llamar «cultura íntima»[9] es simultáneamente empoderante y problemática. Pero también se deduce que las abstracciones a las que apelamos no pueden entenderse independientemente de cualquier cosa que sea aquello en lo que la actividad política y teórica está inserta y de cualquier cosa que sea aquello con lo que está íntimamente relacionada la vida social. Un estudio de algunas de las formulaciones de Williams puede ser sumamente útil, ya que utiliza y cuestiona sistemáticamente las nociones de inserción y de cultura íntima. En lo que sigue, prestaré especial atención a la forma en que Williams trata el entorno, el espacio y el lugar como conceptos marco que ayudan a definir lo que esas ideas podrían significar.

La novela como historia medioambiental

> Presione los dedos sobre esta piedra arenisca liquenizada. Con esta piedra y esta hierba, con esta tierra roja, este lugar fue recibido, hecho y restaurado. Sus generaciones son distintas, pero todas están repentinamente presentes[10].

Así concluye la declaración inicial de ambos volúmenes de la última e inacabada novela de Williams, *People of the Black Mountains*. La historia co-

---

[8] M. Granovetter, «Economic action and social structure», 1985.
[9] C. Lomnitz-Adler, «Concepts for the study of regional culture», 1991.
[10] R. Williams, *People of the Black Mountains,* 1990, p. 2.

mienza en el 23.000 a.e.c. y atraviesa periodos de vastos cambios ambientales y sociales. La segunda historia, por ejemplo, transcurre al borde de la gran capa de hielo que rodeaba las Montañas Negras en el momento de máxima glaciación en 16.000 a.e.c. Los sucesos posteriores abordan el advenimiento de la agricultura sedentaria, la escritura y otros momentos clave de transformación del entorno físico y social a través de la acción humana. Las reconstrucciones anteriores se basan en gran medida en la historia arqueológica, paleontológica y medioambiental (la lista de fuentes aportada al final del segundo volumen es muy amplia), mientras que los periodos posteriores se apoyan mucho más en las obras de historiadores económicos, sociales y culturales, insertando profundamente esta ficción en las realidades materiales identificadas a través de la investigación en una amplia gama de disciplinas. En un episodio tras otro, se imaginan con vida las personas que han atravesado y bregado en ese lugar.

¿Por qué decidió uno de los pensadores socialistas más eminentes de Gran Bretaña, en el último trabajo de ficción que emprendió, escribir sobre la historia social y ambiental de las Montañas Negras? Una respuesta parcial a esta pregunta radica presuntamente en la insistencia de Williams en que los seres sociales nunca pueden escapar a su arraigo en el mundo de la naturaleza y en que ninguna concepción de la acción política podría permitir, en último término, abstracciones que no abarquen ese hecho. La «naturaleza» era pues para Williams una palabra clave[11], quizá «la palabra más compleja del lenguaje [ya que su idea] contiene, aunque a menudo desapercibida, una porción extraordinaria de la historia humana [...] a la vez complicada y cambiante, a medida que cambian otras ideas y experiencias»[12]. Una investigación de la historia del medio ambiente y de las cambiantes concepciones de la naturaleza proporcionaría, por tanto, una forma privilegiada y poderosa de indagar y comprender el cambio social y cultural. Williams considera dialécticamente lo social y lo medioambiental como dos caras de la misma moneda.

Sin embargo, su esmerada atención al aspecto ambiental estaba obligada a poner de relieve ciertas características que de otro modo podrían pasarse por alto. Su materialismo y realismo crítico siempre le aseguran que el trabajo (o lo que en otro lugar llama «sustento») –entendido en general como una actividad creadora de vida y culturalmente creativa– es el proceso fundamental a

---

[11] R. Williams, *Keywords,* 1983, p. 219.
[12] R. Williams, *Problems in Materialism and Culture,* 1980, p. 67.

través del cual se constituye nuestra relación y comprensión del mundo de la naturaleza. «Una vez que comenzamos a hablar de hombres que mezclan su trabajo con la tierra, estamos en un mundo de nuevas relaciones entre el hombre y la naturaleza y separar la historia natural de la social se hace extremadamente problemático»[13]. Una visión tan dialéctica y transformadora de cómo se conectan las relaciones sociales específicas con los nuevos modos de combinar el trabajo con la tierra no es exclusiva de Williams. Evoca, por ejemplo, la opinión de Marx y Engels de que «desde que existen los seres humanos, su historia y la historia de la naturaleza se condicionan mutuamente» porque «al operar por medio de ese movimiento sobre la naturaleza exterior a él y transformarla, transforma[n] a la vez su propia naturaleza»[14]. El ecohistoriador William Cronon argumenta de manera similar:

> Una historia ecológica comienza asumiendo una relación dinámica y cambiante entre el medio ambiente y la cultura, capaz de producir tanto contradicciones como continuidades. Además, asume que las interacciones mutuas son dialécticas. El entorno puede configurar inicialmente el rango de opciones disponibles para un pueblo en un momento dado, pero luego la cultura reconfigura el entorno respondiendo a esas elecciones. El entorno remodelado presenta un nuevo conjunto de posibilidades para la reproducción cultural, estableciendo así un nuevo ciclo de determinación mutua. Los cambios en la forma en que la gente crea y recrea sus medios de subsistencia deben analizarse en términos de cambios, no sólo en sus relaciones sociales, sino también en sus relaciones ecológicas[15].

Pero la historia medioambiental de las Montañas Negras no es algo que evolucione puramente en el lugar. La novela es también una historia de oleadas migratorias y colonizaciones y sus influencias, que sitúan la historia de las Montañas Negras en una matriz de espacialidad, constituida por los flujos y movimientos que recorren Europa y más allá. Lo distintivo, o lo que Williams llama cariñosamente la «dulzura del lugar», se construye a través del desarrollo en ese lugar de intervenciones e influencias del exterior. Los tres temas,

---

[13] *Ibid.*, p. 76.
[14] K. Marx y F. Engels, *Die deutsche Ideologie,* en *MEW* 3, p. 18; Marx, *El capital,* vol. 1, cap. V, p. 239 [*MEW* 23, p. 192].
[15] W. Cronon, *Changes in the Land,* 1983, pp. 13-14.

lugar, espacio y entorno, están estrechamente entrelazados en esta novela particular como elementos inseparables en procesos complejos de transformación social y ambiental.

¿Por qué elegir la novela como vehículo para explorar esos temas? ¿Por qué no escribir directamente una historia ambiental, o contentarse con los abundantes materiales originales de los que se sirve Williams? Creo que hay dos razones. La primera se expone explícitamente una y otra vez en las novelas cuando los principales personajes reflexionan sobre la naturaleza del conocimiento y la comprensión que poseen. En *People of the Black Mountains* encontramos a Glyn –el personaje a través del cual se hacen históricamente presentes las voces y los cuentos del pasado–, buscando a su tío perdido en las montañas, reflexionando así sobre los abundantes textos sobre el lugar producidos por diferentes disciplinas:

> Sin embargo, los tipos de escrutinio construidos en esas disciplinas tenían sus propias debilidades [...] Reducían lo que estaban estudiando a un procedimiento interno; en los peores casos, a mero material para una carrera cerrada. Para estudiar en serio las vidas y los lugares, sería preciso tenerles un poderoso apego. El modelo en poliestireno y sus equivalentes textuales y teóricos eran muy diferentes a la sustancia que reconstruían y simulaban [...] En sus libros y mapas en la biblioteca, o en la casa en el valle, había una historia común que podía traducirse a cualquier lugar, en una comunidad de evidencia e investigación racional. Sin embargo, le bastaba desplazarse por las montañas para encontrar un tipo diferente de pensamiento: tercamente nativo y local, pero que iba más allá de un flujo común más amplio, donde el tacto y la amplitud reemplazaban al registro y el análisis; no la historia como narración, sino los relatos como vidas[16].

Este es un tema familiar en todas las novelas de Williams (y es interesante observar cómo presagia el desplazamiento dentro de la historia, pasando de la forma narrativa a la del relato). En *Border Country* encontramos de manera similar a Matthew Price, quien, como Williams, es hijo de un ferroviario de una comunidad rural galesa, educado en Cambridge y situado ahora en la ficción como profesor universitario de Historia Económica en Londres. Su trabajo sobre los movimientos de población en Gales en el si-

---

[16] R. Williams, *People of the Black Mountains,* 1989, pp. 10-12.

glo XIX está empantanado en un callejón sin salida. Los datos están todos allí, pero falta algo:

> Las técnicas que he aprendido tienen la solidez y la precisión de los cubitos de hielo mientras se mantiene una temperatura determinada. Pero es una temperatura que no puedo mantener: la puerta de la nevera sigue abierta. No es un movimiento poblacional desde Glynmawr hasta Londres, sino un cambio de sustancia, como debió de ser para ellos cuando dejaron sus pueblos. Y las formas de medir eso no sólo están fuera de mi disciplina, sino que están en algún otro lugar muy distinto, que puedo sentir pero no manejar, tocar pero no captar[17].

La consecuencia es bastante clara y se aplica con gran fuerza al propio trabajo de Williams. Preocupado como siempre estuvo por la vida de las personas, la forma novelesca le permite representar las cualidades cotidianas de esas vidas de una manera que no podría manejarse o captarse por otros medios. De modo que, si bien por un lado insiste en que sus novelas no deben tratarse como algo separado de su teorización cultural, también admite libremente que encontró algunos temas mucho más fáciles de explorar en sus novelas que en su trabajo teórico[18].

Hay otra razón tras la elección de la forma novelística. Siempre quiere enfatizar que las decisiones personales y particulares tomadas en determinadas condiciones son la esencia del cambio histórico-geográfico. La novela no está obligada a llegar a una conclusión como lo están formas más analíticas de pensamiento. Siempre hay opciones y posibilidades, tensiones y diferencias permanentemente irresueltas, cambios sutiles en las estructuras del sentimiento, todo lo cual puede alterar los términos del debate y la acción políticos, incluso en las condiciones más difíciles y terribles. Era precisamente por eso por lo que que Williams admiraba el teatro de Brecht. Brecht, dice, descubrió «formas de presentar auténticas alternativas, no tanto como en el drama tradicional, donde se encarnan en distintos personajes, sino mediante su encarnación en una misma persona, que vive así o asá y nos invita a sacar nuestras propias conclusiones»[19]. Eso significa, continúa, que «no hay una

---

[17] R. Williams, *Border Country,* 1960, p. 10.
[18] R. Williams, *People of the Black Mountains,* 1989, p. 319.
[19] R. Williams, «The achievement of Brecht», 1961, p. 157.

resolución impuesta, sino que la tensión permanece ahí hasta el final y se nos invita a considerarla». Todos los personajes centrales de Williams viven esa tensión. Las historias de la gente de las Montañas Negras van precisamente de eso. Políticamente, esto permite a Williams recordarnos que esas personas, en virtud de las decisiones que tomaron y de la forma en que vivieron sus vidas, están «todas históricamente presentes». Su objetivo es el empoderamiento en el presente a través de la celebración de la fuerza y la capacidad para sobrevivir. Pero no es sólo eso:

> La crisis que me sobrevino a la muerte de mi padre, que era un trabajador ferroviario socialista –no he sido capaz de explicarla a la gente correctamente, tal vez lo expliqué en parte en mi novela *Border Country*– era la sensación de una especie de derrota para una idea de valor. Quizá era una respuesta irracional. De acuerdo, murió, murió demasiado temprano, pero hombres y mujeres mueren cada día. Pero era muy difícil no verlo al final como una víctima. Supongo que fue este tipo de experiencia lo que me devolvió a la novela histórica que estoy escribiendo ahora, *People of the Black Mountains*, sobre los movimientos de la historia durante un largo periodo, en un lugar determinado de Gales. Y esa historia es un registro de […] derrota, invasión, victimización, opresión. Cuando uno ve lo que se le hizo a quienes fueron físicamente mis antepasados, siente que es casi increíble […] Las derrotas han ocurrido una y otra vez, y lo que mi novela trata de explorar, es simplemente la condición para que algo sobreviva. No se trata de una simple respuesta patriótica: somos galeses, y aún estamos aquí. Es la infinita resiliencia, incluso tortuosa, con que la gente ha logrado pervivir en condiciones profundamente desfavorables, y la asombrosa diversidad de creencias en las que han expresado su autonomía. Un sentido del valor que se ha abierto camino a través de distintos tipos de opresión de diferentes formas […] una encarnación arraigada e indestructible pero también cambiante de las posibilidades de la vida común[20].

La inserción que Williams quiere aquí celebrar es la capacidad de los seres humanos, como seres sociales, de perpetuar y alimentar en sus vidas cotidianas y prácticas culturales la posibilidad de ese sentido del valor que busca una comunalidad en la vida social, aun en medio de una notable heterogeneidad

---

[20] R. Williams, *Resources of Hope,* 1989, pp. 321-322.

de creencias. Pero el mantenimiento de tal sentido del valor depende crucialmente de cierto tipo de relación interpersonal que típicamente ocurre en lugares particulares.

La dialéctica del espacio y el lugar

Así pues, ¿qué estaba construyendo la gente en las Montañas Negras? Era un lugar que estaba siendo «recibido, hecho y rehecho». ¿Pero qué significaba «lugar» para Williams? No es una de sus palabras clave (aunque «comunidad», que generalmente recibe una connotación vinculada con el lugar en su obra, sí lo es). Sin embargo,

> Una nueva teoría del socialismo ahora debe involucrar centralmente el lugar. Recordemos el argumento de que los proletarios no tienen patria, lo que los diferencia de las clases propietarias. Pero se ha demostrado que el lugar es un elemento crucial en el proceso de vinculación –más aún quizá para la clase obrera que para las clases propietarias de capital–, por la explosión de la economía internacional y los efectos destructivos de la desindustrialización sobre viejas comunidades. Cuando el capital ha avanzado, la importancia del lugar se ha revelado aún más claramente[21].

La inserción de la acción política de la clase obrera se da principalmente, según eso, en un «lugar». En sus novelas el significado del lugar se hace particularmente claro, ya que es casi como si los procesos de creación y disolución del lugar –una vez más, una concepción muy dialéctica en comparación con la entidad acabada de un lugar real– se convirtieran en agentes activos en el desarrollo de la acción. Pero la constitución del lugar no puede abstraerse de los patrones movedizos de las relaciones espaciales. Eso queda bien establecido en *People of the Black Mountains* y era, por supuesto, el principio rector que permitió a Williams construir el análisis literario increíblemente rico desplegado en *The Country and the City*. Pero esa relación material se hace aún más vívida en el episodio de la huelga en *Border Country*: conciencia política en una pequeña comunidad rural de Gales, atravesada por una línea ferroviaria a lo largo de la cual fluyen bienes e información,

---

[21] *Ibid.*, p. 242.

y que se transforma en virtud de su relación con la huelga de los mineros en el sur de Gales, sólo para ser traicionada al final por las decisiones tomadas en Londres. En un ensayo sobre la huelga general de 1926[22], Williams deja claro que ese episodio de *Border Country* sólo fue cobrando forma después de largas conversaciones con su padre. A continuación reflexiona sobre la estructura del problema:

> Aquellos hombres en la estación eran trabajadores industriales, sindicalistas, que formaban un pequeño grupo dentro de una economía principalmente rural y agrícola. Todos ellos, como mi padre, seguían teniendo estrechas conexiones con esa vida campesina […] Al mismo tiempo, por el hecho mismo del ferrocarril, de los trenes que circulaban desde las ciudades, desde las fábricas, desde los puertos, desde las minas de carbón –y por el hecho del teléfono y el telégrafo, que era especialmente importante para los guardavías, que tenían a través de él una comunidad con otros guardavías en una amplia red social, hablando más allá de su trabajo con hombres con los que tal vez nunca se habían encontrado realmente, pero a quienes conocían muy bien por su voz, sus opiniones y su historia–, formaban parte de un clase obrera industrial moderna.

El objetivo del episodio de la huelga es mostrar cómo se logra algo especial; en este caso, una realización de la conciencia de clase y una comprensión de la posibilidad (y esta palabra siempre acecha alrededor de los debates de Williams) de una alternativa real. Pero se llega a esa posibilidad precisamente a través de la interiorización, dentro de ese lugar particular y esa comunidad, de impulsos que provienen del exterior. Una parte crucial de la historia es cómo se transforman e interiorizan esos impulsos externos como una «estructura de sentimiento» muy local. Algo muy especial ocurre en el Glynmawr ficticio (la huelga, cuenta, había planteado «con una extraordinaria viveza práctica» la perspectiva de una mejora común[23]) y en el Pandy real, dando un significado particularmente importante al socialismo, por lo que la tragedia de su liquidación desde lejos resultaba particularmente devastadora.

Aquí se observa un contraflujo. Después del colapso de la huelga, uno de sus dinámicos líderes, Morgan Prosser, decide dedicarse a los negocios hasta

---

[22] *Ibid.*, pp. 165-166.
[23] *Ibid.*, p. 153.

convertirse finalmente en el mayor empresario en el valle, siendo al final absorbido por una gran corporación. Morgan dice:

> Este lugar está acabado, nunca volverá a ser lo que fue. Lo que importa a partir de ahora no son los campos, no son los montes, sino la carretera. No habrá en él un pueblo, un lugar propiamente dicho. Sólo habrá un nombre por el que se pasa, casas a lo largo de la carretera. Y ahí es donde vivirás, piénsalo. Junto a una carretera[24].

Aunque Morgan asegura siempre su voluntad de renunciar a sus negocios si puede encontrar otra alternativa genuina para el mejoramiento común, mantiene incansablemente la opinión de que la única opción es «establecerse» en el lugar y tomar lo que viene o interiorizar lo que se pueda obtener de las fuerzas externas en juego y aprovecharlas para lograr una ventaja particular, personal o ligada al lugar.

En *The Fight for Manod,* esa interiorización local de los valores capitalistas se hace aún más evidente. Peter Owen, el sociólogo radical llamado para estudiar lo que podría significar una nueva ciudad construida en el remanso rural de Manod en Gales, dice: «la historia real está de nuevo allí en el mismísimo centro: el eje Birmingham-Düsseldorf, con oficinas en Londres, Bruselas, París, Roma». «Lo que siempre nos separa es este dinero del exterior», se queja Gwen, un residente local[25]. A medida que se revela la historia de las adquisiciones en secreto de tierras por las compañías inmobiliarias, vemos que un capitalismo sin rostro ejerce una influencia profundamente corruptora sobre todo el mundo:

> Las empresas. Y luego la distancia, la obviedad cotidiana de la distancia, entre ese callejón en Manod, todos los problemas inmediatos de Gwen e Ivor y Trevor y Gethin y los demás: la distancia hasta ese registro de empresas, pero al mismo tiempo las relaciones son tan sólidas, tan comprobadas… Las transacciones llegan directamente hasta ellos. No como una fuerza externa, sino como una fuerza con la que se han comprometido, de la que ahora forman parte. Aun así, sigue siendo una fuerza que no se preocupa por ellos, sólo los impulsa a su manera[26].

---

[24] R. Williams, *Border Country,* 1960, p. 242.
[25] R. Williams, *The Fight for Manod,* 1979, p. 140.
[26] *Ibid.,* p. 153.

Lo que continúa para Matthew es la amarga constatación de que «Seguir lo que parece nuestro propio interés, como hacen estos granjeros de Manod, no va en contra [de este proceso], sino que forma parte de él; es su reproducción local». Todo esto plantea agudos problemas de identidad política que dependen del rango espacial a través del cual se posibilitan el pensamiento y la acción políticos:

> «Este es Tom Meurig –dijo Peter–. Vive en Llanidloes o en Europa, no puedo estar seguro». Tom Meurig se rio [...] «No es capaz de decidir –dijo Peter–, si es mejor proclamar inmediatamente una federación de los Pueblos Célticos, en la que se incluirían honorariamente los vascos, o simplemente apoderarse de Europa, con este nuevo socialismo comunal que han estado soñando en las colinas». «Cualquiera de esas posibilidades –dijo Meurig–, o una tercera: llevar a uno de los nuestros al Consejo de distrito»[27].

El humor de esta conversación oculta una tensión increíble. Resulta que la interiorización de esas fuerzas externas en Manod depende fundamentalmente de que un granjero perteneciente al Consejo del distrito tenga un conocimiento privilegiado de los planes concebidos en otro lugar. El lugar relevante y el rango de la acción política (así como la acción en la novela) no se pueden resolver fuera de un procedimiento particularmente dialéctico de definición de lealtades hacia el lugar en todo el espacio. Y dentro de tales lealtades siempre encontraremos una tensión peculiar entre la resistencia y la complicidad.

El lugar de la política socialista

Williams intenta incorporar el «lugar» más directamente a la teoría socialista. La frase clave aquí es lo que Williams llama «particularismo militante». Quiero prestar especial atención a esta idea, ya que capta algo muy importante tanto de la historia como de las perspectivas para el socialismo, al menos tal como las veía Williams. Afirma lo siguiente:

> El carácter único y extraordinario de la autoorganización de la clase obrera radica en que ha tratado de conectar las luchas particulares con una lucha

---

[27] *Ibid.*, p. 133.

general de un modo bastante especial. Se ha propuesto, como movimiento, hacer realidad lo que a primera vista es la afirmación extraordinaria de que la defensa y el logro de ciertos intereses particulares, debidamente reunidos, son en realidad de interés general[28].

Ideales, forjados a partir de la experiencia afirmativa de las solidaridades en un solo lugar, se generalizan y universalizan como un modelo de trabajo para una nueva forma de sociedad que beneficiará a toda la humanidad. Eso es lo que Williams quiere decir con «particularismo militante», algo que ve profundamente arraigado en la historia del socialismo progresista en Gran Bretaña, así como «una parte muy significativa de la historia de Gales». No es difícil generalizarlo, a pesar de que el propio Williams era reacio a abandonar las particularidades y especificidades de los lugares reales como base fundamental de su pensamiento. Los revolucionarios franceses, después de todo, proclamaron la doctrina de «los derechos del hombre»; el movimiento obrero internacional proclamó la transición global al socialismo en beneficio de todos; el Movimiento por los Derechos Civiles en Estados Unidos articuló una política de justicia racial universal; ciertas alas del feminismo contemporáneo y del movimiento ecologista proyectan su particularismo militante como base para una reconstrucción social de amplio alcance que nos beneficiará, o incluso salvará, a todos.

Williams parece sugerir que muchas, si no todas, las formas de compromiso político tienen su base en un particularismo militante basado en estructuras particulares del sentimiento, del tipo que encontré en Cowley. Pero la dificultad es que

> dado que había comenzado como algo local y afirmativo, suponiendo una extensión no problemática de su propia experiencia local y comunitaria a un movimiento más general, nunca fue suficientemente consciente de los obstáculos sistemáticos que se interponían en su camino[29].

Tales obstáculos sólo podían entenderse mediante abstracciones capaces de afrontar procesos inaccesibles a una experiencia local directa. Y ahí está el problema. El paso de solidaridades tangibles entendidas como patrones de

---

[28] R. Williams, *Resources of Hope,* 1989, pp. 249, 115.
[29] *Ibid.,* p. 115.

vida social, organizados en comunidades afectivas y cognoscibles, a un conjunto más abstracto de conceptos que tendrían un alcance universal implica pasar de un nivel de abstracción –ligado al lugar– a otro nivel capaz de extenderse por el espacio. Y en ese movimiento algo se perdería inevitablemente. «Se introduciría necesariamente –señala Williams con tristeza– la política de la negación, la política de la diferenciación, la política del análisis abstracto. Y nos gustaran o no, ahora eran necesarias incluso para entender lo que estaba sucediendo». Hasta el lenguaje cambia, pasando de palabras como «nuestra comunidad» y «nuestra gente», en los yacimientos de carbón, a «la clase obrera organizada», el «proletariado» y las «masas», en la metrópoli, donde las abstracciones se debaten con mayor vehemencia[30].

El tránsito a otro mundo conceptual, de un nivel de abstracción a otro, puede amenazar ese sentido del valor y propósito común que fundamenta el particularismo militante logrado en lugares particulares:

> Ese fue mi descubrimiento más triste: cuando advertí que se había generado en mí mismo […] esa forma de imperialismo, la más crucial. Es decir, que se apodera de partes de tu mente un sistema de ideas, un sistema de sentimientos, que realmente emanan del centro de poder. Allí, en tu propia mente, y en la comunidad oprimida y desposeída, se reproducen elementos del pensamiento y el sentimiento de ese centro dominante […] Si esa política negativa es la única política, nos hallamos ante la victoria definitiva de un modo de pensamiento que me parece el producto final de la sociedad capitalista. Cualquiera que sea su etiqueta política, es un modo de pensamiento que realmente ha convertido las relaciones entre personas en relaciones entre cosas o relaciones entre conceptos[31].

La tensión entre los diferentes niveles y los tipos de abstracciones a los que los individuos necesariamente apelan para comprender su relación con el mundo es particularmente vívida en sus novelas, a menudo interiorizada en las emociones enfrentadas de los protagonistas. En *Border Country,* Matthew lleva el nombre que le dio su padre, pero en Glynmawr lo conocen como Will, el nombre que quería su madre. La dualidad de esa identidad –¿quién es él, Matthew o Will?– es perpetua durante toda la novela. Atrapado en esa dualidad, le resulta casi imposible encontrar un lenguaje con el que hablar:

---

[30] R. Williams, *Loyalties,* 1985, p. 293.
[31] R. Williams, *Resources of Hope,* 1989, p. 117.

> Fue entrenado para el desapego: el propio lenguaje, sistemáticamente abstracto y generalizador, le apoyó en eso. Y el desapego era real de otro modo. En aquella casa se sentía a la vez como un niño y como un extraño. No podía hablar como ninguno de los dos; no podía hablar realmente como él mismo, sino sólo en los términos que le ofrecía ese patrón[32].

La tensión se registra incluso en la forma en que recuerda un paisaje familiar:

> Una cosa era llevar su imagen en su mente, como lo hacía, en todas partes, sin que pasara un día sin volverlo a ver con los ojos cerrados, su único paisaje. Pero era distinto pararse y mirar la realidad. No era menos hermosa; cada detalle de la tierra surgía con su antigua emoción. Pero no era inmóvil, como la imagen que guardaba de él. Ya no era un paisaje o una visión, sino un valle que la gente habitaba. Mientras lo contemplaba percibía lo que había sucedido al irse. El valle como paisaje permanecía, pero su efecto sobre él ya no era el mismo. El visitante ve la belleza; el habitante ve un lugar donde trabaja y tiene amigos. Lejos, cerrando los ojos, había seguido viendo ese valle, pero como lo ve un visitante, como lo ve el libro-guía: ese valle, en el que había vivido más de la mitad de su vida[33].

Esa distinción entre una «mirada turística» y la vida vivida en el lugar es vital para Williams. Las vidas vividas y el sentido del valor que se les atribuye se integran en un entorno activamente moldeado y logrado a través del trabajo, el juego y una amplia gama de prácticas culturales. Existe una profunda continuidad entre el ambiente de *Border Country* y la historia ambiental más explícita de *People of the Black Mountains*. Sólo al final de la novela puede recomponerse Matthew/Will, tal vez para reconciliar las diferentes estructuras de sentimientos surgidos en la mente que se afirman caminando por las montañas y el conocimiento logrado a través de los «modelos de poliestireno y sus equivalentes teóricos»:

> Ahora parece el final del exilio. No retroceder, sino la sensación de que se acaba el exilio. Porque la distancia se mide, y eso es lo que importa. Al medir la distancia, volvemos a casa[34].

---

[32] R. Williams, *Border Country*, 1960, p. 83.
[33] *Ibid.*, p. 75.
[34] *Ibid.*, p. 351.

La misma dualidad estalla una y otra vez en las novelas de Williams. La batalla entre los diferentes niveles de abstracción, entre las particularidades distintamente entendidas de los lugares y las necesarias abstracciones requeridas para llevar esas interpretaciones a un ámbito más amplio, la lucha por transformar el particularismo militante en algo más sustancial en el escenario mundial del capitalismo: todos estos elementos se convierten en líneas centrales de contradicción y tensión que impulsan la trama de las novelas. Las lealtades se vuelven cruciales en tales tensiones. Y en esta novela obtenemos una exploración de ciertos dilemas mucho más profunda que la que se puede realizar en ningún trabajo teórico.

Cuestión de lealtades

La historia de *Loyalties* comienza con una reunión en 1936 entre mineros y estudiantes de la Universidad de Cambridge en una granja galesa para preparar medios comunes con los que combatir el fascismo en España. De esa reunión surge una breve relación apasionada entre una chica galesa, Nesta, que posee un llamativo talento artístico, y Norman, un joven estudiante de Cambridge de clase alta. La cuestión de sus lugares peculiares, tanto en lo material como en la estructura de la sociedad, se plantea de inmediato. Ella sostiene que el lugar, Danycapel, la ha convertido en lo que es; él gentilmente reconoce que debe de ser un buen lugar, pero luego la insta a no quedar atrapada en él. Ella permanece allí durante el resto de su vida, como mujer inmersa en el lugar particular que la ha alimentado y que ella sigue nutriendo, mientras que él, el varón, regresa al mundo más cosmopolita, internacionalista y aparentemente desarraigado de la intriga política internacional y la investigación científica. Aunque los dos nunca vuelven a verse después de aquel breve encuentro inicial, la novela gira en torno a la prolongación de la tensión entre ellos, principalmente en la figura de Gwyn, el hijo nacido fuera del matrimonio entre dos posiciones de clase y de género: una estrechamente vinculada al lugar y la otra de ámbito más amplio en el espacio, dentro de una política supuestamente común definida en gran medida a través del Partido Comunista. Gwyn, como Matthew Price en *Border Country,* interioriza la tensión: criado en aquel lugar donde vive Nesta, finalmente se traslada a Cambridge para estudiar allí, en parte por la insistencia de la hermana de Norman, quien desempeña un papel crucial en la conexión familiar con Gwyn que Norman ignora claramente.

La política ligada al lugar que surge de la experiencia de las solidaridades de clase y las relaciones de género en Gales es radicalmente diferente de las concepciones más abstractas de los académicos y los líderes del partido. La diferencia no es, obsérvese, entre parroquialismo y universalismo. El minero, Bert, que finalmente se casa con la madre de Gwyn y se convierte en su padre, combate en España junto con otros trabajadores y estudiantes. Cuando el estudiante amigo de Norman en Cambridge muere en una batalla, Bert se queda con sus prismáticos (¿un terreno simbólico de visión?) para pasárselos a Gwyn en su lecho de muerte. Bert también lucha en la Segunda Guerra Mundial (considerada como la «guerra definitiva contra el fascismo») y sufre una horrible lesión en Normandía que le deforma permanentemente el rostro. Bert lleva para siempre en su cuerpo la marca de sus compromisos internacionalistas.

Norman, el padre biológico de Gwyn, vive en otro mundo y sus lealtades al partido y a la causa son de un tipo radicalmente diferente. Quizá modelado sobre las figuras de Burgess, Maclean, Philby y Blunt (el grupo de estudiantes de Cambridge que se convirtieron en agentes soviéticos durante la década de 1930), Norman pone su empeño en transmitir conocimientos científicos a las potencias comunistas, sufriendo interrogatorios y presiones mentales perpetuas que le dejan cicatrices mentales internas, mientras se pregunta por el sentido de mantener lealtades contraídas en otra época, en el mundo de la Guerra Fría en el que la conciencia podía dictar otro curso de acción. Williams, curiosamente, no condena a Norman, aunque el amargo juicio de Bert en su lecho de muerte contra esos «fugitivos de su clase» queda terriblemente registrado: «nos usaron [...] sabemos ahora que teníamos que hacerlo nosotros mismos». Gwyn se hace eco de este juicio: Norman y los de su calaña fueron los peores, «porque involucraron en su traición lo que debería haber sido la alternativa: su propio partido obrero, su socialismo».

Pero la irritada confrontación final de Gwyn con Norman (véanse pp. 295-296) tiene como contrapartida un extraordinario estallido contra Gwyn de su madre, Nesta. La ocasión surge cuando le revela dos bocetos de retratos que ella ha escondido: uno del joven Norman, rubio y etéreo, y el otro de un ahora fallecido Bert, dibujado después de su regreso de la guerra, un retrato que «era terrible más allá de cualquier parecido, como si la cara ya dañada estuviera todavía siendo rota y desgarrada». Gwyn está profundamente conmovido, pero sólo puede decir cuán «intensamente hermoso» es el último retrato:

Ella lo miraba con enojo. Su cara y su cuerpo parecían retorcerse con un dolor súbito. Él se sentía desconcertado porque nunca la había visto ni siquiera irritada; siempre había sido tan contenida, callada y agradable, siempre más joven que su edad, dueña de sí misma y un poco retraída. «¡No es hermoso!», gritó con una voz terriblemente alta. «Mamá, por favor, no quise decir eso», se esforzó por decir Gwyn. «¿No entiendes nada?», gritó ella. «¿No sabes nada? ¿No has aprendido nada?» «Mamá, todo lo que quise decir …» «¡No es hermoso!», gritó ella de nuevo. «Es feo. ¡Es destructivo! ¡Es carne humana rota y destrozada!» «Sí. Sí en él. Pero la verdad, la que tú viste …» «¡Es horrible, es horrible!», gritaba ella ahora sin poder contenerse[35].

El violento choque de sensibilidades, de «estructuras de sentimiento» como expresa Williams, lo dice todo. El problema aquí no es sólo el nivel de abstracción en el que se constituye la visión del mundo de la política socialista, sino las diferentes estructuras de sentimiento que pueden unirse a esos distintos niveles de abstracción. Gwyn ha adquirido la distancia para mirar el retrato de su padre como una obra de arte, como un evento estético, como una muestra de belleza precisamente porque puede capturar y representar el horror de la desfiguración con una verdad elemental. Pero para Nesta no es la representación lo que importa, sino lo que se representa, el puro dolor que siempre permanece fundamental y elemental.

Las dificultades planteadas por la búsqueda de cualquier tipo de distancia crítica se hacen así más claras. En *Border Country,* por ejemplo, Matthew/Will decide escalar una montaña cercana, el Kestrel, y admirar la vista desde lo alto. Al mirar «la comarca» donde se ha criado, lo reconoce:

> No era sólo un lugar, sino gente, pero desde aquí era como si nadie viviera allí, como si nadie hubiera vivido nunca allí, y sin embargo, en su sosiego, era como un recuerdo de sí mismo… La montaña tenía ese poder de abstraer y aclarar, pero al final no podía quedarse allí: debía volver a bajar allí donde vivía[36].

Y luego:

---

[35] R. Williams, *Loyalties,* 1985, pp. 347-8.
[36] R. Williams, *Border Country,* 1960, p. 293.

> En el camino de bajada las formas se desdibujaron y regresaron las identidades ordinarias. La voz que le hablaba desde dentro también se fue apagando y regresó la voz ordinaria. Como el viejo Blakely le preguntaba, clavando su bastón en el césped: ¿Qué vas a leer, Will? ¿Libros, señor? No, mejor no. Historia, señor. La historia del Kestrel, donde te puedes sentar y observar cómo se mueve la memoria, atravesando el amplio valle. Ese era su sentido: observar, interpretar, intentar y clarificar. Sólo el viento, que te hace entrecerrar los ojos, y todo eso que vive en ti, decidiendo qué verás y cómo lo verás. Nunca desde arriba, mirando. Comprobarás que lo que estás observando es a ti mismo[37].

Pero lo que es vital aquí es sólo en parte el nivel de abstracción al que operan las diferentes representaciones; porque hay algo más en estos intercambios que se deriva del tipo de abstracción que se puede lograr, dadas las diferentes maneras de adquirir el conocimiento del mundo. Y aquí hay una polarización muy clara en el argumento de Williams. Ingold, en un contexto bastante diferente, describe esa oposición como la que se da entre una visión del mundo como una esfera que nos abarca y otra visión del mundo como un globo que podemos mirar desde fuera:

> Lo local no nos ofrece una visión más limitada o estrechamente enfocada que lo global, sino que descansa en un modo de aprehensión totalmente diferente, basado en un compromiso activo y perceptivo con componentes del mundo habitado, en el negocio práctico de la vida, en lugar de la observación desinteresada y despegada de un mundo aparte. En la perspectiva local, el mundo es una esfera […] centrada en un lugar en particular. Desde ese centro experiencial, la atención de los que viven allí entra cada vez más profundamente en el mundo, en la búsqueda del conocimiento y la comprensión[38].

Tanto Bert como Nesta parecen estar estirándose desde su lugar central –Danycapel–, mientras que Norman siempre trata de entender el mundo de un modo más despegado para llegar a sus compromisos políticos. Gwyn interioriza ambas perspectivas y se siente dividido por pensamientos y sentimientos conflictivos. Sin embargo, Williams parece decirnos que no po-

---

[37] *Ibid.*
[38] T. Ingold, *The Appropriaton of Nature,* 1986, p. 41.

demos prescindir de ninguno de esos dos tipos de abstracción, como tampoco podemos prescindir de los modos conflictivos de representación que necesariamente les corresponden. Williams trata de definir una relación complementaria, incluso dialéctica, entre las dos visiones, aunque creo que es evidente en qué lado de esa oposición se siente más cómodo. Nunca deberíamos olvidar, insiste una y otra vez, la brutal fealdad de las realidades de la experiencia vivida por los oprimidos. No deberíamos estetizar o teorizar fuera de la existencia esas realidades vividas como dolores y pasiones sentidos. Hacerlo es disminuir o incluso perder la pura cólera contra la injusticia y la explotación que alimenta gran parte de la lucha por el cambio social. La visión formularia de que «la verdad es belleza», por ejemplo, merece ser tratada con la ira que expresa Nesta.

La cuestión de las lealtades se define, entonces, tanto por el nivel como por el tipo de abstracción a través de los cuales se formulan las preguntas políticas. Como fuerza política afectiva y emotiva, las lealtades siempre atañen a ciertas estructuras definidas del sentimiento. Los personajes más ricos en todas las novelas de Williams son precisamente aquellos que interiorizan lealtades diferentes y conflictivas con estructuras de sentimiento radicalmente diferentes: Gwyn en *Loyalties,* Matthew Price en *Border Country* u Owen Price en *Second Generation*. Y no es casual que Williams recurra a la forma novelística para explorar los conflictos y las tensiones. La estrategia brechtiana es evidente por doquier y sugiere no sólo que las tensiones nunca se pueden resolver, sino que nunca deberíamos esperarlo. Al mantenerlas permanentemente abiertas, mantenemos abierto un recurso primario para el pensamiento creativo y las prácticas necesarias para lograr un cambio social progresista.

Esta es una formulación reveladora de un problema que muchos de nosotros podemos seguramente reconocer. Yo ciertamente lo reconozco, no sólo como alguien que, como Williams, pasó de una escuela estatal inglesa a una educación en Cambridge, sino también, y más inmediatamente, en la disputada política del proyecto en Cowley. ¿Dónde radicaban mis lealtades? Las advertencias de Williams son saludables. La posibilidad de traiciones acecha, tanto en nuestras cabezas como en nuestras acciones, a medida que pasamos de un nivel de abstracción o de un tipo de epistemología a otro. Los talleres disidentes en la fábrica de automóviles de Cowley probablemente dijeron cosas desagradables sobre mí, exactamente del tipo de las que Bert decía de los «fugitivos de su clase» en *Loyalties*. Curiosamente, Hayter (aunque ella era más «fugitiva de su clase» que yo) insertó en la conclusión las fuertes palabras de un delegado sindical en la planta: «La traición es un proceso, no un acto individual, y no siempre es consciente». Aunque el comentario no iba dirigido a mí, podría haberlo sido a la luz de nuestras discusiones.

Pero la traición es un término tan complejo como amargo. Permítanme volver a la ficción de *Loyalties* por un momento. Así es como el amigo de Norman lo defiende frente a Gwyn:

> «Hay actos genuinos de traición a grupos a los que uno pertenece. Pero sólo tienes que mirar los cambios de alianza y hostilidades, tanto los cambios internacionales como, dentro de ellos, las complejas alianzas y hostilidades de clase, para saber cuán dinámica se vuelve esta cantidad definible. Hay traidores dentro de una clase a una nación, y dentro de una nación a una clase. La gente que vive en tiempos en que estas lealtades son estables son más afortunadas de lo que fuimos nosotros».
>
> «No sólo en tiempos. También en lugares», dijo Gwyn[39].

En cualquier caso, Norman estaba involucrado en investigaciones científicas que tenían un campo de referencia completamente diferente. Eso conllevaba

> un conflicto dinámico dentro de un campo altamente especializado. Era vital evitar que, por desequilibrio, llegara a esa etapa excepcionalmente peligrosa en la que, siguiendo su propia lógica, pasara por encima de las naciones y las clases y por encima de todas las lealtades que cualquiera de nosotros había conocido. Excepto, tal vez, al final, una simple lealtad a la especie humana[40].

Nada de eso influyó en el caso de Cowley, por supuesto, aunque hay un giro menor al final de *Loyalties* que podría conectarlos. Norman, autorizado a retirarse sin ser avergonzado, ha comprado un bosque para salvarlo del desarrollo. Frente a la acusación que le hace Gwyn de traición a la clase y a «la moralidad de la existencia compartida» que subyace al particularismo militante de una comunidad como Danycapel, Norman argumenta:

> Abusas de lo que llamas mi clase, pero de lo que estás abusando realmente es del conocimiento y la razón. Por cierto, la sociedad está aquí, con nosotros,

---

[39] R. Williams, *Loyalties,* 1985, p. 317.
[40] *Ibid.,* pp. 317-19.

donde se generan las ideas. Lo mismo ha sucedido con el socialismo: a la vez las buenas ideas y los errores. Sin embargo, hemos comenzado a corregirlos, y eso es todo lo que se puede hacer. En razón y en conciencia, nuestro deber ahora no está con algo llamado socialismo, está en conservar y salvar la tierra. En cambio, entre los que llamas tus paisanos no se genera nada significativo para uno u otra. De hecho, esa es precisamente su privación. También es su ineptitud, y entonces, ¿qué me estás pidiendo? ¿Que sea leal a la ignorancia, a la miopía, a los prejuicios, porque abundan tanto entre mis compatriotas? ¿Que me quede callado y contribuya a la destrucción de la tierra, porque mis compatriotas participan en ella? ¿Y que lo haga debido a algún escrúpulo tradicional, que estoy obligado a heredar una ineptitud común, una ignorancia común, porque sus portadores hablan la misma lengua, habitan la misma isla amenazada? ¿Qué moralidad propones realmente en eso?

La respuesta de Gwyn es muy dura:

«Lo que pensabas sobre el comunismo, lo que ahora piensas sobre la naturaleza, no es más que una proyección de lo que te conviene. El hecho de que para otros cada creencia sea sustancial simplemente te permitió engañarlos»[41].

La discusión de *Loyalties* no queda, por supuesto, resuelta, y creo que Williams pensaba que nunca se resolvería. Las lealtades contraídas a una escala, en un lugar y en términos de una estructura particular de sentimientos no pueden trasladarse fácilmente, o sin transformación o traducción, al tipo de lealtades requeridas para hacer del socialismo un movimiento viable, sea en otro lugar o en general. Pero en el acto de la traducción se pierde inevitablemente algo importante, dejando atrás un amargo residuo de tensión siempre sin resolver.

Lealtades, identidades y compromisos políticos

Aceptar esto lleva a algunas reflexiones políticas incómodas. Permítaseme presentarlas con los tintes más oscuros. En Gran Bretaña la causa socialista siempre ha estado alimentada por particularismos militantes del tipo que Wi-

---

[41] *Ibid.*, p. 364.

lliams describió en Gales y que yo encontré en Cowley. Creo que podrían darse gran cantidad de pruebas históricas en apoyo de esa tesis. Un volumen reciente de ensayos, *Fighting Back in Appalachia*[42], documenta brillantemente el mismo argumento en Estados Unidos. Pero esos particularismos militantes –aun cuando pueden unirse en un movimiento nacional, como lo han hecho en varios momentos históricos con el Partido Laborista en Gran Bretaña– son en cierto sentido bastante conservadores porque descansan en la perpetuación de patrones comunitarios y de relaciones sociales, solidaridades y lealtades forjadas bajo cierto tipo de orden industrial opresivo e insensible. Aunque la propiedad puede cambiar (mediante la nacionalización, por ejemplo), las minas y las líneas de montaje deben seguir funcionando, ya que son las bases materiales para las relaciones sociales y los mecanismos de solidaridad de clase integrados en esos lugares y esas comunidades particulares. La política socialista adquiere un perfil conservador porque no puede abordarse fácilmente como transformación radical y desmantelamiento de los viejos modos de trabajo y de vida; debe, en primer lugar y a cualquier precio, mantener abiertas y en funcionamiento las minas de carbón y las líneas de montaje (como demuestra la política industrial de sucesivos Gobiernos laboristas en Gran Bretaña durante las décadas de 1960 y 1970). ¿Cuál debía ser el objetivo de la lucha en Cowley, mantener los empleos cada vez más opresivos en la planta de automóviles, o buscar empleos diferentes, mejores, más saludables y más satisfactorios en un sistema de producción bastante diferente y ecológicamente más sensible? En un momento de debilidad y sin alternativas, la lucha de Cowley se centró necesariamente en el primer objetivo, pero tuve la clara impresión de que, incluso a largo plazo y bajo las mejores circunstancias, siempre sería así para quienes trabajan en la planta de producción, para los más imbuidos del particularismo militante asociado con ese trabajo.

Hay otra forma de expresarlo: ¿Pueden sobrevivir las identidades políticas y sociales forjadas bajo un orden industrial opresivo de cierto tipo, operando en cierto lugar, al colapso o la transformación radical de ese orden? La respuesta inmediata que ofreceré es «no» (y de nuevo, creo que se puede aportar una gran cantidad de pruebas en apoyo de esa conclusión). En tal caso, la perpetuación de esas identidades y lealtades políticas requiere la perpetuación de las condiciones opresivas que las originaron. El movimiento obrero puede entonces tratar de perpetuarse o regresar a las condiciones de

---

[42] F. Fisher, *Fighting Back in Appalachia,* 1993.

opresión que lo engendraron, de la misma manera que las mujeres que han adquirido su conciencia de sí mismas en condiciones de violencia masculina vuelven una y otra vez a vivir con hombres maltratadores.

Ese paralelismo es instructivo. Como muchas feministas han argumentado y muchas mujeres han demostrado, es posible romper el patrón, salir de la dependencia. El movimiento obrero puede igualmente mantener un impulso revolucionario mientras adquiere nuevas identidades políticas en las nuevas condiciones de trabajo y vida; pero es un proceso largo y difícil que requiere mucho trabajo cuidadoso. Williams reconoce explícitamente esa dificultad en su análisis del problema ecológico:

> No sirve de nada decir simplemente a los mineros del sur de Gales que todo lo que los rodea es un desastre ecológico. Ellos ya lo saben, viven allí y lo han aguantado durante generaciones. Lo llevan con ellos en sus pulmones [...] Pero no se puede decir a la gente que ha comprometido su vida y su comunidad a cierto tipo de producción que todo eso hay que cambiarlo. No se puede decir simplemente: abandonad las industrias dañinas y peligrosas, hagamos algo mejor. Todo tendrá que hacerse por negociación, por negociaciones equitativas, y deberá hacerse así todo el tiempo[43].

La preocupación al final de ese camino de negociación es que los partidos y los Gobiernos socialistas sólo lograrán socavar las identidades y lealtades sociales y políticas que proporcionan el semillero de su propio apoyo (una vez más, en Europa Occidental se pueden ofrecer innumerables pruebas desde la Segunda Guerra Mundial para esta afirmación). El socialismo, podría argumentarse, trata siempre de la negación de las condiciones materiales de su propia identidad política. Pero también sucede que el capitalismo ha seguido fortuitamente una ruta durante los últimos 20 años que tiende a la eliminación de muchos de los particularismos militantes en los que se ha basado tradicionalmente la política socialista: las minas se han cerrado, las cadenas de montaje han sido eliminadas, los astilleros han cerrado. O bien adoptamos la postura que me planteó Hayter, esto es, que el futuro del socialismo en Oxford dependía del resultado de una lucha para devolver a Cowley el empleo masivo en la producción de autos (un punto de vista que no podía aceptar), o bien habría que buscar nuevas combinaciones de for-

---

[43] R. Williams, *Resources of Hope,* 1989, p. 220.

mas viejas y nuevas de particularismo militante para basar en ellas una versión bastante diferente de la política socialista. No veo otra posibilidad que seguir este último camino, por difícil y problemático que sea. Esto no implica abandonar la política de clase por la de los «nuevos movimientos sociales», sino explorar diversos tipos de alianzas que pueden reconstituir y renovar la política de clase. Dicho de manera pragmática, la política de clase en Oxford podría sobrevivir al cierre total de la planta de Cowley, pero sólo si tiene una nueva base.

Todavía hay otra dimensión en todo esto, que tiene que ver con la cuestión de la escala espacial y el horizonte temporal. Con respecto a la primera, Neil Smith comentó recientemente que hemos hecho un muy mal trabajo de aprendizaje en la negociación y el vínculo entre diferentes escalas espaciales de teorización social y acción política. Insiste en lo que yo veo como una confusión fundamental en las construcciones contemporáneas del socialismo surgidas de un «profundo silencio sobre la cuestión de la escala»:

> La teoría de la escala geográfica –o dicho más correctamente, la teoría de la producción de la escala geográfica– está muy subdesarrollada. De hecho, no existe una teoría social de la escala geográfica, por no mencionar su eventual carácter materialista histórico. Y sin embargo, desempeña un papel crucial en toda nuestra construcción geográfica de la vida material. ¿Fue la represión brutal de la Plaza de Tiananmén un acontecimiento local, regional, nacional o internacional? Podríamos suponer razonablemente que fue las cuatro cosas, lo que refuerza de inmediato la conclusión de que la vida social opera y construye cierto tipo de espacio jerárquico anidado, más que un mosaico. ¿Cómo concebimos críticamente estas diversas escalas anidadas, cómo arbitramos y traducimos entre ellas?[44]

El capitalismo como sistema social ha logrado no sólo bandearse, sino a menudo manipular de forma activa tales dilemas de escala en sus formas de lucha de clases. Esto ha sido particularmente cierto en su tendencia a lograr un desarrollo sectorial y geográfico desigual para forzar una competitividad divisiva entre lugares definidos a diferentes escalas. ¿Pero dónde comienza y termina el «lugar»? ¿Existe una escala más allá de la cual el «particularismo militante» se hace imposible de fundamentar, y más aún de sostener? El pro-

---

[44] N. Smith, «Geography, difference and the politics of scale», 1992, pp. 72-73.

blema para la política socialista es encontrar la manera de responder a tales preguntas, no en un sentido final, sino precisamente definiendo modos de comunicación y traducción entre diferentes tipos y niveles de abstracción.

Conclusiones

Dejé que Hayter escribiera la conclusión de *The Factory and the City*. El libro, después de todo, era en gran medida el resultado de sus esfuerzos. El resultado se me antoja bastante extraño. Las aseveraciones «obreristas» en sentido amplio que se centran exclusivamente en la lucha para recuperar el control radical en la planta se ven mejoradas aquí y allá por las preguntas sobre el exceso de capacidad, la participación de la comunidad y el entorno. El efecto es chocante, ya que, en mi opinión, no llega a ningún tipo de tensión interiorizada identificable o productiva. Creo que es una pena; porque allí había una oportunidad, no para cerrar una discusión, sino para usar los materiales presentados en el libro para reflexionar y aprender de lo que había sucedido, para abrir un terreno de discusión y debate. Nuestro fracaso ayuda a explicar, creo, por qué Williams recurrió a la forma novelística para explorar ciertos dilemas. La conclusión, que a menudo parecemos obligados a buscar en una investigación cultural o de economía política, puede permanecer permanentemente pendiente, abierta a la reflexión, en una novela, aun cuando, como sucede con Matthew Price en *Border Country,* sólo se puede llegar a algún tipo de reconciliación una vez que «se mide la distancia». Las conclusiones duales del libro sobre Cowley habrían ayudado a mantener abiertos los problemas y las tensiones, al tiempo que resaltaban la cuestión de los diferentes niveles y tipos de abstracciones.

A la vista de todo esto, me sorprendió bastante leer la novela de Williams *Second Generation,* algún tiempo después de que el libro de Cowley estuviera terminado. Esa novela fue publicada en 1964 y ambientada en Oxford en aquella época. Gira en torno a las tensiones entre un socialismo basado en la universidad, por un lado, y la política controvertida dentro de la planta automovilística, por el otro. El párrafo inicial presenta el escenario para el problema de la política socialista en una ciudad dividida:

> Quien se detenga hoy en Town Road, podrá ver cosas distintas en las dos direcciones: hacia el oeste las agujas y torres de la catedral y los colegios universitarios; hacia el este, los patios y cobertizos de los talleres industriales.

Verá mundos diferentes, pero no hay una frontera entre ellos, sino el movimiento y el tráfico de una sola ciudad[45].

Kate Owen, responsable local del Partido Laborista y esposa de un líder sindical en la planta, se debate entre la lealtad a la familia y la comunidad y la libertad sexual que la atrae desde el otro lado de la frontera de clase en un socialismo basado en la universidad. Peter Owen, su hijo, también está atrapado en medio. Está estudiando para obtener su doctorado en Sociología Industrial en una facultad de Oxford mientras se desarrolla una violenta lucha en la planta automovilística donde se extenúa su padre. Todos los temas que Williams plantea en otros lugares sobre los tipos de conocimiento que es posible adquirir y sostener están aquí muy desarrollados, incluidos los juegos de género y clase dentro de las «estructuras del sentimiento» que se incorporan a una política socialista.

Pero, curiosamente, muchas de las cuestiones sustantivas que surgieron en el trabajo sobre el proyecto de Cowley surgen también, sin resolución, en *Second Generation*. Si la hubiera leído antes y no después de involucrarme en la investigación de Cowley, creo que mi enfoque podría haber sido diferente. Por un lado habría insistido mucho más en la estrategia brechtiana de mantener abiertas las conclusiones; pero por otro habría prestado mucha más atención al consejo de Williams de que «todo tendrá que hacerse por negociación, negociación equitativa, y deberá hacerse así todo el tiempo»[46].

Evaluaciones y posibilidades

Las tres palabras, *espacio, lugar* y *entorno,* abarcan gran parte de lo que hacen los geógrafos. Su significado ha sido cuestionado entre ellos durante años de feroces debates (particularmente en la revista radical *Antipode*) sobre, por ejemplo, cómo y por qué se puede decir que las localidades y los lugares son importantes y cómo entender las relaciones entre lugar y espacio[47].

---

[45] R. Williams, *Second Generation,* 1964, p. 9.
[46] R. Williams, *Resources of Hope,* 1989, p. 220.
[47] Véanse, por ejemplo, J. Agnew y J. Duncan, *The Power of Place,* 1989; P. Cooke, *Localities,* 1989; P. Cooke, 1990; D. Massey, «The political place of locality studies», 1991; A. Pred, «Place as historically contingent process», 1984; N. Smith, «Dangers of the empirical turn», 1987; E. Swyngedouw, «The heart of the place», 1989; E. Swyngedouw, «Territorial organisation», 1992.

A lo largo de esta discusión se ha planteado una y otra vez la cuestión del nivel de abstracción y la escala[48]. Pero los geógrafos no son los únicos que se ocupan de esos temas. En los últimos años, los significados que cabe atribuir al espacio, el lugar y la naturaleza se han convertido en un tema crucial de debate en la teoría social, cultural y literaria[49], debate en el que naturalmente han participado los geógrafos[50]. Esas preocupaciones y esos intereses se han visto impulsados en parte por la cuestión de las relaciones entre lo que parece ser una cultura capitalista global emergente y la reafirmación de todo tipo de «particularismos militantes», tanto reaccionarios como potencialmente progresistas, basados en lugares particulares y en parte por una amenaza aparentemente grave de degradación medioambiental global. Pero las preocupaciones también han sido producidas en parte por una tradición floreciente de estudios culturales que Raymond Williams ayudó a definir, con su énfasis en las estructuras de sentimientos, valores, arraigo y diferencia y las particularidades de los discursos contrahegemónicos y las relaciones sociales que construyen los grupos de oposición.

Williams pensó mucho sobre cuestiones de espacio, lugar y entorno, y evidentemente le preocupaba cómo se podrían integrar, tanto en su teoría cultural como en sus opiniones sobre cómo se podría construir el socialismo. Las transformaciones sociales del espacio, el lugar y el entorno no son neutrales ni inocentes con respecto a las prácticas de dominación y control. De hecho, son decisiones fundamentales de encuadre, repletas de múltiples posibilidades, que gobiernan las condiciones (a menudo opresivas) en las que se puede vivir[51]. Por lo tanto, esos temas no pueden dejarse de lado en las luchas por la liberación. Además, tales luchas deben interiorizar cierta reflexividad, si no una tensión irresoluble, en cuanto a los niveles y tipos de abstracciones

---

[48] Véanse K. Cox y A. Mair, «Levels of abstraction', 1989; P. Cooke, *Localities,* 1989; S. Duncan y M. Savage, «Space, scale and locality», 1989; R. Horvath y K. Gibson, «Abstraction in Marx's method», 1984; Merrifield, «Place and space», 1993; Swyngedouw, «The mammon quest», 1992; N. Smith, *Uneven Development,* 1990; Smith, «Geography, difference and the politics of scale», 1992.

[49] Véase, por ejemplo E. Carter *et al., Space and Place,* 1993.

[50] Véanse J. Bird *et al., Mapping the Futures,* 1993; D. Gregory y J. Urry, *Social Relations and Spatial Structures,* 1985; M. Keith y S. Pile, *Place and the Politics of Identity,* 1993.

[51] Sobre esta cuestión, véase en particular M. Keith y S. Pile, *Place and the Politics of Identity,* 1993.

que necesariamente deben adoptar como parte de sus instrumentos de trabajo para la acción práctica.

El hecho de que las reflexiones y preocupaciones de Williams sobre el espacio, el lugar y el entorno se expresaran principalmente en sus novelas sugiere, sin embargo, cierta debilidad por su parte, si no una absoluta dificultad, para llevar ese aparato conceptual tripartito al centro mismo de la teoría cultural. La conclusión no es, sin embargo, que el espacio, el lugar y el entorno no puedan incorporarse a la teoría social y cultural, sino que las prácticas de teorización deben abrirse a las posibilidades y los dilemas que requiere dicha incorporación. Considerando lo que dice Williams y viendo sus novelas y su teoría cultural crítica como aspectos complementarios dentro de un campo unificado de esfuerzo, lo encontramos abriendo un terreno de teorización mucho más profundo que el de muchos de los grandes teóricos de la cultura contemporánea, que ignoran tales dimensiones. La teoría no puede entenderse como un logro de la pura abstracción; y lo que es más importante aún, la práctica teórica debe construirse como una dialéctica continua del particularismo militante de las existencias vividas, por un lado, y la lucha para lograr suficiente distancia crítica y desapego, por otro. En ese sentido, la problemática que Williams define es seguramente lo bastante universal como para merecer sus propias recompensas. La búsqueda de una incorporación materialista crítica y bien fundamentada del lugar, el espacio y el entorno a la teoría cultural y social, a diferencia de la metafórica y puramente idealista, está en marcha. Y lo que está en juego es importante. El retorno de la teoría al mundo de las prácticas políticas cotidianas a través de un espacio geográfico variado y estructurado jerárquicamente de elementos sociales y ecológicos puede convertirse en el objetivo y la recompensa de un tipo particular de práctica teórica.

Uno de los capítulos más conmovedores de *Fighting Back in Appalachia* se titula «Cantando en espacios oscuros». Es un informe personal de Jim Sessions y Fran Ansley sobre la ocupación por el sindicato y la comunidad de la planta 3 de Pittston's Moss en la enconada huelga del carbón de 1989 en Appalachia, una ocupación que resultó crucial para resolver la huelga en términos mucho más aceptables para los mineros. Jim Sessions, que estaba en el interior de la planta durante la ocupación como «testigo no afiliado», y Fran Ansley, que permaneció en el exterior, registraron sus experiencias día a día. Este último escribió, después de 2 días de ocupación, que «hay momentos de trascendencia capaces de enseñarnos, de hacernos sentir las posibilidades que residen en nosotros, en las personas que nos rodean y en los grupos de los que formamos o podemos formar parte»[52]. Los teóricos también podemos aprender a cantar a través de los espacios oscuros de un conflicto social y cultural cada vez más violento y amargo, pero sólo si nos abrimos al tipo de posibilidades que creó Williams. Yo debería haber aprendido a escuchar más de cerca a los trabajadores en la fábrica y a los residentes de toda la vida en Cowley sin abandonar mis lealtades a los modos de análisis y teorización que arrojan luz sobre las formas insensibles y las direcciones evolutivas del capital en general.

Comentario

El problema teórico que afrontan todos los geógrafos es cómo ensamblar los tres temas del espacio, el lugar y el entorno de modo que expresen una unidad sin suprimir la diferencia. Una forma marxista de hacerlo es decir que las unidades son siempre «unidades contradictorias», lo que es útil siempre que tengamos medianamente clara la naturaleza de las contradicciones y cómo funcionan individualmente o en combinación. Ese es el enfoque de mi último libro, *Seventeen Contradictions and the End of Capitalism* [*Diecisiete contradicciones y el fin del capitalismo*, 2014]. Marx enfocó esta pregunta de una manera interesante. Debemos reconocer, dice en los *Grundrisse*, que «lo concreto es concreto porque es la síntesis de muchas determinaciones, y por lo tanto la unidad de lo diverso»[53]. Los geógrafos generalmente tratamos con lo concreto, como con el edificio de la Basílica del Sacré-Coeur. La pregunta para mí en el capítulo 4 era: ¿cuáles fueron las «muchas determinaciones» involucradas en su construcción? Y la siguiente pregunta es: ¿cómo determinamos las muchas determinaciones? Como dice Marx, «las determinaciones abstractas conducen a una reproducción de lo concreto por vía del pensamiento». En el caso del Sacré-Coeur, por ejemplo, la abstracción de la lucha de clases (entre muchas otras) desempeña claramente tal papel. ¿Pero, qué legitima el despliegue de tal abstracción? La respuesta, dice Marx, es que tenemos que comenzar por lo concreto «como punto de partida para la observación y la concepción», de modo que «la investigación debe apropiarse por-

---

[52] F. Fisher, *Fighting Back in Appalachia*, 1993, p. 217.
[53] K. Marx, *EFCEP*, vol. 1, p. 21; *MEW* 42, p. 35.

menorizadamente de su objeto, analizar sus distintas formas de desarrollo y rastrear su conexión interna. Tan sólo después de consumada esa labor, puede exponerse adecuadamente el movimiento real. Si esto se logra y se llega a reflejar idealmente la vida de ese objeto, es posible que al observador le parezca estar ante una construcción apriorística»[54]. Esto va al corazón del método dialéctico de Marx. El trabajo preparatorio descubre las «muchas abstracciones» que luego operan como «muchas determinaciones» de lo concreto. Mi relato sobre la Basílica del Sacré-Coeur puede parecer una construcción *a priori* precisamente porque muestra cuán importantes fueron los conflictos de clase en la construcción del París de Haussmann.

En la década de 1980 surgió una feroz controversia entre los geógrafos sobre el papel de la localidad en la configuración de la investigación geográfica. Me puse del lado de los que afirmaban que los estudios locales eran una parte vital de lo que deberíamos estar haciendo, pero que si se convertían en un fin en sí mismos pondrían en peligro el proyecto radical. La apología de la localidad como particularidad, de la diferencia como algo hostil a la unidad, y de la política local como el único terreno desde donde combatir las abstracciones de la globalización, todo eso me parecía muy dudoso. A veces parecía como si quienes nos preocupábamos por tales cosas fuéramos totalmente opuestos a los estudios locales: sus defensores (y en particular los participantes en un proyecto descomunal financiado generosamente por el Consejo de Investigación Económica y Social británico) a menudo nos retrataban al resto como insensibles a las múltiples diferencias (en todo, desde las relaciones de género hasta las discriminaciones raciales, religiosas y étnicas) que se hacían más evidentes a nivel local. Pero no era así; todo dependía de cómo articulaban tales estudios «la unidad en lo diverso».

Escribí el artículo «Particularismo militante» –un concepto positivo para mí en tanto que provenía de la obra de Raymond Williams–, para encontrar una manera de salir de la maraña de malentendidos que rodeaba el debate de las localidades. Aquello coincidió con mi traslado a Oxford y mi participación en el proyecto sobre Cowley para proteger los empleos de los trabajadores de la planta de automóviles Rover. Nadie acusaría a Williams de ser insensible con las «estructuras de sentimiento» locales, aunque a muchos les resultara problemático su enfoque del tema. Yo estaba fascinado por la forma en que

---

[54] K. Marx, *El capital,* vol. 1, epílogo a la 2.ª edición, p. 56 ; *MEW* 23, p. 27.

abordaba en sus novelas la unidad contradictoria de las fuerzas locales y globales. La intensidad del debate se ha atenuado entre los geógrafos, pero el problema fundamental no ha desaparecido. Las cuestiones políticas se han intensificado, de hecho, porque gran parte de la política anticapitalista se basa ahora en la acción local. La discusión merece volver a cobrar protagonismo.

IX
El «nuevo» imperialismo
Acumulación por desposesión

La larga supervivencia del capitalismo, pese a sus múltiples crisis y reorganizaciones y a las sombrías predicciones de su inminente catástrofe, tanto desde la izquierda como desde la derecha, es un misterio que requiere aclaración. Henri Lefebvre, por ejemplo, pensó que había encontrado la clave en su célebre observación de que el capitalismo sobrevive mediante la producción de espacio, pero por desgracia no explicó exactamente cómo ni por qué[1]. Tanto Lenin como Luxemburg, aunque por distintas razones y utilizando argumentaciones diferentes, consideraron que la respuesta al enigma era el imperialismo –cierta forma de producción y utilización del espacio global–, aunque ambos pensaban que esa solución no era eterna debido a sus propias contradicciones terminales.

Lo que yo proponía en relación con este problema en la década de 1970 era examinar el papel de los «remedios espacio-temporales» para las contradicciones internas de la acumulación de capital[2], aunque esa argumentación sólo tenga sentido en relación con la tendencia crónica del capitalismo a las crisis de sobreacumulación. Tales crisis se manifiestan típicamente como excesos de capital y de fuerza de trabajo, sin que al parecer haya ningún medio de acoplarlos rentablemente para realizar tareas socialmente útiles. Para evi-

---

[1] H. Lefebvre, *The Survival of Capitalism: Reproduction of the Relations of Production,* trad. al inglés de F. Bryant, Nueva York, St Martin's Press, 1976 [ed. original, *La survie du capitalisme. La reproduction des rapports de production,* París, Anthropos, 1973].

[2] D. Harvey, «The political economy of urbanisation», 1975.

tar que tales crisis desemboquen en devaluaciones y en algunos casos en la destrucción a escala sistémica del exceso de capital y de fuerza de trabajo hay que encontrar formas rentables de absorber esos excesos. La expansión geográfica y la reorganización espacial ofrecen esa posibilidad, que no se puede separar empero de dilaciones temporales, ya que la expansión geográfica supone con frecuencia inversiones en infraestructuras materiales y sociales de larga duración (en redes de transportes y comunicaciones o en enseñanza e investigación, por ejemplo) que tardan muchos años en devolver su valor a la circulación mediante la actividad productiva que promueven (véase el cap. 3).

El capitalismo global viene experimentando un problema crónico de sobreacumulación desde la década de 1970. Como en lo que sigue será útil referirse a ejemplos empíricos, propongo aceptar las pruebas ofrecidas por Robert Brenner, que me parecen en general bastante convincentes[3], aunque yo interpreto la labilidad del capitalismo internacional durante las últimas décadas como una serie de remedios espacio-temporales que fracasaron y no lograron, ni siquiera a medio plazo, resolver los problemas de sobreacumulación. Tal como argumenta Peter Gowan, Estados Unidos orquestó esos remedios sucesivos con la intención de mantener su posición hegemónica en el capitalismo global[4]. El aparente giro a finales de la década de 1990 en el *Proyecto para un Nuevo Siglo Americano* hacia un imperialismo explícito respaldado por la fuerza militar, puede entenderse más bien como señal del debilitamiento de esa hegemonía. Durante la presidencia de George W. Bush, el reconocimiento cada vez más explícito de ese afán imperialista parecía provenir de la necesidad de un antídoto político para la amenaza de recesión y la devaluación generalizada. Ya antes se habían producido brotes de devaluación en otros lugares, como en América Latina en la década de 1980 y a principios de la de 1990, y aún más seriamente en el Este y Sudeste de Asia en 1997, extendiéndose a continuación a Rusia y luego a Turquía, Brasil y Argentina[5]. Pero también pretendo argumentar que la incapacidad de acumulación sostenida mediante la reproducción ampliada ha ido acompañada de un aumento de los intentos de «acumulación por desposesión». Esta,

---

[3] R. Brenner, *The Boom and the Bubble,* 2002.

[4] P. Gowan, *The Global Gamble: Washington's Faustian Bid for World Dominance,* 1999.

[5] Véase, por ej., R. Wade y F. Veneroso, «The Asian crisis», 1998.

concluiré, es la característica más notable de lo que algunos llamamos «el nuevo imperialismo»[6].

Los remedios espacio-temporales y sus contradicciones

La idea básica de un remedio espacio-temporal es bastante simple. La sobreacumulación en determinado sistema territorial implica la existencia de un exceso de fuerza de trabajo (desempleo creciente) y un exceso de capital (atasco en el mercado de mercancías, de las que es imposible deshacerse sin pérdidas, capacidad productiva ociosa o excedentes de capital monetario sin salida en inversiones productivas y rentables). Tales excedentes pueden ser absorbidos por *(a)* desplazamientos temporales mediante la inversión en proyectos a largo plazo o gastos sociales (como la enseñanza e investigación) que demoran la reentrada en la circulación de capital actualmente excedente; *(b)* desplazamientos espaciales mediante la apertura de nuevos mercados, nuevas capacidades de producción y nuevas posibilidades (recursos, fuerza de trabajo, condiciones sociales) en otros lugares; o *(c)* alguna combinación de *(a)* y *(b)*.

La combinación de *(a)* y *(b)* es particularmente importante cuando nos centramos en el capital fijo inmerso en el entorno construido, que proporciona las infraestructuras materiales necesarias para que la producción y el consumo se mantengan en el espacio y en el tiempo (parques industriales, puertos y aeropuertos, redes de transporte y comunicaciones, sistemas de conducción hidráulica y alcantarillado, viviendas, hospitales, escuelas…). Todo esto constituye un sector nada despreciable de la economía, capaz de absorber cantidades enormes de capital y trabajo, en particular cuando se produce una rápida expansión e intensificación geográfica.

La redistribución de los excedentes de capital y trabajo para esas inversiones depende del papel mediador de las instituciones financieras o estatales con la capacidad clave de generar y ofrecer crédito. Pueden crear así «capital ficticio» (activos en papel o promesas de pago que no tienen respaldo material pero que se pueden utilizar como dinero), para dedicarlo, fuera del con-

---

[6] L. Panitch, «The new imperial state», 2000; P. Gowan *et al.*, «The state, globalisation and the new imperialism», 2001; J. Petras y J. Veltmayer, *Globalisation Unmasked,* 2001; S. Amin, «Imperialism and globalisation», 2001; R. Cooper, «The new liberal imperialism», 2002.

sumo corriente, a proyectos orientados hacia el futuro, por ejemplo en la construcción de autopistas o en la educación, revigorizando así la economía (lo que incluye probablemente un aumento de la demanda de mercancías corrientes como camisas y zapatos por parte de los profesores y obreros de la construcción). Si los gastos en espacios construidos o en mejoras sociales se demuestran productivos (esto es, si facilitan formas más eficientes de acumulación de capital en el futuro), entonces los valores ficticios se reembolsan (bien directamente por el pago de la deuda o indirectamente, bajo la forma, por ejemplo, de un interés más alto para los títulos de deuda pública); pero eso no siempre funciona, y el exceso de inversión en espacios construidos o en gastos sociales puede dar lugar a devaluaciones de esos activos (viviendas, oficinas, parques industriales, aeropuertos, etc.) o a dificultades para pagar la deuda pública, dando lugar a una crisis presupuestaria del Estado.

El papel de tales inversiones en la estabilización y desestabilización del capitalismo ha sido significativo. Observo, por ejemplo, que el punto de partida de la crisis de 1973 fue el colapso mundial de los mercados inmobiliarios (comenzando con el Banco Herstatt en Alemania, que hizo caer al Franklin National en Estados Unidos), seguido poco después por la práctica bancarrota de la ciudad de Nueva York en 1975 (un caso clásico de gastos sociales que superan los ingresos fiscales). También fue notable que el estancamiento durante una década en Japón comenzara en 1990 con el colapso de una burbuja especulativa en terrenos, propiedades inmobiliarias y otros tipos de activos, poniendo en peligro todo el sistema bancario, y que el comienzo del colapso asiático en 1997 fuera el estallido de las burbujas inmobiliarias en Tailandia e Indonesia. El apoyo más importante a las economías estadounidense y británica después del inicio de una recesión general en todos los demás sectores desde mediados de 2001 ha sido el vigor especulativo en los mercados inmobiliarios. Desde 1998 la República Popular China ha mantenido el crecimiento de su economía y trata de absorber su excedente de mano de obra (y de frenar la amenaza de disturbios sociales) mediante inversiones financiadas con deuda en megaproyectos descomunales que dejan pequeña la enorme presa de las Tres Gargantas (14.000 kilómetros de nuevas vías férreas, autopistas y proyectos de urbanización, gigantescas obras de ingeniería para trasvasar agua del Yangtze al río Amarillo, nuevos aeropuertos, etc.). Creo que resulta bastante extraño que la mayoría de los estudios sobre la acumulación de capital (incluido el de Brenner) ignoren esos asuntos por completo o los traten como epifenómenos.

El término «remedio» [*fix*] tiene un doble significado en mi argumentación. Parte del capital total queda fijado materialmente en el territorio durante un periodo de tiempo relativamente largo (dependiendo de su vida útil económica y material). Algunos gastos sociales (como la enseñanza pública o un sistema sanitario) también se territorializan y quedan geográficamente inmóviles tras la intervención del Estado (en lo que sigue, no obstante, excluiré las infraestructuras sociales de una consideración explícita, ya que la cuestión es complicada y requeriría mucho espacio elucidarla). Parte del capital fijo es geográficamente móvil (como la maquinaria que se puede desenganchar fácilmente de sus amarres y se puede llevar a otra parte), pero el resto se fija en la tierra de modo que no se puede mover sin destruirlo. Las aeronaves son móviles, pero los aeropuertos desde y hasta los que vuelan no lo son.

El «remedio» espacio-temporal, por otra parte, es una metáfora de un tipo particular de resolución de las crisis capitalistas mediante la demora temporal y la expansión geográfica. La producción de espacio, la organización de divisiones territoriales del trabajo completamente nuevas, la apertura de complejos de recursos nuevos y más baratos y de nuevos espacios dinámicos de acumulación de capital y la penetración en formaciones sociales preexistentes de las relaciones sociales y los dispositivos institucionales capitalistas (tales como las reglas de contratación y de respeto por la propiedad privada) proporcionan múltiples formas de absorber el capital y el trabajo excedentes. Tales expansiones, reorganizaciones y reconstrucciones geográficas a menudo amenazan, no obstante, los valores fijados en un lugar pero aún no realizados en otros lugares. Grandes cantidades de capital fijadas en un lugar actúan como un lastre en la búsqueda de un remedio espacial en otro lugar. Los valores de los activos fijos que constituyen la ciudad de Nueva York no fueron ni son triviales y la amenaza de su devaluación masiva en 1975 (y de nuevo en 2003) fue (y es) vista por muchos como una gran amenaza para el futuro del capitalismo. Si el capital se traslada, deja tras de sí un rastro de devastación (la desindustrialización experimentada en las décadas de 1970 y 1980 en ciudades cruciales del capitalismo, como Pittsburgh y Sheffield, así como en muchas otras partes del mundo, como Bombay, lo ilustra rotundamente). Si el capital sobreacumulado no se mueve o no se puede mover, en cambio, corre el riesgo de devaluarse directamente. El enunciado resumido de este proceso que suelo ofrecer es el siguiente: el capital crea necesariamente un paisaje físico a su propia imagen en un momento dado, pero tiene que destruirlo en algún momento posterior, a medida que experimenta expansiones geográficas y desplazamientos temporales como soluciones para la crisis de sobreacumulación a la que es regularmente propenso. Esa es la historia de la destrucción creativa (con todo tipo de consecuencias sociales y medioambientales nocivas) escrita en la evolución del paisaje material y social del capitalismo.

Dentro de la dinámica de las transformaciones espacio-temporales en general surge otra serie de contradicciones. Si los excedentes de capital y fuerza de trabajo existentes dentro de un territorio dado (como un Estado-nación) no pueden ser absorbidos internamente (por ajustes geográficos o gastos sociales), entonces deben trasladarse a otro lugar buscando un nuevo terreno para su realización rentable si no se quiere que se devalúen. Esto puede suceder de varias maneras. Se pueden encontrar mercados para los excedentes de mercancías en otros lugares; pero los espacios a los que se envían esos excedentes deben poseer medios de pago tales como reservas de oro o divisas (por ejemplo, dólares) o mercancías comerciables. Se envían los excedentes de los productos y se reciben a cambio dinero u otras mercancías. El problema de la sobreacumulación se alivia así sólo a corto plazo; simplemente se cambia el excedente de mercancías por dinero u otras mercancías, aunque si estas últimas resultan ser, como es frecuente, materias primas más baratas u otros insumos pueden aliviar temporalmente la presión a la baja sobre la tasa de ganancia en el país. Si el territorio de destino no posee reservas o mercancías para intercambiar, debe encontrarlas (como hizo Gran Bretaña con la India cuando la obligó en el siglo XIX a abrir el comercio de opio con China, con lo que los británicos obtenían plata china a través del comercio indio) o recibir crédito o ayuda. En este último caso, se le presta o dona a un territorio dinero con el que puede comprar los bienes excedentes generados en el país. Los británicos hicieron eso con Argentina en el siglo XIX y los superávits comerciales japoneses durante la década de 1990 fueron ampliamente absorbidos por los préstamos a Estados Unidos para financiar allí el consumo de productos japoneses. Claramente, las transacciones comerciales y crediticias de ese tipo pueden aliviar los problemas de sobreacumulación, al menos a corto plazo. Funcionan muy bien en condiciones de desarrollo geográfico desigual en el que los excedentes disponibles en un territorio se corresponden con la ausencia de oferta en otros lugares. Pero recurrir simultáneamente al sistema crediticio los hace vulnerables a flujos de capitales especulativos y ficticios que pueden tanto estimular como socavar el desarrollo capitalista e incluso, como en los últimos años, utilizarse para imponer devaluaciones salvajes en territorios vulnerables.

La exportación de capital, particularmente cuando va acompañada por la exportación de fuerza de trabajo, funciona de manera bastante diferente y por lo general tiene efectos a más largo plazo. En este caso, los excedentes de capital y trabajo se envían a otro lugar (generalmente en forma monetaria) para establecer la acumulación de capital en el nuevo espacio. Los excedentes generados en Gran Bretaña en el siglo XIX llegaron a Estados Unidos y a las colonias como Sudáfrica, Australia y Canadá, creando en esos territorios nuevos y dinámicos centros de acumulación que generaron una demanda de productos británicos. Dado que pueden pasar muchos años hasta que el capitalismo madure en esos nuevos territorios (si es que lo hace), hasta el punto que también ellos comienzan a producir sobreacumulaciones de capital, el país de origen puede esperar beneficiarse de ese proceso durante un periodo considerable. Este es particularmente el caso cuando los bienes demandados en otras partes son infraestructuras materiales fijas (como ferrocarriles y presas) requeridas como base para la futura acumulación de capital. Pero la tasa de rendimiento de esas inversiones a largo plazo en el entorno construido depende finalmente de la evolución de una fuerte dinámica de acumulación en el país receptor. Gran Bretaña prestó a Argentina de esa manera durante la última parte del siglo XIX. Estados Unidos, a través del Plan Marshall para Europa (Alemania en particular) y Japón, vio claramente que su propia seguridad económica (dejando a un lado el aspecto político y militar de la Guerra Fría) descansaba en el resurgimiento activo de la actividad capitalista en esos espacios

Surgen contradicciones porque los nuevos espacios dinámicos de acumulación de capital acaban generando excedentes y tienen que absorberlos mediante expansiones geográficas. Japón y Alemania se convirtieron en competidores con el capital estadounidense desde finales de la década de 1960, del mismo modo que Estados Unidos superó al capital británico (y luego contribuyó a desmantelar su Imperio) durante la primera mitad del siglo XX. Siempre es interesante observar el momento en el que un fuerte desarrollo interno desemboca en la búsqueda de un remedio espacio-temporal para la sobreacumulación. En Japón eso sucedió durante la década de 1960, inicialmente mediante el comercio, luego mediante la exportación de capital como inversión directa, primero a Europa y Estados Unidos y más recientemente mediante inversiones masivas (tanto directas como de cartera) en el Este y Sudeste de Asia, y finalmente mediante préstamos en el extranjero (principalmente en Estados Unidos). Corea del Sur giró repentinamente hacia el exterior en la década de 1980, siendo seguida poco después por Taiwán en la década de 1990, exportando no sólo capital financiero sino algunas de las prácticas de gestión de la mano de obra más perniciosas que cupiera imaginar, como subcontratistas del capital multinacional en todo el mundo (en América Central, en África, así como en todo el resto del Sur y Este de Asia). Incluso recientes países incorporados con éxito al desarrollo capitalista se han visto rápidamente en la necesidad de buscar un remedio espacio-temporal para la sobreacumulación de su capital. La rapidez con que ciertos países, como Corea del Sur, Singapur, Taiwán y ahora incluso China, pasaron de ser receptores netos a exportadores netos de capital ha sido bastante sorprendente en comparación con los ritmos más lentos característicos de períodos anteriores. Pero por la misma razón, esos países tienen que ajustarse rápidamente a las repercusiones de sus propios remedios espacio-temporales. China, tras absorber los excedentes de capital de Japón, Corea y Taiwán en forma de inversiones extranjeras directas, está reemplazando rápidamente a esos países en muchas líneas de producción y exportación (particularmente del tipo de bajo valor añadido y mano de obra intensiva, pero está pasando también rápidamente a productos de mayor valor añadido). La sobrecapacidad generalizada señalada por Brenner puede de esa manera desglosarse en una serie en cascada y proliferante de remedios espacio-temporales, principalmente en el Sur y Este de Asia, pero con elementos adicionales en América Latina (en particular Brasil, México y Chile), complementados ahora en Europa del Este y Turquía. Y en una inversión interesante, explicable en gran parte por el papel del dólar como moneda de reserva global segura que le confiere el poder de señoreaje, Estados Unidos absorbió en los últimos años, con el enorme aumento de su endeudamiento, los capitales excedentes principalmente del Este y el Sudeste de Asia, pero también de otros lugares[7].

El resultado conjunto, sin embargo, es una competencia internacional cada vez más feroz a medida que emergen múltiples centros dinámicos de acumulación de capital que compiten en el escenario mundial frente a fuertes corrientes de sobreacumulación que discurren por muchos espacios diferentes de la economía global. Como no todos pueden triunfar a largo plazo, los territorios más débiles sucumben y caen en serias crisis de devaluación, o estallan confrontaciones geopolíticas en forma de guerras comerciales, guerras monetarias e incluso confrontaciones militares (del tipo que nos dio dos gue-

---

[7] G. Carchedi, «Imperialism, dollarisation and the euro», 2002.

rras mundiales entre las principales potencias capitalistas en el siglo XX). En este caso son la devaluación y la destrucción (del tipo que las instituciones financieras estadounidenses dejaron caer en Asia Oriental y Sudoriental en 1997-1998) las que se exportan, y el remedio espacio-temporal adquiere formas mucho más siniestras. Sin embargo, hay algunos puntos adicionales que señalar sobre ese proceso para comprender mejor cómo funciona realmente.

Contradicciones internas

Hegel señala en sus *Grundlinien der Philosophie des Rechts* que las contradicciones internas de la sociedad burguesa, con la sobreacumulación de riqueza en un polo y la creación de una muchedumbre de pobres en el otro, la llevan a buscar soluciones en el comercio exterior y las prácticas coloniales/imperiales[8]. Rechaza así la idea de que se pueda resolver el problema de la desigualdad e inestabilidad sociales mediante mecanismos internos de redistribución. Lenin cita un frase de Cecil Rhodes según la cual el colonialismo y el imperialismo en el extranjero eran la única forma posible de evitar la guerra civil en Gran Bretaña[9]. Las relaciones de clase y la situación de la lucha de clases en una formación social territorialmente acotada impulsan a buscar un remedio espacio-temporal en otro lugar.

Son interesantes al respecto ciertos acontecimientos de finales del siglo XIX. Consideremos, por ejemplo, la figura de Joseph Chamberlain (al que se conocía como «Radical Joe»). Estrechamente ligado con los intereses de los industriales liberales de Birmingham, Chamberlain se mostró en un principio resueltamente opuesto al imperialismo (por ejemplo, en las guerras afganas de la década de 1850), y dedicó mucho tiempo a la reforma educativa y otros proyectos destinados a mejorar las infraestructuras sociales y materiales para la producción y el consumo en esa ciudad. Eso crearía, según pensaba, una salida productiva para los excedentes, que serían reembolsados a largo plazo. Se convirtió en una importante figura del Partido Liberal, conoció muy de cerca la marea ascendente de la lucha de clases en Gran Bretaña, y en 1885

---

[8] G. W. F. Hegel, *Grundlinien der Philosophie des Rechts,* Berlín, Nicolai, 1821 [ed. cast., *Principios de la filosofía del Derecho,* trad. del alemán de Juan Luis Vermal, Barcelona, Edhasa, 1999].

[9] V. I. Lenin, *El imperialismo, fase superior del capitalismo,* Barcelona, Debarris, 2000.

pronunció un famoso discurso en el que pidió a las clases propietarias que asumieran sus responsabilidades y obligaciones hacia la sociedad (esto es, mejorar las condiciones de vida de los menos favorecidos e invertir en infraestructuras materiales y sociales en interés de la nación) en lugar de defender únicamente sus derechos individuales como propietarios. La reacción de descontento y el alboroto organizado por las clases propietarias le obligaron a desdecirse, y desde aquel momento se convirtió en el más ardiente defensor del imperialismo (llevando a Gran Bretaña, en sus últimos años como ministro de las Colonias, al desastre de la Guerra Bóer en Sudáfrica). Una trayectoria como la suya es muy típica de aquella época. En Francia Jules Ferry, partidario fervoroso de las reformas (en particular en la educación) durante la década de 1860, se inclinó en favor de la conquista colonial tras la Comuna de 1871 (hundiendo a Francia en el pantanal del Sudeste de Asia hasta la derrota de Dien Bien-Phu en 1954); Francesco Crispi trató de resolver el problema del reparto de la tierra en el sur de Italia mediante la colonización en África; y en Estados Unidos Theodore Roosevelt, tras la famosa declaración (errónea) de Frederic Jackson Turner de que la frontera americana estaba ya cerrada, al menos en lo que se refería a las oportunidades de inversión rentable, pasó a apoyar las prácticas imperiales más que las reformas internas. La fascinante historia común de este cambio radical en la política europea de soluciones internas a externas para problemas económicos y políticos –en parte dictada por el temible estado de la lucha de clases después de la Comuna de París– está bellamente presentada en una colección poco conocida de ensayos de C.-A. Julien, J. Bruhat, C. Bourgin, M. Crouzet y P. Renouvin[10].

En todos estos casos, el giro a una forma liberal de imperialismo (unidos por una ideología de progreso y una misión civilizadora) no se debió a imperativos económicos absolutos, sino a la falta de voluntad política de la burguesía para renunciar a cualquiera de sus privilegios de clase, bloqueando así la posibilidad de absorber la sobreacumulación mediante la reforma social en el propio país. La feroz oposición de los dueños del capital a cualquier política de redistribución o mejora social interna en Estados Unidos hoy día tampoco le deja al país otra opción que buscar en el exterior soluciones a sus dificultades económicas. La política de clase interna de ese tipo obligó a muchas

---

[10] C.-A. Julien, J. Bruhat, C. Bourgin, M. Crouzet y P. Renouvin, *Les Politiques d'expansion impérialiste* (París, Presses Universitaires de France, 1949). Los casos de Ferry, Chamberlain, Roosevelt, Crispi y otros son examinados con bastante detalle.

potencias europeas a mirar hacia el exterior para resolver sus problemas desde 1884 hasta 1945, y esto le dio una coloración específica a las formas adoptadas entonces por el imperialismo europeo. Muchas figuras liberales e incluso radicales se convirtieron en orgullosos imperialistas durante aquellos años, y gran parte del movimiento obrero fue persuadido de apoyar el proyecto imperial como algo esencial para su bienestar. Esto requería, sin embargo, que los intereses burgueses dominaran completamente la política estatal, los aparatos ideológicos y el poder militar.

Creo por tanto que Hannah Arendt lleva razón al interpretar el imperialismo eurocéntrico que surgió a finales del siglo XIX como «la primera etapa del dominio político de la burguesía más que la última fase del capitalismo», que era como lo caracterizaba Lenin[11]. Hay de hecho muchos parecidos entre la situación en el siglo XIX, tal como la describe Arendt, y la que vivimos ahora. Consideremos, por ejemplo, el siguiente comentario:

> La expansión imperialista había sido desencadenada por un curioso tipo de crisis económica, la superproducción de capital y la aparición de dinero «superfluo», resultado de un exceso de ahorro que ya no podía hallar inversiones productivas dentro de las fronteras nacionales. Por vez primera la inversión de poder no abrió el camino a la inversión de dinero, sino que la exportación de poder siguió mansamente al dinero exportado, dado que las inversiones incontrolables en lejanos países amenazaban con convertir en jugadores a grandes estratos de la sociedad, en hacer que toda la economía capitalista dejara de ser un sistema de producción para trocarse en un sistema de especulación financiera, y de sustituir los beneficios de la producción por los beneficios de las comisiones. La década inmediatamente anterior a la época imperialista, la de los setenta del siglo pasado, pudo presenciar un crecimiento sin paralelo de las estafas, los escándalos financieros y el juego en la bolsa.

Hay, como veremos, otros varios aspectos en los que el pensamiento de Arendt es adecuado para la interpretación de las actuales prácticas imperialistas.

---

[11] H. Arendt, *Imperialism,* Nueva York, Harcourt Brace Janovich, ed. de 1968, p. 18 [ed. cast.: *Los orígenes del totalitarismo,* Madrid, Taurus, 1974, 1998; «Segunda Parte: Imperialismo», p. 194].

Dispositivos institucionales para ejercer el poder sobre el espacio

En su incisivo estudio de la crisis de 1997-1998 en el Este y Sudeste de Asia, Jeffrey Henderson muestra que la diferencia entre Taiwán y Singapur (que escaparon relativamente indemnes de la crisis excepto en lo que respecta a la devaluación de la moneda) y Tailandia e Indonesia (que sufrieron un colapso económico y político casi total) reflejaba las diferencias entre sus respectivas políticas estatales y financieras[12]. Mientras que los primeros estaban protegidos frente a los flujos especulativos por Estados fuertes y severos controles de los mercados financieros, los últimos, que habían liberalizado sus mercados de capitales, no lo estaban. Diferencias de ese tipo siempre tienen gran importancia; las formas de las instituciones (en particular el Estado) son tanto producto como productoras de la dinámica de la acumulación capitalista.

Toda la pauta de la turbulencia en las relaciones entre Estados, supra-Estados y poderes financieros, por un lado, y la dinámica más general de la acumulación de capital (producción y devaluaciones selectivas), por otro, han sido algunos de los elementos más significativos y más complejos del desarrollo geográfico desigual y la política imperialista durante el periodo iniciado en 1973. Creo que Gowan tiene razón al juzgar la reestructuración radical del capitalismo internacional a partir de esa fecha como una serie de apuestas desesperadas por parte de Estados Unidos, para mantener su posición hegemónica en la economía mundial contra Europa, Japón y más tarde el Este y Sudeste de Asia, iniciadas durante la crisis de 1973 con la doble estrategia de Nixon: aumento del precio del petróleo y desregulación financiera. A los bancos estadounidenses se les otorgó entonces el derecho exclusivo de reciclar las grandes cantidades de petrodólares acumuladas en la región del golfo Pérsico, lo que recentró la actividad financiera global en Estados Unidos y de paso contribuyó, junto con las reformas internas del sistema financiero estadounidense, a salvar a Nueva York de su propia crisis económica local. Surgió así un poderoso régimen financiero Wall Street-Treasury, con capacidad de control sobre las instituciones financieras globales (como el FMI) y de fortalecer o perjudicar las economías extranjeras más débiles mediante la manipulación del crédito y las prácticas de gestión de la deuda. Ese régimen monetario y financiero fue

---

[12] J. Henderson, «Uneven Crises: Institutional Foundations of East Asian Economic Turmoil», *Economy and Society,* 28/3, 1999, pp. 327-368.

utilizado por sucesivas Administraciones estadounidenses, prosigue Gowan, «como un formidable instrumento de acción política [...] para acelerar tanto el proceso de globalización como las transformaciones domésticas neoliberales asociadas con este»[13]. El régimen se fortalecía con las propias crisis: «El FMI cubre los riesgos y asegura que los bancos estadounidenses no pierden (los países pagan mediante ajustes estructurales, etc.) y la fuga de capitales provocada por crisis localizadas acaba fortaleciendo el poder de Wall Street...»[14]. El resultado fue la proyección hacia el exterior del poder financiero estadounidense (en alianza con otros cuando era posible) para obligar a abrir los mercados, en particular a los flujos de capital y financieros (lo que ahora es una condición para pertenecer al FMI), e imponer otras prácticas neoliberales (sobre todo los acuerdos de la OMC) a casi todo el resto del mundo.

Sobre este asunto caben dos puntualizaciones importantes. En primer lugar, se suele afirmar que el libre comercio de mercancías abre el mundo a una competición despejada y libre; pero ya hemos visto que todo el argumento falla, como señaló hace tiempo Lenin, frente al poder concentrado de los monopolios y oligopolios (ya sea en la producción o en el consumo). Estados Unidos, por ejemplo, ha negado repetidamente a otros países el acceso a su enorme mercado para obligarlos a plegarse a sus deseos. La muestra más reciente (y relevante) proviene del representante comercial estadounidense Robert Zoellick, quien dijo que si Lula, el recientemente elegido presidente de Brasil por el Partido de los Trabajadores, no se muestra de acuerdo con los planes estadounidenses de libre mercado para las Américas, se encontraría pronto con que sólo podría «exportar a la Antártida»[15]. Taiwán y Singapur se vieron obligados a adherirse a la OMC y a abrir sus mercados financieros al capital especulativo y acomodarse a sus reglas ante la amenaza estadounidense de negarles acceso a su mercado. A instancias del Tesoro estadounidense, Corea del Sur se vio obligada a hacer lo mismo como contrapartida por el rescate del FMI en 1998. Estados Unidos planea ahora añadir una condición de compatibilidad institucional financiera a las ayudas que ofrece a los países pobres como donaciones reto *[challenge grand].* En cuanto a la producción, los oligopolios basados en las regiones del centro capitalista controlan eficaz-

---

[13] P. Gowan, *The Global Gamble,* p. ix [p. 13 de la ed. cast.: *La apuesta por la globalización*].

[14] *Ibid.,* pp. 23, 35.

[15] *Buenos Aires Herald,* editorial, 31 de diciembre de 2002, p. 4.

mente la de semillas, fertilizantes, electrónica, *software* para ordenadores, informática, productos farmacéuticos y derivados del petróleo, y muchas más. En esas condiciones, las nuevas aperturas de mercado no fomentan la competencia sino las oportunidades para que prosperen los poderes monopolistas, con todo tipo de consecuencias sociales, ecológicas, económicas y políticas. El hecho de que casi dos tercios del comercio exterior corresponda a transacciones dentro de las principales empresas transnacionales y entre ellas es indicativo de la situación. Hasta algo aparentemente tan benéfico como la Revolución verde ha supuesto también, según la mayoría de los analistas, una considerable concentración de la riqueza en el sector agrario y unos niveles más elevados de dependencia de *inputs* monopolizados en todo el Este y Sudeste de Asia. La penetración en el mercado chino de las compañías tabaqueras estadounidenses les permite compensar sus pérdidas en el mercado estadounidense, pero generará seguramente un deterioro de la salud pública en China en las próximas décadas. En todos esos aspectos, los alegatos habituales en favor del neoliberalismo, pretendiendo que favorece la competencia abierta más que el control monopolista o más que una competencia limitada entre estructuras oligopolistas, resultan fraudulentos, enmascarados como suele suceder por la adoración fetichista de las libertades del mercado. Comercio libre no significa comercio justo.

También existe, como reconocen hasta los defensores del libre comercio, una enorme diferencia entre la circulación fluida de mercancías y la libertad de movimientos del capital financiero. Así pues, ¿de qué tipo de mercados libres se está hablando? Hay quienes, como J. Bhagwati, defienden vigorosamente el libre comercio de mercancías, pero se oponen a la idea de ampliar esa libertad a los flujos financieros[16]. El problema es el siguiente: por un lado, los flujos crediticios son vitales para las inversiones productivas y la reubicación de capital de una línea de producción a otra o de un lugar a otro. También desempeñan un papel importante en el establecimiento de una relación potencialmente equilibrada entre las necesidades de consumo (vivienda, por ejemplo) y las actividades productivas, en un mercado mundial espacialmente segmentado por los excesos en un lugar y las escaseces en otro. En todos esos aspectos el sistema financiero (con o sin la intervención del Estado) es decisivo para coordinar la dinámica de la acumulación de capital. Pero el capital financiero

---

[16] J. Bhagwati, «The Capital Myth: The Difference between Trade in Widgets and Dollars», *Foreign Affairs,* 77/3, 1998, pp. 7–12.

también incluye muchas actividades no productivas en las que el dinero se utiliza simplemente para hacer más dinero mediante la especulación en futuros, valores de las monedas, deudas y otros. Cuando se dispone de grandes cantidades de capital para tales efectos, los mercados de capital abiertos se convierten en canales para la actividad especulativa, que como vimos durante la década de 1990 con las «burbujas» de las empresas «punto.com» y la bolsa, da lugar a profecías autocumplidas; de ese modo los fondos de cobertura *[hedge funds]*, armados con billones de dólares apalancados, pudieron llevar a Indonesia e incluso a Corea a la bancarrota, por muy vigorosa que fuera su economía productiva. Gran parte de lo que se negocia en Wall Street no tiene nada que ver con la inversión en actividades productivas; es pura especulación (y de ahí los calificativos de capitalismo «de casino» o incluso «de buitres»; el rescate del fondo Long Term Capital Management por valor de 2.300 millones de dólares nos recuerda que las especulaciones pueden salir muy mal, con graves perjuicios para todos). Pero esa actividad tiene un profundo impacto en la dinámica general de la acumulación de capital, y muy en particular en el recentramiento del poder político-económico, sobre todo en Estados Unidos aunque también en los mercados financieros de otros países del centro (Tokio, Londres, Fráncfort).

La forma en que esto ocurre depende de cómo sean las alianzas de clase dominantes en los países centrales, del equilibrio de poder entre ellas en la negociación de los acuerdos internacionales (como la nueva arquitectura financiera internacional puesta en marcha después de 1997-1998 para reemplazar el llamado Consenso de Washington de mediados de la década de 1990) y de las estrategias político-económicas puestas en marcha por los agentes dominantes con respecto al capital excedente. El surgimiento de un complejo «Wall Street-Treasury-FMI» en Estados Unidos, capaz de controlar las instituciones globales y de ejercer un vasto poder en todo el mundo a través de una red de instituciones financieras y gubernamentales, ha desempeñado un papel determinante y problemático en la dinámica del capitalismo global en los últimos años. Pero ese centro de poder sólo puede operar tal como lo hace porque el resto del mundo está enganchado eficazmente a un marco estructurado de instituciones financieras y gubernamentales interconectadas (incluidas las supranacionales). De ahí la importancia de la colaboración entre, por ejemplo, los bancos centrales de los países del G7 y los diversos acuerdos internacionales (temporales en el caso de las estrategias cambiarias y más permanentes con respecto a la OMC) diseñados para afrontar dificultades particulares[17]. Y si el poder del mercado no es suficiente para lograr esos objetivos y disciplinar a elementos recalcitrantes o «Estados delincuentes», siempre queda el poder militar indiscutible de Estados Unidos (encubierto o explícito) para resolver el problema.

Ese complejo de dispositivos institucionales debería estar orientado, en el mejor de los mundos capitalistas posibles, a sostener y apoyar la reproducción ampliada (crecimiento). Pero, al igual que la guerra en relación con la diplomacia, la intervención del capital financiero respaldada por el poder del Estado se convierte a menudo en acumulación por otros medios. Una alianza *non sancta* entre los poderes del Estado y los aspectos predadores del capital financiero constituye la avanzadilla de un «capitalismo de buitres» dedicado a la apropiación y devaluación de los activos, en lugar de construirlos mediante inversiones productivas. ¿Pero cómo debemos interpretar esos «otros medios» para la acumulación o la devaluación?

Acumulación por desposesión

En *La acumulación del capital*, Luxemburg dirige la atención al carácter dual de la acumulación capitalista:

> Como todo proceso histórico concreto, reúne dos aspectos distintos: de un lado, tiene lugar en los lugares de producción del plusvalor –en la fábrica, en la mina, en el mundo agrícola y en el mercado de productos básicos–. Considerada así, la acumulación es un proceso puramente económico, cuya fase más importante se realiza entre los capitalistas y los trabajadores asalariados, pero que en ambas partes, tanto en la fábrica como en el mercado, se mueve exclusivamente dentro de los límites del intercambio de mercancías, del cambio de equivalencias. Paz, propiedad e igualdad reinan aquí como formas, y era menester la dialéctica afilada de un análisis científico para descubrir cómo en la acumulación el derecho de propiedad se convierte en apropiación de propiedad ajena, el cambio de mercancías en explotación, la igualdad en dominio de clases.
>
> El otro aspecto de la acumulación del capital se da entre el capital y las formas de producción no capitalistas. Este proceso se desarrolla en la escena

---

[17] R. Brenner, *The Boom and the Bubble*, 2002; P. Gowan, *The Global Gamble*, 1999.

mundial. Aquí reinan, como métodos, la política colonial, el sistema de empréstitos internacionales, la política de intereses privados, la guerra… Aparecen aquí, sin disimulo, la violencia, el engaño, la opresión y el pillaje. Por eso cuesta trabajo a veces discernir las leyes rigurosas del proceso económico entre la maraña de violencia y porfías por el poder[18].

Tal como argumenta, esos dos aspectos de la acumulación están «orgánicamente entrelazados», y «la evolución histórica del capitalismo sólo se puede entender considerándolos en su relación mutua».

La teoría general de Marx sobre la acumulación de capital parte de ciertas condiciones cruciales, que poco más o menos equivalen a las de la economía política clásica y que excluyen los procesos de acumulación originaria: mercados competitivos que funcionan libremente con dispositivos institucionales de propiedad privada, individualismo jurídico y libertad de contrato, más las correspondientes estructuras jurídicas y gubernamentales garantizadas por un Estado «facilitador» que también asegura la estabilidad del dinero como depósito de valor y medio de circulación. El papel del capitalista como productor e intercambiador de mercancías está ya bien asentado, y la fuerza de trabajo se ha convertido en una mercancía que se compra y se vende en general por su valor. La acumulación «primitiva» u «original» *[ursprüngliche]* ha quedado atrás y la acumulación tiene lugar ahora como reproducción ampliada (mediante la explotación del trabajo vivo en la producción), en una economía cerrada que funciona en condiciones de «paz, propiedad e igualdad». Esas suposiciones nos permiten entrever qué ocurriría si se materializara el proyecto liberal de la economía política clásica, que equivale en nuestros días al proyecto neoliberal. El eficaz método dialéctico de Marx permite mostrar que la liberalización del mercado –el credo de liberales y neoliberales– no producirá un sociedad armoniosa en la que todos prosperen, sino por el contrario niveles cada vez mayores de desigualdad social (como ha sucedido de hecho durante los últimos 30 años de neoliberalismo, particularmente en los países que, como Gran Bretaña y Estados Unidos, se han mostrado más partidarios de semejante línea política). También provocará, predecía Marx, se-

---

[18] R. Luxemburg, *Die Akkumulation der Kapitalen,* Dresde, Dresdner Volkszeitung, 1912 [versión castellana de Raimundo Fernández, *La acumulación del capital,* México, Grijalbo, 1967, cap. XXXI, p. 351; en la edición más reciente de Orbis-Grijalbo, Barcelona, 1985, esos párrafos figuran en la p. 113 del vol. II].

rias y crecientes inestabilidades que conducirán a crisis crónicas de sobreacumulación (como la que estamos atravesando ahora).

El inconveniente de esas premisas es que relegan la acumulación basada en la depredación, el fraude y la violencia a una «etapa original» ya superada o que se considera, como en el caso de Luxemburg, algo «exterior» al capitalismo como sistema cerrado. Una reevaluación general del papel continuo y persistente de las prácticas depredadoras de la acumulación «primitiva» u «originaria» en la amplia geografía histórica de la acumulación de capital es por tanto muy necesaria, como han observado recientemente varios autores[19]. También ha habido un amplio debate en *The Commoner* sobre los nuevos acaparamientos y sobre si la acumulación primitiva debe entenderse como un proceso puramente histórico o todavía en marcha. Dado que no parece muy adecuado llamar «primitivo» u «originario» a un proceso continuo que sigue dándose ahora, en lo que sigue sustituiré esos términos por el concepto de «acumulación por desposesión».

Un examen más detallado de la descripción marxiana de la acumulación primitiva[20] revela un amplio abanico de procesos, que incluyen: la mercantilización y privatización de la tierra y la expulsión por la fuerza de las poblaciones campesinas; la conversión de varios tipos de derechos de propiedad (comunal, colectiva, estatal, etc.) en derechos exclusivos de propiedad privada; la supresión del acceso a bienes comunales; la mercantilización de la fuerza de trabajo y la supresión de formas alternativas (indígenas) de producción y consumo; procesos coloniales, neocoloniales e imperiales de apropiación de bienes (incluidos los recursos naturales); la monetización del intercambio y los impuestos, en particular sobre la tierra; la trata de esclavos; y la usura, la deuda nacional y más recientemente el sistema de crédito. El Estado, con su monopolio de la violencia y su definición de la legalidad, desempeña un papel decisivo en el respaldo y la promoción de esos procesos, y hay pruebas considerables, que Marx sugiere y Braudel confirma[21], de que la transición al desarrollo capitalista dependió crucialmente de la actividad del Estado, ampliamente favorable en Gran Bretaña, débilmente en Francia y notoriamente negativa, hasta hace muy poco, en China. La invocación del reciente cambio

---

[19] M. Perelman, *The Invention of Capitalism: Classical Political Economy and the Secret History of Primitive Accumulation,* Durham (NC), Duke University Press, 2000.

[20] K. Marx, *El capital,* vol. 1, cap. XXIV; *MEW* 23, pp. 741-91.

[21] F. Braudel, *Afterthoughts on Material Civilization and Capitalism,* 1977.

hacia la acumulación primitiva en el caso de China indica que se trata de una cuestión no concluida y hay pruebas convincentes, particularmente en Asia Oriental y Sudoriental, de que los planes y las políticas estatales (considérese el caso de Singapur) han desempeñado un papel crítico en la definición de la intensidad y trayectoria de las nuevas formas de acumulación de capital. El papel del «Estado desarrollista» en las fases más recientes de la acumulación de capital ha sido objeto de un intenso estudio. Wade y Veneroso, por ejemplo, consideran que se caracteriza por «altos ahorros familiares, alta proporción deuda/capital en las empresas, colaboración bancos-empresas-Estado, una estrategia industrial nacional, e incentivos a la inversión condicionados a la competitividad internacional»[22]. Basta mirar hacia atrás, a la Alemania de Bismarck o al Japón de Meiji, para reconocer que viene dándose desde hace mucho tiempo. Los casos recientes de Asia Oriental también tienen una relevancia obvia[23].

Todas las características de la acumulación primitiva mencionadas por Marx han seguido poderosamente presentes en la geografía histórica del capitalismo hasta hoy día. Algunos de los mecanismos de la acumulación primitiva en los que insistió Marx se han afinado para desempeñar un papel aún más importante que en el pasado. El sistema de crédito y el capital financiero se han convertido, como señalaron Lenin, Hilferding y Luxemburg a comienzos del siglo XX, en palancas importantes de depredación, fraude y robo. Las promociones fraudulentas de títulos, los esquemas piramidales de Ponzi, la destrucción deliberada de activos mediante la inflación, su vaciado mediante fusiones y absorciones, y el fomento de niveles de endeudamiento que reducen a poblaciones enteras, hasta en los países capitalistas avanzados, a la servidumbre, por no hablar de los fraudes empresariales y la desposesión de activos (el saqueo de los fondos de pensiones y su quebranto en los colapsos bursátiles y empresariales) mediante la manipulación del crédito y las cotizaciones… son todos ellos rasgos intrínsecos del capitalismo contemporáneo. El colapso de Enron desposeyó a muchos trabajadores de su medio de vida y su derecho a una pensión; pero ha sido sobre todo el asalto especulativo llevado a cabo por los *hedge funds* y otras instituciones destacadas del capital financiero el que se ha llevado la palma de la acumulación por desposesión en los últi-

---

[22] R. Wade y F. Veneroso, «The Asian crisis», 1998.
[23] C. Johnson, *MITI and the Japanese Miracle,* 1982; Webber and Rigby, *The Golden Age Illusion,* 1996.

mos tiempos. Al crear una crisis de liquidez en todo el Sudeste Asiático, los fondos de cobertura llevaron a las empresas rentables a la bancarrota. Estas empresas podían adquirirse a precios de saldo por capitales excedentes en los países centrales, realizando así lo que Wade y Veneroso denominan «la mayor transferencia de activos en tiempo de paz desde propietarios nacionales (es decir, del Sudeste Asiático) hasta extranjeros (es decir, estadounidenses, japoneses y europeos) en los últimos 50 años en cualquier parte del mundo»[24].

También se han creado nuevos mecanismos de acumulación por desposesión. La insistencia en los derechos de propiedad intelectual en las negociaciones de la OMC (el llamado Acuerdo sobre los ADPIC) indica cómo se pueden emplear ahora las patentes y licencias de material genético, plasma de semillas y muchos otros productos contra poblaciones enteras cuyas prácticas han desempeñado un papel decisivo en el desarrollo de esos materiales. Crece la biopiratería y el pillaje de la reserva mundial de recursos genéticos en beneficio de media docena de grandes empresas farmacéuticas. La mercantilización de la naturaleza en todas sus formas conlleva una escalada en la merma de los bienes hasta ahora comunes que constituyen nuestro entorno global (tierra, agua, aire) y una creciente degradación del hábitat, bloqueando cualquier forma de producción agrícola que no sea intensiva en capital y mercantilizando a gran escala la naturaleza en todas sus formas. La mercantilización de diversas expresiones culturales, de la historia y de la creatividad intelectual conlleva desposesiones integrales (en cuanto a la apropiación y explotación de la cultura y creatividad popular descuella la industria de la música). La empresarización y privatización de instituciones hasta ahora públicas (como las universidades), por no mencionar la oleada de privatizaciones del agua y otros bienes públicos de todo tipo que recorre el mundo, suponen una reedición a escala gigantesca del cercamiento de las tierras comunales en la Europa de los siglos XV y XVI. Como entonces, se vuelve a utilizar el poder del Estado para impulsar esos procesos contra la voluntad popular. Como sucedió en el pasado, estos procesos de despojo están provocando una resistencia generalizada, que constituye ahora el núcleo del llamado «movimiento antiglobalización»[25]. La reversión del dominio privado de los derechos de propiedad común gana-

---

[24] R. Wade y F. Veneroso, «The Asian crisis», 1998.
[25] Véanse, por ejemplo, J. Brecher y T. Costello, *Global Village or Global Pillage?,* 1994; B. Gills, *Globalisation and the Politics of Resistance,* 2000; W. Bello, *Deglobalisation,* 2002; R. Falk, *Predatory Globalisation,* 2000.

dos en las luchas de clases pasadas (el derecho a una pensión estatal, a la asistencia social o sanitaria nacional) ha sido una de las más flagrantes de todas las políticas de despojo que se han llevado a cabo en nombre de la ortodoxia neoliberal. El plan de la Administración Bush de privatizar la seguridad social (y someter a las pensiones a los caprichos del mercado de valores) es un claro ejemplo de ello. No es de extrañar que gran parte de la actividad del movimiento antiglobalización en los últimos tiempos se haya centrado en la reclamación de los bienes comunes atacando el papel conjunto del Estado y el capital en su apropiación.

El capitalismo interioriza prácticas caníbales, depredadoras y fraudulentas; pero como observó perspicazmente Luxemburg, «a veces cuesta trabajo discernir las leyes rigurosas del proceso económico entre la maraña de violencia y porfías por el poder». La acumulación por desposesión puede tener lugar de muchas formas diferentes, y en su *modus operandi* hay mucho de contingente y fortuito. Sin embargo, es omnipresente en cualquier periodo histórico y se desarrolla con fuerza cuando ocurren crisis de sobreacumulación en la reproducción ampliada, cuando no parece haber otra salida que la devaluación. Arendt sugiere, por ejemplo, que para Gran Bretaña en el siglo XIX, las depresiones de las décadas de 1860 y 1870 iniciaron el impulso hacia una nueva forma de imperialismo en la que la burguesía comprendió «por primera vez, que el pecado original de simple latrocinio, que siglos atrás había hecho posible la "acumulación original de capital" (Marx) y que había iniciado toda acumulación ulterior, tenía que repetirse eventualmente para que el motor de la acumulación no se detuviera súbitamente»[26]. Esto nos lleva de vuelta a las relaciones entre el impulso a los remedios espacio-temporales, los poderes estatales, la acumulación por desposesión y las formas del imperialismo contemporáneo.

El «nuevo» imperialismo

Las formaciones sociales capitalistas, a menudo dispuestas en configuraciones territoriales o regionales particulares y usualmente dominadas por algún centro hegemónico, han emprendido desde hace mucho tiempo prác-

---
[26] H. Arendt, *Imperialism,* 1968, p. 28 [ed. cast.: *Los orígenes del totalitarismo,* Madrid, Taurus, 1974, 1998; «Segunda Parte: Imperialismo», p. 208].

ticas cuasi imperialistas en busca de remedios espacio-temporales a sus problemas de sobreacumulación. Es posible, no obstante, periodizar la geografía histórica de estos procesos tomando en serio a Arendt cuando argumenta que el imperialismo centrado en Europa del periodo 1884-1945 constituyó el primer intento por parte de la burguesía de establecer un dominio político global. Cada uno de los Estados-nación capitalistas emprendió su propio proyecto imperialista para afrontar los problemas de sobreacumulación y conflictos de clases en su propia órbita. Este primer sistema, inicialmente estabilizado bajo la hegemonía británica y construido en torno a flujos abiertos de capital y mercancías en el mercado mundial, se descompuso hacia el cambio de siglo en conflictos geopolíticos entre las principales potencias que pretendían la autarquía dentro de sistemas cada vez más cerrados. Estalló en dos guerras mundiales del modo que Lenin había previsto. Gran parte del resto del mundo fue saqueado en busca de recursos durante aquel periodo (basta repasar la historia de lo que Japón le hizo a Taiwán o Gran Bretaña al Witwatersrand en Sudáfrica) con la esperanza de que la acumulación por desposesión compensaría una incapacidad crónica, que llegó a un punto crítico en la década de 1930, y así sostener el capitalismo mediante la reproducción ampliada.

Este sistema fue relevado en 1945 por otro, liderado por Estados Unidos, que pretendía establecer un pacto global entre las principales potencias capitalistas para evitar guerras intestinas y encontrar una forma racional de lidiar colectivamente con la sobreacumulación que había resultado tan perjudicial durante la década de 1930. Para ello tenían que compartir los beneficios de una intensificación de un capitalismo integrado en las regiones centrales (de ahí el apoyo de Estados Unidos a las iniciativas en pro de la unión europea) y emprender una expansión geográfica sistemática del sistema (de ahí la insistencia de Estados Unidos en la descolonización y el «desarrollismo» como objetivo generalizado para el resto del mundo). Esta segunda fase del dominio burgués global se mantuvo en gran medida en pie por la contingencia de la Guerra Fría, que dio lugar al liderazgo militar y económico de Estados Unidos como única superpotencia capitalista. El efecto fue la construcción de un «superimperialismo» hegemónico estadounidense, que era más político y militar que una necesidad económica. Estados Unidos no dependía demasiado de salidas externas ni tampoco de insumos; incluso podía darse el lujo de abrir su mercado a otros y absorber, mediante remedios espacio-temporales internos –como el sistema de autopistas interestatales, la expansión suburbana y el desarrollo de sus regiones meridional y occidental–, parte de la capacidad excedente que comenzó a manifestarse con fuerza en Alemania y Japón durante la década de 1960. Todo el mundo capitalista experimentó un notable crecimiento gracias a la reproducción ampliada. La acumulación por desposesión fue relativamente moderada, aunque los países con superávit de capital, como Japón y Alemania Occidental, necesitaban cada vez más un mercado externo, compitiendo incluso por el control de los mercados poscoloniales en desarrollo[27]. En gran parte de Europa se mantuvieron en cambio fuertes controles sobre la exportación de capital (a diferencia de las mercancías), que se mantuvo bastante limitada hacia el Este de Asia. Lo más sustancial era la lucha de clases dentro de cada Estado-nación individual sobre la reproducción ampliada (cómo debía darse y a quién debía beneficiar prioritariamente). Las principales luchas geopolíticas durante ese periodo fueron las relacionadas con la Guerra Fría (contra el otro imperio erigido por la Unión Soviética) o luchas residuales (la mayoría de las veces atravesadas por la política de la Guerra Fría que empujó a Estados Unidos a apoyar a muchos regímenes poscoloniales reaccionarios), derivadas de la renuencia de las potencias europeas a renunciar a sus posesiones coloniales (la invasión de Suez por los británicos y franceses en 1956, no apoyada en absoluto por Estados Unidos, fue un ejemplo paradigmático). En cualquier caso, el creciente resentimiento al verse encerrados en una situación espacio-temporal de subordinación perpetua al centro generó movimientos de antidependencia y liberación nacional. El socialismo del Tercer Mundo pretendía la modernización, pero de un tipo y sobre una base política totalmente diferentes.

Este sistema se derrumbó en torno a 1970. Los controles de capital se hicieron difíciles de aplicar a medida que el excedente de dólares estadounidenses inundaba el mercado mundial. Las presiones inflacionistas resultantes del intento de Estados Unidos de mantener a la vez «cañones y mantequilla» durante la Guerra de Vietnam se intensificaron, al tiempo que el nivel de la lucha de clases en muchos de los países centrales comenzó a erosionar las ganancias. Estados Unidos trató de establecer un sistema diferente basado en una combinación de nuevos dispositivos institucionales, internacionales y financieros para contrarrestar las amenazas económicas de Alemania y Japón y recentrar el poder económico en el capital financiero dirigido desde Wall Street. La colusión entre el Gobierno de Nixon y Arabia Saudí en 1973 para hacer subir hasta los cielos el precio del petróleo causó mucho más daño a las

---

[27] P. Armstrong *et al.*, *Capitalism since World War II*, 1991.

economías europeas y japonesa que a la estadounidense, que en aquel momento no dependía tanto de los suministros de Oriente Medio[28]. Los bancos estadounidenses obtuvieron el privilegio de reciclar los petrodólares en la economía mundial. Estados Unidos, amenazado en el ámbito de la producción, respondió afirmando su hegemonía en el de las finanzas. Pero para que ese sistema funcionara eficazmente, los mercados en general y el de capitales en particular se vieron forzados a abrirse al comercio internacional, un proceso lento que requirió una fuerte presión estadounidense, respaldada por el uso de palancas internacionales como el FMI, y un compromiso igualmente feroz con el neoliberalismo como nueva ortodoxia económica. También supuso inclinar el equilibrio de poder y de intereses en el seno de la burguesía, de las actividades productivas a las relacionadas con el capital financiero, lo que podía aprovecharse para socavar el poder del movimiento obrero en la reproducción ampliada, ya fuera directamente, tomando medidas disciplinarias sobre la producción, o indirectamente al facilitar una mayor movilidad geográfica para todas las formas de capital. El capital financiero se puso así al timón en esta tercera fase del dominio burgués mundial.

Este sistema era mucho más volátil y predatorio y dio lugar a varios episodios de acumulación por desposesión –generalmente como programas de ajuste estructural administrados por el FMI–, como antídoto contra las dificultades en el ámbito de la reproducción ampliada. En algunos casos, como en América Latina en la década de 1980, economías enteras fueron avasalladas y sus activos incautados por el capital financiero estadounidense. El ataque de los fondos especulativos contra las monedas tailandesa e indonesia en 1997, respaldado por las salvajes políticas deflacionistas exigidas por el FMI, llevó a la bancarrota incluso a empresas viables e invirtió el notable progreso social y económico que se había logrado en gran parte del Este y Sudeste de Asia, llevando a millones de personas al desempleo y la pobreza. La crisis también provocó una mejora en los términos de intercambio en favor del dólar, confirmando el dominio de Wall Street y generando un sorprendente aumento del valor de los activos en manos de los estadounidenses más ricos. La lucha de clases comenzó a girar en torno a cuestiones como el ajuste estructural impuesto por el FMI, las actividades predatorias del capital financiero y la pérdida de derechos resultante de la privatización.

---

[28] P. Gowan, *The Global Gamble*, 1999, pp. 21-22; *La apuesta por la globalización*, pp. 40-41.

Las crisis de deuda podían aprovecharse para reorganizar las relaciones sociales de producción internas en cada país, caso por caso, de modo favorable a la penetración de capitales externos. Los regímenes financieros, los mercados y las empresas nacionales fueron así puestos a subasta para su adquisición por parte de empresas estadounidenses, japonesas o europeas, de modo que las bajas ganancias en las regiones centrales podían complementarse con una parte de las mayores ganancias obtenidas en el exterior. La acumulación por desposesión se convirtió en una característica mucho más destacada del capitalismo global (con la privatización como uno de sus principales mantras), pero también dio lugar a una mayor resistencia del movimiento anticapitalista y antiimperialista, aunque la izquierda, inmersa como estaba (y sigue estando en muchos sentidos) en la política de la reproducción ampliada, tardó en reconocer la importancia de las movilizaciones contra el FMI y otros aspectos de la desposesión. Retrospectivamente sobresale el estudio pionero de Walton[29] sobre esas movilizaciones; pero también parece conveniente un estudio mucho más detallado para determinar cuáles de los miles de movimientos contra la desposesión son regresivos y antimodernizadores en algún sentido socialista y cuáles pueden ser progresistas o al menos impulsados en una dirección progresista por la formación de alianzas. Como siempre, la forma en que Gramsci analizó la cuestión del *mezzogiorno* parece ilustrativa a este respecto. Petras[30] ha destacado recientemente esta cuestión en su crítica del *Imperio* de Hardt y Negri con su concepto indiferenciado de multitud opositora en lucha contra el poder imperial descentralizado. Los campesinos adinerados que luchan contra la reforma agraria no son idénticos a los campesinos sin tierra que luchan por el derecho a subsistir.

Pero el sistema, aunque centrado en el complejo Wall Street-Treasury, tenía muchos vínculos multilaterales anudados con los centros financieros de Tokio, Londres, Fráncfort y muchas otras ciudades globales, sustentándose en la aparición de corporaciones capitalistas transnacionales que, aunque puedan tener su núcleo en uno u otro Estado-nación, se extendían por el mapa del mundo en formas impensables en las fases anteriores del imperialismo (los trust y cárteles de los que habló Lenin estaban todos ellos muy vinculados a Estados-nación particulares). Ese era el mundo que la Casa Blanca de Clinton, con su todopoderoso secretario del Tesoro Robert Rubin, extraído

---

[29] J. Walton, *Reluctant Rebels,* 1984.
[30] J. Petras, «A rose by any other name?», 2002.

del meollo especulador de Wall Street [Citigroup, Goldman Sachs], trató de gestionar mediante un multilateralismo centralizado (concretado en el llamado «Consenso de Washington» de mediados de la década de 1990). Por un momento pareció que Lenin estaba equivocado y que la teoría kautskiana de un «superimperialismo» colaborativo podía ser correcta, haciendo posible un ultraimperialismo basado en una colaboración «pacífica» entre las principales potencias capitalistas, simbolizado por la agrupación conocida como G7 y la llamada «nueva arquitectura financiera internacional», aunque bajo la hegemonía del liderazgo estadounidense[31].

Ese sistema parece hallarse ahora en graves dificultades. La gran volatilidad y la fragmentación caótica de los conflictos de poder dificultan discernir, como señaló Luxemburg en su momento, cómo funcionan las severas leyes de la economía por detrás de todo el humo y los espejos (particularmente del sector financiero). Pero en la medida en que la crisis de 1997-1998 reveló que el principal centro de capacidad productiva excedentaria radicaba en Asia Oriental y Sudoriental (por lo que Estados Unidos seleccionó específicamente esa región para ser devaluada), la rápida recuperación de algunos de sus sectores ha traído de nuevo al primer plano de los asuntos globales el problema general de la sobreacumulación[32]. Esto plantea la cuestión de cómo podría organizarse un nuevo remedio espacio-temporal (¿en China?), o quién cargará con el peso de una nueva ronda de devaluación. La incipiente recesión de 2001 en Estados Unidos después de una década o más de exuberancia espectacular (aunque sea «irracional») indica que el centro hegemónico puede no ser inmune. Su mayor inestabilidad se muestra en el rápido deterioro de su balanza de pagos. «La misma explosión de las importaciones que impulsó la economía mundial –durante la década de 1990, escribe Brenner–, elevó a niveles récord el déficit comercial y por cuenta corriente estadounidense, llevando a un aumento sin precedentes históricos de las obligaciones de Estados Unidos hacia propietarios extranjeros y a una vulnerabilidad igualmente sin precedentes de la economía estadounidense frente a la eventual fuga de capitales y un colapso del dólar»[33]. Pero esa vulnerabilidad existe en ambos lados.

---

[31] P. Anderson, «Internationalism: a breviary», *NLR* 14, 2002; Susanne Soederberg, «The new international financial architecture: imposed leadership and "emerging markets"», *Socialist Register 2002*.

[32] P. Burkett y M. Hart-Landsberg, «Crisis and recovery in East Asia», 2001.

[33] R. Brenner, *The Boom and the Bubble: The U.S. in the World Economy*, p. 3 [ed. cast.: *La expansión económica y la burbuja bursátil*, p. 33].

Si el mercado estadounidense colapsa, las economías que miran a ese mercado como sumidero para su exceso de capacidad productiva caerán con él. La prontitud con que los bancos centrales de países como Japón y Taiwán prestan fondos para cubrir los déficits estadounidenses tiene fuertes razones de interés propio, ya que con ellos están financiando el consumismo estadounidense que abre el mercado para sus productos. Ahora pueden encontrarse incluso financiando el esfuerzo de guerra estadounidense.

Pero el dominio estadounidense está amenazado de nuevo y esta vez el peligro parece más serio. Si Braudel, Arrighi y Silver[34] estuvieran en lo cierto, y una poderosa ola de financiarización pudiera ser el preludio de una transferencia del poder dominante de un hegemón a otro, el viraje estadounidense hacia la financiarización en la década de 1970 parecería ejemplificar una pauta histórica de autodestrucción. El déficit, tanto interno como externo, no puede seguir creciendo descontroladamente por un tiempo indefinido, y la habilidad y voluntad de otros, primordialmente en Asia, para financiarlo, al ritmo de 2.300 millones de dólares estadounidenses al día como ahora, no son inagotables. Cualquier otro país del mundo que mostrara las condiciones macroeconómicas estadounidenses estaría obligado a una despiadada austeridad y a someterse a los mecanismos de ajuste estructural del FMI. Pero, como subraya Gowan: «la capacidad de Washington de manipular el precio del dólar y de explotar el dominio financiero internacional de Wall Street ha permitido a las autoridades estadounidenses evitar lo que otros Estados se vieron obligados a hacer: vigilar su balanza de pagos; ajustar la economía doméstica para asegurar altos niveles de ahorro e inversión internos; cuidar su nivel de endeudamiento público y privado; asegurar un eficaz sistema interno de intermediación financiera que garantice un fuerte desarrollo del sector productivo»[35]. La economía estadounidense ha dispuesto de una «vía de escape de todas estas tareas», pero el resultado ha sido una «profunda distorsión e inestabilidad». Además, las sucesivas oleadas de acumulación por desposesión, la marca distintiva del nuevo imperialismo centrado en Estados Unidos, están suscitando resistencia y resentimiento dondequiera que irrumpen, generando no sólo un activo movimiento antiglobalización a escala mundial (cuya forma difiere bastante de las luchas de clase asociadas a la reproducción ampliada), sino también una resistencia activa a la hegemonía

---

[34] G. Arrighi y B. Silver, *Chaos and Governance in the Modern World System,* 1999, pp. 31-34 [ed cast.: *Caos y orden en el sistema-mundo moderno,* 2001, pp. 38-41].

[35] P. Gowan, *The Global Gamble,* 1999, p. 123; *La apuesta por la globalización,* p. 165.

estadounidense por parte de potencias anteriormente subordinadas y dóciles, particularmente en Asia (como Corea del Sur), y ahora incluso en Europa.

Las opciones para Estados Unidos son limitadas. Podría alejarse de su forma actual de imperialismo comprometiéndose a una redistribución masiva de la riqueza dentro de sus fronteras y a buscar vías de absorción de los excedentes mediante remedios temporales internos (mejoras espectaculares en la educación pública y la reparación de infraestructuras envejecidas serían buenos puntos de partida); una estrategia industrial de revitalización de la industria también ayudaría. Pero esto requeriría aún más financiamiento deficitario o impuestos más altos, así como una fuerte dirección estatal, y eso es precisamente lo que la burguesía se negará a contemplar, como sucedió en Gran Bretaña en tiempos de Chamberlain; cualquier político que propusiera tal paquete sería, casi sin duda, silenciado a gritos por la prensa capitalista y sus ideólogos y perdería cualquier elección frente al abrumador poder del dinero. Sin embargo, irónicamente, un contraataque masivo dentro de Estados Unidos y de otros países capitalistas (particularmente en Europa) contra la política neoliberal y la reducción del gasto estatal y social podría ser una de las pocas formas de proteger desde dentro el capitalismo occidental contra sus propias tendencias autodestructivas.

Aún más suicida políticamente sería tratar de imponer con autodisciplina en Estados Unidos el tipo de programas de austeridad que el FMI suele imponer a otros. Cualquier intento de hacerlo por parte de los poderes externos (mediante fuga de capitales y colapso del dólar, por ejemplo) provocaría seguramente una salvaje respuesta política, económica e incluso militar de Estados Unidos. Es difícil imaginar que acepte y se adapte pacíficamente al crecimiento fenomenal de Asia Oriental y reconozca, como sugiere Arrighi, que estamos en medio de una importante transición hacia Asia como centro hegemónico del poder global. Arrighi no prevé ningún desafío externo serio, pero él y sus colegas concluyen que Estados Unidos «posee recursos aún mayores que Gran Bretaña hace un siglo para convertir su decadencia en una dominación explotadora. Si el sistema se hunde por fin, se deberá ante todo a la resistencia de Estados Unidos a ajustarse y acomodarse al creciente poderío económico de Asia Oriental, condición necesaria para que se dé una transición no catastrófica a un nuevo orden mundial»[36].

---

[36] G. Arrighi y B. Silver, *Chaos and Governance in the Modern World System,* 1999, pp. 288-89; en cast., *Caos y orden en el sistema-mundo moderno,* p. 292.

Es poco probable que Estados Unidos renuncie a la hegemonía tranquila y pacíficamente. Eso supondría, en cualquier caso, una reorientación –de la cual existen algunos signos– del capitalismo de Asia Oriental, alejándose de la dependencia del mercado estadounidense para cultivar un mercado interno dentro de la propia Asia. Aquí es donde el enorme programa de modernización de China –una versión interna de un ajuste espacio temporal equivalente al que Estados Unidos realizó internamente durante las décadas de 1950 y 1960 mediante la urbanización periférica de las ciudades y el desarrollo del llamado Cinturón del Sol– puede desempeñar un papel fundamental para desviar gradualmente los capitales excedentes de Japón, Taiwán y Corea del Sur y con ello disminuir los flujos hacia Estados Unidos. Taiwán, por ejemplo, exporta ahora más a China que a América del Norte. La consiguiente disminución del flujo de fondos hacia Estados Unidos podría tener consecuencias calamitosas.

Y es en este contexto donde vemos que sectores de las elites políticas estadounidenses buscan ejercitar el músculo militar como el único poder absoluto que les queda, hablando abiertamente del imperio como una opción política (presumiblemente para extraer tributos del resto del mundo) y tratando de controlar los suministros de petróleo como un medio para contrarrestar las amenazas de pérdida de poder en la economía global. Los intentos estadounidenses de mejorar su control del suministro de petróleo iraquí y venezolano –en el primer caso buscando supuestamente establecer la democracia y en el segundo derrocándola– tienen mucho sentido. Apestan a una repetición de lo que sucedió en 1973, ya que Europa y Japón, así como Asia Oriental y Sudoriental, que ahora incluye decisivamente a China, dependen aún más que Estados Unidos del petróleo del golfo Pérsico. Si Estados Unidos maquina el derrocamiento de Chávez y de Sadam, si puede estabilizar o reformar un régimen saudí armado hasta los dientes que actualmente se asienta sobre las arenas movedizas de un Gobierno autoritario (y que está en peligro de caer en manos del islam radicalizado, lo que era, después de todo, el objetivo principal de Osama bin Laden), si puede avanzar, como parece probable, de Iraq a Irán y consolidar su posición en Turquía y Uzbekistán como presencia estratégica en relación con las reservas petroleras de la cuenca del Caspio, entonces podría tener la esperanza de mantener, a través del firme control de la espita petrolera global, un mando efectivo sobre la economía global y de asegurar su propia posición hegemónica durante los próximos 50 años.

Los peligros de esa estrategia son inmensos. La resistencia será formidable en Europa y Asia, y no menor en Rusia. La renuencia a aprobar en las Naciones Unidas la invasión militar de Iraq, en particular por parte de Francia y Rusia, ambos muy implicados en la explotación del petróleo iraquí, fue un ejemplo ilustrativo. Y los europeos en particular se sienten mucho más atraídos por la visión kautskiana del ultraimperialismo en la que supuestamente colaborarían en igualdad todas las grandes potencias capitalistas. Una hegemonía estadounidense inestable basada en la militarización permanente y en un aventurerismo que podría amenazar seriamente la paz global no es una perspectiva atractiva para el resto del mundo, lo que no quiere decir que el modelo europeo sea mucho más progresista. De creer a Robert Cooper, consultor de Tony Blair, ese modelo resucitaría las distinciones del siglo XIX, entre Estados civilizados y bárbaros y salvajes, bajo el disfraz de Estados posmodernos, modernos y premodernos, esperándose que los posmodernos, como guardianes del comportamiento civilizado descentralizado, induzcan por medios directos o indirectos a la obediencia a las normas universales (léase «occidentales» y «burguesas») y a las prácticas humanistas (léase «capitalistas») en todo el mundo[37]. Esa fue exactamente la forma en que los liberales del siglo XIX, como John Stuart Mill, justificaron el mantenimiento del tutelaje de la India y la exacción de tributos del exterior mientras alababan los principios del gobierno representativo en casa. En ausencia de una fuerte revitalización de la acumulación sostenida mediante la reproducción ampliada, esto implicará una profundización de la política de acumulación por desposesión en todo el mundo para evitar que el motor de la acumulación se detenga por completo.

Esa forma alternativa de imperialismo difícilmente será aceptada por amplias franjas de la población mundial que han vivido (y en algunos casos han comenzado a luchar contra) la acumulación por desposesión y las formas depredadoras del capitalismo, a las que se han enfrentado durante las últimas décadas. El ardid liberal que propone alguien como Cooper es demasiado familiar para los autores poscoloniales como para resultar atractivo[38]. Y el descarado militarismo que Estados Unidos propone de manera creciente, sobre el supuesto de que es la única respuesta posible al terrorismo global, no sólo está lleno de peligros (incluidos los arriesgados precedentes de «ataques

---

[37] R. Cooper, «The new liberal imperialism», 2002.
[38] U. Mehta, *Liberalism and Empire,* 1999.

preventivos»), sino que se reconoce cada vez más como una máscara para tratar de mantener una hegemonía amenazada dentro del sistema global.

Pero quizá la pregunta más interesante se refiere a la respuesta interna en los propios Estados Unidos. Sobre este punto, Hannah Arendt vuelve a presentar un argumento contundente: el imperialismo en el exterior no puede sostenerse por mucho tiempo sin represiones activas, e incluso tiranías, en el interior[39]. El daño causado a las instituciones democráticas propias puede ser sustancial (como aprendieron los franceses durante la lucha argelina por la independencia). En Estados Unidos existe una tradición popular anticolonial y antiimperial muy arraigada y y durante las últimas décadas han sido necesarios muchos ardides, cuando no engaños declarados, para disimular su actuación imperial en los asuntos mundiales o al menos disfrazarla de ayuda humanitaria. No es nada evidente que la población estadounidense vaya a apoyar mayoritariamente un giro abierto hacia un imperio militarizado de larga duración (del mismo modo que no apoyaba la Guerra de Vietnam). Como ha señalado William Appleman Williams[40], desde hace tiempo existe una gran preocupación popular con respecto a las aventuras imperiales de su Gobierno y su ejército. Tampoco es probable que la población estadounidense acepte por mucho tiempo el precio, ya sustancial, de las cláusulas represivas insertas en las Ley Patriótica y Ley de Seguridad Nacional, que han conllevado restricciones de las libertades y los derechos civiles. Si el imperio supone anular la Carta de Derechos Humanos, no está claro que esa contrapartida vaya a ser aceptada fácilmente. Pero el reverso de esa dificultad es que, en ausencia de una gran revitalización de la acumulación sostenida mediante la reproducción ampliada, y con posibilidades limitadas para acumular por desposesión, la economía estadounidense probablemente se hundirá en una depresión deflacionista que dejará pequeña la experimentada durante la última década en Japón. Y si se produce una fuga seria respecto del dólar, entonces la austeridad tendrá que ser severa, a menos que surja una política de redistribución de la riqueza y los activos completamente diferente (una perspectiva que la burguesía contemplará con el más absoluto horror) dirigida a la reorganización total de las infraestructuras sociales y materiales de la nación para absorber el capital y el trabajo ociosos en tareas socialmente útiles, a diferencia de las puramente especulativas.

---

[39] H. Arendt, *Imperialism,* 1968, pp. 6-9.
[40] W. A. Williams, *Empire as a Way of Life,* 1980.

Está por lo tanto en juego la forma y el aspecto que cobrará cualquier nuevo imperialismo. Lo único seguro es que nos hallamos en medio de una gran transición de la forma de funcionamiento del sistema global y que hay una variedad de fuerzas en movimiento que podrían inclinar fácilmente la balanza en una u otra dirección. El equilibrio entre acumulación por desposesión y reproducción ampliada ya se ha desplazado hacia la primera y es difícil imaginar que esta tendencia haga otra cosa que profundizarse, transformándose en el sello distintivo del nuevo imperialismo (incluyendo afirmaciones abiertas de gran importancia ideológica sobre la necesidad de un imperio). También sabemos que la trayectoria económica de Asia es clave, pero que la preeminencia militar aún corresponde a Estados Unidos. Como señala Arrighi, esta es una configuración única y bien podemos estar viendo en Iraq la primera etapa de su desarrollo geopolítico en el escenario mundial en un contexto de recesión generalizada. Estados Unidos, cuya hegemonía en el periodo inmediatamente posterior a la guerra se basó en la producción, las finanzas y el poder militar, perdió su superioridad en la producción a partir de 1970 y ahora puede estar perdiendo el dominio financiero, quedándose únicamente con el poderío militar. Lo que ocurra dentro de Estados Unidos es por lo tanto vitalmente importante para la eventual articulación del nuevo imperialismo. Y hay, para empezar, una tormenta en ciernes que puede permitir la confluencia de las fuerzas opuestas a la profundización de la acumulación por desposesión. Pero las formas de lucha de clases que esto provoca son radicalmente diferentes a las luchas proletarias clásicas dentro de la reproducción ampliada (que se mantienen, no obstante, aunque en formas más silenciosas) sobre las que se suponía tradicionalmente que descansaba el futuro del socialismo. Es vital impulsar las alianzas que comienzan a surgir entre estos diferentes vectores de lucha, ya que en ellas podemos discernir los perfiles de una forma de globalización completamente diferente, no imperialista, que enfatiza el bienestar social y los objetivos humanitarios junto con formas creativas de desarrollo geográfico desigual, en lugar de la glorificación del poder del dinero, los valores bursátiles y la acumulación incesante de capital por cualquier medio a través de los variados espacios de la economía global, pero que siempre terminan concentrados en unos pocos espacios de riqueza extraordinaria. Ese momento puede estar lleno de volatilidad e incertidumbres; pero eso significa que también es un momento inesperado y por consiguiente cargado de potencial.

Comentario

Este artículo fue escrito poco antes de la invasión de Iraq, aunque se publicó después. Es un resumen de la argumentación general presentada en *The New Imperialism,* publicado en 2003 [*El nuevo imperialismo,* 2004]. Fue la primera vez que defendí la importancia de la «acumulación por desposesión» como concepto clave para entender la cambiante dinámica global de la acumulación de capital. Desde entonces, este concepto ha sido ampliamente utilizado debido a su relevancia para el acaparamiento masivo y continuo de tierras y la extracción de recursos que tienen lugar en muchas partes del mundo. La oleada de desposesión en los mercados inmobiliarios de Estados Unidos tras las ejecuciones hipotecarias posteriores a 2007 (por no hablar de las prácticas depredadoras generalizadas en los mercados inmobiliarios) y las transferencias resultantes de valor de unas clases a otras hicieron ver la importancia de la acumulación por desposesión en los países capitalistas avanzados. Los derechos de propiedad intelectual constituyen otro terreno donde es de suma importancia la política de acumulación por desposesión. La sensación de inestabilidad en el capitalismo global a la hora de escribir este artículo es muy marcada, al igual que la necesidad obvia de teorizar lo que está sucediendo. El concepto marxiano de una tendencia permanente a la sobreacumulación del capital es particularmente útil para ello. Aunque en *The New Imperialism* no pronosticaba ninguna caída en los mercados inmobiliarios constituidos en vehículo principal para la absorción del capital excedente en Estados Unidos, sí señalé su posibilidad.

La continua política de acumulación por desposesión se ha visto enmascarada en los últimos años por la «necesidad» de la política de austeridad, que no es otra cosa que una desposesión organizada, como se ha demostrado dramática y tristemente en Grecia. En un mundo civilizado no se debería haber contemplado nada tan bárbaro. Pero desde la crisis de la deuda mexicana de 1982 en adelante, la acumulación por desposesión se ha convertido en la política estándar del capitalismo global bajo el nombre de «ajuste estructural y austeridad» para las masas, mientras se rescata a los banqueros y se los recompensa generosamente por sus atroces errores.

X. Las raíces urbanas de las crisis capitalistas
Reclamar la ciudad para la lucha anticapitalista

En un artículo publicado en el *New York Times* el 5 de febrero de 2011 con el título «Housing Bubbles Are Few and Far Between», Robert Shiller, economista al que muchos consideran el mayor experto estadounidense en cuestiones de vivienda dado su papel en la elaboración del Índice Case-Shiller sobre el precio de la misma, intentaba tranquilizar a todos afirmando que la reciente burbuja inmobiliaria era un «acontecimiento infrecuente, que no se repetiría en muchas décadas». La «enorme burbuja inmobiliaria» de principios de siglo «no se puede comparar con ningún ciclo nacional o internacional en ese sector. Las anteriores burbujas fueron menores y más regionales». Los únicos antecedentes equiparables, aseguraba, fueron las burbujas del precio del suelo en Estados Unidos a finales de la década de 1830 y durante la de 1850. Como demostraré, se trata de una lectura asombrosamente equivocada y peligrosa de la historia del capitalismo. El hecho de que haya pasado tan inadvertida atestigua un punto ciego muy serio en el pensamiento económico contemporáneo, que por desgracia parece darse igualmente en la economía política marxista.[1]

La economía convencional trata rutinariamente la inversión en el entorno construido, así como la urbanización, como algo marginal con respecto a los asuntos supuestamente más importantes que se desarrollan en una entidad ficticia llamada «la economía nacional». El subcampo de la «economía urbana»

---

[1] R. Shiller, «Housing Bubbles are Few and Far Between», *New York Times,* 5 de febrero de 2011.

es pues un tema al que se dedican economistas de segunda fila, mientras que los más brillantes aplican sus habilidades macroeconómicas en otros terrenos, e incluso cuando prestan atención a los procesos urbanos, los presentan como si las reorganizaciones espaciales, el desarrollo regional y la construcción de ciudades fueran meras consecuencias colaterales de procesos a mayor escala que no se ven afectados apenas por lo que producen. Así, en el Informe sobre Desarrollo del Banco Mundial de 2009, que por primera vez se tomó en serio la geografía económica y el desarrollo urbano, los autores no parecían pensar que nada pudiera ir tan catastróficamente mal como para detonar una crisis en el conjunto de la economía. Escrito por economistas (sin consultar a geógrafos, historiadores o sociólogos urbanos), su propósito era supuestamente explorar la «influencia de la geografía en las oportunidades económicas» y elevar «el espacio y el lugar, de meras cuestiones secundarias, a un podio más visible».

Sus autores se esforzaban de hecho por demostrar que la aplicación de los paradigmas habituales de la economía neoliberal a los temas urbanos (como dejar al Estado fuera de la tarea de regular seriamente los mercados del suelo y la propiedad inmobiliaria y minimizar las intervenciones de la planificación urbana, regional y espacial) era la mejor forma para aumentar el crecimiento económico (con otras palabras, la acumulación de capital). Aunque tenían la decencia de «lamentar» no disponer del tiempo y el espacio suficientes para explorar en detalle las consecuencias sociales y medioambientales de sus propuestas, creían simplemente que las ciudades que proporcionan

> mercados fluidos para el suelo, la propiedad inmobiliaria y otras instituciones de apoyo –tales como la protección de los derechos de propiedad, la ejecución obligada de los contratos y la financiación de la vivienda–, prosperarían probablemente con el tiempo a medida que se modificaran las necesidades del mercado. Ciudades con éxito han relajado las leyes sobre las zonas para permitir a los usuarios con mayores recursos apostar por el suelo valioso, y han adoptado nuevas regulaciones de uso para adaptarse a su papel, que va cambiando con el tiempo[2].

Pero el suelo no es una mercancía en el sentido más corriente de la palabra. Es una forma ficticia de capital que deriva de las expectativas de futuras ren-

---

[2] *World Development Report 2009: Reshaping Economic Geography,* Washington, DC: Banco Mundial, 2009.

tas. El intento de maximizar su rendimiento ha expulsado durante los últimos años de Manhattan y del centro de Londres a las familias de bajos o moderados ingresos, con efectos catastróficos sobre las disparidades de clase y el bienestar de las capas menos privilegiadas. Eso mismo es lo que ejerce una presión tan intensa sobre el suelo de alto valor en Dharavi (Bombay), un barrio de chabolas poblado por alrededor de un millón de habitantes que el informe caracteriza correctamente como un productivo ecosistema humano. En resumen, el informe defiende el fundamentalismo de mercado que ha dado lugar al terremoto macroeconómico por el que acabamos de pasar en 2007-2009, al tiempo que ha generado movimientos sociales urbanos de oposición a la gentrificación, a la destrucción del medio ambiente y a las expropiaciones para desalojar a los residentes y permitir un uso más rentable del suelo.

Desde mediados de la década de 1980 la política urbana neoliberal (aplicada, por ejemplo, en toda la Unión Europea) concluyó que la redistribución de la riqueza a las barriadas, ciudades y regiones menos aventajadas era inútil, y que los recursos debían canalizarse, por el contrario, hacia los polos de crecimiento «empresariales» más dinámicos. Una versión espacial del «efecto goteo» se encargaría de resolver, en el proverbial largo plazo (que nunca llega), esas latosas desigualdades regionales, espaciales y urbanas. ¡Entregar la ciudad a los promotores y especuladores financieros redunda en beneficio de todos! ¡Si el Estado chino hubiera liberalizado el uso del suelo en sus ciudades, entregándolo a las fuerzas del libre mercado –aseguraba el Informe del Banco Mundial–, su economía habría crecido aún más rápidamente!

El Banco Mundial favorece abiertamente al capital especulativo, y no a la gente. Nunca cuestiona la idea de que a una ciudad le puede ir bien (en términos de acumulación de capital) aunque a su población (aparte de un sector privilegiado) y al medio ambiente les vaya mal. Aún peor, el Informe es profundamente cómplice de las políticas que fomentaron la crisis de 2007-2009, lo que resulta particularmente llamativo ya que se publicó 6 meses después de la bancarrota de Lehman Brothers y aproximadamente 2 años después de que el mercado estadounidense de la vivienda se ensombreciera y comenzara el tsunami de los desahucios. Se nos dice, por ejemplo, sin un asomo de crítica, que

> desde la desregulación de los sistemas financieros en la segunda mitad de la década de 1980, la financiación de la vivienda con criterios de mercado se ha expandido rápidamente. Los mercados de hipotecas residenciales equivalen

ahora en los países desarrollados a más del 40 por 100 del producto interior bruto (PIB), pero en los países en desarrollo es mucho más pequeño y en promedio no llega al 10 por 100 del PIB. El papel de los Gobiernos debería consistir en estimular una participación privada bien regulada [...] Establecer los fundamentos legales para contratos hipotecarios simples, ejecutables y prudentes sería un buen comienzo. Cuando el sistema de un país está más desarrollado y es más maduro, el sector público puede alentar un mercado hipotecario secundario, desarrollar innovaciones financieras y expandir la titulización de las hipotecas. Las viviendas que son propiedad de sus ocupantes, habitualmente el mayor activo con mucho de una familia, son importantes en la creación de riqueza, la seguridad social y la política. La gente propietaria de su vivienda o que goza de una tenencia segura suele participar más activamente en su comunidad y es por tanto más probable que presione por una disminución del crimen, una gobernanza más fuerte y mejores condiciones medioambientales locales.[3]

Esas aseveraciones resultan bastante asombrosas dados los posteriores acontecimientos. Alientan el negocio de las hipotecas-basura, alimentado por mitos de fácil asimilación sobre los beneficios de la propiedad de la vivienda para todos, y potencian el hacinamiento de hipotecas tóxicas en las CDO altamente valoradas para ser vendidas a inversores ingenuos. Promueven la proliferación de urbanizaciones periféricas que consumen mucho más suelo y energía de lo que sería razonable para la sostenibilidad del planeta como hábitat para la población humana. Los autores podrían argüir plausiblemente que no entraba en sus atribuciones relacionar el tema de la urbanización con el problema del calentamiento global. Al igual que Alan Greenspan, podrían argumentar también que los habían pillado por sorpresa los acontecimientos de 2007-2009 y que no cabía esperar que anticiparan ningún problema en el escenario rosado que pintaban. Al insertar los términos «prudente» y «bien regulado» en su argumentación se habían «protegido», por decirlo así, frente a posibles críticas[4].

Pero dado que citan innumerables ejemplos históricos «prudentemente elegidos» para apuntalar sus tesis neoliberales, ¿Cómo se les pudo pasar que la crisis de 1973 se inició con un crac del mercado global inmobiliario que

---

[3] *World Development Report 2009,* Banco Mundial, p. 206.
[4] D. Harvey, «Assessment: Reshaping Economic Geography: The World Development Report», *Development and Change Forum 2009,* 40: 6 (2009), pp. 1, 269-278.

provocó la quiebra de varios bancos? ¿No se dieron cuenta de que el final del *boom* japonés en 1990 fue provocado por una caída vertiginosa de los precios del suelo (que todavía se mantiene)? ¿De que el sistema bancario sueco tuvo que ser nacionalizado en 1992 como consecuencia de los excesos en el mercado inmobiliario? ¿De que uno de los desencadenantes del colapso en el Este y Sudeste de Asia en 1997-1998 fue el excesivo desarrollo urbano en Tailandia? ¿De que la crisis de las «Asociaciones de Crédito y Ahorro» [Savings and Loans] en 1987-1990 en Estados Unidos dio lugar al hundimiento de cientos de instituciones financieras costándoles unos 200 millardos de dólares a los contribuyentes estadounidenses (una situación que irritó tanto a William Isaac, entonces presidente de la Corporación Federal de Seguro de Depósitos [Federal Deposit Insurance Corporation, FDIC], que en 1987 amenazó a la Asociación de Banqueros Americanos con la nacionalización si no enmendaban su comportamiento)?[5]

¿Dónde estaban los economistas del Banco Mundial mientras sucedía todo esto? Desde 1973 ha habido cientos de crisis financieras (mientras que antes eran mucho menos frecuentes), y un buen número de ellas han sido provocadas por el desarrollo inmobiliario o urbano. Casi cualquiera que se hubiera puesto a pensar sobre ello –incluyendo, al parecer, a Robert Shiller– sabría que algo estaba yendo muy mal en el mercado de la vivienda estadounidense a partir de 2000, aunque creyera que era algo excepcional, no sistémico. La «exuberancia irracional» y los «instintos animales» de los financieros se estaban saliendo de madre; pero Shiller lo veía como algo excepcional más que sistémico[6]. Podía argüir, por supuesto, que todos los ejemplos mencionados eran meros acontecimientos regionales. Pero entonces, desde el punto de vista de los brasileños o los chinos, también lo era la crisis de 2007-2009. Su centro fue el sudoeste de Estados Unidos y Florida (con algunas repercusiones en Georgia), junto con otros puntos calientes (la crisis de ejecuciones hipotecarias que comenzó ya en 2005 en áreas pobres de ciudades antiguas como Baltimore y Cleveland era demasiado local y «poco importante» porque los afectados eran en su mayoría afroamericanos y miembros de las minorías). Internacionalmente, España e Irlanda se vieron muy golpeadas, y también Gran Bretaña, aunque en menor medida; pero no hubo serios problemas

---

[5] G. Turner, *The Credit Crunch: Housing Bubbles, Globalisation and the Worldwide Economic Crisis,* 2008; D. Harvey, *The Condition of Postmodernity,* 1989; pp. 145-146, 169.

[6] R. Shiller, *Irrational Exuberance,* 2000.

en los mercados inmobiliarios de Francia, Alemania, Países Bajos o Polonia, ni en aquel momento en el conjunto de Asia.

Pero una crisis regional centrada en Estados Unidos se iba a globalizar, evidentemente, de una forma mucho más notoria que en los casos de, digamos, Japón o Suecia a principios de la década de 1990. Ya la crisis de Savings and Loans en 1987 (el año en que también se produjo una severa caída bursátil juzgada, erróneamente, como un incidente sin ninguna relación) tuvo ramificaciones globales. Lo mismo cabe decir de la muy subestimada crisis del mercado inmobiliario global a principios de 1973. La opinión predominante es que lo más importante de aquel año fue el enorme aumento del precio del petróleo en otoño; pero el crac inmobiliario le precedió en 6 meses y la recesión estaba ya en marcha en otoño. El *boom* se puede calibrar por el hecho de que los activos del Real Estate Investment Trust estadounidense aumentaron de 2 millardos de dólares en 1969 a 20 millardos en 1973, mientras que los créditos hipotecarios de los bancos comerciales aumentaron de 66,7 millardos de dólares a 113,6 millardos en el mismo periodo. El crac del mercado inmobiliario en la primavera de 1973 se extendió (por obvias razones de ingresos) a la crisis recaudatoria de algunos Estados (lo que no habría sucedido si la recesión sólo hubiera sido provocada por el precio del petróleo). La subsiguiente crisis fiscal de la ciudad de Nueva York en 1975 fue enormemente importante porque en aquel momento controlaba uno de los mayores presupuestos públicos del mundo (provocando ruegos del presidente francés y del canciller federal alemán occidental de que se rescatara a la ciudad para evitar una implosión global de los mercados financieros). Nueva York se convirtió entonces en el centro de invención de prácticas liberales para premiar el «riesgo moral» de los bancos de inversión y hacer que la gente corriente pagara la reestructuración de los contratos y servicios municipales. El impacto del crac inmobiliario más reciente también ha provocado la bancarrota virtual de Estados como California, provocando enormes tensiones en las finanzas de Gobiernos estatales y municipales y el empleo público casi en la totalidad de Estados Unidos. La historia de la crisis fiscal de la ciudad de Nueva York en la década de 1970 parecía presagiar de forma espeluznante la del Estado de California, que hoy día tiene el octavo presupuesto público mayor del mundo[7].

---

[7] A. Bardhan y R. Walker, «California, Pivot of the Great Recession», 2010.; J. English y E. Gray, *The Coming Real Estate Crash,* 1979; W. Tabb, *The Long Default: New York City and the Urban Fiscal Crisis,* 1982; D. Harvey, *A Brief History of Neoliberalism,* 2005.

La Oficina Nacional de Investigación Económica (National Bureau of Economic Research, NBER) ha desenterrado recientemente otro ejemplo del papel de los *booms* inmobiliarios en la génesis de severas crisis del capitalismo. A partir de un estudio de los datos de la propiedad inmobiliaria en la década de 1920, William Goetzmann y Frank Newman «concluyen que los títulos inmobiliarios emitidos por las autoridades afectaron a la actividad constructora en la década de 1920 y que el hundimiento de su valor pudo inducir, mediante el mecanismo del ciclo de garantías, la subsiguiente crisis bursátil de 1929-1930». Con respecto a la vivienda, Florida era, entonces como ahora, un centro de intenso desarrollo especulativo, donde el valor nominal de un edificio pudo incrementarse hasta un 8.000 por 100 entre 1919 y 1925. A escala nacional, las estimaciones del aumento del precio de la vivienda durante el mismo periodo rondan el 400 por 100[8]. Pero esto era una minucia comparado con el desarrollo comercial centrado casi enteramente en Nueva York y Chicago, donde se tramaron para alimentar el *boom* todo tipo de apoyos financieros y procedimientos de titulización «sin paralelo hasta mediados de la década de 2000». Aún más expresivo es el gráfico elaborado por Goetzmann y Newman sobre la construcción de rascacielos en Nueva York. Los *booms* de la construcción que precedieron a los cracs de 1929, 1973, 1987 y 2000 sobresalen como puntas de lanza. Los grandes edificios que vemos a nuestro alrededor en la ciudad de Nueva York –señalan patéticamente– representan «algo más que un movimiento arquitectónico; fueron en gran medida la manifestación de un fenómeno financiero generalizado». Recordando que los títulos inmobiliarios eran durante la década de 1920 «tan tóxicos como lo son ahora», prosiguen y concluyen:

> El panorama de Nueva York recuerda con fuerza la capacidad de la titulización para conectar el capital de los especuladores con las empresas de la construcción. Una mayor comprensión del primer mercado de títulos inmobiliarios podría ofrecernos datos válidos para modelar el escenario de eventuales catástrofes en el futuro. El optimismo en los mercados financieros tiene la capacidad de elevar el precio del acero, pero no hace que un edificio sea rentable sin más[9].

---

[8] E. White, «Lessons from the Great American Real Estate Boom and Bust of the 1920s», *Working Papers,* National Bureau of Economic Research, 2010.

[9] W. Goetzmann y F. Newman, «Securitization in the 1920s», *Working Papers,* National Bureau of Economic Research, 2010.

Evidentemente, las alzas y caídas del mercado inmobiliario están inextricablemente entrelazadas con los flujos financieros especulativos y tienen graves consecuencias para la macroeconomía en general, así como todo tipo de efectos externos relacionados con el agotamiento de recursos y la degradación medioambiental. Además, cuanto mayor es la proporción de los mercados inmobiliarios en el PIB, más importancia cobra la conexión entre financiación e inversión en el entorno construido como generadora potencial de grandes crisis. En el caso de los países en desarrollo como Tailandia –donde las hipotecas sobre viviendas equivalen tan sólo, si el informe del Banco Mundial dice la verdad, al 10 por 100 del PIB–, si bien un crac inmobiliario podría contribuir a un colapso macroeconómico (del tipo del que ocurrió en 1997-1998), probablemente no podría provocarlo por sí solo, mientras que en Estados Unidos, donde la deuda hipotecaria equivale al 40 por 100 del PIB, ciertamente podría hacerlo y así sucedió al generar la crisis de 2007-2009.

La perspectiva marxista

Dado que la teoría burguesa, si no totalmente ciega, al menos carece de capacidad para relacionar el desarrollo urbano con las perturbaciones macroeconómicas, se podría pensar que los críticos marxistas, con sus muy pregonados métodos materialistas-históricos, habrían salido a la palestra con enérgicas denuncias contra el aumento de los alquileres y las salvajes desposesiones características de lo que Marx y Engels entendían como segunda forma de explotación de la clase obrera, extorsionada por los propietarios de suelo y viviendas, y se habrían enfrentado a la apropiación del espacio urbano mediante la gentrificación, la construcción de apartamentos de lujo y la «disneyficación» que acompañan la bárbara falta de viviendas accesibles y a la degradación del medio ambiente urbano (tanto física, de la que puede servir como ejemplo la contaminación del aire que se respira, como social, con la llamada «desatención benigna» de la educación) para la gran mayoría de la población. Cierto es que se han podido oír voces de protesta de un restringido círculo de urbanistas marxistas (entre los que me cuento); pero en general el discurso de los pensadores marxistas es lamentablemente parecido al de los economistas burgueses. Los urbanistas son considerados especialistas, mientras que el núcleo auténticamente significativo de la teorización macroeconómica marxista se sitúa en otro sitio. De nuevo cobra prioridad la ficción de una economía nacional, porque es en ella donde se pueden encontrar más datos, aunque también, para ser honesto, porque es donde se toman las principales decisiones políticas. Si no se acaba de entender el papel del mercado inmobiliario en la generación de las condiciones para la crisis de 2007-2009 y sus secuelas de desempleo y austeridad (administrados en buena medida al nivel local y municipal) es porque no hay ningún intento serio de integrar una comprensión del proceso de urbanización y de formación del entorno construido en la teoría general de las leyes dinámicas del capital. Como consecuencia, muchos teóricos marxistas, enamorados perdidamente de las crisis, tienden a tratar la más reciente como una manifestación obvia de su versión preferida de la teoría al respecto (ya sea la caída de la tasa de beneficio, el subconsumo o cualquier otra).

El propio Marx es en cierta medida resposable, aunque involuntario, de ese estado de cosas. En la introducción a los *Grundrisse* decía que su objetivo era explicar las leyes generales del movimiento del capital, para lo que debía concentrarse exclusivamente en la producción y realización del plusvalor abstrayéndolas y excluyendo lo que llamaba «particularidades» de la distribución (interés, rentas, impuestos e incluso salarios reales y tasa de beneficio), ya que estas son accidentales, coyunturales y dependientes del momento y el lugar. También dejó de lado las circunstancias específicas de las relaciones de intercambio, como la oferta y la demanda y el grado de competencia. Cuando la oferta y la demanda están en equilibrio, argumentaba, no sirven para explicar nada, mientras que las leyes inapelables de la competencia funcionan como responsables de su cumplimiento más que como determinantes de las leyes generales del movimiento del capital. Esto lleva inmediatamente a preguntarse qué es lo que ocurre cuando falta ese mecanismo de sometimiento a la ley, como ocurre en condiciones de monopolio, y qué sucede cuando incluimos como variable la competencia espacial, que es, como se sabe desde hace tiempo, una forma de competencia monopolista (como en el caso de la competencia interurbana).

Finalmente, Marx presenta el consumo como una «singularidad» (una concepción emparentada con la de Spinoza que Hardt y Negri se han esforzado recientemente por resucitar), que al ser caótica, impredecible e incontrolable, queda por tanto fuera, en su opinión, del campo de la economía política (el estudio del valor de uso, declara en la primera página de *El capital,* corresponde a la historia, y no a la economía política). Marx también distinguía otro nivel, el de la relación metabólica con la naturaleza, que al ser una condición universal de todas las formas de sociedad humana resulta bastante irrelevante para la comprensión de las leyes generales del movimiento del capital, entendido como construcción social e histórica específica. Las cuestiones medioambientales tienen por esa razón una presencia muy borrosa en *El capital* (lo que no significa que Marx las considerara poco importantes o insignificantes, del mismo modo que tampoco minusvaloraba el consumo ni lo consideraba irrelevante como cuestión social genérica). En casi todo *El capital*, Marx se atuvo en general al marco diseñado en los *Grundrisse*[10]. Se concentró principalmente en la generalidad de la producción de plusvalor excluyendo todo lo demás, aunque de vez en cuando reconocía que había problemas en ese planteamiento. Señalaba por ejemplo su «distinto nivel»: tierra, trabajo, dinero y mercancías son hechos cruciales de la producción, mientras que el interés, las rentas, los salarios y los beneficios quedan excluidos del análisis como particularidades de la distribución.

La ventaja del planteamiento de Marx es que permite una presentación muy clara de las leyes generales del movimiento del capital de una forma que prescinde de las condiciones específicas y particulares de su época (como las crisis de 1847-1848 y 1857-1858); por eso se le puede leer todavía hoy y sigue siendo relevante para nuestra época. Pero ese planteamiento supone también ciertas desventajas. Para empezar, Marx deja claro que el análisis de una situación capitalista realmente existente requiere una integración dialéctica de lo universal, lo general, lo particular y los aspectos singulares de una sociedad concebida como una totalidad orgánica en funcionamiento. No podemos, por tanto, explicar acontecimientos particulares (como la crisis de 2007-2009) en términos de las leyes generales del movimiento del capital (y esa es una de mis objeciones a quienes tratan de aglutinar los hechos de la actual crisis en determinada teoría de la caída tendencial de la tasa de ganancia). Pero, recíprocamente, tampoco podemos intentar tal explicación sin referirnos a las leyes generales del movimiento del capital (aunque el propio Marx no las menciona en su presentación en *El capital* de la crisis financiera y comercial «independiente y autónoma» de 1847-1848, ni, más espectacularmente, en sus estudios históricos *El dieciocho brumario* y *La lucha de clases en Francia*).

En segundo lugar, las abstracciones al nivel de generalidad elegido por Marx comienzan a resquebrajarse conforme avanza la argumentación en *El*

---

[10] K. Marx, *Elementos fundamentales para la crítica de la economía política (borrador) 1857-1858*, pp. 8-19; orig. en alemán, en *MEW 42*, pp. 24-34.

capital. Hay muchos ejemplos de esto, pero el más notable y en cualquier caso el más cercano a mi argumentación aquí es el de su exposición del sistema de crédito. Varias veces en el primer volumen y repetidamente en el segundo, Marx lo menciona pero lo deja de lado como un aspecto de la distribución que todavía no está preparado para afrontar. Las leyes generales del movimiento estudiadas en el segundo volumen, en particular las de la circulación del capital fijo y los periodos de trabajo, de producción y de circulación, así como la velocidad de rotación, acaban no sólo invocando sino *necesitando* el sistema de crédito. Es muy explícito a este respecto. Cuando comenta que el capital-dinero adelantado debe ser siempre mayor que el aplicado en la producción de plusvalor a fin de afrontar con éxito diferentes periodos de rotación, señala que los cambios en estos pueden «liberar» parte del dinero avanzado antes: «El capital monetario liberado así por el mero mecanismo del movimiento de rotación desempeñará necesariamente (junto con el capital monetario liberado por el reflujo paulatino del capital fijo y al que se necesita en cada proceso de trabajo como capital variable) un importante papel en cuanto se desarrolle el sistema crediticio, *del que debe constituir, al mismo tiempo, uno de los fundamentos*»[11]. En ese y otros comentarios similares queda claro que el sistema de crédito se hace absolutamente necesario para la circulación del capital y que habría que incorporar a las leyes generales del movimiento del capital un estudio del sistema de crédito; pero cuando entramos en el análisis de este en el tercer volumen, encontramos que el tipo de interés (una particularidad) queda determinado conjuntamente por la oferta y la demanda y la intensidad de la competencia, dos cuestiones concretas que antes habían quedado totalmente excluidas del nivel teórico de generalidad al que prefería ceñirse Marx.

Menciono esto porque se ha solido ignorar en buena medida la importancia de las limitaciones que Marx impuso a sus investigaciones en *El capital*. Cuando esas limitaciones quedan no sólo superadas sino quebrantadas, como sucede en el caso del crédito y el interés, se abren nuevas perspectivas para la teorización que van más allá de las que el propio Marx había despejado. Él mismo reconoció al principio de su investigación que eso podría suceder. En los *Grundrisse* decía por ejemplo, al hablar del consumo, la categoría más recalcitrante frente al análisis dadas sus singularidades, que, al igual que el

---

[11] K. Marx, *El capital,* vol. 2, cap. XV.IV, p. 319 [MEW 24, p. 284] [la cursiva es mía, D. Harvey].

estudio de los valores de uso, «de hecho queda fuera de la economía, salvo cuando a su vez reacciona sobre el punto de partida [la producción] e inicia de nuevo todo el proceso»[12]. Así sucede particularmente con el consumo productivo, el propio proceso de trabajo. Mario Tronti y quienes han seguido sus pasos, como Toni Negri, están pues totalmente acertados al ver el propio proceso de trabajo constituido como una singularidad –caótica, difícil de disciplinar, impredecible y por eso mismo siempre peligrosa para el capital– interiorizada en las leyes generales del movimiento del capital[13]. Las legendarias dificultades afrontadas por los capitalistas cuando tratan de movilizar el «instinto animal» de los trabajadores para producir plusvalor señalan la existencia de esta singularidad en el núcleo mismo del proceso productivo (como veremos enseguida, en ningún lugar queda esto más claro que en el sector de la construcción). Introducir el sistema de crédito y la relación entre el tipo de interés y la tasa de beneficio dentro de las leyes generales de la producción, circulación y realización del capital es asimismo una necesidad perentoria si queremos utilizar con provecho el aparato teórico de Marx para analizar los acontecimientos actuales.

Sin embargo, la integración del crédito en la teoría general tiene que hacerse cuidadosamente, preservando, aunque en un estado trasformado, los avances teóricos ya obtenidos. No podemos, por ejemplo, tratar el sistema de crédito simplemente como una entidad autónoma, una especie del eflorescencia localizada en Wall Street o en la City de Londres que flotara libremente por encima de las actividades terrenales del común de los mortales. Gran parte de la actividad basada en el crédito puede ser efectivamente espuma especulativa, una asquerosa excrecencia de la avidez humana de riqueza y poder, pero otra gran parte es fundamental y absolutamente necesaria para el funcionamiento del capital. No es fácil precisar la frontera entre lo que es necesario y lo que es (a) necesariamente ficticio (como en el caso de la deuda estatal e hipotecaria) y (b) puro exceso difícil de definir.

Evidentemente, tratar de analizar la dinámica de la reciente crisis y sus consecuencias sin referirse al sistema de crédito (cuando las hipotecas suponen el 40 por 100 del PIB estadounidense), el consumismo (70 por 100 de la fuerza impulsora de la economía estadounidense frente al 35 por 100 en Chi-

---

[12] K. Marx, *EFCEP*, vol. 1, p. 10; *MEW* 42, p. 25.
[13] M. Tronti, «The Strategy of Refusal», Turín: Einaudi, 1966. Negri, *Marx oltre Marx: quaderno di lavoro sui Grundrisse,* 1979.

na) y la intensidad de la competencia (poder de los monopolios en el mercado financiero, inmobiliario, del pequeño comercio y muchos otros) sería un intento ridículo. En Estados Unidos permanecen insertos en los mercados secundarios de Fannie Mae y Freddie Mac 1,4 billones de dólares en hipotecas, muchas de ellas tóxicas, que han obligado al Gobierno a dedicar 400 millardos de dólares (de los que ya se han gastado alrededor de 142 millardos) para intentar rescatarlos. Para entenderlo tenemos que desentrañar lo que Marx podía querer decir con la categoría de «capital ficticio» y su conexión con los mercados del suelo y la propiedad inmobiliaria. Necesitamos entender cómo la titulización, tal como la llaman Goetzmann y Newman[14], conecta «el capital de un público especulativo con las empresas constructoras»; ¿no desempeñó acaso un papel fundamental en la generación de esta crisis la especulación en el precio del suelo y la vivienda y en los alquileres?

El capital ficticio, para Marx, no es un producto de la imaginación de algún agente de Wall Street adicto a la cocaína. Es un fetiche construido, lo que significa, según su caracterización del fetichismo en el primer volumen de *El capital,* que aun siendo real es un fenómeno superficial que encubre algo más importante en las relaciones sociales subyacentes. Cuando un banco presta al Estado y recibe a cambio un interés, parece como si en el Estado hubiera algo directamente productivo, que produce realmente valor, cuando la mayor parte (aunque no todo, como mostraré enseguida) de lo que hace el Estado (como las guerras) no tiene nada que ver con la producción de valor. Cuando el banco presta a un consumidor para que se compre una casa y recibe a cambio un flujo de interés, hace que parezca como si en la casa hubiera algo que está produciendo directamente valor, cuando no es así. Cuando los bancos compran bonos para financiar la construcción de hospitales, universidades, escuelas y cosas parecidas a cambio de un interés, parece como si en esas instituciones se estuviera produciendo valor, cuando no es así. Cuando los bancos prestan para comprar suelo e inmuebles de los que se podrá extraer una renta, entonces la categoría distributiva de la renta queda absorbida en el flujo de la circulación de capital ficticio[15]. Cuando los bancos prestan a otros bancos o cuando el Banco Central presta a los bancos comerciales que prestan a los especuladores inmobiliarios que tratan de apropiarse de una renta, el capital ficticio se parece cada vez más a una regresión infinita de ficciones

---

[14] W. Goetzmann y F. Newman, «Securitization in the 1920s».
[15] K. Marx, *El capital,* vol. 2, caps. XXIV y XXV.

construidas sobre ficciones. Todos esos son ejemplos de flujos de capital ficticio; y son esos flujos los que convierten la propiedad real en algo irreal.

Lo que decía Marx es que el interés que se paga proviene de la producción de valor en algún otro lugar: impuestos o extracción directa de producción de plusvalor, o gravámenes e ingresos (salarios y beneficios). Y para Marx, por supuesto, el único lugar donde se crean el valor y el plusvalor es en el proceso laboral de producción. Lo que aparece como circulación de capital ficticio puede ser socialmente necesario para mantener el capitalismo; puede formar parte de los costes necesarios de producción y reproducción. Las empresas capitalistas pueden extraer formas secundarias de plusvalor mediante la explotación de los trabajadores empleados por los pequeños comerciantes, los bancos y los fondos protegidos; pero lo que afirma Marx es que si no se produjeran valor y plusvalor en la producción en general, entonces esos sectores no podrían existir por sí mismos. Si no se produjeran camisas y zapatos, ¿qué venderían los comerciantes de ropa y calzado?

Hay sin embargo una precaución enormemente importante que tener en cuenta. Parte del flujo de lo que parece ser capital ficticio puede participar de hecho en la creación de valor. Cuando convierto mi casa hipotecada en un taller clandestino empleando a inmigrantes ilegales, la casa se convierte en capital fijo en la producción. Cuando el Estado construye carreteras y otras infraestructuras que funcionan como medios de producción colectivos para el capital, estos deben ser clasificados como «gastos productivos del Estado». Cuando un hospital o una universidad se convierten en un centro para la innovación y el diseño de nuevas medicinas, nuevos equipos y demás, se convierten en centros de producción. Marx no se habría desconcertado por esas matizaciones. Como dice sobre el capital fijo, que algo funcione o no como tal depende de su uso y no de sus cualidades físicas[16]. El capital fijo disminuye cuando los altillos o sótanos dedicados a la producción textil se convierten en nuevos aposentos habitables o nuevos apartamentos, o cuando la microfinanciación convierte las chozas campesinas en capital fijo (mucho más barato) al dedicarlas a la producción.

Gran parte del valor y el plusvalor creados en la producción es absorbido y desviado, pasando por todo tipo de rutas complicadas, hacia canales ficticios; y cuando los bancos prestan a otros bancos o se apalancan mutuamente, se posibilitan todo tipo de pagos colaterales y movimientos especulativos

---

[16] D. Harvey, *The Limits to Capital,* cap. 8.

socialmente innecesarios, construidos sobre el terreno perpetuamente movedizo de la fluctuación de los valores. Estos dependen de un proceso crítico de «capitalización». A una corriente de ingresos (rentas) procedentes de algún activo, como la tierra, los edificios, unas acciones o cualquier otra cosa, se le asigna un valor como capital por el que puede ser intercambiado, dependiendo de los tipos de interés y de descuento determinados por las condiciones de la oferta y la demanda en el mercado monetario. La valoración de esos activos cuando no hay un mercado para ellos se convirtió en un enorme problema en 2008 y no ha desaparecido. La evaluación de la toxicidad de los activos en posesión de Fannie Mae provocaría dolor de cabeza a cualquiera (ahí se oyó un importante eco de la controversia surgida a principios de la década de 1970 en la teoría económica convencional sobre el valor del capital, aunque quedó prontamente silenciada, junto con otras muchas verdades inconvenientes)[17].

El problema que plantea el sistema crediticio es que por un lado es vital para la producción, circulación y realización de los flujos de capital, al mismo tiempo que es, por otro, el pináculo de todo tipo de especulación y otras «formas disparatadas». Eso es lo que llevó a Marx a decir que Isaac Péreire –quien junto con su hermano Émile fue uno de artífices de la reconstrucción especulativa del París urbano con Haussmann– «reunía en su persona los rasgos de un timador con los de un profeta»[18].

La acumulación de capital mediante la urbanización

La urbanización, como vengo argumentando desde hace tiempo, ha sido uno de los medios clave para la absorción de los excedentes de capital y de trabajo durante toda la historia del capitalismo.[19] Ejerce una función muy particular en la dinámica de acumulación del capital debido a los largos periodos de trabajo y de rotación y la larga vida de la gran mayoría de las inversiones en el entorno construido. También tiene una especificidad geográfica

---

[17] Véase G. Harcourt, *Some Cambridge Controversies in the Theory of Capital,* 1972.

[18] K. Marx, *El capital,* vol. 3, cap. XXVII, p. 512 [*MEW* 25, p. 457]. Tanto Isaac como Émile, dicho sea de paso, formaban parte del movimiento utopista sansimoniano antes de 1848.

[19] D. Harvey, *The Urbanisation of Capital,* 1985; y *The Enigma of Capital, And the Crises of Capitalism,* 2010.

única que convierte la producción de espacio y de monopolios espaciales en parte intrínseca de la dinámica de acumulación, no sólo en virtud de las pautas cambiantes de los flujos de mercancías en el espacio, sino también en virtud de la propia naturaleza de los espacios y lugares creados y producidos en los que tienen lugar tales movimientos. Pero precisamente porque toda esa actividad –que dicho sea de paso, es un terreno enormemente importante para la producción de valor y plusvalor– es a tan largo plazo, exige como algo absolutamente fundamental para su funcionamiento cierta combinación de capital financiero e intervención estatal. Esta actividad es claramente especulativa a largo plazo y siempre corre el riesgo de reproducir, mucho más adelante y a escala muy ampliada, las propias condiciones de sobreacumulación que ayuda inicialmente a aliviar. De ahí el carácter proclive a las crisis de las inversiones urbanas y en otros tipos de infraestructuras físicas (ferrocarriles y autovías transcontinentales, grandes presas y otros parecidos).

El carácter cíclico de tales inversiones ha quedado bien documentado para el siglo XIX en la meticulosa obra de Brinley Thomas[20]. Pero la teoría de los ciclos económicos en la construcción se descuidó después de 1945, por poner una fecha, en parte porque las intervenciones de estilo keynesiano dirigidas por el Estado se consideraron suficientemente eficaces para contrarrestarlos; en Estados Unidos esos ciclos, cuya periodicidad media rondaba los 18 años, habían prácticamente desaparecido durante el periodo posterior a la Segunda Guerra Mundial[21]. Pero el abandono gradual de las intervenciones sistémicas anticíclicas de tipo keynesiano desde mediados de la década de 1970 inducía a pensar que un regreso a ese comportamiento cíclico era algo más que una mera posibilidad. Los datos sugieren que aunque las fluctuaciones en la construcción han permanecido atenuadas, están ahora más estrechamente relacionadas con las burbujas efímeras de activos que en el pasado (si bien los estudios de la Oficina Nacional de Investigación Económica sobre la década de 1920 podrían ser considerados una prueba en contra de esa opinión). Esos movimientos cíclicos han mostrado también una configuración geográfica más complicada, incluso dentro de un mismo país (en Estados

---

[20] B. Thomas, *Migration and Economic Growth: A Study of Great Britain and the Atlantic Economy,* 1973.

[21] L. Grebler, D. Blank y L. Winnick, *Capital Formation in Residential Real Estate,* 1956; C. Long, *Building Cycles and the Theory of Investment,* 1940; M. Gottlieb, *Long Swings in Urban Development,* 1976.

Unidos, por ejemplo, el sur y el oeste han mostrado diferentes ritmos que el nordeste y el Medio Oeste).

Sin una perspectiva general de ese tipo no podemos siquiera empezar a entender la dinámica que llevó en 2008 a la catástrofe del mercado de la vivienda y la urbanización en ciertas regiones y ciudades de Estados Unidos, así como en España, Irlanda y Reino Unido. Por la misma razón, tampoco podemos entender algunas de las vías que se siguen ahora, particularmente en China, para salir del embrollo que se produjo fundamentalmente en otros lugares; ya que así como Brinley Thomas documentó movimientos anticíclicos entre Gran Bretaña y Estados Unidos durante el siglo XIX, de modo que una expansión en la construcción residencial a un lado del Atlántico iba acompañada de una contracción al otro lado, ahora vemos que el estancamiento en la construcción en Estados Unidos y en gran parte de Europa occidental se ve compensado por una enorme expansión de la inversión en urbanización y en infraestructuras en China (con ramificaciones en otros lugares, en particular en los países agrupados bajo las siglas BRIC). Y aunque sólo sea para precisar esa macroimagen, debemos señalar inmediatamente que Estados Unidos y Europa Occidental están empantanados en tasas muy bajas de crecimiento, mientras que China registraba hasta 2011 una tasa anual de crecimiento del 10 por 100 (seguida de cerca por los otros países del BRIC).

La presión del mercado de la vivienda y el desarrollo urbano en Estados Unidos para absorber el capital sobreacumulado mediante la actividad especulativa comenzó a intensificarse a mediados de la década de 1990 y se aceleró enormemente tras el fin de la burbuja *high-tech* y el crac del mercado de valores en 2001. Las presiones políticas ejercidas sobre instituciones financieras respetables, incluidas Fannie Mae y Freddie Mac (empresas patrocinadas por el Gobierno federal que emitían y comercializaban las hipotecas), para que aliviaran las condiciones de préstamo acomodándose al *boom* de la vivienda, junto con los bajos tipos de interés propiciados por Alan Greenspan en la Reserva Federal, alimentaron incuestionablemente la expansión de la construcción y comercialización de viviendas; pero como señalan Goetzmann y Newman, las finanzas (respaldadas por el Estado) pueden construir ciudades y urbanizaciones periféricas, pero eso no significa que puedan hacerlas rentables. ¿Qué fue entonces lo que impulsó la demanda?

Para entender esa dinámica tenemos que entender cómo se combinan la circulación del capital productivo y la del ficticio en el seno del sistema de crédito en el contexto de los mercados inmobiliarios. Las instituciones financieras prestan a los promotores, los propietarios de suelo y las empresas constructoras para construir, digamos, una urbanización periférica en torno a San Diego o bloques de apartamentos en Florida o en el sur de España. En periodos de expansión, la construcción supone alrededor del 7 por 100 del empleo directo, y más del doble si se tienen en cuenta los suministradores de materiales de construcción y todos los servicios legales/financieros que se mueven en torno al sector de la propiedad inmobiliaria. La viabilidad de ese sector se basa en la suposición de que el valor producido se puede realizar en el mercado. Ahí es donde entra en escena el capital ficticio. Se presta dinero a los compradores que supuestamente pueden devolverlo a partir de sus ingresos (salarios o beneficios), y se capitaliza como un flujo de interés sobre el capital prestado. El sistema financiero regula así en buena medida la oferta y la demanda de urbanizaciones periféricas y bloques de apartamentos.

Esta diferencia se parece a la que existe entre lo que Marx denomina en *El capital* «capital prestado» para la producción y el descuento de títulos de crédito que facilita la realización de valores en el mercado[22]. En el caso de la construcción de casas y apartamentos en el sur de California, la misma compañía puede financiar la construcción y la compra de lo que se ha construido. Tal como ocurre en el mercado laboral, el capital puede manipular la oferta y la demanda de nuevas viviendas y edificios comerciales, lo que es absolutamente opuesto al funcionamiento de libre mercado que da por sentado el Informe del Banco Mundial[23].

Pero la relación entre oferta y demanda es asimétrica; mientras que los banqueros, promotores y empresarios de la construcción pueden establecer fácilmente una alianza de clases (que a menudo domina tanto política como económicamente el denominado «motor del crecimiento urbano»[24]), las hipotecas que firman por su vivienda los consumidores son individuales y dispersas y con frecuencia los préstamos se conceden a gente que pertenece a otra clase o, como sucede en Estados Unidos (aunque no en Irlanda), a gente de otro sector racial o étnico. Con la titulización de las hipotecas, las empresas financieras podían simplemente transmitir su riesgo a algún otro, y eso fue precisamente lo que hicieron, después de haber cobrado todos los gastos de

---

[22] K. Marx, *El capital*, vol. 3, cap. XXV.
[23] K. Marx, *El capital*, vol. 1, cap. XXIII.3, p. 730 [[*MEW* 23, p. 669]].
[24] J. Logan y H. Molotch, *Urban Fortunes: The Political Economy of Place*, 1987.

escritura y las demás tasas legales que pudieron. Si el financiero tiene que elegir entre la quiebra de un promotor debido a los fracasos de ventas, o la bancarrota y el desahucio del comprador de una vivienda (particularmente si este pertenece a las clases más bajas o a una minoría racial o étnica), está muy claro por qué opción se inclinará; nunca se desvanecen del todo los prejuicios raciales y de clase.

Además, los mercados de la vivienda y del suelo siempre se asemejan a pirámides de Ponzi, aunque no siempre tengan a Bernie Madoff en lo más alto. Yo compro un terreno, su precio sube, y el alza del mercado incita a otros a comprar. Cuando la reserva de compradores verdaderamente solventes se agota, ¿por qué no descender un poco más en la escala de ingresos, a los consumidores de alto riesgo, acabando con compradores sin ingresos y sin garantías que sólo podrían ganar de chiripa la propiedad al subir los precios? (un agente de la propiedad inmobiliaria podía comprar a bajo precio una casa deteriorada, realizar en ella unas cuantas reparaciones cosméticas –muy sobrevaloradas– y obtener financiación hipotecaria «favorable» para el comprador inocente, que vivía en la casa mientras no se le caía el techo encima o le estallaba el horno). Y así siguen las cosas hasta que la burbuja estalla. Las instituciones financieras tienen enormes alicientes para mantener la burbuja cuanto puedan a fin de extraer de ella el mayor jugo posible. El problema es que a menudo no pueden saltar del tren antes de que choque, debido a su gran aceleración. Ahí es donde se hacen cruciales los tiempos dispares de rotación que Marx analiza tan perspicazmente en el segundo volumen de *El capital.* Los contratos que financian la construcción son firmados mucho antes de que puedan comenzar las ventas. Las diferencias temporales son a menudo muy sustanciales; el Empire State Building de Nueva York se inauguró el 1 de mayo de 1931, casi 2 años después del crac de la bolsa y más de 3 años después del crac inmobiliario. Las Torres Gemelas se planificaron antes pero se inauguraron después del crac de 1973 (y durante años no pudieron encontrar compradores privados) ¡y ahora está a punto de ponerse en marcha la reconstrucción del centro de Nueva York después del 11S, cuando el valor de los edificios comerciales está por los suelos! Dado que la realización de los valores producidos es tan crucial para la recuperación de los créditos iniciales, las compañías financieras harán cuanto puedan para estimular el mercado, más allá de su capacidad real.

Pero por el lado de la producción también hay cuestiones a largo plazo que deben tenerse en cuenta. Si los análisis de la NBER son correctos, el colapso del *boom* de la construcción después de 1928, que se manifestó en una caída de 2 millardos de dólares (enorme para aquella época) en la construcción de viviendas y una contracción del inicio de la construcción de nuevas viviendas a menos del 10 por 100 de su volumen anterior en las grandes ciudades, desempeñó en el crac de 1929 un papel sobresaliente que todavía no se ha entendido bien. Una entrada de la Wikipedia dice: «Fue devastadora la desaparición de 2 millones de empleos bien pagados en la construcción, más la pérdida de beneficios y alquileres que perjudicó a muchos propietarios e inversores»[25]. Esto tuvo con seguridad apreciables consecuencias en la confianza en el mercado de valores en general. No cabe extrañarse pues de los intentos desesperados del Gobierno de Roosevelt, durante la década de 1930, de resucitar el sector de la vivienda. Con ese fin se promulgaron una serie de reformas en la financiación de las hipotecas que culminaron en la creación de un mercado hipotecario secundario mediante la fundación en 1938 de la Asociación Hipotecaria Federal Nacional [Federal National Mortgage Association (Fannie Mae)]. Su tarea consistía en asegurar las hipotecas y permitir a los bancos y otros prestamistas endosarlas, proporcionando así al mercado de la vivienda la muy necesaria liquidez. Aquellas reformas institucionales iban a desempeñar más adelante, tras la Segunda Guerra Mundial, un papel vital en la financiación de la construcción de urbanizaciones periféricas en torno a las ciudades estadounidenses.

Aunque necesarias, no eran sin embargo suficientes para situar la construcción de viviendas en un plano diferente en el desarrollo económico estadounidense. Para promover la adquisición de viviendas, por razones tanto políticas como económicas, se diseñaron en 1947 todo tipo de incentivos tributarios (tales como la reducción de impuestos por intereses de la hipoteca), así como la Ley de Reajuste de los Soldados [GI Bill] y una ley de vivienda muy positiva que declaraba el derecho de todos los estadounidenses a vivir en un «domicilio decente con un entorno decente». Se fomentó ampliamente como característica central del «sueño americano» la vivienda en propiedad, que aumentó desde un poco más del 40 por 100 de la población en la década de 1940 hasta más del 60 por 100 en la de 1960 y cerca del 70 por 100 en su momento culminante en 2004 (en 2010 había caído al 66 por 100). La propiedad de la vivienda puede ser un valor cultural profundamente sentido en Estados Unidos, pero valores culturales de ese tipo florecen particularmente

---

[25] Véase la entrada «Cities in the Great Depression» en wikipedia.org.

cuando son promovidos y subvencionados por el Gobierno. Las razones aducidas para tales planes son todas las que menciona el Informe del Banco Mundial; pero la razón política raramente se reconoce ahora. Como se reconoció abiertamente en la década de 1930, los propietarios de casas agobiados por las deudas no van a la huelga[26]. El personal militar que volvía de la Segunda Guerra Mundial habría constituido una amenaza social y política si se hubiera encontrado con el desempleo y la depresión. ¿Qué mejor medio, para matar dos pájaros de un tiro, que reavivar la economía mediante la masiva construcción de viviendas y urbanizaciones periféricas e integrar a los trabajadores mejor pagados en una política conservadora mediante la propiedad de un domicilio cargado de deudas?

Durante las décadas de 1950 y 1960 esas iniciativas tuvieron éxito, tanto en el terreno político como en el macroeconómico, ya que sustentaron dos décadas de gran crecimiento en Estados Unidos, cuyos efectos se difundieron globalmente. El problema era que por muy dinámico que fuera el proceso de urbanización, era geográficamente tan desigual como las corrientes de ingresos que afluían a distintos sectores de la clase obrera. Mientras que la periferia de las ciudades crecía, su centro se estancaba y declinaba. La clase obrera blanca prosperaba, pero no sucedía lo mismo con las minorías afectadas en el centro de las ciudades, en particular los afroamericanos. El resultado fue toda una sucesión de levantamientos en ciudades como Detroit y Watts que culminaron en disturbios espontáneos en unas 40 ciudades estadounidenses a raíz del asesinato de Martin Luther King en 1968. Lo que llegó a conocerse como «la crisis urbana» era algo que todos podían ver y apreciar (aunque no era, estrictamente hablando, una crisis macroeconómica en el proceso de urbanización). A partir de 1968 se dedicaron abundantes fondos federales para afrontar este problema, hasta que el presidente Nixon declaró durante la recesión de 1973 (por razones presupuestarias) que la crisis había quedado atrás[27].

Un efecto colateral de todo esto fue que Fannie Mae se convirtió en una empresa privada con participación estatal en 1968, y después de que se le adjuntara en 1970 un «competidor», la Corporación Hipotecaria Federal [Federal Home Mortgage Corporation (Freddie Mac)], ambas instituciones desempeñaron un papel enormemente importante y finalmente destructivo

---

[26] Véase M. Boddy, *The Building Societies,* 1980.
[27] The Kerner Commission, *Report of the National Advisory Commission on Civil Disorders,* 1968.

en la promoción de la propiedad del domicilio y el fomento de la construcción de casas durante casi 50 años. Las deudas hipotecarias suponen ahora alrededor del 40 por 100 de la deuda privada acumulada en Estados Unidos, gran parte de la cual, como hemos visto, es tóxica; y tanto Fannie Mae como Freddie Mac han quedado bajo el control del Gobierno. Qué hacer con ellas es una cuestión política intensamente debatida (como lo son las subvenciones a la demanda de la propiedad de viviendas) en relación con el endeudamiento estadounidense en general. Cualquiera que sea el resultado tendrá importantes consecuencias para el futuro del sector inmobiliario en particular y de la urbanización más en general, en relación con la acumulación de capital en Estados Unidos.

La situación actual en Estados Unidos no es alentadora. El sector de la vivienda no se ha recuperado, y la nueva construcción de viviendas está deprimida y estancada. Hay señales de que se puede reproducir la recesión cayendo en la temida «W» al agotarse las ayudas federales sin que disminuya notablemente el desempleo. La construcción de nuevas viviendas ha caído por primera vez hasta niveles de antes de la década de 1940. En marzo de 2011 la tasa de desempleo en la construcción estaba por encima del 20 por 100, frente a una tasa del 9,7 por 100 en la industria, muy cercana a la media nacional. Durante la Gran Depresión más de una cuarta parte de los obreros de la construcción permanecieron desempleados hasta 1939. Devolverles un empleo fue un objetivo crucial de las iniciativas públicas (como la Works Progress Administration). Los intentos del Gobierno de Obama para crear un paquete de estímulos para las inversiones en infraestructuras se han visto en gran medida frustrados por la oposición republicana. Para empeorar aún más las cosas, el estado de las finanzas estatales y locales en Estados Unidos es tan sombrío que da lugar a despidos definitivos y temporales, así como a salvajes recortes en los servicios urbanos. El colapso del mercado de la vivienda y la caída del 20 por 100 en su precio han dejado muy mermadas las finanzas locales, que dependen muy notablemente de los impuestos inmobiliarios. Los recortes de los Gobiernos estatales y municipales y el estancamiento de la construcción están generando así una crisis fiscal urbana.

A todo esto se añade una política clasista de austeridad basada en razones políticas y no económicas. Los Gobiernos republicanos de extrema derecha a nivel estatal y local están utilizando la llamada crisis de la deuda para sabotear los planes del Gobierno federal y reducir el empleo público en sus jurisdicciones. Esta ha sido, por supuesto, una táctica de larga tradición del asalto inspirado por el capital contra los programas públicos en general. Reagan redujo los impuestos a los ricos desde el 72 por 100 hasta alrededor del 30 por 100 y emprendió una carrera armamentística contra la Unión Soviética financiada mediante la deuda, que como consecuencia aumentó vertiginosamente durante su Gobierno. Como señaló más tarde su director presupuestario David Stockman, el aumento de la deuda se convirtió en una excusa muy conveniente para menoscabar la regulación gubernamental (por ejemplo, sobre el medio ambiente) y los programas sociales, externalizando de hecho los costes de la degradación medioambiental y la reproducción social. El presidente Bush Jr. siguió fielmente su ejemplo, llegando a proclamar su vicepresidente Dick Cheney que «Reagan nos enseñó que el déficit no importa»[28]. Las reducciones de impuestos para los ricos, dos guerras infundadas en Iraq y Afganistán y un enorme regalo a las grandes empresas farmacéuticas mediante un programa de prescripciones médicas financiado por el Estado, convirtieron lo que había sido un superávit presupuestario con el Gobierno de Clinton en un océano de números rojos que ha permitido al partido republicano y a los demócratas conservadores obedecer al mandato del gran capital y llegar tan lejos como era posible en la externalización de los costes que el capital nunca quiere asumir, los de la degradación del medio ambiente y la reproducción social.

El asalto contra el medio ambiente y el bienestar social es palpable, y tanto en Estados Unidos como en gran parte de Europa se está llevando a cabo por razones políticas y de clase, y no económicas. Está induciendo, como ha señalado muy recientemente David Stockman, un estado de guerra de clases. Como dijo también Warren Buffett, «Evidentemente hay una guerra de clases, y es mi clase, la de los ricos, la que la ha emprendido y la estamos ganando»[29]. La única cuestión es: ¿cuándo comenzará la gente a responder a esa guerra de clases? Uno de los lugares donde podría empezar sería en las ciudades debido a la rápida degradación de la calidad de la vida urbana, como consecuencia de los desahucios, la persistencia de prácticas depredadoras en el mercado de la vivienda, las reducciones de servicios y sobre todo la falta de oportunidades viables de empleo en los mercados laborales urbanos casi en

---

[28] J. Weisman, «Reagan Policies Gave Green Light to Red Ink», *Washington Post,* 9 de junio de 2004; W. Greider, «The Education of David Stockman», *Atlantic Monthly,* diciembre de 1981.
[29] W. Buffett, entrevistado por Ben Stein, «In Class Warfare, Guess Which Class Is Winning», *New York Times,* 6 de noviembre de 2006; D. Stockman, «The Bipartisan March to Fiscal Madness», *New York Times,* 23 de abril de 2011.

todas partes, habiendo quedado algunas ciudades (muy señaladamente Detroit) sin perspectivas reales de recuperación del empleo. La crisis es ahora más que nunca una crisis urbana.

Prácticas urbanas predadoras

Marx y Engels observaban de pasada en el *Manifiesto comunista* que: «Una vez que el obrero ha sufrido la explotación del fabricante y ha recibido su salario en metálico, se convierte en víctima de otros elementos de la burguesía: el casero, el tendero, el prestamista, etcétera»[30]. Los marxistas han relegado tradicionalmente tales formas de explotación y la lucha de clases (porque eso es lo que es), que suscitan inevitablemente, a un segundo plano en su teorización, así como a los márgenes de su política. Yo quiero por el contrario argumentar aquí que constituyen, al menos en las economías capitalistas avanzadas, un vasto terreno de acumulación por desposesión, mediante la cual el dinero es absorbido hacia la circulación del capital ficticio para sostener las ingentes fortunas bombeadas del sistema financiero.

Las prácticas predadoras, omnipresentes antes del crac del mercado de la vivienda en general y del de las hipotecas *subprime* en particular, habían alcanzado ya entonces proporciones legendarias. Antes de que estallara la crisis principal, se estimaba que la población afroamericana de bajos ingresos en Estados Unidos había perdido entre 71 y 93 millardos de dólares mediante las prácticas predadoras *subprime*. Al mismo tiempo, las primas en Wall Street aumentaban vertiginosamente, con tasas de beneficio inauditas en puras manipulaciones financieras, en particular las asociadas a la titulización de hipotecas; lo que equivale a decir que se estaban produciendo transferencias masivas de riqueza de los pobres a los ricos por varios canales ocultos –más allá de las documentadas en las prácticas tenebrosas y a menudo ilegales de compañías hipotecarias como Countrywide–, mediante manipulaciones financieras en el mercado de la vivienda[31].

Lo que ha venido ocurriendo desde el crac es aún más asombroso. Muchos de los desahucios (más de un millón a lo largo de 2010) han sido ilegales,

---

[30] K. Marx y F. Engels, *Manifiesto comunista*, p. 31.
[31] B. Ehrenreich y D. Muhammad, «The Recession's Racial Divide», *New York Times*, 12 de septiembre de 2009.

si no directamente fraudulentos, lo que ha llevado a un congresista de Florida a transmitir al Tribunal Supremo del Estado que «si los informes que estoy recibiendo son ciertos, los desahucios ilegales realizados representan la mayor expropiación de propiedad privada intentada nunca por los bancos y las entidades gubernamentales»[32]. Los fiscales generales de los 50 Estados están investigando ahora el problema, pero (como cabía esperar) la mayoría de ellos parecen deseosos de cerrar las investigaciones de una forma tan sumaria como sea posible, al precio de algunos acuerdos financieros (pero no la restitución de las propiedades ilegalmente expropiadas). En cualquier caso, nadie irá a la cárcel por ello, aunque existan pruebas claras de una falsificación sistemática de documentos legales.

Las prácticas predadoras de este tipo tienen una larga historia. Les ofreceré algunos ejemplos de Baltimore. Poco después de llegar a la ciudad en 1969, participé en un estudio de la distribución de alojamientos en el centro de la ciudad que se centraba en el papel de distintos agentes –propietarios, inquilinos, caseros, prestamistas, intermediarios, la Federal Housing Administration y las autoridades de la ciudad (en particular el Housing Code Enforcement)– en la gestión de las aterradoras condiciones de vida en las áreas del centro de la ciudad dañadas por los disturbios a raíz del asesinato de Martin Luther King. Las huellas de prácticas discriminatorias en las zonas de población afroamericana con bajos ingresos a la que se negaban créditos estaban grabadas en el mapa de la ciudad, pero se justificaban entonces como una respuesta legítima al alto riesgo del crédito y no por razones étnicas. En varias áreas de la ciudad se podía detectar el fomento de la venta de propiedades pertenecientes a blancos, agitando el espantajo de la invasión de su territorio por las minorías; esta actividad generaba altos beneficios para compañías inmobiliarias despiadadas, pero para que esto funcionara, los afroamericanos debían contar con algún acceso a la financiación hipotecaria en lugar de ser tachados de población de alto riesgo crediticio. Esto se pudo hacer mediante el llamado «Land Installment Contract». De hecho, los afroamericanos recibían la «ayuda» de propietarios que actuaban como intermediarios en los mercados de crédito y contrataban una hipoteca en su propio nombre; se suponía que al cabo de unos pocos años, cuando se hubiera pagado una parte del principal de la deuda más los intereses, demostrando así la solvencia de la familia, el título de propiedad pasaría al

---

[32] G. Morgenson y J. Rosner, *Reckless Endangerment.*

residente con la colaboración del amistoso propietario y la institución hipotecaria local. Algunos lo consiguieron (aunque habitualmente en barrios cuyo valor disminuía), pero en manos poco escrupulosas (y había muchas en Baltimore, aunque al parecer no tantas en Chicago, donde este sistema también era corriente) podía ser una forma particularmente predadora de acumulación por desposesión[33]. El propietario podía cobrar tasas para cubrir los costes administrativos, legales y similares. Esas tasas (a veces exorbitantes) podían añadirse al principal de la hipoteca. Tras años de pago continuo, muchas familias se encontraban con que debían más sobre el principal que al principio. Si dejaban de pagar una sola vez las cuotas incrementadas tras la subida de los tipos de interés, el contrato quedaba anulado y las familias eran desahuciadas. Tales prácticas provocaron un escándalo. Se inició un proceso de derechos civiles contra los peores propietarios, pero fracasó porque quienes habían firmado el contrato de inquilinato no habían leído la letra pequeña ni habían hecho que sus abogados (que los pobres raramente tienen) la leyeran (era en cualquier caso incomprensible para los mortales corrientes. ¿Ha leído alguien alguna vez la letra pequeña de su tarjeta de crédito?).

Las prácticas predadoras de ese tipo nunca han desaparecido del todo. El contrato de venta a plazos [Land Installment] fue sustituido en la década de 1980 por prácticas de compraventa rápida [*flipping*]. Y cuando en la década de 1990 comenzó a formarse el mercado *subprime*, ciudades como Baltimore, Cleveland, Detroit, Búfalo y otras se convirtieron en importantes centros para una creciente oleada de acumulación por desposesión (70 millardos de dólares o más en el conjunto del país). Baltimore acabó por presentar en 2008 una querella de derechos civiles contra Wells Fargo por sus prácticas discriminatorias de préstamos *subprime* (al inducir a la gente a contratar esas hipotecas en lugar de las convencionales, con lo que los afroamericanos y las familias uniparentales –encabezadas por mujeres– eran sistemáticamente explotadas). Es casi seguro que ese proceso no dará ningún resultado (aunque al tercer intento se ha permitido que siga adelante en el tribunal), ya que será casi imposible demostrar que la discriminación se basaba en la raza y no en el riesgo del crédito. Como suele suceder, la incomprensible letra pequeña da mucho margen (¡ténganlo en cuenta los consumidores!). Cleveland siguió

---

[33] L. Sagalyn, «Mortgage Lending in Older Neighborhoods», *Annals of the American Academy of Political and Social Science* 465 (enero de 1983), pp. 98–108.

una vía más matizada: demandó a las empresas financieras por perjuicio público, ¡al haber quedado la zona llena de casas desalojadas que requerían ahora la acción protectora de la ciudad!

El cuento chino

En la medida en que esta vez ha habido alguna vía de escape de la crisis global del capital, es notable que la expansión del mercado de la vivienda y la propiedad inmobiliaria en China junto con una enorme oleada de inversiones infraestructurales financiadas mediante la deuda hayan asumido un papel principal, no sólo como estímulo para su mercado interno (y la reabsorción del desempleo en los sectores exportadores), sino también para otras economías estrechamente ligadas a la china mediante el comercio, como las de Australia y Chile con sus materias primas y la alemana con sus exportaciones de máquinas-herramientas y automóviles (en Estados Unidos, en cambio, la construcción ha tardado mucho en recuperarse y la tasa de desempleo en la construcción, como señalaba antes, duplica cuanto menos la media nacional). Las inversiones urbanas suelen tardar mucho en producir y necesitan aún más tiempo para madurar. Por eso es siempre difícil determinar cuándo una sobreacumulación de capital se ha transformado o está a punto de transformarse en una sobreacumulación de inversiones en el entorno construido. La probabilidad de excederse, tal como sucedió con los ferrocarriles en el siglo XIX y como muestra la larga historia de ciclos y depresiones en la construcción, es muy alta.

La impetuosidad de la febril urbanización y el *boom* de la inversión en infraestructuras que están reconfigurando de arriba abajo la geografía del espacio nacional chino descansa en parte en la capacidad del Gobierno central para intervenir arbitrariamente en el sistema bancario si algo va mal. Una recesión relativamente suave (por comparación) en el mercado inmobiliario de las principales ciudades, como Shanghái a finales de la década de 1990, llevó a los bancos a hacerse con una gran variedad de «activos sin ganancias» (los que ahora llamamos «tóxicos»). Estimaciones no oficiales situaron en esa categoría hasta un 40 por 100 de los préstamos bancarios[34]. La respuesta del Gobierno central fue utilizar sus abundantes reservas de divisas extranjeras

---

[34] K. Bradsher, «China Announces New Bailout of Big Banks», *New York Times,* 7 de enero de 2004.

para recapitalizar los bancos (una versión china de lo que más tarde se conocería como el Programa de Alivio de Activos con Problemas [Troubled Asset Relief Program, TARP] en Estados Unidos). Se sabe que el Estado empleó unos 45 millardos de dólares de sus reservas de divisas con ese fin a finales de la década de 1990, e indirectamente pudo utilizar mucho más; pero a medida que las instituciones chinas funcionan de forma más coherente con los mercados financieros globales, al poder central le resulta más difícil controlar lo que sucede en el sector financiero.

Los informes que nos llegan ahora desde China nos recuerdan incómodamente a lo que sucedió en el sudoeste de Estados Unidos y en Florida durante la pasada década o en la misma Florida en la de 1920. Desde la privatización general de la vivienda en China en 1998, la especulación y la construcción se han disparado de forma espectacular. Se informa que el precio de la vivienda ha aumentado un 140 por 100 en el conjunto del país desde 2007, y hasta un 800 por 100 en las principales ciudades como Pekín y Shanghái durante los últimos 5 años. En esta última ciudad los precios en el sector se han duplicado durante el último año. El precio medio de un apartamento se ha situado en torno a los 500.000 dólares, e incluso en ciudades de segundo orden una vivienda típica «cuesta alrededor de 25 veces los ingresos medios anuales de los residentes», lo que es claramente insostenible y que está teniendo ya como consecuencia el surgimiento de fuertes presiones inflacionistas. El Gobierno central confiesa abiertamente su preocupación de que

> en gran parte del país el crecimiento siga vinculado al gasto inflacionario en el desarrollo inmobiliario y la inversión pública en carreteras, ferrocarriles y otros proyectos infraestructurales por valor de millardos de dólares. En el primer trimestre de 2011 la inversión en activos fijos –una medida genérica de la actividad constructora– subió un 25 por 100 con respecto al mismo periodo del año anterior, y la inversión en propiedades inmobiliarias aumentó un 37 por 100[35].

Las colosales adquisiciones de suelo y los desplazamientos de proporciones legendarias en algunas de las principales ciudades (más de 3 millones de

---

[35] D. Barboza, «Inflation in China Poses Big Threat to Global Trade», *New York Times*, 17 de abril de 2011; J. Anderlini, «Fate of Real Estate Is Global Concern», *Financial Times*, 1 de junio de 2011; R. Cookson, , «China Bulls Reined in by Fears on Economy», *Financial Times*, 1 de junio de 2011.

personas desplazadas en Pekín durante los últimos 10 años) indican que junto con ese enorme impulso urbanizador se da en toda China un proceso muy activo de desposesión. Los desplazamientos y las desposesiones forzadas están probablemente entre las causas más importantes del aumento de las protestas populares, a veces violentas. Por otro lado, las ventas de suelo a los promotores han sido la gallina de los huevos de oro para llenar las arcas de los Gobiernos locales; pero a principios de 2011 el Gobierno central ordenó su contención a fin de poner orden en lo que muchos comentaristas veían como un mercado inmobiliario descontrolado. Esto creó no obstante dificultades presupuestarias a muchos Gobiernos municipales.

Entretanto han surgido en el interior de China ciudades totalmente nuevas, sin apenas residentes o actividades reales, propiciando un curioso programa de anuncios publicitarios en la prensa de negocios estadounidense para atraer inversores y empresas a esta nueva frontera urbana del capitalismo global[36]. Al igual que durante el *boom* de las urbanizaciones periféricas en Estados Unidos tras la Segunda Guerra Mundial, cuando se tienen en cuenta todos los complementos y accesorios de las viviendas, queda claro que el *boom* de la urbanización en China está desempeñando un papel central como estímulo de la recuperación del crecimiento económico global. «Según algunas estimaciones, China consume alrededor del 50 por 100 de mercancías globales clave y materiales como cemento, acero y carbón, y la propiedad inmobiliaria china es el principal impulsor de esa demanda»[37]. Dado que más de la mitad del acero consumido acaba en el entorno construido, esto significa que una cuarta parte de la producción mundial de acero está siendo absorbida ahora por esa actividad. Pero China no es el único lugar donde se puede observar ese *boom* de la construcción. Todos los países del BRIC parecen estar siguiendo su ejemplo. Los precios inmobiliarios se han duplicado tanto en São Paulo como en Río de Janeiro el año pasado, y en India y Rusia se vive una situación similar; pero todos esos países, cabe observar, están experimentando, junto con elevadas tasas de crecimiento, fuertes corrientes inflacionistas.

Los intentos del Gobierno central chino por controlar su *boom* y contener las presiones inflacionistas elevando las exigencias de reservas a sus bancos no

---

[36] D. Barboza, «A City Born of China's Boom, Still Unpeopled», *New York Times,* 20 de octubre de 2010.
[37] J. Anderlini, «Fate of Real Estate is Global Concern», *Financial Times,* 1 de junio de 2011.

han tenido demasiado éxito. Se rumorea que ha surgido un «sistema bancario en la sombra» estrechamente relacionado con las inversiones en suelo y construcción. Como consecuencia de la aceleración de la inflación se están multiplicando los disturbios. Llegan informes de acciones de protesta de los conductores de taxis y camiones en Shanghái y de repentinas huelgas salvajes en las fábricas de las áreas industriales de Cantón como respuesta a los bajos salarios, las malas condiciones de trabajo y la subida de los precios. Los informes oficiales sobre las protestas han aumentado espectacularmente y se han tomado medidas para ajustar los salarios, con lo que no sólo se trata de frenar la creciente agitación, sino quizá de estimular el mercado interno como sustituto de los mercados exportadores más arriesgados y estancados (el consumo chino sólo supone actualmente el 35 por 100 del PIB, frente al 70 por 100 en Estados Unidos).

Todo esto debe ser entendido, no obstante, teniendo en cuenta las medidas concretas que adoptó el Gobierno chino para afrontar la crisis de 2007-2009. El principal efecto de la crisis en China fue el repentino colapso de las exportaciones (en particular hacia Estados Unidos), con una caída del 20 por 100 a principios de 2008. Varias estimaciones razonablemente fiables sitúan el número de empleos perdidos en el sector exportador en unos 30 millones durante un periodo muy corto en 2008; pero en el otoño de 2009 el FMI informaba de que la pérdida neta de empleos en China era sólo de 3 millones[38]. Parte de la diferencia entre la pérdida bruta de puestos de trabajo y la neta puede deberse al regreso de los trabajadores emigrados a las ciudades a su lugar de origen rural al perder el empleo; pero el resto se debe casi con seguridad a la puesta en práctica por el Gobierno de un enorme programa de estímulos de inversión urbana e infraestructural de tipo keynesiano. El Gobierno central añadió 600 millardos de dólares adicionales a lo que era ya un gran programa de inversiones infraestructurales, e instruyó simultáneamente a los bancos para que prestaran generosamente a todo tipo de proyectos locales de desarrollo (incluido el sector de la construcción) como forma de absorber la mano de obra excedente; parece haber tenido bastante éxito en su objetivo inmediato, si las cifras del FMI sobre las pérdidas netas de empleo son correctas.

El problema principal es, por supuesto, si tales gastos públicos caen dentro de la categoría de gastos «productivos» o no, y en caso afirmativo, qué es lo que producen y para quién. No cabe duda de que el espacio nacional chino se

---

[38] International Monetary Fund/International Labour Organization, *The Challenges of Growth, Employment and Social Cohesion,* Geneva: International Labour Organization, 2010.

va a beneficiar de una integración espacial más profunda y más eficiente, y superficialmente al menos, la vasta oleada de inversiones infraestructurales y proyectos de urbanización parecería estar haciendo justamente eso, vinculando el interior subdesarrollado con las regiones costeras más ricas y el norte escaso en agua con el bien regado sur. A escala metropolitana, los procesos de crecimiento y regeneración urbana también parecen llevar las técnicas modernas a la urbanización, junto con una diversificación de actividades (incluidas todas las instituciones culturales y del sector del conocimiento, ejemplificadas por la espectacular Expo de Shanghái, tan características de la urbanización neoliberal en Estados Unidos y en Europa). La absorción de liquidez excedente y capital sobreacumulado en un momento en que las oportunidades de inversión rentable parecen escasas ha sostenido sin duda la acumulación de capital, no sólo en China sino en gran parte del resto del mundo.

El desarrollo chino reproduce en ciertos aspectos el que se dio en Estados Unidos tras la Segunda Guerra Mundial. Durante aquellos años el sistema de autovías interestatales integró el sur y el oeste del país, y esto, unido a las urbanizaciones en la periferia de las ciudades, desempeñó un papel crucial en mantener tanto el empleo como la acumulación de capital; pero el paralelismo es instructivo también en otros sentidos. El desarrollo estadounidense a partir de 1945 no sólo fue derrochador en su uso de la energía y el suelo, sino que también generó, como hemos visto, una crisis particular de las poblaciones marginadas y excluidas en las ciudades, que suscitó una serie de respuestas políticas a finales de la década de 1960. Todo esto se desvaneció tras el crac de 1973, cuando el presidente Nixon declaró en su discurso sobre el estado de la Unión que la crisis urbana había quedado atrás y que se restringiría la financiación federal. El efecto a escala municipal fue una crisis de los servicios urbanos en Estados Unidos desde finales de la década de 1970, con las aterradoras consecuencias de la degeneración de la escuela pública, la sanidad pública y la disponibilidad de alojamientos accesibles.

La estrategia de inversión en China está en peligro de caer en un desequilibrio semejante. Un tren de alta velocidad entre Shanghái y Pekín es bueno para los hombres de negocios y la clase media alta, pero no constituye el tipo de transporte accesible que puede llevar a los trabajadores a su lugar de origen para festejar el Año Nuevo chino. De forma parecida, los grandes bloques de apartamentos, las comunidades de acceso restringido, los campos de golf para los ricos o los centros comerciales de lujo no contribuyen realmente a reconstituir una vida cotidiana decente para las masas empobrecidas. Este desequilibrio se está produciendo igualmente en India así como en innumerables ciudades de todo el mundo donde existen grandes concentraciones de poblaciones marginadas, desde los inquietos suburbios de París hasta los movimientos sociales que agitan Argentina, Sudáfrica o África del Norte. De hecho, la cuestión de cómo tratar a los trabajadores empobrecidos, precarizados y excluidos que componen ahora en muchas ciudades una gran mayoría de la población y pueden aspirar a constituir un bloque de poder mayoritario y dominante podría convertirse (y en algunos casos ya se ha convertido) en un importante problema político, una de cuyas consecuencias es que la planificación militar se concentra cada vez más en el eventual enfrentamiento contra movimientos de base urbana potencialmente revolucionarios.

Pero en el caso chino este proceso tiene una interesante derivada. La trayectoria del desarrollo desde el inicio de la liberalización en 1979 se basaba en la idea de que la descentralización es una de las mejores formas para ejercer un control centralizado. Se trataba pues de permitir a los Gobiernos regionales y municipales, e incluso de los pueblecitos y barrios, el cuidado de su propia mejora dentro de un marco de control centralizado y coordinaciones de mercado. Las iniciativas locales con más éxito servían de base para la formulación de los planes del Gobierno central. Las noticias que llegan desde China sugieren que la transición del poder anticipada para 2012 afronta una alternativa compleja. La atención se centra en la ciudad de Chongqing, donde desde hace unos años se viene practicando una política que se aparta de las basadas en el mercado y retoma la redistribución dirigida por el Estado, acompañada de «un arsenal de eslóganes maoístas». Ese modelo pone en primer plano «la cuestión de la pobreza y la desigualdad», insistiendo en que el Gobierno municipal «encauza los beneficios obtenidos en el mercado por las empresas de propiedad estatal hacia proyectos socialistas tradicionales, utilizando sus ingresos para financiar la construcción de viviendas accesibles e infraestructuras de transporte»[39]. El plan de vivienda supone un gigantesco programa de construcción para proporcionar apartamentos baratos a una tercera parte de los 30 millones de residentes en la ciudad y su área metropolitana, en la que se espe-

---

[39] K. Hille y J. Anderlini, «China: Mao and the next generation», *Financial Times,* 2 de junio de 2011 [En marzo de 2012 el secretario del Partido Comunista de China en Chongqing, Bo Xilai, fue apartado de su cargo y al mes siguiente fue expulsado del Politburó a causa de la presunta implicación de su esposa en el asesinato de un hombre de negocios británico; el 22 de septiembre de 2013 fue condenado a cadena perpetua, con lo que se puso fin a la «desviación Chongqing» (*N. del t.)*].

ra construir 20 ciudades satélites, cada una con una población de 300.000 habitantes, de los que 50.000 vivirán en alojamientos subvencionados por el Estado. El propósito de este proceso (contrario al consejo del Banco Mundial) es reducir las crecientes desigualdades sociales que han surgido durante las dos últimas décadas en toda China y servir de antídoto para los proyectos impulsados por promotores privados de comunidades de acceso restringido para los ricos. Este retorno a una agenda redistributiva socialista, utilizando el sector privado para finalidades públicas, proporciona un modelo al Gobierno central para resolver el problema de la absorción de capital excedente al mismo tiempo que ofrece una vía para urbanizar buena parte del territorio rural y disipar el descontento popular ofreciendo un alojamiento razonablemente seguro a los menos privilegiados. Se detecta ahí un eco de la política urbana en Estados Unidos después de la Segunda Guerra Mundial: mantener el crecimiento económico ganándose a una población potencialmente descontenta mediante la seguridad en la vivienda. La magnitud de las expropiaciones de tierras que exige ese plan está suscitando, no obstante, el aumento del malestar y la oposición de los desplazados.

En otras regiones de China, en particular en las ciudades costeras y meridionales como Shenzhen, se dan modelos de desarrollo distintos basados en el mercado. Ahí la solución propuesta es muy diferente, poniendo el énfasis en la liberalización política y en lo que suena como una democracia urbana burguesa, junto con una profundización de las iniciativas de mercado libre, aceptando la creciente desigualdad social como un coste necesario del crecimiento económico y la competitividad. En este momento parece todavía imposible predecir qué vía preferirá seguir el Gobierno central. El punto clave es el papel de las iniciativas de base urbana en el impulso de unas u otras opciones de futuro. ¿Cuál debería ser entonces la actitud –tanto en la teoría como en la práctica políticas– de la izquierda frente a esa perspectiva?

¿Hacia una revolución urbana?

La ciudad es un terreno donde siempre han florecido las luchas anticapitalistas. La historia de tales luchas, desde la Comuna de París hasta la Comuna de Shanghái, la huelga general de Seattle, el levantamiento de Tucumán y la Primavera de Praga hasta los movimientos urbanos más generales de 1968 (que ahora vemos débilmente reproducidos en El Cairo y Madison) es asombrosa; pero es una historia que también está atravesada por complicaciones políticas y tácticas que han llevado a muchos partidarios de la izquierda a subestimar y malinterpretar el potencial y la eficacia de los movimientos urbanos, considerándolos a menudo como algo separado de la lucha de clases y por lo tanto desprovisto de potencial revolucionario. Y cuando tales acontecimientos adquieren un estatus simbólico, como en el caso de la Comuna de París, se los suele proclamar como uno de los «mayores levantamientos proletarios» de la historia, aun cuando se tratara tanto de reclamar el derecho a la ciudad como de revolucionar las relaciones de clase en la producción.

La lucha anticapitalista se plantea fundamentalmente respecto a la relación de clase entre capital y trabajo (en la producción) que permite la producción y apropiación del plusvalor por el capital. Su objetivo último es la abolición de esa relación. Incluso cuando esa lucha se expresa, como suele suceder, so capa de conflictos interétnicos, raciales o de sexualidad y género, el criterio fundamental es que debe en último término atacar la propia esencia del sistema capitalista, aspirando a extirpar el tumor canceroso de las relaciones de clase en la producción.

Aunque supondría una auténtica caricatura decir que la izquierda marxista ha privilegiado siempre y en todas partes a los obreros industriales como agentes de una vanguardia que debe dirigir la lucha de clases a través de la dictadura del proletariado hacia un mundo en el que desaparecerán el Estado y las clases, también sería una caricatura decir que las cosas nunca se han planteado así. Marx argumentaba que las relaciones de dominación de clase en la producción tenían que ser destruidas por los obreros asociados controlando su propio proceso y los planes de producción, y de ahí deriva una larga historia de aspiración política al control obrero, la autogestión, las cooperativas obreras y otros conceptos parecidos[40]. Pero la mayoría de los intentos de ese tipo no se han demostrado hasta ahora viables a largo plazo, pese a los nobles esfuerzos y sacrificios para mantener en pie esos proyectos frente a las feroces hostilidades y represiones implacables. La razón principal del fracaso a largo plazo de tales iniciativas es bastante simple. Tal como exponía Marx en el segundo volumen de *El capital,* la circulación del capital comprende tres procesos particulares, los del capital-dinero, el capital productivo y el capital-mercancía. Ningún proceso de circulación puede sobrevivir, ni siquiera exis-

---

[40] I. Ness y D. Azzellini (eds.), *Ours to Master and to Own: Workers' Councils from the Commune to the Present,* 2011.

tir, sin los demás: se entrelazan y determinan mutuamente. Por la misma razón, ningún proceso de circulación puede alterarse sin alterar los demás. El control de los trabajadores o de los colectivos comunitarios en unidades de producción relativamente aisladas difícilmente puede perdurar –pese a la esperanzada retórica autonomista y autogestionaria– frente a un entorno financiero y un sistema de crédito hostiles y a las prácticas depredadoras del capital mercantil. El poder del capital mercantil (el fenómeno Wal-Mart) ha resurgido con fuerza en los últimos años (este es un tema muy poco tratado en la teorización marxista contemporánea).

Frente a esas dificultades obvias, gran parte de la izquierda tradicional llegó a la conclusión de que la lucha por la conquista del poder estatal era la única vía posible hacia el comunismo. El Estado sería el agente que controlaría los tres circuitos del capital y domeñaría las instituciones, los poderes y las agencias de clase que gestionaban los flujos que mantenían la perpetuación de las relaciones de clase en la producción. El problema siempre ha sido, por supuesto, que el elemento vital del Estado proviene de facilitar y aprovechar los mismos flujos que se supone que controla. Eso es tan cierto para un Estado socialista como para un Estado capitalista. La gestión centralizada y de arriba abajo no funciona, salvo a través de cierta liberación de los flujos (como han demostrado con gran pericia los chinos). Y una vez que se liberan los flujos, se desata el infierno porque el genio capitalista está fuera de la botella. ¿Cuáles son entonces las perspectivas políticas para encontrar un camino intermedio entre la autogestión y el control estatal centralizado cuando ninguno de ellos funciona de manera efectiva por sí solo como antídoto contra el poder del capital?

El problema del control obrero ha sido que el foco de la lucha era la fábrica como sitio privilegiado de producción de plusvalor y que esto, a su vez, privilegiaba a la clase obrera industrial como vanguardia del proletariado y principal agente revolucionario. Pero no fueron los trabajadores de las fábricas quienes pusieron en pie la Comuna de París; por eso hay una visión disidente de aquel acontecimiento que dice que no fue un levantamiento proletario o un movimiento de clase, sino un movimiento social urbano que reclamaba el derecho a la ciudad más que buscar un camino revolucionario hacia la construcción de una alternativa anticapitalista[41].

---

[41] M. Castells, *The City and the Grassroots,* 1983; Gould, *Insurgent Identities: Class Community and Protest in Paris from 1848 to the Commune*, 1995; para mi refutación de esos argumentos, véase Harvey, *Paris, Capital of Modernity,* 2003.

¿Pero por qué no podrían ir ambos de consuno? La urbanización misma es producida. Miles de trabajadores se dedican a su producción y su trabajo produce valor y plusvalor. ¿Por qué no reconceptualizar el lugar de producción de plusvalor como la ciudad más que la fábrica? La Comuna de París puede entonces reconceptualizarse en términos de ese proletariado que había producido la ciudad y que reclamaba el derecho a poseer y controlar lo que había producido. Este es (y en el caso de la Comuna de París fue) un tipo de proletariado muy diferente al que los marxistas han favorecido típicamente. Pero en este momento de la historia de las partes del mundo caracterizadas como capitalismo avanzado, el proletariado industrial se ha visto radicalmente disminuido, por lo que nos quedan dos opciones: llorar la defunción de la posibilidad de revolución o cambiar nuestra concepción del proletariado por la de las hordas de productores desorganizados de la urbanización y explorar sus capacidades y poderes revolucionarios.

¿Quiénes son pues esos trabajadores que producen la ciudad? Los constructores de ciudades, los trabajadores de la construcción en particular, son los candidatos más obvios, aun cuando no sean la única ni la mayor fuerza de trabajo involucrada. Como fuerza política, los trabajadores de la construcción han solido apoyar con demasiada frecuencia en los últimos tiempos en Estados Unidos (y posiblemente en otros lugares) el desarrollismo clasista a gran escala que los mantiene empleados; pero no tiene por qué ser así. Los albañiles y constructores desempeñaron un papel importante en la Comuna de París. A principios de la década de 1970 el movimiento sindical de la construcción «Green Ban» prohibió en Nueva Gales del Sur trabajar en proyectos que consideraba ambientalmente defectuosos y tuvo éxito en gran parte de sus propuestas. Finalmente fue destruido por una combinación del poder estatal y su propia dirección nacional maoísta, que consideraba los problemas medioambientales como una manifestación de flácido sentimentalismo burgués[42].

Pero existe una conexión sin fisuras entre la extracción del mineral de hierro en las minas, la fabricación posterior del acero que se utiliza en la construcción de puentes, la circulación sobre ellos de los camiones que transportan mercancías y la utilización de estas en sus destinos finales, ya sean fábricas u hogares donde se consumen. Todas esas actividades (incluido el movimiento espacial) son, según Marx, productoras de valor y de plusvalor. Y si, como

---

[42] J. Tully, «Green Bans and the BLF: the labour movement and urban ecology», *International Viewpoint Online,* 357 (2004), internationalviewpoint.org.

argumentó también Marx, el mantenimiento, las reparaciones y los reemplazos (a menudo difíciles de distinguir en la práctica) son parte de la corriente generadora de valor, entonces el vasto ejército de trabajadores involucrados en estas actividades en nuestras ciudades también contribuye a la inversión productora de valor y plusvalor en las infraestructuras físicas que hacen que nuestras ciudades sean lo que son. Si el flujo de mercancías desde el lugar de origen hasta el destino final produce valor, también lo hacen los trabajadores empleados en la cadena alimentaria que vincula a los productores rurales con los consumidores urbanos. Organizados, esos trabajadores tendrían la capacidad y el poder necesarios para estrangular el metabolismo de la ciudad. Las huelgas de los trabajadores del transporte (por ejemplo en Francia durante los últimos 20 años y ahora en Shanghái) son armas políticas extremadamente efectivas (usadas negativamente en Chile durante 1973, el año del golpe). El Bus Riders Union en Los Ángeles y la organización de taxistas en Nueva York y Los Ángeles son otros ejemplos[43].

Considérense los flujos no sólo de alimentos y otros bienes de consumo, sino también de energía, agua y otros elementos necesarios, y sus vulnerabilidades a la interrupción. La producción y reproducción de la vida urbana, aunque una parte pueda ser «descartada» (una palabra desafortunada) como «improductiva» en el canon marxista, son sin embargo socialmente necesarias, parte de los *«faux frais»* de la reproducción de las relaciones de clase entre capital y trabajo. Gran parte de este trabajo siempre ha sido temporal, inseguro, itinerante y precario. Las nuevas formas de organización son absolutamente esenciales para esta fuerza de trabajo que produce y sostiene la ciudad. El recién creado Congreso de Trabajadores Excluidos en Estados Unidos es un ejemplo de las formas organizativas que están surgiendo: una alianza de trabajadores acosados por condiciones de empleo temporales e inseguras, dispersos a menudo espacialmente, como las (los) trabajadoras domésticas, por el sistema urbano[44].

Bajo esta luz también debe reescribirse la historia de las luchas obreras convencionales. La mayoría de las luchas tal como han sido descritas, protagonizadas únicamente por obreros fabriles, resultan tener, inspeccionadas más de cerca, una base mucho más amplia. Margaret Kohn, por ejemplo, se queja de que los historiadores de izquierdas del movimiento obrero exalten los consejos de fábrica de Turín a principios del siglo XX, ignorando absolu-

---

[43] J. Leavitt y G. Blasi, «The Los Angeles Taxi Workers Alliance», 2010.
[44] Excluded Workers Congress, *Unity for Dignity,* 2010.

tamente el hecho de que fuera en las «casas del pueblo» de la comunidad donde se configuraba gran parte de su política y desde donde afluían fuertes corrientes de apoyo logístico[45]. Por su parte, E. P. Thompson expuso cómo la constitución de la clase obrera inglesa se fraguó tanto en las capillas y en los barrios como en los lugares de trabajo[46]. ¿Qué éxito habrían tenido las sentadas de Flint (Míchigan) en 1937 de no haber sido por las masas de desempleados y organizaciones vecinales a las puertas de General Motors brindándoles incansablemente su apoyo moral y material? Pero cabe también extraer otras lecciones, por ejemplo de las huelgas de los mineros ingleses durante las décadas de 1970 y 1980: los que vivían en áreas difusamente urbanizadas como Nottingham fueron los primeros en rendirse, mientras que los de Northumbria, cuyos estrechos vínculos convergían en el lugar de trabajo y en el de alojamiento, mantuvieron su solidaridad hasta el final[47]. La organización a escala de la comunidad ha solido ser tan importante para el mantenimiento de las luchas obreras como la organización en el lugar de trabajo. Y en la medida en que los lugares de trabajo convencionales están desapareciendo en muchos lugares del llamado mundo capitalista avanzado (aunque no, por supuesto, en China o en Bangladés), la organización en torno a las condiciones del hábitat se hace cada vez más crucial.

En todos esos casos, cuando alteramos la lente para abarcar el medio social en el que se desarrolla la lucha, se transforma el sentido de quién podría ser el proletariado y cuáles podrían ser sus aspiraciones. La composición de género de la política de oposición se ve muy diferente cuando hacemos entrar en la imagen las relaciones fuera de la fábrica. La dinámica social del lugar de trabajo no es homóloga con la del espacio vital. En este último, las distinciones basadas en el género, la raza, la etnia y la religión suelen estar más profundamente grabadas en el tejido social, y las cuestiones de la reproducción social desempeñan un papel más destacado e incluso dominante en la formación de las subjetividades y la conciencia política. Desde esta perspectiva, la dinámica de las luchas de clase junto con la naturaleza de las demandas políticas parece muy diferente. Pero luego, cuando miramos hacia atrás y reevaluamos el conjunto, vemos que siempre fue bastante diferente de su representación ilusionada en el imaginario marxista.

---

[45] M. Kohn, *Radical Space: Building the House of the People,* 2003.
[46] E. P. Thompson, *The Making of the English Working Class,* 1968.
[47] TER Huw Beynon, *Digging Deeper: Issues in the Miner's Strike,* 1985.

En un libro reciente Bill Fletcher y Fernando Gapasin argumentan que el movimiento obrero debería dedicar más atención a las formas locales de organización y no sólo a las sectoriales, dando más poder a los consejos [comités] centrales de las ciudades junto a los sectoriales.

> En la medida en que las organizaciones obreras hablan de cuestiones de clase, no deberían considerarse como algo separado de la comunidad. El término *laboral* debería aplicarse a todo tipo de organización enraizada en la clase obrera y cuyo programa plantee explícitamente reivindicaciones de la clase obrera. En ese sentido, una organización comunitaria enraizada en la clase (como un centro obrero), que plantea cuestiones específicas de clase, es tan *laboral* como lo puede ser un sindicato. Para decirlo aún más claro, un sindicato que solamente defiende los intereses de un sector de la clase obrera (como un sindicato supremacista blanco) merece menos el nombre de organización obrera que una asociación comunitaria que ayuda a los desempleados o a los sintecho.[48]

Por eso proponen un nuevo planteamiento de las organizaciones de clase que

> cuestione esencialmente las actuales prácticas sindicales para establecer alianzas y emprender acciones políticas. De hecho, esta sería su premisa central: *si la lucha de clases no se restringe al lugar de trabajo, tampoco deberían hacerlo los sindicatos*. La conclusión estratégica es que los sindicatos deben procurar organizar las ciudades y no solamente los lugares de trabajo (o sectores industriales). Y organizar las ciudades sólo es posible si los sindicatos buscan aliados en los bloques sociales metropolitanos.[49]

Y prosiguen preguntando: «¿Cómo se organiza entonces una ciudad?» Me parece que esta es una de las preguntas clave a las que la izquierda debe responder si quiere revitalizar en los próximos años la lucha anticapitalista. Tales luchas, como hemos visto, tienen una historia meritoria. Las lecciones que dejó la «Bolonia roja» durante la década de 1970 constituyen un capítulo

---

[48] B. Fletcher y F. Gapasin, *Solidarity Divided: The Crisis in Organized Labor and a New Path Toward Social Justice*, p. 174.
[49] *Ibid.*

sobresaliente[50]. Una de las paradojas más curiosas de esa historia es que desde la década de 1960 hasta el presente el Partido Comunista Francés se distinguiera mucho más en la administración municipal (debido en parte a que en ese terreno no recibía desde Moscú instrucciones derivadas de una teoría dogmática) que en otros aspectos de la vida política. Los consejos sindicales británicos desempeñaron parecidamente un papel decisivo en la política urbana, y las luchas municipalistas contra el thatcherismo a principios de la década de 1980 no fueron únicamente acciones de retaguardia, sino, como en el caso del Consejo de Gran Londres, acciones potencialmente innovadoras, hasta que Margaret Thatcher abolió todos esos órganos de gobierno municipales. En Estados Unidos Milwaukee tuvo durante muchos años una administración socialista, y vale la pena señalar que el único socialista elegido para el Senado estadounidense inició su carrera y se ganó la confianza de la gente como alcalde de Burlington (Vermont).

Si los participantes en la Comuna de París reclamaban su derecho a la ciudad que habían contribuido colectivamente a producir, ¿por qué no se puede convertir «el derecho a la ciudad» en «un grito y una reivindicación» (como decía Lefebvre) en torno a los que se puedan unir las fuerzas políticas como eslogan clave para la lucha anticapitalista? El derecho a la ciudad es, por supuesto, un significante vacío lleno de posibilidades inmanentes pero no trascendentes. Eso no significa que sea irrelevante o políticamente impotente; todo depende de que se dé al significante un significado inmanente revolucionario o sólo reformista. Eso iniciará una confrontación, y entonces, como dijo en una ocasión Marx, «entre derechos iguales es la *fuerza* lo que decide»[51].

Pero no siempre es fácil distinguir entre las iniciativas reformistas y las revolucionarias en el contexto urbano. Los presupuestos participativos de Porto Alegre, programas ecológicamente sensibles en Curitiba o campañas por el salario mínimo vital en muchas ciudades estadounidenses parecen a primera vista sólo reformistas (y bastante marginales); la iniciativa de Chongqing, pese a la retórica maoísta, parece asemejarse más a una versión peculiar de las políticas redistributivas de la socialdemocracia nórdica que a un movimiento revolucionario. Pero a medida que se extiende su influencia, iniciativas de ese tipo sacan a la luz capas más profundas de posibilidades para concepciones y

---

[50] M. Jäggi, *Red Bologna*, 1977.
[51] H. Lefebvre, *Writings on Cities*, 1996; K. Marx, *El capital*, vol. 1, cap. VIII.1, p. 299 [MEW 23, p. 249].

acciones más radicales a escala metropolitana. Una retórica revitalizada que se va extendiendo (desde Zagreb hasta Hamburgo o Los Ángeles) sobre el derecho a la ciudad, por ejemplo, parece sugerir que podría estar en juego algo más revolucionario[52], y esa misma posibilidad explica los desesperados intentos de los poderes políticos existentes (por ejemplo, las ONG e instituciones internacionales, entre ellas el Banco Mundial, reunidas en el Foro Urbano Mundial de Río en 2010) por apropiarse del léxico en cuestión para sus propios propósitos.

Tampoco tiene sentido quejarse de ese intento de asimilación por parte de los poderosos. La izquierda debería tomarlo como un reconocimiento y combatir por mantener su propio significado inmanente: todos aquellos cuyo trabajo está dedicado a producir y reproducir la ciudad tienen el derecho colectivo, no sólo a disponer de lo que producen, sino también a decidir qué se debe producir, dónde y cómo. Hay que elaborar y poner en pie instrumentos democráticos alternativos (distintos a la democracia existente del poder del dinero), si se quiere revitalizar la vida urbana y reconstruirla fuera de las relaciones de clase dominantes y más cercana a «nuestros» deseos (los de los productores de la urbanización y el urbanismo).

La objeción que surge inmediatamente, por supuesto, es: ¿por qué concentrarse en la ciudad cuando hay en movimiento múltiples grupos rurales, campesinos e indígenas que también pueden reclamar sus propios derechos particulares? En cualquier caso, ¿no ha perdido la ciudad como objeto físico su significado como objeto de lucha? Hay evidentemente una verdad obvia en esas objeciones. La urbanización ha producido un mosaico muy diferenciado de comunidades y espacios interactivos que son difíciles de unir en torno a cualquier tipo de proyecto político coherente. De hecho, hay mucha rivalidad y mucho conflicto entre los espacios que constituyen la ciudad. Fue por esta razón, sospecho, por la que Lefebvre cambió su enfoque de la revolución urbana al terreno más amplio de la producción de espacio, o como podría decir yo, a la producción del desarrollo geográfico desigual como foco del análisis teórico y la lucha política.

En la imaginación pedestre de los académicos con inclinaciones literarias, tales objeciones parecen llevar a veces a la conclusión de que la ciudad ha desaparecido y que la reivindicación del derecho a la ciudad es, por lo tanto,

---

[52] A. Sugranyes y C. Mathivet (eds.), *Cities for All: Proposals and Experiences Towards the Right to the City,* 2010.

una quimera. Pero las luchas políticas están animadas tanto por visiones como por aspectos prácticos; y el término «ciudad» tiene una historia emblemática y simbólica que está profundamente arraigada en la búsqueda de significados políticos. La ciudad de Dios, la ciudad sobre una colina, la ciudad como objeto de deseo utópico, la relación entre ciudad y ciudadanía, de un lugar particular de pertenencia dentro de un orden espacio-temporal perpetuamente cambiante... son ideas que conllevan un significado que moviliza un imaginario político perdido en un eslogan como «el derecho a producir espacio» o «el derecho al desarrollo geográfico desigual».

El derecho a la ciudad no es un derecho excluyente, sino todo lo contrario: incluye no sólo a los trabajadores de la construcción, sino también a todos los que facilitan la reproducción de la vida diaria: cuidadores y maestros; reparadores del alcantarillado y del suburbano; fontaneros y electricistas; trabajadores de los hospitales y los conductores de camiones, autobuses y taxis; los cocineros, camareros y animadores de los restaurantes; los oficinistas de los bancos y los administradores de la ciudad. Reúne una increíble diversidad de espacios sociales fragmentados, y hay muchas formas posibles de organización, desde los centros obreros y las asambleas regionales de trabajadores (como la de Toronto) hasta alianzas como las que se han formado entre el Derecho a la Ciudad y el Congreso de Trabajadores Excluidos y otras formas de organización del trabajo precario que proclaman ese objetivo político. Esa es la fuerza proletaria que debe organizarse para que el mundo cambie. Es por ahí por donde debemos comenzar si queremos organizar a toda la ciudad. Los productores urbanos deben alzarse y reclamar su derecho a la ciudad que colectivamente producen. La transformación de la vida urbana, y sobre todo la abolición de las relaciones de clase en la producción de la urbanización, tendrá que ser una de las vías, si no la única, hacia una transición anticapitalista. Eso es lo que la izquierda tiene que imaginar como núcleo de su estrategia política en los años venideros.

Comentario

En enero de 2006 tomé en España el tren de alta velocidad de Córdoba a Madrid. De camino pasamos por un lugar llamado Ciudad Real y mientras bordeábamos los márgenes de la ciudad, recuerdo haber pensado que nunca había visto tantas grúas de construcción en el mismo lugar al mismo tiempo.

Era evidente que se estaba produciendo un *boom* especulativo de la construcción que casi con seguridad terminaría mal. Pero no eran sólo casas lo que se estaba construyendo. Casi todas las ciudades españolas tenían en aquel momento algún proyecto extravagante de infraestructura pública, la mayoría de los cuales tenían poco sentido económico. Ciudad Real tiene un nuevo aeropuerto que costó mil millones de euros (en una parte del país que tiene muy poco con qué atraer a la industria o a los turistas). En julio de 2015 el aeropuerto vacío fue subastado; la mejor oferta fue de 10.000 euros. En China, las ciudades de nueva construcción están vacías. En otros lugares, los mercados inmobiliarios que se desplomaron en 2007-2008 muestran señales de que se está formando otra burbuja de activos, particularmente en los principales mercados metropolitanos, con enormes subidas de los precios del suelo y los inmuebles en Londres, Nueva York, Shanghái y Estambul, por nombrar únicamente las ciudades que he visitado.

Se suele considerar que el momento clave de la reciente crisis económica fue el colapso de Lehman Brothers el 15 de septiembre de 2008. Desde entonces se ha escrito mucho sobre quién dijo qué a quién en la Fed y en Wall Street, sobre las complejidades del sistema bancario en la sombra y de los nuevos productos financieros y cómo la congelación de los mercados crediticios y el colapso de la demanda de los consumidores llevaron al aumento del desempleo con efectos contagiosos (aunque de diferente magnitud según el grado y la forma de exposición) en un capitalismo global cada vez más integrado. Pero por alguna razón se ha prestado muy poca atención al inicio de todo ello en los mercados inmobiliarios de ciertas regiones de Estados Unidos con ramificaciones en países como España, Irlanda, Letonia y Hungría.

Los mercados inmobiliarios y las inversiones en entornos construidos constituyen una gran parte de la economía contemporánea y el endeudamiento anejo implica una seria amenaza para la estabilidad del capitalismo global. Las inversiones chinas en el entorno construido han sido, como señalo en este artículo, el gran estabilizador del capitalismo global desde 2008. La reciente desaceleración del ritmo de la urbanización en China ha tenido consecuencias negativas para los productores de materias primas (como Australia, Canadá, Chile y Brasil), que ahora se encuentran en recesión o casi. ¿Qué tipo de urbanización proponen ahora los chinos? Están tratando de construir una matriz urbana continua en una región tan grande como Kansas (con Pekín como centro) que albergará a unos 130 millones de personas unidas mediante redes de transporte y comunicaciones de alta velocidad. Estambul cuenta con una versión a menor escala que ya está en marcha, pero que está experimentando dificultades de financiación. Los riesgos de colapso especulativo o desastres medioambientales de proyectos semejantes son considerables. Al escribir esto en agosto de 2015, creo que no cabe descartar la amenaza de una gran crisis mundial. Además, la enorme magnitud de esas inversiones es de por sí problemática. Sin embargo, la mayoría de los analistas no parecen percibirlo así.

Se ha prestado considerable atención a los impactos económicos y de riqueza del colapso del mercado inmobiliario y su subsiguiente reactivación irregular. Tenemos muchos mapas de ejecuciones hipotecarias y muestran una pérdida desproporcionada de valores de activos en los sectores de la población más vulnerables y marginados (negros, inmigrantes hispanos y hogares monoparentales, principalmente de mujeres, en Estados Unidos). También sabemos que gran parte de la riqueza del 1 por 100 más pudiente se almacena en bienes raíces y que el capital parece mucho más interesado por construir ciudades en las que inviertan los ricos (e instituciones como los fondos de cobertura) que por ciudades con viviendas asequibles para la gran masa de la población. También sabemos que hay muchas señales de un burbujeante descontento con las cualidades de la vida urbana diaria, lo que lleva a disturbios y revueltas urbanos en muchas partes del mundo (como el Parque Gezi en Estambul y las ciudades brasileñas en julio de 2013). La política de la vida urbana cotidiana fomenta cada vez más el activismo político.

Escribí este artículo sobre las raíces urbanas de la crisis y el libro subsiguiente, *Rebel Cities: From the Right to the City to the Urban Revolution* [*Ciudades Rebeldes: del derecho de la ciudad a la revolución urbana,* 2013] para llamar la atención sobre estas características de nuestro mundo contemporáneo. Incluso un conocimiento somero de las herramientas analíticas de Marx para el estudio de la circulación y la acumulación de capital sugiere dónde podrían radicar los puntos de tensión y las vulnerabilidades, así como las soluciones temporales (como el desplazamiento de la crisis). He tratado de ser fiel a la idea fundamental de Marx de que una crisis del capital del tipo experimentado en 2007-2009 (y que en muchos aspectos todavía prosigue) no es más que una «fusión violenta de factores desconectados que operan independientemente unos de otros pero así y todo están relacionados». En los informes generales de la crisis que supuestamente comenzó en 2008 hay muchas correlaciones ausentes. Una de ellas exigiría una mirada más atenta a la circulación y acumulación de capital en el circuito secundario del capital. Debemos escudriñarlas y ensamblarlas de manera que puedan entenderse fácilmente.

XI   La evolución del capital

Las fuerzas desencadenadas por el ascenso del capitalismo han remodelado el mundo muchas veces desde 1750. Volando sobre Inglaterra en 1820 habríamos visto unas pocas ciudades industrializadas compactas (con pequeñas fábricas cuyas chimeneas emitían humaredas nocivas), separadas por grandes áreas de actividad agrícola en las que se mantenían las formas tradicionales de la vida rural en aldeas y granjas dispersas, por mucho que los aristócratas propietarios de las grandes haciendas se deshicieran en poéticos elogios de las nuevas prácticas agrícolas que les permitían aumentar su productividad (y las rentas que obtenían de ellas). Los centros industriales compactos como Mánchester y Birmingham estaban vinculados entre sí y con los grandes puertos comerciales de Bristol y Liverpool, así como con la bullente capital londinense, por una red de caminos de tierra y estrechos canales. Barcazas repletas de carbón y materias primas circulaban lentamente a lo largo de los canales arrastradas por caballos sudorosos, o como registra Marx en *El capital,* por mujeres hambrientas. El transporte era muy lento.

Volando sobre el delta del río Perla en 1980, uno habría visto diminutos pueblos y ciudades con nombres como Shenzhen y Dongguan, rodeadas de un paisaje agrario en gran medida autosuficiente formado por plantaciones de arroz y hortalizas, pequeñas explotaciones ganaderas y criaderos de peces, agrupados en comunas dirigidas con puño de hierro por los dirigentes locales del partido, encargados de asegurar a todos un «cuenco de arroz inalterable» y de evitar la amenaza de hambruna.

Volando sobre ambas áreas en 2008, resultaría prácticamente irreconocible el paisaje de la incontenible expansión urbana y también lo serían las formas de producción y transporte, las relaciones sociales, las tecnologías, las peculiaridades de la vida cotidiana y las formas de consumo de sus habitantes. Si, como proclamó en cierta ocasión Marx, nuestra tarea no consiste tanto en entender el mundo como en cambiarlo, hay que reconocer que el capitalismo ha seguido bastante bien su consejo. La mayoría de esos cambios espectaculares han tenido lugar sin que nadie se molestara en estudiar de antemano cómo funcionaba el mundo o cuáles podrían ser las consecuencias. Una y otra vez ha sucedido lo inesperado, dejando tras de sí una vasta tarea intelectual y práctica a quienes pretendan enmendar las caóticas consecuencias de tantos estragos imprevistos.

La historia del capitalismo está plagada de paradojas, por mucho que la mayoría de las teorías sociales –en particular la teoría económica– se abstenga absolutamente de tomarlas en consideración. En el lado negativo tenemos no sólo las crisis económicas periódicas, a menudo locales, que han marcado la evolución del capitalismo, sino también las guerras mundiales intercapitalistas e interimperialistas, los problemas de degradación del medio ambiente, la pérdida de hábitats y de biodiversidad, una creciente pobreza en poblaciones rápidamente crecientes, el neocolonialismo, las severas crisis de la sanidad pública, las abundantes marginaciones y exclusiones sociales y la ansiedad derivada de la inseguridad, la violencia y los deseos incumplidos. En el lado positivo algunos de nosotros vivimos en un mundo en el que el nivel de vida material y el bienestar nunca han sido tan altos; donde los viajes y las comunicaciones han experimentado una revolución y las barreras espaciales físicas (aunque no las sociales) que dificultaban las interacciones humanas se han reducido mucho; donde los conocimientos médicos y biológicos ofrecen a muchos una vida más larga y saludable, donde se han construido enormes ciudades, en muchos aspectos espectaculares; donde se multiplica el conocimiento, brotan grandes esperanzas y todo parece posible (desde la clonación hasta los viajes espaciales).

Este es el mundo contradictorio en que vivimos, y es innegable que sigue evolucionando a gran velocidad de forma impredecible y aparentemente incontrolable; pero los principios en que se basa esa evolución permanecen opacos, en parte porque esta se ha guiado más por los caprichos contrapuestos de tal o cual colectivo o incluso de determinados individuos que por principios evolucionistas de gobierno, del tipo de los que Darwin descubrió en el terreno de la evolución natural. Si tenemos que cambiar este mundo colectivamente adoptando una configuración más racional y humana mediante intervenciones conscientes, antes debemos entender mucho mejor lo que le estamos haciendo al mundo y con qué consecuencias.

La geografía histórica del capitalismo no se puede reducir, por supuesto, a la cuestión de la acumulación de capital; pero también hay que decir que esta junto con el aumento de población constituyen el núcleo de la dinámica evolución de la humanidad desde 1750, más o menos. Saber exactamente cómo han funcionado es decisivo para descifrar el enigma del capital. ¿Las rigen algunos principios evolucionistas a los que podamos apelar para obtener algún tipo de iluminación?

Consideremos, en primer lugar, el desarrollo capitalista a lo largo del tiempo, dejando por el momento a un lado la evolución de su organización espacial, su dinámica geográfica y sus impactos y constricciones medioambientales. Imaginemos pues una situación en la que el capital se desplaza a través de lo que yo llamaré «esferas de actividad», distintas pero interrelacionadas, en busca de beneficios. Una «esfera de actividad» crucial es la que se refiere a la producción de nuevas formas tecnológicas y organizativas. Los cambios en esa esfera tienen notables efectos sobre las relaciones sociales, así como sobre las relaciones con la naturaleza; pero sabemos que tanto unas como otras cambian de forma no estrictamente determinada por los dispositivos tecnológicos y organizativos. Surgen además situaciones en las que la escasa oferta de mano de obra o las escaseces naturales ejercen fuertes presiones para que se implanten nuevas tecnologías o nuevas formas organizativas. En la actualidad, por ejemplo, abundan en los medios estadounidenses los comentarios sobre la necesidad de nuevas tecnologías que liberen al país de su dependencia del petróleo extranjero y para combatir el calentamiento global. El Gobierno de Obama promete programas con ese fin e impulsa a la industria automovilística a fabricar coches eléctricos o híbridos (desgraciadamente para Estados Unidos, los chinos y japoneses van muy por delante en ese terreno).

Los sistemas de producción y los procesos de trabajo están también profundamente implicados en la forma en que se reproduce la vida cotidiana mediante el consumo. Ni unos ni otros son independientes de las relaciones sociales dominantes, la relación con la naturaleza y las tecnologías y las formas organizativas debidamente constituidas. Pero lo que llamamos «naturaleza», aunque se vea claramente afectada por la acumulación de capital (destrucción del hábitat y de especies, el calentamiento global, los nuevos compuestos químicos que contaminan el suelo y los bosques, cuya productividad se pretende aumentar mediante una gestión sofisticada), no está determinada únicamente por ella. Sobre nuestro planeta se vienen dando diversos procesos de evolución, independientemente de la acumulación de capital. El surgimiento de un nuevo agente patógeno como el virus del sida, por ejemplo, ha tenido un efecto inmenso sobre la sociedad capitalista (dando lugar a respuestas tecnológicas, organizativas y sociales insertas en la circulación del capital). Sus efectos sobre la reproducción de la vida cotidiana, sobre las relaciones y actividades sexuales y sobre las prácticas reproductivas han sido profundos, pero se han visto mediadas por la tecnología médica, las respuestas institucionales y las creencias sociales y culturales.

Todas esas «esferas de actividad» se insertan en un conjunto de dispositivos institucionales (como los derechos de propiedad privada y los contratos comerciales) y estructuras administrativas (el Estado y otras instituciones locales y multinacionales), que también siguen su propia evolución aunque se vean obligadas a adaptarse a las condiciones de crisis y a los cambios en las relaciones sociales. La gente actúa, además, a partir de sus expectativas, sus creencias y su imagen o comprensión del mundo. Los sistemas sociales dependen de la confianza (en los expertos), de un adecuado conocimiento e información por parte de quienes toman las decisiones, del grado de aceptación de las convenciones sociales (jerárquicas o igualitarias), así como del respeto a determinadas normas éticas y morales (por ejemplo, en nuestra relación con los animales y nuestra responsabilidad ante el mundo que llamamos naturaleza). Las normas culturales y los sistemas de creencias (esto es, las ideologías religiosas y políticas) ejercen una poderosa influencia, pero no son independientes de las relaciones sociales, las posibilidades de producción y consumo y las tecnologías dominantes. Las interrelaciones en pugna entre los cambiantes requisitos técnicos y sociales para la acumulación de capital, las estructuras del conocimiento y las creencias y normas culturales coherentes con la acumulación sin fin del capital han desempeñado todas ellas un papel decisivo en la evolución del capitalismo. A fin de simplificar un tanto el cuadro, reuniré todos esos últimos elementos bajo la rúbrica de «concepciones mentales del mundo».

Esta categorización nos da siete «esferas de actividad» distintas en la trayectoria o evolución del capitalismo: tecnologías y formas organizativas, relaciones sociales, dispositivos institucionales y administrativos, procesos de producción y trabajo, relaciones con la naturaleza, reproducción de la vida cotidiana y de las especies y «concepciones mentales del mundo». Ninguna de esas esferas domina a las demás ni tampoco es independiente de ellas, ni está ninguna de ellas determinada, ni siquiera colectivamente, por las demás. Cada esfera sigue su propia evolución, por más que lo haga siempre en interacción dinámica con las demás. Los cambios tecnológicos y organizativos surgen por todo tipo de razones (y a veces accidentalmente), mientras que la relación con la naturaleza es inestable y continuamente cambiante, aunque sólo en parte debido a las modificaciones inducidas por los seres humanos. Nuestras concepciones mentales del mundo, por poner otro ejemplo, suelen ser inestables, impugnadas, sujetas no sólo a descubrimientos científicos sino también a caprichos, modas, deseos y creencias culturales y religiosas apasionadamente mantenidas. Los cambios en nuestras concepciones mentales tienen todo tipo de consecuencias, pretendidas o no, para las innovaciones tecnológicas y organizativas, las relaciones sociales, los procesos de trabajo, las relaciones con la naturaleza y los dispositivos institucionales. La dinámica demográfica que emerge de la esfera de la reproducción y la vida cotidiana es relativamente autónoma, por mucho que se vea afectada por sus relaciones con las otras esferas.

Los complejos flujos de influencia mutua entre las esferas las reconfiguran continuamente. Además, esas interacciones no son necesariamente armoniosas. De hecho, podemos reconceptualizar la génesis de las crisis en términos de las tensiones y los antagonismos que surgen entre las diferentes esferas de actividad cuando, por ejemplo, nuevas tecnologías se contraponen al deseo de nuevas configuraciones de las relaciones sociales o perturban la organización de los procesos de trabajo existentes. Pero en lugar de examinar esas esferas secuencialmente, como solemos hacer en el análisis de la circulación del capital, ahora las tendremos presentes colectivamente en su evolución conjunta a lo largo de la historia del capitalismo.

En una sociedad determinada y en un lugar y momento determinados –Gran Bretaña en 1850 o el delta del río Perla en China actualmente, digamos–, podemos definir su situación y carácter general, en buena medida, en términos de la organización y configuración de esas siete esferas en relación mutua. También se puede decir algo sobre el probable desarrollo futuro del orden social en tales lugares y momentos, a partir de las tensiones y contradicciones entre las distintas esferas de actividad, aun reconociendo que esa evolución dinámica probable no está absolutamente determinada sino que es contingente.

El capital no puede circular o acumularse sin afectar de algún modo a todas y cada una de esas esferas de actividad. Cuando encuentra barreras o límites en una esfera o entre ellas, busca cómo eludir o superar esa dificultad. Si esta es seria, puede dar lugar a una grave crisis. Un estudio de la evolución conjunta de las esferas de actividad proporciona así un marco en el que situar la evolución general de la sociedad capitalista y su propensión a las crisis. ¿Cómo se puede entonces implementar de forma concreta ese marco analítico abstracto?

Una anécdota podría servir de ayuda al respecto. En el otoño de 2005 copresidí un jurado que debía seleccionar ideas para el diseño de una «ciudad administrativa multifuncional» totalmente nueva en Corea del Sur (que ahora se llama Sejong); originalmente se planeaba como la nueva capital, pero objeciones constitucionales la redujeron a una ciudad satélite a medio camino entre Seúl y Busan, en la que se han instalado muchas de las funciones administrativas del Gobierno. La tarea del jurado consistía en valorar ideas más que optar por un diseño final, algo que correspondería a los encargados del proyecto incorporando cualquier cosa que unos y otros consideráramos útil de entre las ideas presentadas al concurso. La mitad de los miembros del jurado eran coreanos y la otra mitad extranjeros, había muchos ingenieros y urbanistas y algunos destacados arquitectos. Estaba claro que el Gobierno surcoreano, cansado de la urbanización formularia que había predominado hasta entonces en Corea del Sur y en gran parte de Asia, pretendía realizar algo diferente, generando quizá un nuevo modelo de urbanismo innovador a escala mundial.

Como preludio a nuestras decisiones, discutimos el tipo de criterios que serían más relevantes para juzgar los muchos diseños que se habían sometido a concurso. La discusión inicial se centró en las distintas opiniones de los arquitectos sobre el valor relativo de las esferas y los cubos como formas simbólicas y físicas que corresponderían a distintas estrategias de desarrollo. Mirando los diversos planos diseñados era fácil ver en efecto diferencias de ese tipo. Pero yo intervine para sugerir que ampliáramos la discusión e incorporáramos otros criterios como la relación con la naturaleza y las combinaciones tecnológicas que desplegar en la ciudad; las formas de producción y empleo que se generarían y las relaciones sociales correspondientes (por ejemplo, cómo podría enfocarse el problema de que la ciudad estuviera dominada por una elite científica, tecnológica y burocrática); las cualidades de la vida cotidiana para habitantes en diferente situación; y las concepciones mentales del mundo, incluidas las subjetividades políticas, que podían surgir de la experiencia de vivir en ese nuevo tipo de ciudad (¿sería la gente más individualista o se inclinaría más hacia diversas formas de solidaridad social?). Concluí diciendo que a mi modo de ver sería un error imaginar que los diseños físicos pudieran responder a todas esas cuestiones, pero que deberíamos hacer cuanto estuviera en nuestras manos por adecuar la construcción de la nueva ciudad a ese tipo de criterios.

Mis propuestas despertaron un considerable interés. Durante un rato se debatieron hasta que uno de los arquitectos, evidentemente impaciente por la complejidad de la discusión, intervino para sugerir que de todas esas perspectivas, sin duda válidas, había una primordial, que era la de las concepciones mentales. Desde ese punto de vista la cuestión más importante era la de los significados simbólicos; ¡y casi de inmediato volvimos de nuevo a la discusión sobre las potencialidades simbólicas, conceptuales y materiales de los cuadrados y los círculos en el diseño urbano!

Puede sonar utópico, pero si se me encargara a mí la construcción de una ciudad totalmente nueva, me gustaría imaginar una capaz de evolucionar en el futuro, más que una estructura permanente, congelada y completa; e imaginar cómo podrían no sólo funcionar sino movilizarse conscientemente las relaciones dinámicas entre las distintas esferas de actividad, no tanto para alcanzar algún objetivo específico sino para abrir nuevas posibilidades. Evidentemente, la ciudad tendría que construirse atendiendo en primer lugar a las relaciones sociales dominantes, a las estructuras de empleo y a las tecnologías y formas organizativas disponibles; pero también se podría considerar como un vivero para la experimentación con nuevas tecnologías y formas organizativas congruentes con el desarrollo de relaciones sociales más igualitarias, el respeto a las diferencias de género y una relación más sensible con la naturaleza que la que se deriva de la búsqueda incesante del grial cada vez menos sagrado de la acumulación sin fin de capital con una tasa de crecimiento compuesto del 3 por 100 anual.

Pero no he sido yo el primero en plantear ese marco de pensamiento; deriva de una nota a pie de página en el capítulo XIII del primer volumen de *El capital,* en la que Marx comenta, precisamente tras una breve cita de la teoría darwiniana de la evolución, que «la tecnología pone al descubierto el comportamiento activo del ser humano con la naturaleza, el proceso inmediato de producción de su vida, e igualmente de sus relaciones sociales y de las concepciones mentales que derivan de ellas»[1]. Ahí Marx invoca cinco (quizá seis

---

[1] K. Marx, *El capital,* vol. 1, p. 448, n. 89; MEW 23, p. 392.

si «el proceso inmediato de producción de su vida» se refiere tanto a la producción de mercancías como a su consumo en la vida cotidiana) de las siete esferas de actividad que he detallado anteriormente; sólo faltan los dispositivos institucionales.

El lugar donde aparece esa nota, en el preámbulo a un detallado examen de cómo surgieron las formas tecnológicas y organizativas dominantes en el capitalismo, es significativo. Marx trataba de explicar los orígenes del sistema fabril y el desarrollo de la producción de máquinas-herramientas (para producir máquinas por medio de otras máquinas) como un negocio autónomo dedicado a la producción de nuevas tecnologías. Esa es la industria clave que subyace bajo «la revolución continua de la producción, la incesante conmoción de todas las condiciones sociales, la incertidumbre y agitación permanente» señaladas en el *Manifiesto comunista* como característica principal del capitalismo desde sus orígenes.

En ese largo capítulo sobre la maquinaria, las distintas esferas evolucionan conjuntamente de forma que ajustan y consolidan el carácter permanentemente revolucionario del capitalismo. Las concepciones mentales de la producción como un arte fueron desplazadas por la comprensión científica y el diseño consciente de nuevas tecnologías. Las relaciones de clase, género y familia fueron cambiando a medida que los trabajadores se iban viendo reducidos cada vez más al estatus de apéndices flexibles de una máquina, dejando de ser individuos provistos de las habilidades únicas que posee un artesano. Al mismo tiempo, los capitalistas introdujeron como armas en la lucha de clases contra las organizaciones obreras nuevas tecnologías y formas organizativas (llegándose finalmente a utilizar la máquina para disciplinar el propio cuerpo del trabajador). La incorporación de gran número de mujeres a la fuerza de trabajo tuvo, entonces como ahora, todo tipo de consecuencias sociales. Cuando la flexibilidad y adaptabilidad de la mano de obra en diferentes áreas se convirtieron en una exigencia crucial, se hizo necesaria la enseñanza pública. Esto trajo consigo otros cambios institucionales, en particular las cláusulas educativas de la Ley de Fábricas de 1848, aprobada por un Estado dominado por los capitalistas y terratenientes. Los inspectores de fábrica nombrados por aquel Estado proporcionaron a Marx abundante material con el que reforzar sus argumentos. Nuevas formas organizativas (las empresas fabriles) promovieron nuevas tecnologías bajo nuevos dispositivos institucionales que tenían consecuencias para las relaciones sociales y las relaciones con la naturaleza. En ningún momento parece que una sola de esas esferas dominara a las demás.

Sin embargo, hay desarrollos desiguales entre las esferas que generan tensiones en la trayectoria de la evolución. En algunas encrucijadas decisivas, esas tensiones reorientan la trayectoria en una dirección y no en otras. ¿Podría surgir de esa dinámica una forma nueva y «más elevada» de familia en la que cada vez más mujeres se integraran en la fuerza de trabajo? ¿Podría inducir la enseñanza pública requerida para producir una fuerza de trabajo mejor formada, más flexible y bien entrenada, una cultura popular ilustrada que permitiera tomar el mando a las organizaciones obreras? ¿Podrían diseñarse tecnologías que aliviaran la carga de trabajo en lugar de ponerlas al servicio del Moloch devorador de la acumulación sin fin de capital? En cada encrucijada había distintas posibilidades, por más que las adoptadas de hecho impulsaran el capitalismo por vías cada vez más represivas. La inclinación británica por el libre mercado y el *laissez-faire* no tenía por qué triunfar necesariamente en el siglo XIX, pero una vez que lo hizo, la evolución del capitalismo siguió una vía muy concreta, no particularmente benevolente.

Permítaseme pues resumir. Las siete esferas de actividad evolucionan conjuntamente a lo largo de la historia del capitalismo en formas peculiares. Ninguna de ellas prevalece sobre las demás, y cada una goza de la posibilidad de un desarrollo autónomo (la naturaleza muta y evoluciona independientemente, como lo hacen las concepciones mentales, las relaciones sociales, las formas de la vida cotidiana, los dispositivos institucionales, las tecnologías, etc.). Cada una de esas esferas experimenta una continua renovación y transformación, tanto en interacción con las demás como en una dinámica propia linterna que crea continuas novedades en el comportamiento humano. Las relaciones entre las esferas no son causales sino que están dialécticamente entrelazadas mediante la circulación y acumulación de capital. Como tal, la configuración global constituye una totalidad socioecológica. No se trata, insisto, de una totalidad mecánica, un motor social cuyas partes se adecúen estrictamente a los dictados de la totalidad, sino más bien de un sistema ecológico compuesto por muchas especies y formas de actividad diferentes; lo que el filósofo/sociólogo francés Henri Lefebvre llamaba un «*ensemble*» o su compatriota Gilles Deleuze un «*assemblage*» de elementos entre los que se da una relación dinámica mutua. En tal totalidad ecológica, las interrelaciones son fluidas y abiertas, aunque estén inextricablemente entrelazadas entre sí.

El desarrollo desigual entre las esferas permite la materialización de sucesos imprevistos o improbables (del estilo de las mutaciones fortuitas en la teoría darwiniana) y genera tensiones y contradicciones. También puede suceder que acontecimientos inopinados en una esfera, en determinado momento y lugar, desempeñen un inesperado papel de vanguardia. El desarrollo repentino de agentes patógenos (como el VIH/sida, la gripe aviar o el SRAS), o el estallido de un fuerte movimiento social por los derechos laborales, civiles o de emancipación femenina, un haz de innovaciones tecnológicas como el reciente ascenso de la electrónica y las tecnologías informáticas, o un brote expansivo de política utópica han servido en distintos momentos y lugares como detonantes de una aceleración del proceso de evolución conjunta, ejerciendo una inmensa presión sobre las demás esferas, bien para ponerse a la par o bien para constituir reductos de oposición recalcitrante o de resistencia activa. Una vez que la tecnología se convirtió en un negocio de por sí (como sucedió desde mediados del siglo XIX en adelante), a veces había que crear una necesidad social para utilizar un nuevo invento, y no al revés. En el sector farmacéutico hemos visto en tiempos recientes la creación de diagnósticos totalmente nuevos de estados mentales y físicos que justificaban el empleo de nuevas drogas (el ejemplo más clásico es el del Prozac). La creencia dominante entre la clase capitalista, e incluso en el conjunto de la sociedad, de que existe un remedio tecnológico para cada problema y una píldora para cada dolencia tiene todo tipo de consecuencias. El «fetiche de la tecnología» sigue teniendo por tanto un papel indebidamente dominante en el impulso de la historia burguesa, determinando tanto sus asombrosos logros como sus catástrofes autoinfligidas. ¡Como si los problemas de nuestra relación con la naturaleza pudieran ser resueltos por nuevas tecnologías más que por revoluciones en la reproducción social y la vida cotidiana!

Históricamente parece como si hubiera periodos en los que algunas de las esferas discreparan radicalmente de otras. En Estados Unidos, por ejemplo, donde el prestigio de la ciencia y la tecnología parece indiscutido, hay sin embargo mucha gente que rechaza la teoría de la evolución. Aunque la teoría del cambio climático global disponga de sólidas bases científicas, muchos están convencidos de que es un fraude. ¿Cómo se puede entender mejor la relación con la naturaleza cuando predominan creencias religiosas o políticas que no conceden ningún crédito a la ciencia? Situaciones de ese tipo suelen conducir a fases de estancamiento o a reconstrucciones radicales, que vienen presagiadas por crisis. En el caso del capitalismo, su tendencia a la crisis, nunca resuelta, da lugar a un desplazamiento espasmódico de una esfera a otra.

Pero hay un límite para esas alternancias. Sean cuales sean las innovaciones o los desplazamientos que tengan lugar, la supervivencia del capitalismo a largo plazo depende de su capacidad para mantener una tasa de crecimiento compuesto del 3 por 100. La historia del capitalismo está plagada de tecnologías que se ensayaron y no funcionaron, planes utópicos para la promoción de nuevas relaciones sociales (como las comunas icarianas en Estados Unidos durante la segunda mitad del siglo XIX, los kibutz israelíes en la década de 1950, o las actuales «comunas ecologistas»), que acabaron siendo asimilados o abandonados frente a la lógica capitalista dominante. Sea como sea, de un modo u otro, el capital debe organizar de algún modo las siete esferas para acomodarse a la regla del 3 por 100 de crecimiento.

En la práctica el capitalismo parece haber evolucionado siguiendo la pauta del «equilibrio puntuado» concebido por Stephen Gould para la evolución natural: periodos de evolución conjunta relativamente lenta y armónica entre las esferas, entre los que se intercalan breves fases de perturbaciones y cambios radicales. Posiblemente nos encontremos ahora (2010) inmersos en una de esas fases de cambio, pero también se perciben intentos desesperados de restaurar el orden preexistente y de proceder como si nada importante estuviera pasando ni tuviera por qué pasar.

Considérese esa idea del equilibrio puntuado en relación con la última fase importante de reconstrucción capitalista, que tuvo lugar durante la crisis de 1973-1982. En mi libro de 2005 *A Brief History of Neoliberalism* [*Breve historia del neoliberalismo,* 2007] intenté explicar la reestructuración capitalista que comenzó durante aquellos años. En todo el mundo capitalista, pero en particular en Estados Unidos (la gran potencia indiscutible de aquella época), el poder de la clase capitalista se iba debilitando con respecto al movimiento obrero y otros movimientos sociales y la acumulación capitalista iba cayendo. Los mandamases de las principales corporaciones, junto con los magnates de los medios y otros ricachones, muchos de los cuales, como los hermanos Rockefeller, provenían de lo más selecto de la clase capitalista, emprendieron un contraataque. Pusieron en marcha la reconstrucción radical del nexo Estado-finanzas (la desregulación a escala nacional y luego internacional de las operaciones financieras, la autorización de la financiación apalancada con deudas, la intensificación de la competencia internacional y el reposicionamiento del aparato del Estado con respecto a los servicios sociales). El capital cobró de nuevo poder frente a la clase obrera mediante el fomento del desempleo y la desindustrialización, la sustitución de trabajadores autóctonos por inmigrantes con salarios más bajos, la deslocalización y todo tipo de cambios tecnológicos y organizativos (por ejemplo, la subcontratación), a los que se sumó más tarde un ataque ideológico y político contra todo tipo de organización obrera durante los mandatos de Ronald Reagan y Margaret Thatcher, lo que tuvo como efecto resolver la crisis de la caída de la rentabilidad y la riqueza mediante la contención salarial y la reducción de la protección social a cargo del Estado. Las concepciones mentales del mundo se reconfiguraron cuanto era posible apelando a los principios neoliberales de la libertad individual como algo necesariamente inserto en el libre mercado y el libre comercio. El Estado renunció a buena parte de sus tareas con respecto a la protección social y se desmanteló gradualmente el conjunto de regulaciones medioambientales que se habían establecido a principios de la década de 1970 (como la protección medioambiental). También aparecieron de repente nuevas formas de consumismo en determinados segmentos del mercado y un estilo de vida más individualista, potenciado por el estilo posmoderno de urbanización (la «disneyficación» del centro de las ciudades y la gentrificación de ciertos barrios desplazaron a sus habitantes tradicionales), junto con el surgimiento de movimientos sociales centrados en una combinación de individualismo egoísta, política identitaria, multiculturalismo y preferencias sexuales no convencionales.

El capital no creó esos movimientos, pero ideó formas de explotarlos y manipularlos, en términos tanto de fracturar solidaridades de clase hasta entonces importantes, como de mercantilizar y canalizar hacia sectores de mercado las demandas afectivas y efectivas asociadas a esos movimientos. Las nuevas tecnologías electrónicas y sus variadas aplicaciones en la producción y el consumo tuvieron un enorme impacto sobre el proceso de trabajo así como sobre la vida cotidiana de gran parte de la población (los ordenadores portátiles y teléfonos móviles en sus sucesivas generaciones se han convertido en adminículos poco menos que imprescindibles). El mantra-fetiche de la década de 1990 era que las nuevas tecnologías electrónicas supondrían la solución para los problemas del mundo y presagiaba un desplazamiento igualmente colosal en las concepciones mentales dando lugar a una intensificación del individualismo posesivo y del ansia de dinero, el endeudamiento, la especulación en títulos financieros, la privatización de los activos públicos y la aceptación generalizada de la responsabilidad personal como norma cultural por encima de las clases sociales. Los estudios preliminares sobre las víctimas de la primera oleada de ejecuciones hipotecarias indican, por ejemplo, que muchas de ellas no responsabilizaban a las condiciones sistémicas sino que se sentían culpables por no ser capaces de afrontar, por la razón que fuera, la responsabilidad personal aneja a la propiedad de su domicilio. La visión del papel que correspondía al Estado y su poder se modificó espectacularmente durante el periodo neoliberal y sólo ahora comienza a restablecerse después de que el Estado se viera obligado a intervenir, acudiendo con una ayuda financiera masiva al rescate de un sistema bancario al borde de la catástrofe.

Los detalles eran por supuesto mucho más complicados y se entrecruzaban una miríada de fuerzas en todas direcciones. A escala mundial, el desarrollo geográfico desigual del neoliberalismo era evidente en todas partes, aunque con distintos grados de resistencia. Lo único que quiero señalar aquí es cuánto cambió el mundo en todas las esferas, dependiendo de dónde estaba cada uno, entre 1980 y 2010. La evolución conjunta, por desigual que fuera, ha sido evidente para quienquiera que la haya vivido.

El peligro para las ciencias sociales, así como para la comprensión popular, es considerar una de las esferas como determinante y las otras como subordinadas. Cuando aquel arquitecto del jurado surcoreano dijo que sólo importan las concepciones mentales estaba expresando una apreciación muy corriente, impelido sin duda por un comprensible deseo de simplificación; pero tales simplificaciones no están justificadas y son peligrosamente equívocas. De hecho, a nuestro alrededor proliferan las explicaciones monocausales peligrosamente supersimplistas. En su éxito de ventas *The World is Flat* [*La Tierra es plana*, 2006], el periodista Thomas L. Friedman exponía en 2005 una versión muy desahogada del determinismo tecnológico (que equivocadamente atribuía a Marx). En 1997 Jared Diamond argumentaba en *Guns, Germs and Steel* [*Armas, Gémenes y Acero*, 2006] que lo que cuenta es la relación con la naturaleza, transformando así la evolución humana en un cuento determinista medioambiental. Según él, África es pobre por razones medioambientales, no por una inferioridad racial o (lo que él no dice) debido a siglos de saqueo imperialista, empezando por el comercio de esclavos. Acemoglu *et al.* han demostrado sin ningún género de duda, a su juicio, que son las innovaciones en los dispositivos institucionales las que cuentan realmente en la distinta riqueza de las naciones. Las tradiciones marxista y anarquista se caracterizan por cierto determinismo de la lucha de clases, mientras que algunos sitúan como determinante de la evolución social las relaciones sociales de género, sexualidad o raza, y otros predican que nuestros problemas actuales derivan de un individualismo desenfrenado o de la codicia humana universal. El idealismo, que sitúa a la vanguardia del cambio social las concepciones mentales, tiene una tradición antiquísima, representada más recientemente por la teoría hegeliana de la historia, pero hay muchas otras versiones que sitúan en el centro las visiones e ideas de audaces innovadores y empresarios, líderes religiosos o pensadores utópicos (como algunas versiones del maoísmo). Según esas concepciones, lo que realmente importa son las creencias y los valores cambiantes; bastaría cambiar el discurso, se dice a veces, para que el mundo también cambiara.

El ala más obrerista de la tradición marxista, por otra parte, trata el proceso de trabajo como la única posición desde la que puede llegar un cambio auténticamente revolucionario, porque el poder real del trabajo para cambiar el mundo reside exclusivamente en la actividad laboral. Desde ese punto de partida y sólo desde él es posible *Change the World without Taking Power* [*Cambiar el mundo sin tomar el poder,* 2002], aseguraba John Holloway. En otro texto también popular, *Blessed Unrest* (2007), Paul Hawken sugería que el cambio social en nuestra época sólo puede emanar, y ya lo está haciendo, de los compromisos prácticos de millones de personas tratando de transformar su vida cotidiana en el lugar particular en el que viven, dejando a un lado todas esas ideologías políticas y concepciones mentales utópicas (desde el comunismo hasta el neoliberalismo) que se han demostrado tan desastrosas en el pasado. La versión de izquierdas de esa teoría ve ahora la política de la vida cotidiana en lugares particulares como el semillero fundamental para la acción política y el cambio radical. La creación de «economías solidarias» locales sería la única respuesta posible. Hay, por otro lado, toda una escuela «institucionalista» de historiadores, filósofos y políticos que con ese título indican su adhesión a una teoría del cambio social que privilegia como fundamental el control y la reforma de los dispositivos institucionales. La versión leninista revolucionaria de ese pensamiento consistiría en conquistar y aplastar el poder del Estado. Otra versión radical deriva del foco que ponía Michel Foucault en las cuestiones de «gobernanza», analizando particularmente las intersecciones entre dos esferas, la de los sistemas institucionales y administrativos y la de la vida cotidiana (pensada como política del cuerpo).

Cada posición en esa panoplia de posibilidades tiene algo importante que decir, por parcial o unidimensional que sea, sobre el dinamismo socioecológico del capitalismo y el potencial para construir alternativas; el problema surge cuando una u otra de esas perspectivas se plantea dogmáticamente como fuente única y punto primordial de presión política para lograr un cambio. En las ciencias sociales ha habido toda una historia desgraciada en cuanto a privilegiar algunas esferas de actividad sobre las demás. A veces eso refleja una situación en la que alguna de ellas –ya sea la lucha de clases o el dinamismo tecnológico– parece estar a la vanguardia de las transformaciones socioecológicas en curso, y sería muy burdo no reconocerlo en tal caso. Evidentemente, no se trata de que las siete esferas deban evolucionar siempre a la par, sino de tener siempre presente la tensión dialéctica en su desarrollo desigual.

Lo que parece de menor importancia en un periodo o en un lugar, puede resultar primordial en otros. Las luchas obreras no están ahora a la vanguardia de la dinámica política, tal como sucedía durante la década de 1960 y a principios de la de 1970. Ahora se presta mucha más atención que antes a la relación con la naturaleza. También hay que dar la bienvenida al interés actual por la vida cotidiana, que en el pasado no recibía la atención que merecía; y justamente ahora no hay que extenderse quizá en el impacto social de las nuevas tecnologías y las formas organizativas, que en el pasado pudieron ser priorizadas en exceso.

La presentación marxiana de la transición del feudalismo al capitalismo puede reconstruirse y leerse como una evolución conjunta de las siete diferentes esferas de actividad detalladas anteriormente. El capitalismo no suplantó al feudalismo mediante una clara transformación revolucionaria impulsada por las fuerzas movilizadas en una sola de esas esferas; tuvo que desarrollarse en los intersticios de la vieja sociedad y reemplazarla poco a poco, a veces mediante la fuerza, violencia, depredación y apropiación de bienes ajenos, y en otros momentos mediante la astucia. A menudo perdió batallas contra el Antiguo Régimen, aunque al final ganara la guerra. Sin embargo, a medida que conseguía cierta cuota de poder, la incipiente clase capitalista tenía que construir formas sociales alternativas a partir de las tecnologías, las relaciones sociales, los sistemas administrativos, las concepciones mentales, los sistemas de producción, las relaciones con la naturaleza y las pautas de la vida cotidiana que habían constituido el armazón del orden feudal precedente. Fue precisa una evolución conjunta y un desarrollo desigual en las diferentes esferas antes de que el capitalismo elaborara no sólo su propia base tecnológica, sino también su sistema de creencias y sus concepciones mentales, sus configuraciones inestables pero claramente clasistas de las relaciones sociales, sus peculiares ritmos espacio-temporales y sus igualmente curiosas formas de vida cotidiana, por no hablar de sus procesos de producción y de su marco institucional y administrativo, antes de que se pudiera hablar de un auténtico capitalismo.

Y aun así, llevaba consigo múltiples marcas de las condiciones bajo las que se había realizado la transición. Aunque quizá se han exagerado mucho las diferencias entre las tradiciones protestante, católica y confuciana como explicación de las singulares características que presenta el capitalismo en distintas partes del mundo, sería insensato afirmar que tales influencias son irrelevantes o despreciables. Además, una vez que el capitalismo asentó sus propias bases, emprendió un movimiento revolucionario continuo en todas las esferas para atenuar las inevitables tensiones generadas por la acumulación sin fin de capital con una tasa de crecimiento compuesto. Los hábitos cotidianos y las concepciones mentales de la clase obrera británica surgidos durante la década de 1990 (y la propia redefinición de lo que constituyen hoy día la «clase obrera» y sus relaciones sociales) no son los mismos que la caracterizaban durante las décadas de 1950 y 1960. El proceso de evolución conjunta que el capitalismo pone en movimiento es permanente.

Quizá uno de los mayores fallos en los pasados intentos de construir el socialismo haya sido la renuencia a considerar políticamente todas esas esferas y a permitir que la dialéctica entre ellas abriera nuevas posibilidades, en lugar de cerrarlas. El comunismo revolucionario, en particular el de tipo soviético –especialmente después de que Stalin pusiera abruptamente fin al periodo de experimentación revolucionaria de la década de 1920– redujo con demasiada frecuencia la dialéctica de las relaciones entre las esferas a un programa de vía única en el que correspondía a las fuerzas productivas (tecnologías) encabezar el cambio. Ese planteamiento fracasó inevitablemente y dio lugar a un estancamiento (burocratización) de los dispositivos administrativos e institucionales, convirtió la vida cotidiana en una aburrida monotonía y congeló la posibilidad de explorar nuevas relaciones sociales o concepciones mentales. Tampoco prestó la debida atención a las relaciones con la naturaleza, con consecuencias desastrosas. Está claro que Lenin y los bolcheviques no tenían otra opción que intentar construir el comunismo a partir de las configuraciones heredadas del antiguo régimen (en parte feudal y en parte capitalista), y desde ese punto de vista cabe entender su adopción del sistema fabril fordista y de sus tecnologías y formas organizativas como un paso necesario en la transición al comunismo. Lenin argumentó, comprensiblemente, que para que se produjera la transición al socialismo y luego al comunismo había que basarse inicialmente en las tecnologías y formas organizativas más avanzadas del capitalismo; pero no hubo un intento consciente, en particular desde el momento en que Stalin se hizo con el poder, de avanzar hacia la confección de tecnologías y formas organizativas auténticamente socialistas y menos aún comunistas.

La abrumadora percepción dialéctica de Mao sobre el funcionamiento de las contradicciones, así como su reconocimiento, al menos en principio, de que una revolución en China tenía que ser permanente o no sería nada, lo llevó a precisar conscientemente la transformación revolucionaria en diversas esferas de actividad en distintas fases históricas. El «Gran Salto Adelante» insistía en la producción y en el cambio tecnológico y organizativo. Fracasó en sus objetivos inmediatos y provocó una terrible hambruna, pero cabe asegurar que también tuvo un enorme impacto sobre las concepciones mentales. La Revolución Cultural trató de reconfigurar radical y directamente las relaciones sociales y las concepciones mentales del mundo. Aunque casi todo el mundo piensa actualmente que Mao fracasó lamentablemente en ambos propósitos, cabría sospechar que el asombroso rendimiento económico y la transformación revolucionaria que han caracterizado a China desde su viraje a las reformas institucionales y administrativas, iniciado a finales de la década de 1970, se han basado en muchos aspectos en los logros reales del periodo maoísta (en particular, el abandono de muchas relaciones sociales y concepciones mentales «tradicionales» de las masas a medida que el partido profundizaba su influencia sobre la vida cotidiana). Mao reorganizó totalmente los cuidados sanitarios en la década de 1960, por ejemplo, enviando un ejército de «médicos descalzos» a las regiones rurales hasta entonces desatendidas y miserables para difundir los principios de una medicina preventiva elemental, medidas de sanidad pública y cuidados prenatales. La espectacular reducción de la mortalidad infantil y el aumento de la esperanza de vida que resultaron de todo ello produjeron los excedentes de mano de obra que alimentaron el crecimiento acelerado de la economía china a partir de 1980. También impuso limitaciones drásticas de la actividad reproductiva mediante la puesta en vigor del límite de un solo hijo por familia. Que todo esto abriera la vía hacia cierto tipo de desarrollo capitalista fue una consecuencia no pretendida de enorme importancia.

¿Cómo se pueden entonces concebir estrategias revolucionarias a la luz de esa teoría de la evolución conjunta del cambio social? A mi juicio ofrece un marco de investigación que puede tener consecuencias prácticas a todos los niveles del pensamiento, desde las grandes estrategias revolucionarias hasta el rediseño de la urbanización y la vida en las ciudades. Al mismo tiempo señala que continuamente nos encontramos con imprevistos, contradicciones y posibilidades autónomas, así como con un cúmulo de consecuencias no pretendidas.

Como en la transición del feudalismo al capitalismo, hay muchos espacios intersticiales en los que fomentar movimientos sociales alternativos, esto es, anticapitalistas; pero también hay muchas posibilidades de que iniciativas bien intencionadas sean asimiladas o acaben catastróficamente. A la inversa, acontecimientos aparentemente negativos pueden dar resultados sorprendentemente buenos. ¿Debería esto desanimarnos? Dado que no cabe detener la evolución en general ni la de las sociedades humanas en particular (con o sin el imperativo capitalista), no tenemos otra opción que participar en el drama. Nuestra única alternativa es si debemos o no esforzarnos por cobrar conciencia de qué resultado están dando nuestras intervenciones y estar dispuestos a virar rápidamente cuando cambien las condiciones o cuando se hagan evidentes consecuencias indeseadas. La evidente adaptabilidad y la flexibilidad del capitalismo proporcionan a este respecto un sobresaliente modelo para la emulación.

¿Por dónde debemos comenzar entonces nuestro movimiento anticapitalista revolucionario? ¿Por las concepciones mentales? ¿Por la relación con la naturaleza? ¿Por la vida cotidiana y las prácticas reproductivas? ¿Por las relaciones sociales? ¿Por las tecnologías y las formas organizativas? ¿Por los procesos de trabajo? ¿Por la conquista de las instituciones y su transformación revolucionaria?

Un repaso del pensamiento alternativo y de los movimientos sociales de oposición mostraría que distintas corrientes de pensamiento (muy a menudo, por desgracia, mutuamente excluyentes) difieren en cuanto al aspecto por el que conviene empezar. Pero la teoría de la evolución conjunta aquí expuesta implica que podemos empezar por cualquier parte y en cualquier momento y lugar, ¡con tal de no permanecer en el mismo punto desde donde comenzamos! La revolución tiene que ser un *movimiento* en todos los sentidos de esa palabra. Si no podemos movernos en y a través de las distintas esferas, en último término no iremos a ningún sitio. Reconociendo esto, se hace imperativo considerar alianzas entre todo un conjunto de fuerzas sociales configuradas en las distintas esferas. Quienes poseen un profundo conocimiento de la relación con la naturaleza deben aliarse con los más familiarizados con el funcionamiento de los dispositivos institucionales y administrativos, con los expertos en ciencia y tecnología, con quienes saben cómo se pueden reorganizar más fácilmente las relaciones sociales y la vida cotidiana, cómo se pueden cambiar las concepciones mentales y cómo se pueden reconfigurar la producción y los procesos de trabajo.

Comentario

Este capítulo de *The Enigma of Capital* [*El enigma del capital y la crisis del capitalismo,* 2012] resume mi visión de cómo se puede poner a trabajar el pensamiento evolucionista de Marx para lidiar con las complejidades de las trayectorias actuales y futuras del capitalismo y tener una idea de cómo, por qué y cuándo podría evolucionar hacia algún otro modo de producción. Marx incorpora otras investigaciones técnicas y económicas limitadas (algunas de ellas bajo la forma de modelos matemáticos) en esa visión evolutiva más amplia del capital como una totalidad dinámica y perpetuamente cambiante de las relaciones sociales y naturales. Es vital comprender la fluidez de los procesos mediante los cuales se reproduce el capital y se reconstituye de vez en cuando en diferentes configuraciones. Las presiones que se cruzan para cambiar las relaciones productivas y sociales, de consumo y distribución, nuestras relaciones con la naturaleza, los dispositivos institucionales y nuestra vida cotidiana, junto con nuestras concepciones del mundo forman una totalidad que evoluciona, siempre en movimiento y siempre propensa a la crisis. Un análisis más detallado, del tipo que presenté en *Seventeen Contradictions and the End of Capitalism* [*Diecisiete contradicciones y el fin del capitalismo,* 2014], revela las tensiones internas dentro del sistema capitalista que constituyen los principales resortes del cambio. Un estudio de las múltiples contradicciones entrelazadas del capital nos permite ver más claramente las imposibilidades, la locura y las consecuencias irracionales de la acumulación interminable que exige el capital. Es imperativo que comencemos a pensar las estrategias políticas requeridas para afrontar los excesos del capital aquí y ahora y encontrar oportunidades para la construcción de alternativas económicas y políticas viables.

Bibliografía

ABADIE, P. (1988), *Paul Abadie, Architecte, 1812–1884,* París, Ministère de la Culture, de la Communication, des Grands Travaux et du Bicentennaire, Editions de la Réunion de Musées Nationaux.

ACEMOGLU, D. y ROBINSON, J. (2012), *Why Nations Fail: The Origins of Power, Prosperity, and Poverty* (2012) [ed. cast: *Por qué fracasan los países: Los orígenes del poder, la prosperidad y la pobreza,* Barcelona, Deusto, 2012].

AGNEW, J. y J. DUNCAN (eds.) (1989), *The Power of Place: Bringing Together the Geographical and Sociological Imaginations,* Boston, MA, Unwin Hyman.

ALEXANDER, D. (1990), «Bioregionalism: science or sensibility», *Environmental Ethics* 12, pp. 161-173.

ALLISON, J. (1932), *Monsieur Thiers,* New York, Norton.

ALONSO, W. (1964), *Location and Land Use,* Cambridge, MA, MIT Press.

ALTHUSSER, L. y BALIBAR E. (1965), *Lire le Capital,* París, Maspero [ed. cast: *Para leer El capital,* México, Siglo XXI, 1969].

AMIN, S. (1973), *Accumulation on a World Scale,* Nueva York, Monthly Review Press [ed. cast: *La acumulación a escala mundial: Crítica de la teoría del subdesarrollo,* Madrid, Siglo XXI de España, Madrid].

— (2001), «Imperialism and globalisation», *Monthly Review* 53: 2.

ANDERLINI, J. (2011), «Fate of real estate is global concern», *Financial Times,* 1 de junio.

ANDERSON, P. (2002), «Internationalism: a breviary», *New Left Review* 14, marzo-abril [ed. cast: «Internacionalismo: un breviario», *NLR* 14, mayo-junio de 2002].

ARENDT, H. (1968), *Imperialism,* Nueva York: Harcourt Brace [ed. cast: *Los orígenes del totalitarismo,* Madrid, Taurus, 1974, 1998; «Segunda Parte: Imperialismo»].

ARMSTRONG, P.; GLYN A. y HARRISON J. (1991), *Capitalism since World War II: The Making and Break-up of the Great Boom,* Oxford, Basil Blackwell.

ARRIGHI, G. y SILVER B. (eds.) (1999), *Chaos and Governance in the Modern World System,* Minneapolis: University of Minnesota Press [ed. cast: *Caos y orden en el sistema-mundo moderno,* Madrid, Akal, 2001].

ATTFIELD, R. (1991), *The Ethics of Environmental Concern,* Athens, University of Georgia Press.

BALL, M. (1983), *Housing Policy and Economic Power: The Political Economy of Owner Occupation,* Londres, Routledge.

BARAN, P. (1957), *The Political Economy of Growth,* Nueva York, Monthly Review Press [ed. cast: *La Economía Política del Crecimiento,* México, Fondo de Cultura Económica, 1973].

BARBOZA, D. (2010), «A city born of China's boom, still unpeopled», *New York Times,* 20 de octubre.

BARBOZA, D. (2011), «Inflation in China poses big threat to global trade», *New York Times,* 17 de abril.

BARBOZA, D. (2011), «Building boom in China stirs fears of debt overload», *New York Times,* 7 de julio.

BARDHAN, A. y WALKER, R. (2010), «California, pivot of the Great Recession», Working Paper Series, Institute for Research on Labor and Employment, University of California, Berkeley.

BARRETT BROWN, M. (1974), *The Economics of Imperialism,* Baltimore, MD, Penguin.

BATE, J. (1991), *Romantic Ecology: Wordsworth and the Environmental Tradition,* Nueva York, Routledge.

BAUDRILLARD, J. (1972), *Pour une critique de l'économie politique du signe*, París, Gallimard [ed. cast: *Crítica de la economía política del signo,* México, Siglo XXI, 1974].

— (1986), *L'Amérique*, Paris, Grasset [ed. cast: *América*, Barcelona, Anagrama, 1997].

BELL, D. (1978), *The Cultural Contradictions of Capitalism*, Nueva York, Basic Books.

BELLO, W. (2002), *Deglobalisation: Ideas for a New World Economy*, Londres, Zed Books.

BENNETT, J. (1976), *The Ecological Transition: Cultural Anthropology and Human Adaptation*, Nueva York, Pergamon Press.

BENTON, T. (1989), «Marxism and natural limits: an ecological critique and reconstruction», *New Left Review* 178, pp. 51-86.

— (1992), «Ecology, socialism and the mastery of nature: a reply to Reiner Grundmann», *New Left Review* 194, pp. 55-74.

BERKOWITZ, B. (1984), «Economic development really works: Baltimore, MD», en R. Bingham y J. Blair (eds.), *Urban Economic Development,* Beverly Hills, CA, Sage.

BERNAL, J. (1971), *Science in History,* 4 vols, Cambridge, MA, MIT Press.

BERRY, B. y HORTON F. (1970), *Geographic Perspectives on Urban Systems,* Englewood Cliffs, NJ, Prentice-Hall.

BEYNON, H. (1985), *Digging Deeper. Issues in the Miners' Strike,* Londres, Verso, 1985.

BHAGWATI, J. (1998), «The capital myth: the difference between trade in widgets and dollars», *Foreign Affairs* 77(3), pp. 7-12.

BIANCHINI, F. (1991), «The arts and the inner cities», en B. Pimlott y S. MacGregor (eds.), *Tackling the Inner Cities,* Oxford, Clarendon Press.

BIRCH, C. y COBB, J. (1981), *The Liberation of Life: From the Cell to the Community,* Cambridge, Cambridge University Press.

BIRD, J.; CURTIS, B.; PUTNAM, T.; ROBERTSON G. y TICKNER L. (eds.) (1993), *Mapping the Futures: Local Cultures Gobal Change,* Londres, Routledge.

BLUESTONE, B. y HARRISON, B. (1982), *The Deindustrialisation of America*, Nueva York, Basic Books.

BLUNKETT, D. y JACKSON, K. (1987), *Democracy in Crisis: The Town Halls Respond,* Londres, Hogarth Press.

BODDY, M. (1980), *The Building Societies*, Londres, Macmillan.

— (1984), «Local economic and employment strategies», en M. Boddy y C. Fudge, *Local Socialism*, Londres, Macmillan.

BOHM, D. y PEAT F. (1987), *Science, Order and Creativity,* Londres, Routledge.

BOOKCHIN, M. (1985), «Ecology and revolutionary thought», *Antipode* 17(2/3), pp. 89-97.

— (1990), *The Philosophy of Social Ecology: Essays on Dialectical Naturalism,* Montreal, Black Rose Books.

— (1990), *Remaking Society: Pathways to a Green Future,* Boston, MA, South End Press.

Booth, A. y Jacobs, H. (1990), «Ties that bind: Native American beliefs as a foundation for environmental consciousness», *Environmental Ethics* 12, pp. 27-43.

Borneman, E. (ed.) (1976), *The Psychoanalysis of Money*, Londres, Urizen Books.

Bouinot, J. (ed.) (1987), *L'Action Economique des Grands Villes en France et à l'Etranger*, París, Centre de Formation des Personnels Communaux.

Boyer, C. (1988), «The return of aesthetics to city planning», *Society* 25(4), pp. 49-56.

Bradsher, K. (2004), «China announces new bailout of big banks», *New York Times*, 7 de enero.

Bramwell, A. (1989), *Ecology in the Twentieth Century: A History*, New Haven, CT, Yale University Press.

Braudel, F. (1967), *Afterthoughts on Material Civilisation and Capitalism*, Baltimore, MD, Johns Hopkins University Press.

Braudel, F. y Labrousse, E. (eds.) (1976), *Histoire Economique et Social de la France*, vol. 3, París, Presses Universitaires de France.

Brecher, J. y Costello, T. (1994), *Global Village or Global Pillage? Economic Reconstruction from the Bottom Up*, Boston, MA, South End Press.

Brenner, R. (2002), *The Boom and the Bubble: The US in the World Economy*, Londres, Verso [ed. cast: *La expansión económica y la burbuja bursátil. Estados Unidos y la economía mundial*, Akal, 2003].

Bruhat, J.; Dautry, J. y Terson, E. (1971), *La Commune de 1871*, París Editions Sociales.

Brundtland Report (1987), *Our Common Future*, World Commission on Environment and Development, Oxford, Oxford University Press.

Buffett, W. (2006), «In class warfare, guess which class is winning», entrevista con Ben Stein, *New York Times*, 26 de noviembre.

Burkett, P. y Hart-Landsberg, M. (2001), «Crisis and recovery in East Asia: the limits of capitalist development», *Historical Materialism* 8.

Butzer, K. (1982), *Archaeology as Human Ecology*, Cambridge, Cambridge University Press.

Calvino, I. (1979), *Se una notte d'inverno un viaggiatore*, Turín, Einaudi [ed. cast: *Si una noche de invierno un viajero...*, Madrid, Siruela, 2012].

Capra, F. (1975), *The Tao of Physics*, Berkeley, CA, Shambhala [ed. cast: *El Tao de la Física*, Málaga, Sirio, 2000].

— (1982), *The Turning Point: Science, Society, and the Rising Culture,* Nueva York, Simon and Schuster [ed. cast.: *El punto crucial,* Buenos Aires, Estaciones, 1999].

CARCHEDI, G. (2002), «Imperialism, dollarisation and the euro», *Socialist Register,* Londres, Merlin Press.

CARTER, E.; DONALD, J. y SQUIRES, J. (eds.) (1993), *Space and Place: Theories of Identity and Location,* Londres, Lawrence and Wishart.

CASTELLS, M. (1983), *The City and the Grassroots,* Berkeley, University of California Press.

CHAMBERS, I. (1987), «Maps for the metropolis: a possible guide to the present», *Cultural Studies* 1, pp. 1-22.

CHENEY, G. (1999), *Values at Work: Employee Participation Meets Market Pressures at Mondragon,* Ithaca, NY, ILR Press.

CLARK, J. (1989), «Marx's inorganic body», *Environmental Ethics* 11, pp. 243-258.

COCHRANE, A. (ed.) (1987), *Developing Local Economic Strategies,* Milton Keynes, Open University Press.

COCKBURN, C. (1977), *The Local State, Management of Cities and People,* Londres, Pluto Press.

COHEN, S. y TAYLOR, L. (1978), *Escape Attempts: The Theory and Practice of Resistance to Everyday Life,* Harmondsworth, Penguin.

COLLINGWOOD, R. (1960), *The Idea of Nature,* Oxford, Oxford University Press.

COLQUHOUN, A. (1991), «On modern and postmodern space», en A. Colquhoun, *Modernity and the Classical Tradition: Architectural Essays, 1980-87,* Cambridge, MA, MIT Press.

COMMONER, B. (1990), *Making Peace with the Planet,* Nueva York, Pantheon.

COOKE, P. (1989), *Localities: The Changing Face of Urban Britain,* Londres, Unwin Hyman.

COOKSON, R. (2011), «China bulls reined in by fears on economy», *Financial Times,* 1 de junio.

COOPER, R. (2002), «The new liberal imperialism», *Observer,* 7 de abril.

COX, K. y MAIR, A. (1989), «Levels of abstraction in locality studies», *Antipode* 21, pp. 121-132.

CRONON, W. (1983), *Changes in the Land: Indians, Colonists, and the Ecology of New England,* Nueva York, Hill and Wang.

— (1991), *Nature's Metropolis: Chicago and the Great West,* Nueva York, Norton.

CROSBY, A. (1986), *Ecological Imperialism: The Biological Expansion of Europe, 900-1900,* Cambridge, Cambridge University Press.

DANSETTE, A. (1965), *Histoire Religieuse de la France Contemporaine,* París, Presse Universitaires de la France.

DAUNCEY, G. (1988), *After the Crash: The Emergence of the Rainbow Economy,* Basingstoke, Green Print.

DAVIES, H. (1980), «The relevance of development control», *Town Planning Review,* 51, pp. 7-24.

DIAMOND, J. (1997), *Guns, Germs and Steel: The Fates of Human Societies* [ed. cast: *Armas, Gémenes y Acero: Breve historia de la humanidad en los últimos trece mil años,* Madrid, Debate, 2006].

DICKEN, P. (1986), *Global Shift: Industrial Change in a Turbulent World,* Londres, Sage.

DICKENS, P. (1992), *Society and Nature: Towards a Green Social Theory,* Londres, Harvester Wheatsheaf.

DOBSON, A. (1990), *Green Political Thought,* Londres, Unwin Hyman.

DREYFUS, R. (1928), *Monsieur Thiers contre l'Empire: La Guerre et la Commune,* París, Grasset.

DUNCAN, S. y SAVAGE, M. (1989), «Space, scale and locality», *Antipode* 21, pp. 179-206.

DWORKIN, D. y ROMAN, L. (eds.) (1993), *Views beyond the Border Country: Raymond Williams and Cultural Politics,* Londres, Routledge.

EAGLETON, T. (ed.) (1989), *Raymond Williams: Critical Perspectives,* Cambridge, Cambridge University Press.

ECKERSLEY, R. (1992), *Environmentalism and Political Theory: Toward an Ecocentric Approach,* Londres, UCL Press.

EDWARDS, S. (1971), *The Paris Commune,* Chicago, IL, Quadrangle.

EHRENREICH, B. y MUHAMMAD, D. (2009), «The recession's racial divide», *New York Times,* 12 de septiembre.

ELKIN, S. (1987), *City and Regime in the American Republic,* Chicago, IL, University of Chicago Press.

ELLEN, R. (1982), *Environment, Subsistence and System: The Ecology of Small-Scale Social Formations,* Cambridge, Cambridge University Press.

EMMANUEL, A. (1969), *L'échange inégal: Essais sur les antagonismes dans les rapports économiques internationaux,* París, Maspero [ed. cast: *El intercambio desigual,* México, Siglo XXI, 1973].

ENGELS, F. (1845), *Die Lage der arbeitenden Klasse in England,* en Marx-Engels Werke (MEW) Band 2, Berlín, Dietz, 1962, pp. 225-506 [ed. cast: *La situación de la clase obrera en Inglaterra,* Madrid, Akal, 1976; también https://www.marxists.org/espanol/m-e/1840s/situacion/index.htm].

— (1872-73), *Zur Wohnungsfrage,* en Marx-Engels Werke (MEW) Band 18, Berlín, Dietz, 1976, pp. 209-287 [ed. cast: *Contribución al problema de la vivienda,* https://www.marxists.org/espanol/m-e/1870s/vivienda/index.htm.].

— (1873-83), *Dialektik der Natur,* en Marx-Engels Werke (MEW) Band 20, Berlín, Dietz, 1975, pp.305-570 [ed. cast:*Dialéctica de la Naturaleza,* Madrid, Akal, 2017; en línea: https://historiaycritica.files.wordpress.com/2016/12/federico-engels-dialectica-de-la-naturaleza.pdf.].

ENGLISH, J. y GRAY, E. (1979), *The Coming Real Estate Crash,* New Rochelle, NY, Arlington House.

ENZENSBERGER, H.-M. (1974), «A critique of political ecology», *New Left Review* 84, pp. 3-31.

EXCLUDED WORKERS CONGRESS (2010), *Unity for Dignity: Excluded Workers Report,* c/o Inter-Alliance Dialogue, Nueva York, diciembre.

FALK, R. (2000), *Predatory Globalisation: A Critique,* Cambridge, Polity Press.

FANON, F. (1967), *Les damnés de la Terre,* París, Maspero, 1961 [ed. cast: *Los condenados de la Tierra,* Tafalla, Txalaparta, 1999].

FIREY, W. (1960), *Man, Mind and the Land,* Glencoe, IL, Free Press.

FISHER, F. (ed.) (1993), *Fighting Back in Appalachia*, Philadelphia, PA, Temple University Press.

FLETCHER, B. y GAPASIN, F. (2008), *Solidarity Divided: The Crisis in Organised Labor and a New Path Toward Social Justice,* Berkeley, University of California Press.

FORTUNE MAGAZINE (1970), *Special Issue on the Environment*, febrero.

FOUCAULT, M. (1984), *The Foucault Reader*, ed. P Rabinow, Harmondsworth, Penguin.

FOULON, M. (1934), *Eugène Varlin: Relieure et Membre de la Commune*, Clermont Ferrand, Edns Mont-Louis.

FOX, W. (1990), *Toward a Transpersonal Ecology: Developing New Foundations for Environmentalism*, Boston, MA, SUNY Press.

FRANK, A. G. (1969), *Capitalismo y Subdesarrollo en América Latina,* México, Siglo XXI, 1987 [http://www.archivochile.cl/Ideas_Autores/gunderfa/gunderfa0006.pdf.].

FRUG, G. (1980), «The city as a legal concept», *Harvard Law Review* 93(6), pp. 1059-1153.
FUSS, D. (1984), *Essentially Speaking: Feminism, Nature and Difference,* Londres, Routledge.
GAILLARD, J. (1977), *Paris, La Ville, 1852–1870: L'Urbanisme Parisien à l'Heure d'Haussmann: Des Provinciaux aux Parisiens: La Vocation ou Les Vocations Parisiennes,* París, H. Champion.
GERRATANA, V. (1973), «Marx and Darwin», *New Left Review* 82, pp. 60-82.
GERTLER, M. (1988), «The limits to flexibility: comments on the post-Fordist vision of production and its geography», *Transactions of the Institute of British Geographers, New Series* 13: pp. 419-432.
GILLS, B. (ed.) (2000), *Globalisation and the Politics of Resistance,* Nueva York, Palgrave.
GILROY, R. (1987), *There Ain't No Black in the Union Jack,* Chicago, IL, University of Chicago Press.
GLACKEN, C. (1967), *Traces on the Rhodian Shore,* Berkeley, University of California Press.
GOETZMANN, W. y NEWMAN, F. (2010), «Securitisation in the 1920's», Working Papers, National Bureau of Economic Research.
GOLDSMITH, E. (1992), *The Way: An Ecological World View,* Londres, Rider.
GONCOURT, E. (1969), *Paris under Siege, 1870–71,* extracto de los Diarios de los hermanos Goncourt, ed. de G. Becker, Ithaca, NY, Cornell University Press.
GOODIN, R. (1992), *Green Political Theory,* Cambridge, Polity Press.
GOODMAN, R. (1979), *The Last Entrepreneurs,* Boston, MA, South End Press.
GOSSELINK, J.; ODUM, E. y POPE, R. (1974), *The Value of the Tidal Marsh,* Baton Rouge, Center for Wetland Resources, Louisiana State University.
GOTTLIEB, M. (1976), *Long Swings in Urban Development*, Nueva York, National Bureau of Economic Research.
GOTTLIEB, R. (1988), *A Life of Its Own: The Politics and Power of Water,* Nueva York, Harcourt Brace Jovanovich.
GOUDIE, A. (1986), *The Human Impact on the Natural Environment,* Oxford, Basil Blackwell.
GOULD, R. (1995), *Insurgent Identities: Class Community and Protest in Paris from 1848 to the Commune,* Chicago, IL, University of Chicago Press.
GOWAN, P. (1999), *The Global Gamble: Washington's Bid for Global Dominance,* Londres: Verso [ed. cast: *La apuesta por la globalización. La geoeconomía y la geopolítica del imperialismo euro-estadounidense,* Akal, 2000].

GOWAN, P.; PANITCH, L. y SHAW, M. (2001), «The state, globlisation and the new imperialism: a roundtable discussion», *Historical Materialism* 9.

GRANOVETTER, M. (1985), «Economic action and social structure: the problem of embeddedness», *American Journal of Sociology* 91, pp. 481-510.

GREBLER, L.; BLANK, D. y WINNICK, L. (1956), *Capital Formation in Residential Real Estate,* Princeton, NJ, Princeton University Press.

GREEN, H. (1988), «Retailing in the new economic era», en Sternlieb, G. y J. Hughes (eds.), *America's New Market Geography,* New Brunswick, Rutgers University Press.

GREGORY, D. y J. URRY (eds.) (1985), *Social Relations and Spatial Structures,* Londres, Palgrave Macmillan.

GREIDER, W. (1981), «The education of David Stockman», *Atlantic Monthly,* diciembre.

GRIGSBY, W.; ROSENBERG, L.; STEGMAN, M. y TAYLOR, J. (1971), *Housing and Poverty,* Philadelphia, Institute for Environmental Studies, University of Pennsylvania.

GRUNDMANN, R. (1991), «The ecological challenge to Marxism», *New Left Review* 187, pp. 103-120.

— (1991), *Marxism and Ecology*, Oxford, Oxford University Press.

GUHA, R. (1989), *The Unquiet Woods: Ecological Change and Peasant Resistance in the Himalaya*, Berkeley, University of California Press.

GUILLEMIN, H. (1956), *Cette Curieuse Guerre de 70: Thiers, Trochu, Bazaine*, París, Gallimard.

GUNDLE, S. (1986) «Urban dreams and metropolitan nightmares: models and crises of communist local government in Italy», en *Marxist Local Governments in Western Europe and Japan*, 66-95.

GURR, T. y KING, D. (1987), *The State and the City*, Chicago, IL, University of Chicago Press.

HAILA, Y. y LEVINS, R. (1992), *Humanity and Nature: Ecology, Science and Society*, Londres, Pluto Press.

HAJER, M. (1992), «The politics of environmental performance review: choices in design», en E. Lykke (ed.), *Achieving Environmental Goals: The Concept and Practice of Environmental Performance Review*, Londres, Belhaven Press.

HALL, S. (1989), «Politics and letters», en T. Eagleton, *Raymond Williams: Critical Perspectives*, Cambridge, Cambridge University Press.

HARAWAY, D. (1989), *Primate Visions: Gender, Race and Nature in the World of Modern New York*, Nueva York, Routledge.

HARCOURT, G. (1972), *Some Cambridge Controversies in the Theory of Capital*, Cambridge, Cambridge University Press.

HARDIN, G. (1968), «The tragedy of the commons», *Science* 162, pp. 1243-1248.

HARRISON, B. y BLUESTONE, B. (1988), *The Great U-Turn: Capital Restructuring and the Polarisation of America*, Nueva York, Basic Books.

HARVEY, D. (1974), «Population, resources, and the ideology of science», *Economic Geography* 50, pp. 256-277.

— (1975), «The political economy of urbanisation in advanced capitalist countries», en G. Gappert y H. Rose (eds.), *The Social Economy of Cities*, Beverly Hills, CA, Sage.

— (1982), *The Limits to Capital*, Oxford: Basil Blackwell [ed. cast: *Los límites del capitalismo y la teoría marxista*, México, FCE, 1990].

— (1985), *The Urbanisation of Capital*, Oxford, Basil Blackwell.

— (1989), *The Condition of Postmodernity*, Oxford: Basil Blackwell [ed. cast: *La condición de la posmodernidad: Investigación sobre los orígenes del cambio cultural*, Buenos Aires, Amorrortu, 1998].

— (1990), «Between space and time: reflections on the geographical imagination», *Annals, Association of American Geographers* 80, pp. 418-434.

— (2003), *The New Imperialism*, Oxford, Oxford University Press [ed. cast: *El nuevo imperialismo*, Madrid, Akal, 2004].

— (2003), *Paris, Capital of Modernity*, Nueva York, Routledge [ed. cast: *Paris, Capital de la modernidad*, Madrid, Akal, 2008].

— (2005), *A Brief History of Neoliberalism*, Oxford, Oxford University Press [ed. cast: *Breve Historia del Neoliberalismo*, Madrid, Akal, 2007].

— (2009), «Assessment: reshaping economic geography: the World Development Report», *Development and Change* 40(6), pp. 1269-1277.

— (2010), *The Enigma of Capital, and the Crises of Capitalism*, Londres, Profile Books [ed. cast: *El enigma del capital y la crisis del capitalismo*, Madrid, Akal, 2012].

— (2012), «History versus theory: a commentary on Marx's method in *Capital*», *Historical Materialism* 20(2), pp. 3-38.

HAYTER, T. y HARVEY, D. (eds.) (1993), *The Factory and the City: The Story of the Cowley Auto Workers in Oxford*, Brighton, Mansell.

HEIDEGGER, M. (1950), «Wozu Dichter?», en *Holzwege*, Fráncfort a. M., 1950 [ed cast.: *¿Para qué poetas?*, UNAM, México, 2004].

— (1954 y 1959), «Bauen, Wohnen, Denken» y «Gelassenheit», en *Gesamtausgabe* Band 7, *Vorträge und Aufsätze*, y Band 5, *Holzwege*, Pfullingen,

Neske, Klostermannn, Fráncfort del Meno, 2000 y 2003 [ed. cast: «Construir, habitar, pensar» y «Serenidad», en *Conferencias y artículos,* Ediciones del Serbal, Barcelona, 1994].

HEILBRONER, R. (1974)*, An Inquiry into the Human Prospect,* Nueva York, Norton.

HENDERSON, J. (1999), «Uneven crises: institutional foundations of East Asian economic turmoil», *Economy and Society* 28(3).

HILLE, K. y ANDERLINI, J. (2011), «China: Mao and the next generation», *Financial Times,* 2 de junio.

HOBSON, J. (1938), *Imperialism,* Londres, Allen and Unwin [ed cast.: junto a Lenin, *Imperialismo,* Madrid, Capitán Swing, 2009].

HORVATH, R. y GIBSON, K. (1984), «Abstraction in Marx's method», *Antipode* 16, pp. 12-25.

INGOLD, T. (1986), The *Appropriation of Nature: Essays on Human Ecology and Social Relations,* Manchester, Manchester University Press.

INTERNATIONAL MONETARY FUND AND INTERNATIONAL LABOUR ORGANISATION (2010), *The Challenges of Growth, Employment and Social Cohesion,* Geneva, International Labour Organisation.

JACKS, G. y WHYTE, R. (1939), *Vanishing Lands,* Nueva York, Doubleday.

JACOBS, J. (1984), *Cities and the Wealth of Nations,* Nueva York, Random House.

JAGGI, M. *et al.* (1977), *Red Bologna*, Londres, Writers & Readers.

JAMESON, F. (1988), «Cognitive mapping», en C. Nelson y L. Grossberg (eds.), *Marxism and the Interpretation of Culture,* Urbana, University of Illinois Press.

JELLINEK, F. (1937), *The Paris Commune of 1871*, Londres, Victor Gollancz.

JENCKS, C. (1984), *The Language of Post-Modern Architecture*, Londres, Academy Editions.

JESSOP, B. (1983), «Accumulation strategies, state forms and hegemonic projects», *Kapitalistate* 10/11, pp. 89-112.

JOHNSON, C. (1982), *MITI and the Japanese Miracle: The Growth of Industrial Policy, 1925–75*, Stanford, CA, Stanford University Press.

— (2000), *Blowback: The Costs and Consequences of American Empire,* Nueva York: Henry Holt.

JOHNSON, H. (1971), «The Keynesian revolution and the monetarist counterrevolution», *American Economic Review* 16(2), pp. 1-14.

JONQUET, R. (1892), *Montmartre Autrefois et Aujourd'hui,* París, Dumoulin.

Judd, D. y Ready, R. (1986), «Entrepreneurial cities and the new politics of economic development», en G. Peterson y C. Lewis (eds.), *Reagan and the Cities,* Washington, DC, Rowman and Littlefield.

Julien, C-A.; Bruhat, J. ; Bourgin, C. ; Crouzet, M. y Renovin, P. (1949), *Les Politiques d'Expansion Impérialiste,* París, Presses Universitaires de France.

Kapp, K. (1950), *The Social Costs of Private Enterprise,* Nueva York, Schocken.

Keith, M. y Pile, S. (eds.) (1993), *Place and the Politics of Identity,* Londres, Routledge.

Kern, S. (1983), *The Culture of Time and Space, 1880–1918,* Londres, Harvard University Press.

Kerner Commission (1968), *Report of the National Advisory Commission on Civil Disorders,* Washington, DC, Government Printing Office.

Kohn, M. (2003), *Radical Space: Building the House of the People,* Ithaca, NY, Cornell University Press.

Kuhn, T. (1962), *The Structure of Scientific Revolutions,* Chicago, IL: University of Chicago Press [ed. cast: *La Estructura de las Revoluciones Científicas,* México DF, Fondo de Cultura Económica, 1971].

Kuznets, S. (1961), *Capital in the American Economy: Its Formation and Financing,* Princeton, NJl National Bureau of Economic Research.

Lave, L. (1970), «Congestion and urban location», *Papers of the Regional Science Association* 25, pp. 133-152.

Lazare, L. (1872), *La France et Paris,* París, Bureau de la Bibliothèque Municipale.

Leavitt, J. y Blasi, G. (2010), «The Los Angeles Taxi Workers Alliance», en R. Milkman, J. Bloom y V. Narro (eds.), *Working for Justice: The LA Model of Organising and Advocacy*, Ithaca, NY, ILR Press.

Lee, D. (1980), «On the Marxian view of the relationship between man and nature», *Environmental Ethics* 2, pp. 1-21.

Lee, K. (1989), *Social Philosophy and Ecological Scarcity*, Londres, Routledge.

Lefebvre, H. (1973), *La survie du capitalisme. La reproduction des rapports de production*, París, Anthropos.

— (1974), *La production de l'espace*, París, Anthropos [ed. cast: *La producción del espacio*, Madrid, Capitán Swing, 2013.

— (1996), *Writings on Cities,* trad. al inglés y ed. E. Kofman y E. Lebas, Oxford, Basil Blackwell.

LEISS, W. (1974), *The Domination of Nature,* Boston, MA, Beacon Press.

LEITNER, H. (1989), «Cities in pursuit of economic growth: the local state as entrepreneur», Ms, Department of Geography, University of Minnesota, Minneapolis.

LENIN, V. (1916), *El imperialismo, fase superior del capitalismo,* Madrid, Fundación Federico Engels, 2007 [http://www.fundacionfedericoengels.net/images/PDF/lenin_imperialismo.pdf.]

LEOPOLD, A. (1968), *A Sand County Almanac,* Nueva York, Oxford University Press.

LEPIDIS, C. y JACOMIN, E. (1975), *Belleville,* París, H. Veyrier.

LESOURD, P. (1973), *Montmartre,* París, France-Empire.

LEVINE, M. (1987), «Downtown redevelopment as an urban growth strategy: a critical appraisal of the Baltimore renaissance», *Journal of Urban Affairs* 9(2), pp. 103-123.

LEVINS, R. y R. LEWONTIN (1985), *The Dialectical Biologist,* Cambridge, MA, Harvard University Press.

LEWONTIN, R. (1982), «Organism and environment», en Plotkin, H. (ed.), *Learning, Development and Culture,* Chichester, Wiley.

LISSAGARAY, P.-O. (1969), *Histoire de la Commune,* París, Maspero [ed. cast: *Historia de la Comuna,* Tafalla, Txalaparta, 2004; Estela, 1971].

LOGAN, J. y MOLOTCH, H. (1987), *Urban Fortunes: The Political Economy of Place*, Berkeley, University of California Press.

LOMNITZ-ADLER, C. (1991), «Concepts for the study of regional culture», *American Ethnologist* 18, pp. 195-214.

LONG, C. (1940), *Building Cycles and the Theory of Investment*, Princeton, NJ, Princeton University Press.

LOVEJOY, A. (1964), *The Great Chain of Being*, Cambridge, MA, Harvard University Press.

LUXEMBURG, R. (1912), *Die Akkumulation der Kapitalen,* Dresde, Dresdner Volkszeitung [ed. cast: *La acumulación del capital,* México, Grijalbo, 1967].

LYALL, K. (1982), «A bicycle built for two; public–private partnership in Baltimore», en S. Fosler y R. Berger (eds.), *Public–Private Partnership in American Cities*, Lexington, MA, Lexington Books.

LYOTARD, J. (1979), *La Condition Postmoderne. Rapport sur le savoir*, París, Minuit [ed. cast: *La condición posmoderna. Informe sobre el saber*, Madrid, Cátedra, 1987].

McCay, B. y Acheson, J. (1987), *The Question of the Commons: The Culture and Ecology of Human Resources,* Tucson, University of Arizona Press.

McEvoy, A. (1988), «Towards an interactive theory of nature and culture: ecology, production and cognition in the California fishing industry», en D. Worster (ed.), *The Ends of the Earth,* Cambridge, Cambridge University Press.

McGann, J. (1983), *The Romantic Ideology: Critical Investigation,* Chicago, IL, University of Chicago Press.

McHale, B. (1987), *Postmodernist Fiction,* Londres, Routledge.

McLuhan, M. (1966), *Understanding Media: The Extensions of Man,* Nueva York, Signet Books.

Mandel, E. (1972), *Der Spätkapitalismus,* Fráncfort, Suhrkamp [ed. cast: *El capitalismo tardío,* México, Era, 1979].

Markusen, A. (1986), «Defense spending: a successful industrial policy», *International Journal of Urban and Regional Research* 10, pp. 105-122.

Marsh, G. (1965), *Man and Nature,* Cambridge, MA, Harvard University Press.

Martin, E. (1991), «The egg and the sperm: how science has constructed a romance based on stereotypical male–female roles», *Signs* 16, pp. 485-501.

Martin, E. (1992), «The end of the body?», *American Ethnologist* 19, pp. 121-140.

Martin, P. y Cohen, D. (s.f.), «Socialism 30 in China», the-diplomat.com.

Martin, R. y Rowthorn, B. (eds.) (1986), *The Geography of Deindustrialisation,* Londres, Palgrave Macmillan.

Marx, K. (1844), *Zur Judenfrage,* en *MEW* (Marx-Engels Werke) Band 1, Berlín, Dietz, 1976, pp. 347-377 [ed. cast:*La Cuestión Judía,* Barcelona, Anthropos, 2013.

— (1844), *Ökonomisch-philosophische Manuskripte aus dem Jahre 1844*, Marx - Engels Werke, Ergänzungsband, 1. Teil, pp. 465-588, Berlín, Dietz, 1968 [ed. cast: *Manuscritos económico-filosóficos de 1844,* https://www.marxists.org/espanol/m-e/1840s/manuscritos/index.htm.].

— (1857-58), *Grundrisse der Kritik der politischen Ökonomie*, en *MEW* Band 42, Berlín, Dietz, 1983, pp. 47-905 [ed. cast: *Elementos Fundamentales para la Crítica de la Economía Política (EFCEP),* 3 vols., Madrid, Siglo XXI de España, 1971, 1998].

— (1859), *Zur Kritik der Politischen Ökonomie*, *MEW* Band 13, Berlín, Dietz, 1961, pp. 4-160 [ed. cast: *Una contribución a la crítica de la economía polí-

tica, https://pensaryhacer.files.wordpress.com/2008/06/contribucion_a_la_critica_de_la_economia_politica.pdf.].
- — (1867), *Lohn, Preis und Profit,* en *MEW* Band 16, Berlín, Dietz, 1962, pp. 101-52 [ed. cast: *Salario, precio y ganancia* (junto con *Trabajo Asalariado y Capital*), Fundación Federico Engels, 2003; https://www.marxists.org/espanol/m-e/1860s/65-salar.htm.].
- — (1862-63), *Theorien über den Mehrwert* [Teorías sobre el plusvalor], en *MEW* Band 26-1, 26-2, 26-3, Berlín, Dietz, 1965, 1967, 1968 [ed. cast: E. Dussel: *Hacia un Marx desconocido: un comentario de los manuscritos del 61-63,* México, Siglo XXI, 1988].
- — (1863-67), *Ökonomische Manuskripte 1863-1867: Das Kapital. Erstes Buch. Sechstes Capitel. Resultate des unmittelbaren Produktionsprozesses,* Marx/Engels Gesamtausgabe (MEGA), zweite Abteilung, Band 4, 4.1, Berlin (1988) [ed. cast: *El capital. Libro I. Sexto Capítulo (inédito). Resultados del proceso de producción inmediato,* Curso, Barcelona, 1997].
- — (1867), *Das Kapital, Band 1, MEW* Band 23, Berlín, Dietz, 1962 [ed. cast: *El capital,* vol. 1, Madrid, Siglo XXI de España, 2017].
- — (1861-83), *Das Kapital, Band 2, MEW* Band 24, Berlín, Dietz, 1962 [ed. cast: *El capital,* vol. 2, Madrid, Siglo XXI de España, 2017.]
- — (1861-83), *Das Kapital, Band 3, MEW* Band 25, Berlín, Dietz, 1962 [ed. cast: *El capital,* vol. 3, Madrid, Siglo XXI de España, 2017].
- — (1871), *Der Bürgerkrieg in Frankreich,* en *MEW* Band 17, Berlín, Dietz, 1973, pp. 489-610 [ed. cast: *La Guerra Civil en Francia,* Fundación Federico Engels, 2003; en línea: https://www.marxists.org/espanol/m-e/1870s/gcfran/.]
- MARX, K. y F. ENGELS (1846-83), *Correspondencia,* en *MEW* Bände 27-35, Berlín, Dietz, distintas fechas.
- — (1846), *Die deutsche Ideologie*, en *MEW* Band 3, Berlín, Dietz, 1978, pp. 5-530 [ed. cast: *La Ideología Alemana*, Madrid, Akal, 2014].
- — (1848), *Manifest der Kommunistischen Partei,* en *MEW* Band 4, Berlín, Dietz, 1972, pp. 459-93 [ed. cast: *Manifiesto comunista,* Madrid, Akal, 2001; edición bilingüe, Madrid, Akal, 2018].
- — (sib fecha), *Acerca del colonialismo,* Moscú, Progreso [https://historiaycritica.files.wordpress.com/2014/06/acerca-del-colonialismo.pdf.].
- — (2016), *Obras escogidas,* Madrid, Akal, 2016.
- MASSEY, D. (1991), «The political place of locality studies», *Environment and Planning A* 23, pp. 267-281.

MAY, R. (1992), «How many species inhabit the earth?», *Scientific American* 267(4), pp. 18-24.

MEHTA, U. (1999), *Liberalism and Empire*, Chicago, IL, University of Chicago Press.

MERCHANT, C. (1980), *The Death of Nature: Women, Ecology and the Scientific Revolution*, Nueva York, Harper and Row.

MERRIFIELD, A. (1993), «Place and space: a Lefebvrian reconciliation», *Transactions of the Institute of British Geographers, New Series* 18, pp. 516-531.

MESZAROS, I. (1970), *Marx's Theory of Alienation*, Londres, Merlin Press.

MITMAN, G. (1992), *The State of Nature: Ecology, Community, and American Social Thought, 1900-1950*, Chicago, IL, University of Chicago Press.

MOLLENKOPF, J. (1983), *The Contested City*, Princeton, NJ, Princeton University Press.

MOLOTCH, H. (1976), «The city as a growth machine: the political economy of place», *American Journal of Sociology* 82, pp. 309-332.

MORGENSON, G. y ROSNER, J. (2011), *Reckless Endangerment: How Outsized Ambition, Greed and Corruption Led to Economic Armageddon*, Nueva York, Times Books.

MURRAY, F, (1983), «Pension funds and local authority investments», *Capital and Class,* 230, pp. 89-103.

MUTH, R. (1969), *Cities and Housing*, Chicago, IL, University of Chicago Press.

NAESS, A. (1989), *Ecology, Community and Lifestyle,* Cambridge, Cambridge University Press.

NAGEL, E. (1961), *The Structure of Science: Problems in the Logic of Scientific Explanation*, Nueva York, Hackett Publishing.

NASH, R. (1989), *The Rights of Nature: A History of Environmental Ethics*, Madison, University of Wisconsin Press.

NEGRI, A. (1979), *Marx oltre Marx: quaderno di lavoro sui Grundrisse*, Milano, Feltrinelli [ed. cast.: *Marx más allá de Marx: Cuaderno de trabajo sobre los Grundrisse,* Madrid, Akal, 2001].

NESS, I. y AZZELLINI, D. (eds.) (2011), *Ours to Master and to Own: Workers' Councils from the Commune to the Present*, Chicago, IL, Haymarket Books.

NORBERG-SCHULZ, C. (1980), *Genius Loci: Towards a Phenomenology of Architecture,* Nueva York, Rizzoli.

NORGAARD, R. (1985), «Environmental economics: an evolutionary critique and a plea for pluralism», *Journal of Environmental Economics and Management* 12, pp. 382-394.

NOYELLE, T. y STANBACK, T. (1984), *The Economic Transformation of American Cities,* Totowa, N.J., Rowman and Allanheld.

O'CONNOR, J. (1988), «Capitalism, nature, socialism: a theoretical introduction», *Capitalism, Nature, Socialism* 1, pp. 11-38.

OLLMAN, B. (1971), *Alienation: Marx's Conception of Man in Capitalist Society,* Cambridge, Cambridge University Press.

— (1990), «Putting dialectics to work: the process of abstraction in Marx's method», *Rethinking Marxism,* 3, pp. 26-74.

— (1993), *Dialectical Investigations,* Nueva York, Routledge.

OPHULS, W. (1977), *Ecology and the Politics of Scarcity: A Prologue to a Political Theory of the Steady State,* San Francisco, CA, Freeman.

O'RIORDAN, T. (1981), *Environmentalism,* Londres, Pion.

PAEHLKE, R. (1989), *Environmentalism and the Future of Progressive Politics,* New Haven, CT, Yale University Press.

PANITCH, L. (2000), «The new imperial state», *New Left Review* 2, marzo-abril 2000 [ed. cast: *NLR* 3, «El nuevo Estado imperial», pp. 5-18].

PARK, R.; BURGESS, E. y MCKENZIE, R. (1925), *The City,* Chicago, IL, University of Chicago Press.

PARSONS, H. (ed.) (1977), *Marx and Engels on Ecology,* Westport, CN, Greenwood Press.

PEARCE, D.; MARKANDYA, A. y BARBIER, E. (1989), *Blueprint for a Green Economy,* Londres, Earthscan.

PEARSON, H. (1957), «The economy has no surplus», en K. Polanyi, C. Arensberg y H. Pearson (eds.), *Trade and Markets in Early Empires,* Nueva York, Henry Regnery Co.

PERELMAN, M. (2000), *The Invention of Capitalism: Classical Political Economy and the Secret History of Primitive Accumulation,* Durham, NC, Duke University Press.

PETERSON, P. (1981), *City Limits,* Chicago, IL, University of Chicago Press.

PETRAS, J. (2002), «A rose by any other name? The fragrance of imperialism», *Journal of Peasant Studies* 29(2).

PETRAS, J. y VELTMAYER, J. (2001), *Globalisation Unmasked: Imperialism in the 21st Century,* Londres, Zed Books.

PINKNEY, D. (1958), *Napoleon III and the Rebuilding of Paris,* Princeton, NJ, Princeton University Press.

PRED, A. (1984), «Place as historically contingent process: structuration and the time-geography of becoming places», *Annals of the Association of American Geographers* 74, pp. 279-297.

PRICE, R. (1975), *The Economic Modernisation of France,* Londres, Croom Helm.

RABAN, J. (1974), *Soft City,* Londres, Picador.

REDCLIFT, M. (1987), *Sustainable Development: Exploring the Contradictions,* Londres, Methuen.

REES, G. y J. LAMBERT (1985), *Cities in Crisis: The Political Economy of Post-War Development in Britain,* Londres, Hodder Arnold.

RELPH, E. (1989), «Geographical experiences and being-in-the-world: the phenomenological origins of geography», en D. Seamon y R. Mugerauser (eds.), *Dwelling, Place and Environment: Towards a Phenomenology of Person and World,* Nueva York, Columbia University Press.

ROCHBERG-HALTON, E. (1986), *Meaning and Modernity: Social Theory in the Pragmatic Attitude,* Chicago, IL, University of Chicago Press.

ROHAULT DE FLEURY, H. (1903-09), *Historique de la Basilique de Sacré Coeur,* 4 vols., París, F Levé.

ROMAN, L. (1993), «On the ground with antiracist pedagogy and Raymond Williams' unfinished project to articulate a socially transformative critical realism», en D. Dworkin y L. Roman (eds.), *Views beyond the Border Country: Raymond Williams and Cultural Politics,* Londres, Routledge.

ROSE, H. y ROSE, S. (1969), *Science and Society,* Harmondsworth, Penguin.

ROUGERIE, J. (1965), *Procès des Communards,* París, Julliard.

— (1971), *Paris Libre, 1871,* París, Seuil.

ROUSSEAU, J.-J. (1755), *Discours sur l'origine et les fondements de l'inégalité parmi les hommes,* París, Flammarion, 2016 [ed. cast: *Discurso sobre el origen y los fundamentos de la desigualdad entre los hombres,* Madrid, Alianza, 1980].

SACHS. J. (2005), *The End of Poverty: Economic Possibilities of our Time* [ed. cast: *El fin de la pobreza. Cómo lograrlo en nuestro tiempo,* Madrid, Debate, 2005].

SAGALYN, L. (1983), «Mortgage lending in older neighborhoods», *Annals of the American Academy of Political and Social Science* 465 (January), pp. 98-108.

SAGOFF, M. (1988), *The Economy of the Earth: Philosophy, Law, and the Environment,* Cambridge, Cambridge University Press.

SAID, E. (1989), «Appendix: Media, margins and modernity», en R. Williams (ed.), *The Politics of Modernism,* Londres, Verso.

SALE, K. (1985), *Dwellers in the Land: The Bioregional Vision,* San Francisco, CA, Sierra Club.

SASSEN-KOOB, S. (1988), *Global Cities,* Princeton, NJ, Princeton University Press.
SAUER, C. (1956), «The agency of man on earth», en W. Thomas (ed.), *Man's Role in Changing the Face of the Earth,* Chicago, IL, University of Chicago Press (2 vols).
SAYER, A. (1989), «Post-Fordism in question», *International Journal of Urban and Regional Research* 13, pp. 666-695.
SCHOENBERGER, E. (1988), «From Fordism to flexible accumulation: technology, competitive strategies and location», *Society and Space* 6, pp. 245-262.
SCOTT, A. (1988), *New Industrial Spaces: Flexible Production Organisation and Regional Development in North America and Western Europe,* Londres, Pion.
SHILLER, R. (2000), *Irrational Exuberance,* Princeton, NJ, Princeton University Press.
Shiller, R. (2011), «Housing bubbles are few and far between», *New York Times,* 5 de febrero.
SIMMEL, G. (1971), «The metropolis and mental life», en D. Levine (ed.), *On Individuality and Social Form,* Chicago, IL, University of Chicago Press.
— (1978), *The Philosophy of Money,* Londres, Routledge and Kegan Paul [ed. cast: *Filosofía del dinero,* Madrid, Capitán Swing, 2013].
SMITH, M. (1988), *City, State and Market,* Oxford, Basil Blackwell.
SMITH, M. y KELLER, M. (1983), «Managed growth and the politics of uneven geographical development in New Orleans», en S. Fainstein *et al.* (eds.), *Regime Strategies, Communal Resistance, and Economic Forces,* Nueva York, Longman.
SMITH, N. (1987), «Dangers of the empirical turn», *Antipode* 19, pp. 59-68.
— (1990), *Uneven Development: Nature, Capital and the Production of Space,* Oxford, Basil Blackwell.
— (1992), «Geography, difference and the politics of scale», en J. Doherty, E. Graham y M. Malek (eds.), *Postmodernism and the Social Sciences,* Londres, Macmillan.
SMITH, N. y O'KEEFE, P. (1985), «Geography, Marx and the concept of nature», *Antipode* 12(2), pp. 30-39.
SNEDEKER, G. (1993), «Between humanism and social theory: the cultural criticism of Raymond Williams», *Rethinking Marxism* 6, pp. 104-113.

SOEDERBERG, S. (2002), «The new international financial architecture: imposed leadership and "emerging markets"», *Socialist Register 2002,* Londres, Merlin.

SOJA, E. (1988), *Postmodern Geographies: The Reassertion of Space in Critical Social Theory,* Londres, Verso.

SPOEHR, A. (1956), «Cultural differences in the interpretation of natural resources», en W. Thomas (ed.), *Man's Role in Changing the Face of the Earth,* Chicago, IL, University of Chicago Press.

SPRETNAK, C. (1985), «The spiritual dimension of Green politics», en C. Spretnak y F. Capra, *Green Politics: The Global Promise,* Londres, Paladin.

SPRETNAK, C. y CAPRA, F. (1985), *Green Politics: The Global Promise,* Londres, Paladin.

STANBACK, T. (1982), *Cities in Transition: Changing Job Structures in Atlanta, Denver, Buffalo, Phoenix, Columbus (Ohio), Nashville, Charlotte,* Totowa, NJ, Allanheld Osmun.

STEINER, G. (1992), *Heidegger,* Londres, Fontana.

STERNLIEB, G. (1966), *The Tenement Landlord,* New Brunswick, NJ, Rutgers University Press.

STOCKMAN, D. (2011), «The bipartisan march to fiscal madness», *New York Times,* 23 de abril.

STOKER, R. (1986), «Baltimore: the self-evaluating city», en C. Stone y H. Sanders (eds.), *The Politics of Urban Development,* Lawrence, KS, University Press of Kansas.

SUGRANYES, A. y MATHIVET, C. (eds.) (2010), *Cities for All: Proposals and Experiences towards the Right to the City,* Santiago, Habitat International Coalition.

SWYNGEDOUW, E. (1986), «The socio-spatial implications of innovations in industrial organisation», Working Paper n.º 20, Johns Hopkins European Centre for Regional Planning and Research, Lille.

— (1989), «The heart of the place; the resurrection of locality in an age of hyperspace», *Geografiska Annaler* 71.

— (1992), «The mammon quest; globalisation, international competition and the new monetary order, the search for a new spatial scale», en M. Dunford y G. Kafkalis (eds.), *Cities and Regions in the New Europe,* Londres, John Wiley.

— (1992), «Territorial organisation and the space/technology nexus», *Transactions of the Institute of British Geographers, New Series* 17, pp. 417-433.

Szanton, P. (1986), *Baltimore 2000*, Baltimore, MD, Morris Goldsecker Foundation.

Tabb, W. (1982), *The Long Default: New York City and the Urban Fiscal Crisis*, Nueva York, Monthly Review Press.

Taylor, B. (1987), *Modernism, Post-Modernism, Realism: A Critical Perspective for Art,* Winchester School of Art Press.

— (1973), *Migration and Economic Growth: A Study of Great Britain and the Atlantic Economy,* Cambridge, Cambridge University Press.

Thomas, E. (1966), *The Women Incendiaries,* Nueva York, George Braziller.

— (1967), *Rossel 1844-71,* París, Gallimard.

Thomas, W. (ed.) (1956), *Man's Role in Changing the Face of the Earth,* Chicago, IL, University of Chicago Press (2 vols).

Todes, D. (1989), *Darwin without Malthus: The Struggle for Existence in Russian Evolutionary Thought,* Oxford, Oxford University Press.

Toffler, A. (1970), *Future Shock,* Nueva York: Random House [ed. cast: *El «shock» del futuro,* Barcelona, Plaza & Janés, 1973].

Tronti, M. (1966), *Operai e capitale,* Turín, Einaudi [ed. cast: *Obreros y capital,* Madrid, Akal, 2001].

Tully, J. (2004), «Green Bans and the BLF: the labour movement and urban ecology», *International Viewpoint Online* 357, internationalviewpoint.org.

Turner, G. (2008), *The Credit Crunch: Housing Bubbles, Globalisation and the Worldwide Economic Crisis*, Londres, Pluto Press.

Urry, J. (1990), *The Tourist Gaze*, Londres, Sage.

Valdés, N. (1971), «Health and revolution in Cuba», *Science and Society* 35, pp. 311-335.

Virilio, P. (1980), *L'Esthétique de la Disparition*, Paris: Galilée [ed. cast: *Estética de la desaparición*, Barcelona, Anagrama, 2003].

Wade, R. y Veneroso, F. (1998), «The Asian crisis: the high debt model versus the Wall Street–Treasury–IMF complex», *New Left Review* 228.

Walton, J. (1984), *Reluctant Rebels: Comparative Studies on Revolution and Underdevelopment*, Nueva York, Columbia University Press.

Weale, A. (1992), *The New Politics of Pollution*, Manchester, Manchester University Press.

Webber, M. y Rigby, D. (1996), *The Golden Age Illusion: Rethinking Post-War Capitalism*, Nueva York, Guilford Press.

Weisman, J. (2004), «Reagan policies gave green light to red ink», *Washington Post,* 9 de junio.

WHITE, E. (2010), «Lessons from the great American real estate boom and bust of the 1920s», Working Papers, National Bureau of Economic Research.

WILLIAMS, R. (1960), *Border Country,* Londres, Chatto and Windus.

— (1961), «The achievement of Brecht», *Critical Quarterly* 3, pp. 153-162.

— (1964), *Second Generation,* Londres, Chatto and Windus.

— (1973), *The Country and the City,* Londres, Chatto and Windus [ed. cast: *El campo y la ciudad,* Prometeo, 2017].

— (1977), *Marxism and Literature,* Oxford: Oxford University Press [ed. cast: *Marxismo y literatura,* Barcelona, Península, 1988; Buenos Aires, Las Cuarenta, 2009].

— (1979), *The Fight for Manod,* Londres, Chatto and Windus.

— (1980), *Problems in Materialism and Culture,* Londres: Verso [ed. cast: *Cultura y materialismo,* La Marca, 2012].

— (1983), *Keywords,* Londres, Fontana.

— (1985), *Loyalties,* Londres, Chatto and Windus.

— (1989), *People of the Black Mountains: The Beginning*, Londres, Chatto and Windus.

— (1989), *Resources of Hope*, Londres, Verso.

— (1990), *People of the Black Mountains: The Eggs of the Eagle,* Londres, Chatto and Windus.

WILLIAMS, W. Appleman (1980), *Empire as a Way of Life,* Nueva York, Oxford University Press.

WILSON, A. (1992), *The Culture of Nature: North American Landscape from Disney to the Exxon Valdez,* Oxford, Basil Blackwell.

WORLD BANK (2009), *World Development Report 2009: Reshaping Economic Geography*, Washington, DC: World Bank [ed. cast: *Informe sobre el Desarrollo Mundial 2009: reestructuración de la geografía económica,* Banco Mundial, 2009].

WORSTER, D. (1985), *Nature's Economy: A History of Ecological Ideas,* Cambridge, Cambridge University Press.

WORSTER, D. (1985), *Rivers of Empire: Water, Aridity and the Growth of the American West,* Nueva York, Pantheon Books.

YOUNG, I. (1990), *Justice and the Politics of Difference,* Princeton, NJ, Princeton University Press.

YOUNG, R. (1985), *Darwin's Metaphor: Nature's Place in Victorian Culture,* Cambridge, Cambridge University Press.

ZELDIN, T. (1958), *The Political System of Napoleon III,* Londres, Macmillan.

Zeldin, T. (1963), *Emile Ollivier and the Liberal Empire of Napoleon III,* Oxford, Clarendon Press.

Zeldin, T. (1973), *France, 1848-1945*, vol. 1: *Ambition, Love and Politics,* Oxford, Oxford University Press.

ZIMMERMAN, M. (1988), «Quantum theory, intrinsic value, and panentheism», *Environmental Ethics* 10, pp. 3-30.

ZOLA, E. (1967), *L'Argent,* París, Pléiade [ed. cast: *El dinero,* Madrid, Debate, 2001.]

Índice

Prefacio 7
Introducción 9

I. Teoría revolucionaria y contrarrevolucionaria en geografía y el problema de la formación de guetos 21

II. La geografía de la acumulación capitalista. Una reconstrucción de la teoría marxiana 53

III. El proceso urbano bajo el capitalismo. Un marco para el análisis 81

IV. Monumento y mito. La construcción de la Basílica del Sacré-Coeur 97

V. La compresión espacio-temporal y la condición posmoderna 139

VI. Del gerencialismo al empresarialismo. La transformación de la gobernanza urbana en el capitalismo tardío 169

VII. La naturaleza del medio ambiente. Dialéctica de los cambios sociales y medioambientales 201

VIII. Particularismo militante y ambición global 269

IX. El «nuevo» imperialismo. Acumulación por desposesión... 307

X.	Las raíces urbanas de las crisis capitalistas. Reclamar la ciudad para la lucha anticapitalista	341
XI.	La evolución del capital	385

Bibliografía 405